南京特殊教育师范学院
博士科研启动基金项目研究成果

插上梦想的翅膀

Flying Towards
the Dream

关于残疾人
生存发展的建议

Suggestions on the Living and
Development for People with Disabilities

张九童　著

中国社会科学出版社

图书在版编目（CIP）数据

插上梦想的翅膀：关于残疾人生存发展的建议/张九童著.—北京：中国社会科学出版社，2017.12
ISBN 978 - 7 - 5203 - 1446 - 6

Ⅰ.①插…　Ⅱ.①张…　Ⅲ.①残疾人—社会服务—研究—中国
Ⅳ.①D669.69

中国版本图书馆 CIP 数据核字（2017）第 277118 号

出 版 人	赵剑英
责任编辑	郭晓娟
责任校对	王纪慧
责任印制	王　超

出　　版	中国社会科学出版社
社　　址	北京鼓楼西大街甲 158 号
邮　　编	100720
网　　址	http：//www.csspw.cn
发 行 部	010 - 84083685
门 市 部	010 - 84029450
经　　销	新华书店及其他书店

印　　刷	北京明恒达印务有限公司
装　　订	廊坊市广阳区广增装订厂
版　　次	2017 年 12 月第 1 版
印　　次	2017 年 12 月第 1 次印刷

开　　本	710×1000　1/16
印　　张	21
插　　页	2
字　　数	355 千字
定　　价	58.00 元

献给所有残疾朋友
献给所有残疾朋友的家长
献给所有关爱残疾人生存发展的社会爱心人士

序

　　九童是我带的第一个残疾博士生，也是山东师范大学近七十年历史上第一个残疾博士生。目前，九童是南京特殊教育师范学院（以下简称特师）的一名青年教师，在日常教学研究中，他认真遵循学校"博爱塑魂、质量为本、特色立业"的办学理念，带着满腔热忱为了心中美好的梦想而努力，体现了南京特师人良好的精神风貌。前段时间九童告诉我，他在南京特师过得很好，学校在各方面都很关心他，他讲的课得到了校领导和广大学生的好评，我感到很高兴。

　　我之所以选择九童，是他的坚韧精神和优秀学业成绩打动了我。他虽然身有残障，在学习和生活上会有多种困难，但他始终自强不息，心怀感恩，乐观向上，不仅专业基础扎实，而且科研成果突出，得到了老师和同学们的广泛认可。他的研究方向是马克思主义人学，但他同时对残疾人研究充满了感情，目前是中国残疾人事业发展研究会理事。刚入学时，他就向我表示想从马克思主义人学视角研究残疾人问题，我对此表示支持。马克思主义人学着重体现了马克思主义理论的核心问题——人的生存发展问题，它关注人的需要和利益，弘扬人的主体性，完善人的个性，实现人的潜能和价值，倡导革命人道主义，促进每个人的自由全面发展，彰显对人类最深切的公共关怀。残疾人的生存发展问题是马克思主义人学需要关注的重要问题，将马克思主义人学理论引入残疾人研究，对于促进残疾人自立自强和健康发展具有重要意义，有助于完善我国残疾人事业和残疾人研究的话语体系。

　　本书最大的特点是理论与实践的有机结合。作者以马克思主义人学理论为指导，对关系残疾人生存发展的若干问题进行了思考，是很有价值的理论与实践探索。从宏观上，作者以国务院《"十三五"加快残疾人小康进程规划纲要》为统领，从家庭、个人、社会三个层面，对残疾人全面小康的实践进行了探讨；从微观上，作者结合自己的切身体验和众多残疾人的实际案例，比较系统地思考了残疾人生存发展的若干问题，对残疾人教育、个人成长和社会支持提出了中肯的建议，力图通过内因与外因的良性结合，帮助更多的残疾人提升素质，增强自食其力的能力，在社会、家庭和残疾人自身的共同努力下，共圆美好生活的梦想。中国目前有八千五百多万残疾人，涉及2.8亿多家庭人口，在中国全面小康的"船队"中，这是拖在最后面的一艘船，需要全社会的共同努力，通过构建社会、家庭和个人"三位一体"的残疾人事业格局，最大限度地实现广大残疾人的全面小康。

从九童身上，我看到了残疾人家庭教育、残疾人学校教育和残疾人社会教育的重要性。作为一名教育工作者和理论工作者，在培养指导九童的过程中，我也对残疾人和残疾人事业有了更深的认识。对于残疾孩子来说，良好的家庭养育是他们实现心中美好的梦想的基础，个人的积极努力是他们实现心中美好的梦想的内在根据，社会的支持关爱是他们实现心中美好的梦想的保障。父母是孩子的第一任老师，良好的家庭养育对于残疾孩子的健康成长具有特殊意义。只有父母悉心养育、耐心坚守、用心引导，永远不要放弃，残疾孩子才能有美好的未来。残疾朋友只有不断提升自己的主体能力，树立正确的学习观、自强观、理想观、交往观、榜样观、职业观、感恩观和婚恋观，才有希望在"残障"与"潜能"之间找到最佳对接点，才能实现真正意义上的"残健融合"。作为一项公共事业，残疾人事业需要全社会的共同努力，作者从残疾人政策设计、法律制度、社会保障、教育培训、理论研究以及社会问题和矛盾等多方面提出了建议，期望全社会都来帮助残疾人圆"不残的梦想"，不断增强他们生存发展的能力，提高他们的生活质量，使广大残疾人成为全面小康社会的建设者和受益者。

当前，在中国残联及残疾人事业发展研究会的指导下，社会各界从医学、社会学、法学、管理学、教育学、哲学等视角开展残疾人理论研究，涌现了一大批优秀的研究成果，对残疾人事业发展发挥了良好的促进作用。希望九童的这本书是这百花园中的一朵小花，能对各位残疾朋友、残疾朋友家长以及社会爱心人士发挥良好的启示作用。

从一名残疾孩子成长为一名博士，如今又成为一名受学生欢迎的高校教师，我觉得九童本身就是一个集家庭教育、学校教育、社会关爱和个人努力为一体的很好范例。希望越来越多的残疾朋友能够自强不息，不但要改变自己的命运，而且要为社会做出贡献，为不残的梦想而努力奋斗。

值九童书稿付梓出版之际，我愿献上自己的美好祝愿：祝愿残疾人理论研究不断迈上新台阶，祝愿残疾人事业不断取得新进步，祝愿广大残疾朋友不断提升幸福感。真心希望越来越多的残疾朋友像九童一样摆脱自卑心理，勇敢地走向社会舞台，在公共生活中实现人生价值，创造幸福美好的生活。

残疾人和健全人一样，都是建设中国特色社会主义的重要力量，都是决胜全面小康中的共建者和共享者，他们都有美好的梦想。为了残疾人兄弟姐妹们心中美好的梦想，让我们都来做他们圆梦的使者吧！

万光侠
2017 年 10 月于泉城

前言　我有一个梦想

在浩瀚的宇宙中，地球有两个好朋友，一个叫太阳，一个叫月亮。正因为有了太阳和月亮，地球才有了昼夜和四季的更替，才有了万物生灵的繁衍与消长。

在我们的地球上，人类是万物之灵。人类有两种性别：一种叫男人，一种叫女人；人类也有两种形态：一种叫健全，一种叫残疾。正因为有了男人和女人，人类才懂得了和谐与关爱；正因为有了健全和残疾，人类才更懂得珍惜与健康。

如果把健全人比作太阳，那么残疾人就是月亮。月亮之所以皓皓如银，是因为有阳光的普照。太阳永远是圆的，可月亮却要体验圆缺的交替。但是，太阳和月亮的梦没有区别，残疾人和健全人的梦也没有区别，都是圆的。残疾人的梦是幸福的梦，是有尊严的梦，也是平等和谐的梦。在圆梦的漫漫进程中，需要家庭的呵护与教养，需要残疾人的自立与自强，也需要社会的关爱与保障。

自有人类，就有残疾人。同高矮美丑的区分一样，残疾不等于健全的异类，而是人类重要的存在形态，都应得到尊重与关怀。人的价值不因高矮美丑而分，也不应以健全和残疾而定。如果一个残疾人能使自己有质量地生活，那他就是一个有价值的人；如果一个家庭能使自己的残疾孩子快乐而幸福地生活，那这个家庭就是一个圆满的家庭；如果一个社会能使千百万残疾人有尊严地生活，那这个社会就是一个文明而高尚的社会。

我有一个梦想，期盼残疾孩子都有一个圆满的家庭。家长都能饱含耐心地对待自己的残疾孩子，教育他们，引领他们，扶持他们，永不嫌弃，永不抛弃，永不放弃，用爱当好孩子的第一任老师，给孩子提供良好的学习环境，给孩子营造舒适的家庭氛围。残疾孩子的家长们，请珍视您与残疾孩子血浓于水的缘分，请用您全部的爱照亮他们同样美丽的生命。残疾孩子也是您生命中宝贵的财富，请永远坚信，只要有足够的耐心，您就有可能创造生命的奇迹。

我有一个梦想，期盼每位残疾朋友都有一个有价值的人生。残疾朋友能够享受及时有效的康复治疗，始终保持身心的健康；能够接受适合自身的教育，在知识的海洋中尽情遨游；能够获得舒心安定的工作岗位，在自己热爱的职业中尽情释放生命的潜能和热情；能够组建幸福美满的家庭，与自己所爱的人一起携手前行，相濡以沫；能够参与力所能及的社会活动，在融入社会中回馈社会，在人生大舞台上展现别具一格的亮丽风景。残疾朋友们，不要悲观，不要颓唐，既然生活选择了我们，我们就要创造更加美好的生活。请这样诠释我们的生命：残疾是上苍想让我们以一种独特的方式去创造和享受另一种生命的完美！

我有一个梦想，期盼我们的社会处处洒满爱的阳光。请您用一颗善良的爱心，倾听残疾人渴望救助的呼声，关注残疾人渴望教育的眼神，体会残疾人渴望发展的心愿，让所有的残疾人学有所教、劳有所得、住有所居、病有所医、老有所养、情有所乐，激发残疾人热爱生活、珍爱生命、感恩社会、报效祖国的满腔热忱。"使聋能听哑能言，造化无端自惹烦。科学神奇天可补，不平社会要推翻"。董必武先生这六十多年前的铿锵誓言，体现了新中国残疾人事业的信念和决心。残疾人是特殊困难的群体，是社会发展链条中最薄弱的环节，残疾人解放是人类解放的最后一道关口；残疾人又是异常坚韧的群体，只要为他们营造人道、公正、博爱的生存空间，让他们拥有梦想成真的机会，让他们享有人生出彩的喜悦，其自强不息的奋斗精神将为中国梦的实现注入强大的正能量。

这是我的梦想，相信也是全国八千五百多万残疾同胞的梦想，同样还是全世界十亿残疾人兄弟姐妹的梦想。残疾人像月亮，健全人如太阳。月亮离不开阳光的照耀，残疾人也离不开健全人的扶持。天空中只有一个太阳、一个月亮，但中国八千五百多万残疾人的追梦旅途有 13 亿同胞的环绕，世界十亿残疾人的圆梦进程有 70 亿爱心人士的关怀。自强不息的精神无国界，集善天下的美德无种族。中国残疾人的梦想与世界残疾人的梦想相连，中国梦与世界梦相通，相信在全中国、全世界人民的共同努力下，我们将在中国北京、美国纽约、英国伦敦、澳大利亚悉尼、南非比勒陀利亚、巴西里约热内卢等每一个角落，架起横跨五洲、四通八达的扶残助残爱心之桥，在人类范围内形成残疾人与健全人和谐互动的"残健命运共同体"，爱的阳光普照世界，让全世界的残疾朋友都行走在阳光路上。

习近平总书记说："有梦想，有追求，有奋斗，一切皆有可能。"五十多年前，黑人民权领袖马丁·路德·金《我有一个梦想》的经典演讲让世界为之震动，为美国乃至全世界的黑人朋友争取平等和自由的斗争吹响了号角；五十多年后，在这个古老而年轻的东方沃土上，作为一位普通的中国残疾青年，我也有一个梦想。这个梦，昭示着残疾人的平等、自由和幸福；这个梦，将伴随着中华民族的伟大复兴一起腾飞；这个梦，就是残疾人的中国梦、世界梦！

亲爱的残疾朋友，亲爱的家长朋友，亲爱的社会爱心人士，请接受一个残疾青年真诚的建议：在决胜全面小康社会的进程中，请给梦想一个扎根的机会，给梦想一个开花的机会，给梦想一个结果的机会。

为了大家心中更美好的梦想，让我们一起行动起来吧！

目　　录

第一编　家庭建议篇

第二编　个人建议篇

第三编　社会建议篇

第一编　家庭建议篇

　　家庭是残疾人最大程度上实现梦想的基础。对于残疾孩子来说，家庭养育具有特殊的意义。作者对残疾孩子家庭教育的若干问题进行了阐发，意图给广大家长更好地养育残疾孩子提供启发。

第一章　耐心、耐心、更耐心

耐心是人性格中的一种潜在力量，主要表现为人对人或对事坚定的信心、恒久的毅力和强大的耐力。

从某种意义上说，耐心是一种品格，它决定了一个人的心理承受能力和忍耐程度。在认识和改造客观世界的进程中，耐心有助于提高认识和改造的深刻性和系统性；在养育孩子的过程中，耐心有助于全面地了解和理解孩子，从而使教育和培养有的放矢，提高教育和培养的质量与效果。

第一节　耐心比爱心更深刻

养育之道，爱心为先。俗话说："虎毒不食子"。我们可以毫不夸张地说，世界上99%以上的家长是爱自己孩子的，也就是说，家长对于自己的孩子，从来就不缺乏爱心，这是毋庸置疑的。但是，现实生活中，却有为数不少的家长对自己的孩子缺乏耐心，以至于让自己的爱心大打折扣。所以说，有足够的爱心未必有足够的耐心，耐心比爱心更深刻。

耐心的触发点在于对关怀对象持续性的责任以及履行这份关怀责任要花费艰巨的意志努力。一个人对某事或某人具有耐心，需要具备两个条件：一是关怀某事或某人，并将其始终记挂在心头；二是关怀者愿意同被关怀者共担遭遇的痛苦与困难，共同付出意志努力，并且愿意以自身的意志和韧性化解被关怀者的困境。前者是爱心和耐心的共同点，后者是耐心的核心要素。残疾孩子从小疾病缠身，有的生活自理困难，有的心智发育不全，有的性格孤僻怪异，其在生活中的各种特殊困难非常人可以想象，其在生活中的各种特殊需要亦非一般的努力能够满足，养育难度极大。如果哪家有个残疾孩子，家长就要付出健全孩子几倍乃至十几倍的心血来养育，没有足够的耐心是不可能把一名残疾孩子培养成人的。可以说，家长的耐心直接决定着一个残疾孩子的命运。

　　有这样一位母亲，她叫陶艳波，儿子杨乃斌在六个月时突发高烧，双耳失聪，十个月时，孩子做了一次手术，使左耳听力恢复了 60% ~ 70%。然而，当同样大的孩子开始咿呀学语时，小乃斌却一个字也不会说。十聋九哑，陶艳波心里很清楚，如果不加强培养，儿子可能永远不会说话。从孩子上学前班一直到高三，她当了儿子 14 年的特殊"同桌"。14 年陪读，每天像打仗，45 分钟一堂课，她一秒钟都不敢走神，生怕有的地方没记全。功夫不负有心人，杨乃斌不仅学会了说话，而且以优异的成绩考取了河北工业大学。14 年陪读，这是何等的爱心与耐心！正如陶艳波所说："当妈的能付出就得付出，既然孩子投奔我来了，就要善待他，对他的人生负责，让他做一个对社会有意义的人。我相信努力可以创造奇迹。"

　　要养育好一个残疾孩子，爱心是家长的基本要求，耐心是家长的基本素养，养子不烦是家长的爱心升华，教子不倦是家长的至高境界。

第二节　耐心需要坚韧的意志

　　耐心是主体在实践活动中生成和发展的坚定意志力和强烈道德感的有机结合，既反映了主体对于对象的高度责任，又体现了主体面对困难时勇往直前的品格，体现了人性的内在价值。可以说，耐心是高尚的秉性，坚韧是伟大的品质。孩子家庭教育的成功案例无不昭示着一个真理，所谓的天赋神童极其少见，而意志坚强、富有耐心的家长却比比皆是。

　　残疾孩子做成一件事的难度，健全人往往难以理解。健全人很容易做到的一件事或者一个动作，对于残疾孩子却可能比登天还难。我曾经去过多个残疾儿童康复机构，目睹许多残疾孩子为了练习一个正确动作，需要重复训练上千次甚至上万次。我不仅看到了残疾孩子那努力的神态，更听到了在他们背后的家长那一句句温暖的鼓励："宝宝真能干！加油，就差一点儿了！""别泄气，我们再试一次。""好孩子，坚强的人是不轻易掉眼泪的，妈妈陪你练好不好？"这对健全人来说简简单单的动作，不仅是对残疾孩子意志的一种考验，更是对家长意志的考验，这需要持之以恒的耐心！

　　我们不妨举一个健全孩子的事例来反衬残疾孩子的艰难。古希腊的大哲学家苏格拉底，曾经给他的学生出过一道考题："现在咱们只学一件最简单也最容易的事，即把你的手尽量往前甩，再尽量往后甩。"然后他自己给学生做了一次示范，"从今天开始，每天甩臂 300 次，大家能做到吗？"学生们可能认为这么简单的事怎么能做不到呢？于是异口同声地答道："能！"

一个月后，苏格拉底问："每天甩臂 300 次，哪些同学做到了？"90%以上的同学骄傲地举起了手。两个月后，他又问，举手的学生只有 80% 了。一年以后，他再问："最简单的甩臂运动，还有哪些同学坚持在做？"这时只有一个学生举起了手，他就是后来古希腊另一位伟大的哲学家柏拉图。

这个故事给我们三点启示：一是持之以恒地做一件事很不容易，需要坚韧的意志，最后成功的人往往就是那个多一点坚持的人；二是家长督促孩子天天做一件事同样很不容易，需要持久的耐心；三是对于残疾孩子，坚持的难度会更大。可能第一个月他们只能学会往前甩手，第二个月才能学会往后甩手，一年才能比较协调地先尽量往前甩手，然后再尽量往后甩手。这就需要残疾孩子恒心和家长耐心的完美结合，如果有一个方面没有做好，就有可能前功尽弃。

我的父母是爱心、耐心和意志的完美结合者。1988 年 10 月，由于出生时难产，我出生后不会哭、不会吃。特护住院的半个月中，为了挽救我的生命，父亲给我输了两次血，我的生命就靠输液和氧气维持。出院时，我的体重比出生时还减轻了两斤，医生担心地对我父母说："这孩子将来一是可能弱智，二是可能终身不能行走，你们要有思想准备。"

我不知道这样残酷的诊断对年轻的父母是一个多么大的打击，也不知道是什么力量让父母挺了过来，我只知道我的家人没有放弃。爸爸坚定地说："我们一定要在孩子身上创造生命的奇迹。"这是一份爱的誓言，也是一份庄严的生命承诺。父亲和母亲都知道，他们将为这一句话付出毕生的心血。就这样，我踏上了生命的旅途；就这样，父亲和母亲踏上了践诺之旅。为此，家人特意给我起名叫"九童"。"九"是最大的数字，代表了父母最大的心愿；"童"是希望我将来无论遇到什么挫折，也要永远保持一颗童心，永远热爱生活、珍爱生命。为了给我治病，父母想尽了办法，从我不到一岁开始，就带着我奔波于北京、天津、济南等各大医院之间。为了提高我的运动功能，父母都学会了按摩，他们白天上班，晚上给我做按摩。无论是盛夏还是严冬，为了不让我的肌肉萎缩，父母轮流为我按摩，一揉就是一两个小时。我的腿是热的，而他们的手却是酸的。就这样，我的父母整整坚持了七年。

那时，人们常看到这样一幅画面：爸爸弓着身子在后面护着我，妈妈在前面满怀期望地向我伸出双手："来，走过来，到妈妈这儿来……"一步、两步、三步……终于，我欢笑着扑进了妈妈的怀里。

亲情终于战胜了病魔，我没有像大多数脑瘫患儿那样瘫痪，而是在三岁多时，终于迈出了人生的第一步。这小小的第一步，不知是我的父母多少泪水、汗水浇筑而成的；这小小的第一步，承载着父母多么深厚的耐心和爱心啊！我五岁多时才能歪歪扭扭地独自走路，七岁上小学后还经常摔跤，膝盖上经常磕得鲜血直流。母亲是一名校医，看护我是她工作之余最为重要的事。从小学到高中的漫漫求学路上，每天都是母亲骑着自行车、电动车带我上下学，风雨无阻。父亲则承担起教育和辅导我的重任，为了提高我的写作水平，从小学三年级到初中三年级，父亲为我逐字逐句地修改作文；为了锻炼我的运动协调能力，父亲只要一有时间就教我打篮球、乒乓球、羽毛球。当别的孩子家长正在聚餐、打扑克、散步、跳舞时，母亲会悉心为我打理各种家务，父亲则会陪在我身边，同我散步、运动和谈心，他说和儿子在一起的时光是最充实和最有意义的。所以说，家长的耐心是需要自我牺牲的，也只有甘于自我牺牲的家长才能成就孩子的未来。我从一个几乎被医院放弃的残疾孩子成长为一名博士，如今又成为一名大学教师，许多家长羡慕地问我的父母是怎么做到的，我的答案是：耐心和意志，是二十多年如一日的耐心和意志！

沈从文曾说："有些路看起来很近走起来却很远，缺少耐心永远走不到头。"家长往往望子成龙、望女成凤，但养育孩子真的是一段艰辛的旅程，把残疾孩子培养成人就更需要非凡的耐心和意志，养育的成功在于坚持。坚持是一件最容易的事，只要愿意，人人都能做到；但坚持也是一件最艰难的事，因为真正能做到的，寥寥无几。

第三节　耐心是一种深邃的养育智慧

柏拉图说："耐心是一切聪明才智的基础。"[①] 养育孩子需要智慧，养育残疾孩子更需要智慧。这种智慧必须以充足的耐心作为根基。几乎所有的

---

① ［古希腊］柏拉图：《理想国》，郭斌和、张竹明译，商务印书馆1986年版。

家长对待自己的孩子都充满了爱，但有的孩子却感受不到爱，有的家长也不知究竟如何表达爱，甚至导致不少家长和孩子产生了隔阂。这些家长不禁自问："为什么我把所有的爱都给了孩子，孩子却离我越来越远？"这些家长的孩子甚至会认为："我的父母真的不爱我。"究其原因，很多时候是因为这些孩子的家长不知道如何表达爱。他们对孩子的成长成才十分迫切，但却不懂得耐心地去引导和帮扶孩子，甚至时常对孩子表现出一种不耐烦的情绪，以至于有的孩子感到害怕、胆怯甚至有距离感。

对于养育残疾孩子而言，家长的耐心就更是一种深邃的养育智慧。残疾孩子成长历程中要承受太多的艰难，心中积攒太多的心结。因为，许多事情并非他们不够努力，而是付出再大努力也可能力所不及；许多时候并非他们心胸狭窄，而是残疾孩子因残障所承受的各种心理负重绝非常人所能体会。所有这些，都需要家长用足够的耐心，不厌其烦地帮助他们跨过一道道的难关，苦口婆心地帮助他们化解一个个心结。在这个过程中，家长只要有一点不耐烦、不情愿、不乐意，残疾孩子的人生路上就有可能竖起一道更高的坎儿，残疾孩子的内心深处就可能产生不可承受之重。如果说养育残疾孩子有什么诀窍，那么耐心就是最为深刻的养育智慧。

当年，"可能弱智"的预言始终是悬在父亲头上的一把剑。为了开发我的智力，父亲对我的教育十分耐心，从小就为我制定了"0岁教育方案"。我小时候不像现在家教资源这么丰富，有几张识字卡片就很不错了。那时我家住在偏僻的滨北农场，距滨州市区有五十多里路，买书很不方便。于是父亲就土法上马，把母亲从卫生所拿回来的空药盒剪成卡片，用毛笔在上面写上字，然后再一个字一个词地教我。有一次，父亲给我买回来一套《小龙人》画书，我欣喜若狂，如获至宝，就缠着父亲一遍一遍给我念。父亲在40里外的学校上班，每天早出晚归，工作十分辛苦，但总是不厌其烦地给我念画书。我不记得父亲到底给我念了多少遍，但后来我能把六本《小龙人》画书倒背如流。就这样，尽管我从小没有上过一天幼儿园，但在家人的精心教育下，我上学前就认识了八百多个汉字，会背诵一百多首儿歌和古诗，会口算100以内的加减法。

耐心是一种理念和态度，也是一种能力和水平，还是一种追求和境界。下面有一组数据，都是我的父母做过的，他们甚至比这个坚持得更好。我在这里把这组数据列出来，供广大家长参考：家长一天陪残疾孩子锻炼30分钟，教孩子学习30分钟，给孩子按摩30分钟，一年就是32850分钟，十年就是 328500 分钟；如果一天教孩子认识一个字，一年就是 365 个，十年就是 3650 个字；如果三个月教会孩子一个生存技能，一年就是 4 个，十年就是 40 个，孩子就基本可以生活自理了。

　　耐心是智慧的艺术，耐心也是希望的艺术。在家长的耐心教育和呵护下，残疾孩子的身体功能得到最大限度的恢复和完善，潜能得到最大限度地挖掘和发挥。可以说，每一位把残疾孩子养育成人甚至培养成才的家长都是家庭教育专家，希望每位残疾孩子的家长都能成为家庭教育专家，更希望您的孩子在您的耐心呵护下茁壮成长。因此，我的建议是：请您在养育孩子时，耐心、耐心、更耐心！

第二章　永远不要放弃

父母永不放弃是拯救残疾孩子的基石。残疾孩子不仅被剥夺了健全的身体，而且承受着因身体残障带来的生活、学习和社会适应等方面的多重困境，他们比谁都需要帮助，需要抚慰。如果家长狠心，残疾孩子的生命就可能戛然而止；只有家长永不放弃，并且持之以恒地努力，他们才有可能一步步走出残障的阴影，摆脱痛苦的深渊。

第一节　家长一松手孩子就会掉到地上

父母是孩子的第一监护人，而对于残疾孩子来说，父母监护的意义会更大，责任会更重，因为许多残疾孩子一旦离开了父母，就会寸步难行。通俗一点说，家长一松手，孩子就会掉到地上。

父母要时刻把孩子紧紧抓在手里、记在心中、帮助在行动上。爱，是人类最伟大的情感，爱孩子就意味着永不放弃。如果说健全孩子还经得起生活艰辛的磨砺，那么对于残疾孩子来说，家长只要一放弃，孩子这一生就很难有希望了。某省有一个"弃婴岛"，许多残疾孩子的家长把孩子扔在"弃婴岛"上，等待有关福利机构前来认领，自己回避抚养责任，希求社会福利机构为自己的不负责埋单。在国外，"弃婴岛"专门收留未成年少女意外怀孕生下的孩子，这些孩子一般都会被福利机构在指定地点接走，然后抚养成人。针对"弃婴岛"变成残疾孩子"收容岛"的状况，许多地方宣布关闭"弃婴岛"，这真是一件无奈的事情。相信丢弃残疾孩子的父母心情也十分复杂，面对孩子揪心的哭声，他们有的一步一回头，有的受不了良心的煎熬第二天又返回来认领，有的抱怨"自己的命不好，怎么生了一个残疾孩子"！家长们要明白，我们的社会还没有足够的承受能力，您的放弃，会让孩子本来残障的人生变得更加艰难，甚至生机渺茫。

我是一个幸运者。在我出生后住特护病房期间，大夫明确地告诉我父亲，孩子肯定会有后遗症，将来的人生走向可能是弱智或终生不会行走，会给家庭带来沉重的负担，委婉地暗示我父亲实在不行就选择放弃。放弃与不放弃，有时只是一念之间的事情，对于医院可能习以为常，而对于父母却是灵魂的考验。我的父母当年有许多次机会可以选择放弃，但他们都没有。当时，他们对我残障的具体程度心里根本没有底，更不可能想象到我会取得今天的成绩，但父亲还是坚定地许下了"我们一定要在孩子身上创造生命奇迹"的诺言。当年，这个诺言无疑是一场"生命之赌"，但从目前的情况看，他们赌赢了，并且我会让他们继续赢下去。感谢我的父母没有放弃，因为他们不仅给了我新的生命，而且给了我美丽的人生；您也应当感谢我的父母没有放弃，因为您不仅多了一个交流思想的朋友，而且我也让您见证了父母之爱的重量。

尊敬的各位家长，面对残疾孩子，我知道你们很苦很难，但再苦再难也请你们永远不要放弃。因为家长的永不放弃，一边牵动的是自己的良知和责任，另一边则肩负着残疾孩子的生命和未来。

第二节　不歧视、不嫌弃、不回避

著名作家马克·吐温曾说："19 世纪出现了两个了不起的人物，一个是拿破仑，一个就是海伦·凯勒。"海伦·凯勒为什么了不起？是因为她尽管既聋、又盲、又哑，但她却克服了常人难以想象的困难，成为著名的作家、教育家和演说家，创造了人类生命的奇迹。而连接这两点的桥梁，是父母和老师持之以恒的教育和不歧视、不嫌弃、不回避的正确态度。

有这样一组数据值得我们深思。我国某省约有 30 万残疾人，而办了残疾证的却不到 8 万人，还有 70% 的残疾人不愿办残疾证。美国纽约州立大学布法罗分校的一名老师曾经问我："'残疾证'是否体现了一种'污名化'的价值倾向？"我并不认为残疾证体现了一种"污名化"，残疾证是社会对每个残疾孩子状况的一种公共证明，是对残疾事实的社会承认，没有任何"污名"成分。一些残疾孩子的家长之所以不愿意办理残疾证，主要是大多数父母不能正视孩子的残疾，歧视、嫌弃、回避的心理在作怪。有的父母将残疾孩子视为负担，认为有一个残疾孩子是自己命不好，对孩子的前途不抱任何希望，缺乏教育培养的信心和耐心，更没有有效的养育规划和措施；有的父母认为孩子有病，常常怀有负疚心理，想方设法补偿孩子，认为保证孩子吃好穿好就行，事事包办代替，造成了孩子严重的依赖心理，自理能力和交往能力极差；有的父母也很想好好教育孩子，但行动缺乏持久性，容易一曝十寒，一遇到困难就打折扣；更有些父母不能正视现实，总认为自己有个残疾孩子是件没面子的事，不愿意对别人说起，整天将孩子禁锢在小天地里，人为地剥夺了孩子融入社会的机会，不知不觉中养成了孩子软弱、胆怯、自卑的个性，非常不利于残疾孩子的健康成长。

对残疾孩子不歧视、不嫌弃、不回避的一个最实用的标准，就是父母要永远用温和的态度对待孩子，用热忱的心去培养孩子。照顾残疾孩子十分烦琐，经常令人无法忍受。因此，家长要用十倍的爱、百倍的耐心、甚至千倍的气力善待自己的残疾孩子，教他们说话，教他们吃饭，教他们洗手洗脸，教他们穿衣叠被。残疾孩子大都十分敏感，心理非常脆弱，长期的弱势状态使他们性格变得急躁，心态极容易失衡。他们很会察言观色，大人脸上的一点不悦就会引起他们的心理波动。如果家长表现得不耐烦，让孩子感到自己被嫌弃了，孩子和家长就会成为对立的矛盾，从而影响家庭的和谐。

对残疾孩子，不但要不嫌弃、不歧视、不回避，更要科学地培养和教育。如果仅仅满足于让他们吃好、穿好，不去锻炼他们的自我生存能力，也是一种放弃的表现。因为人是自然存在、社会存在和精神存在有机统一的生命体，仅仅做到物质上的满足是不够的，无形中也是对他们人性整全性的一种剥夺。残疾孩子的家长一定不要回避孩子的残障，而应根据孩子的具体情况，制定科学的教育方案，千方百计培养孩子的自我发展能力，让孩子在自我发展中收获丰收的果实。

要让残疾人回归社会，首先必须从家庭做起；要给残疾孩子营造一个幸福的家庭，最根本的就是父母不能放弃。所有残疾孩子的父母，都应当尊重和关爱残疾孩子，不要放弃自己的责任，更不要让孩子逃避社会，尽量让孩子参与到社会中来，通过共同的努力实现他们的价值。

亲爱的家长朋友，请您天天微笑着善待自己的残疾孩子吧，因为歧视于理不通，嫌弃于心不忍，回避于事无补。

第三节　残疾孩子也是家庭宝贵的财富

有人问一位残疾孩子的父亲："你怎么看待你孩子的残疾？"这位父亲绝妙地答道："这就像坐飞机，本来我的目的地是巴黎，并且我对巴黎充满了无限美好的憧憬，可是，飞机中途出了点故障，我只能去荷兰。当时我的确感到很遗憾，也有些失意，但当看到荷兰美丽的郁金香和风情无限的风车时，我感到真是不虚此行，因为我看到了别样的风景。"所以说，残疾孩子同健全孩子一样，也是家庭宝贵的财富。

我的父亲不止一次对我说："儿子，你是爸妈最宝贵的财富。"我想是的，对于父母，每个孩子都是独一无二的，不论高矮美丑，不论富贵与贫穷，也不论健全与残疾，都是父母的心头肉，都是一个家庭不可或缺的成员。

什么是财富？不同的人有不同的理解。有人把金钱豪宅视作财富，有人把学富五车视作财富，也有人把健康的身体视作财富，而把残疾孩子视作财富，却需要勇气、毅力和付出。

我虽然患有运动功能障碍，但我的父母一直把我当成家庭财富来开发，始终不放弃对我的康复治疗。从我一岁开始，无论是盛夏还是严冬，我的父母每天都轮流给我按摩，一次一两个小时，一年365天，天天如此。就这样，父母整整坚持了七年。在这2500多天的坚守中，父母运用各种按摩手法，时而为我揉腿搓脚，时而给我松弛肌肉。我记忆最深刻的是，为了增强我双腿的力量和协调性，父亲就抓住我的双脚，让我朝他的方向练习"蹬伸"动作，一次15分钟以上，这需要父亲强有力的控制能力和腰腹力量，幼年的我每每练到这个动作就感到兴奋异常，仿佛做游戏一般，可如今回想起来，父亲每一次都是满头大汗，几天下来都会出现腰肌酸软的症状，足见父亲的辛苦。正是这样的坚持，换来了我今天相对自如的行走；正是这样的坚持，让我学会了打篮球、乒乓球、羽毛球；正是这样的坚持，为我完成小学到博士的学业、登上三尺讲台、不断追逐自己的梦想奠定了坚实的基础。

亲爱的家长朋友，当您把残疾孩子当作家庭宝贵的财富时，您的眼前便打开了一片辽阔的天空。您会信心十足地制定孩子的培养规划，您会充满希望地仔细观察孩子一天天的微小变化，您会心满意足地享受孩子每一天的点滴进步。当您的这笔财富保值增值的时候，您收获的是人类美德最昂贵的报酬。

第四节　坚持、坚持、再坚持

2010 年 11 月 20 日，来自东莞的母亲韩群凤溺死双胞胎脑瘫儿一案震惊全国。2011 年 4 月，韩群凤的丈夫给法院写了一封求情书，请大家签名支持，超过 1000 人签名选择了原谅，他们签下 10 页纸的求情书，请求法官同情这位母亲；2011 年 6 月 28 日，韩群凤一审被判刑 5 年。

为什么会有这么多人为一个溺死亲生儿子的母亲求情？这看似荒诞不经，但的确蕴含着人类深邃的伦理之思。韩群凤固然有罪，但也的确值得同情。韩群凤早年曾任银行大堂经理，1996 年生下了一对双胞胎儿子，均被确诊为脑瘫，但她并没有放弃对儿子的治疗。儿子在一名按摩师的治疗下逐渐有了知觉，为了使儿子能够更方便地接受按摩师的治疗，她在按摩所附近租了一套房子，仅一个月的按摩费用就要五千多元。为了全心照顾两个孩子，她辞去了银行的工作，并且拒绝再生孩子。13 年来，为给儿子治病，她和丈夫至少花了 100 万元，家财耗尽，身心俱疲。2010 年冬，她因付不起房租而将孩子接回家中，自己亲自照顾孩子，但是两个孩子依然没有根本好转，十几岁的孩子独自站立都异常艰难，韩群凤彻底绝望了。为减轻家中的负担和丈夫的压力，她给孩子喂了安眠药，将他们放在浴缸中溺死，然后自己喝了农药，企图自杀。儿子死了，可她却被医生救活了。

韩群凤事件是人伦的悲剧，亦是情与法的较量，它凸显出的是社会救济和保障制度的缺陷，表现出的是家庭养育者心理的脆弱和养育技能的缺乏。我们说韩群凤值得同情，但并不表明赞同她溺死残疾孩子并寻求自我了断的极端行为。面对这样两个残疾孩子的养育，其中艰辛令人难以想象，怎样让这样的家庭走出绝望，是一个现实的家庭问题，也是一个系统性的社会课题；不仅是一个伦理道德问题，也是一个关乎社会文明的课题。社会各界和每位公民都应严肃地面对这个课题，避免韩群凤式的惨剧再次上演。

韩群凤经历了一段从生双胞胎儿子的喜悦，到发现孩子脑瘫的痛苦、辞掉白领工作照顾孩子的隐忍，再到溺死两个儿子并自杀的崩溃，可谓尝尽了人生苦难。前13年，韩群凤甚至可以称得上是一位伟大的母亲，她坚持了13年，却没有做到坚持、坚持、再坚持，最终功亏一篑。

关于残疾孩子的教育成长，需要两个方面的坚持：一是家长的坚持。在面对残疾孩子永不放弃这方面，伟人邓小平为广大家长树立了榜样。在电视剧《历史转折中的邓小平》开头，是邓小平给儿子邓朴方擦背的画面，使邓小平的慈父形象深入人心，这是历史事实的真实反映。"文革"中，邓朴方因为下肢瘫痪无法站立，邓小平每天都为他擦澡、换衣服，经常累得满头大汗。在那段艰辛的岁月里，正是因为邓小平的坚持和不放弃，才有了中国第一位残联主席的光辉人生。二是残疾孩子自身的坚持。盲人艺术家孙岩，三岁失明，四岁时开始练习弹钢琴。他一只手摸谱，一只手找音阶，然后再换一只手摸谱，直至把整个曲谱背下来。一首三四页的普通曲谱，翻译成盲文乐谱却是厚厚的一大本。他出生在长春市一个普通的工人家庭，为了支持孩子的事业，他的父母辞职来到北京，靠打工供他上学，陪伴他到中央音乐学院古典钢琴专业学习。在这里，家长的坚持和孩子的坚持达到了完美的统一，于是才有了孙岩的成功。

如果说毅力是飞渡苦海、到达幸福彼岸的船只，那么坚持、坚持、再坚持就是划动船只的双桨。有人说，不幸是强者的进身之阶，也是弱者的无底深渊。强者之所以区别于弱者，正在于面对形形色色的挫折时，他们不懈奋斗，不达目的，决不罢休；而弱者，由于缺乏毅力才会在失败的泥泞之中越陷越深……

永远不要放弃，是做父母的准则。孩子有残疾，不是您的错，更不是孩子的错，孩子既然来了，就要珍惜自己与孩子的缘分。一个人不可能事事随心所愿，但只要尽了最大的努力，您就是优秀的父母。不求事事如意，但求无愧于心。只有这样，我们才能够坚持、坚持、再坚持。

在这里，我把童安格的《永远不要说放弃》送给大家，希望每一个残疾孩子家长和您的残疾孩子一起，永远不要放弃：全世界的不如意/都落在你的勇气/一波未平一波又起/你感到痛苦压力/不要怀疑/你需要的只是休息/不能沉溺/在悲观的情感里/请你不要放弃/永远不要说放弃/也永远不要再逃避/每天有人失去信心/也有人找到生命的意义/乐观悲观任由你/那问题永远是问题/不要灰心/留给自己一线生机/请你相信/生命中充满惊喜/只要你不放弃/永远不要说放弃/也永远不要再逃避。

第三章　当好孩子心中的山

对于每个孩子而言，父母就是他们心中的山，是孩子身体和心灵上的精神支柱。作为弱势群体，残疾孩子尤其需要父母这座山。

母爱如水，父爱如山。父母是孩子的第一任老师，不仅给了孩子美丽的生命，而且要给孩子美好的生活。父母要努力做好孩子心中的这座山，做好孩子前行路上的灯塔，因为孩子的言谈举止、理想信念、性格品德、能力智慧，处处都有父母的烙印，时时都有父母的影子。

第一节　当孩子需要关爱时

当孩子需要关爱时，父母这座山要给孩子一个温馨的家。

这是一座不平凡的山，从孩子出生时就陪伴着孩子，是孩子成长的奠基者。在孩子前行的路上，这座山要给孩子遮风挡雨，能给孩子披荆斩棘、铺路搭桥，引领孩子走上生命成长之路。生活中，能让孩子分享世间的美好，懂得孩子的喜怒哀乐，关照孩子的衣食住行；当孩子冷了、热了、饿了、渴了，能看到家人的笑脸，能听到家人问候的声音，能得到家人及时的关照。中学时，我写过一篇题为《拐棍的联想》的文章，我把我的姥爷、姥姥、爸爸、妈妈甚至弟弟都当作我行走的拐棍，因为没有他们我就寸步难行。我想，这就是这座山的含义。

如果残疾孩子没有一个温馨的家，那么他们的生存将注定十分艰难。在山东电视台《生活帮》栏目开播五周年庆祝活动暨"金海豚脑瘫救助计划"启动现场，我认识了小姑娘思祺。因为小思祺自幼脑瘫，她的父亲离开了她和妈妈，她和妈妈只好与卧病在床的姥姥一起相依为命。由于父亲的逃避责任，小思祺依靠的山塌了一半，治疗很不及时，身体发育十分缓慢，十岁的孩子只有四五岁孩子那么高，依然不会走路，出入要靠妈妈抱着。她的妈妈由于肩负着照顾她和姥姥的重任，找工作十分困难，有时甚至只能靠拾荒和乞讨过活。我从小思祺的眼神中看到了与她年龄极不相称的忧郁，特别是当她的母亲给我们介绍其父亲的所作所为时，我注意到小思祺面色凝重，眼神中充满了幽怨，足见父亲的离开给她带来了多大的心灵伤害。小思祺很懂事，非常体谅年迈多病的姥姥和坚强的妈妈，当听说山东电视台"金海豚脑瘫救助计划"要给她手术治疗时，她的脸上充满了无限的憧憬。我把我的第一本书《九童作文》送给她，衷心希望她的生活越来越好。

第二节　当孩子遇到困难时

当孩子遇到困难时，父母这座山要给孩子信心和力量。

残疾孩子的弱势地位，决定了他们从小就很容易孤独寂寞，渴望同情与理解。从生存哲学的角度看，弱势群体是指在生存发展区位和社会资源分配上处在弱势状态的人群。这种弱势状态主要表现为：经济利益的贫困性、生活质量的低层次性、承受能力的脆弱性、发展机会的稀缺性。残疾孩子处在弱势群体的最低端，个体生存能力差，经常需要别人的保护和照顾，在社会交往和社会竞争中处于极度不利的地位。

残疾孩子因为经受的失败太多，身心都很脆弱，特别容易失去信心，甚至会心灰意冷，自暴自弃。当孩子遇到困难的时候，父母这座山比什么都巍峨，比什么都可靠。作为父母，要及时了解孩子的困难，及时发现孩子的情绪变化，及时给予孩子心理上的疏导和行动上的支持，让孩子看到希望与前景，给孩子信心和力量。

我的父亲就是我心中的山。我曾在一篇文章《我的父亲》中写下了三个意味深长的主题句：父亲是我的守护神；父亲是我的领路人；父亲是我的助推器。守护神、领路人、助推器，我想这是对父亲这座山最好的诠释。当我需要他时，他总能出现在我的身边。我是一个爱思考的人，也是一个不安于现状的人，我有许许多多的收获与喜悦，也有许许多多的失落与烦恼，在奋斗中经常面临无奈与困惑。每当我的思想有疙瘩时，父亲总会和我促膝长谈，有时一次能谈两个多小时，直到我心平气顺，脸上绽开笑容。我说不出自己对父亲是怎样一种眷恋，也说不出对父亲是怎样的感觉，但我只觉得有父亲在身边，好踏实，好平静，好有信心，也好有希望。父亲的大手引领我迈出了人生的第一步，而父亲的心灵之手时刻护佑我跨越人生中的一道道关卡。父亲渐渐变老，我渐渐成熟，但父亲依然是我心中那座高大巍峨的山，直到永远……

第三节　当孩子遭到歧视时

当孩子遭到歧视时，父母这座山要维护孩子的人格和尊严。

对于残疾孩子来说，遭受歧视是常有的事。孩子受到了歧视，一些家长除了生气和委屈，办法却不多，直接影响了孩子的健康成长。

这是一个令人心酸的案例：有一个初中二年级的残疾学生，面对老师和同学的不公，他的家长与老师大吵一顿之后，就带着孩子愤然离开了学校，从此孩子再也没有返回学校的大门。实际上，这是一个很好学的孩子，离开学校后，他通过多种形式、多种渠道进行自学，终因基础较差，效果不理想，留下了终生的遗憾。还有些家长，怕孩子受歧视，就不让孩子出门，殊不知这本身就是另一种歧视，无形中造成了孩子的自卑封闭心理。

我应当感谢我的母亲，她在维护我的人格和尊严方面表现得坚定不移。小学时我走路不好看，还经常摔跤，一些调皮的同学就跟在我身后学我走路，有的还给我起绰号，伤害了我幼小的自尊心。每当这时，母亲总会第一个站出来，批评这种行为，对他们动之以情，晓之以理，教育他们要学会尊重别人。对于个别情节严重的，母亲还会与老师或者家长进行有理、有力、有节的沟通，直到对方意识到错误的严重性。

母亲的努力没有白费，学我走路的同学越来越少，起的绰号也没人再叫，歧视变成了关爱，同情我、帮助我、理解我的人越来越多。小学时我的成长环境不是很好，原因就在于个别老师对残疾存在偏见，给同学带来了错误的导向。初中时，我的成长环境有了根本的改善，在一篇《我最敬佩的人》的命题作文中，全班竟有2/3的同学写的"最敬佩的人"是我。那时，我感受到的不仅仅是被认可的光荣与自豪，更重要的是我感受到了一个残疾孩子的人格与尊严。

母亲当年的坚持驱除了我幼年时心中的阴影，让我能够更自信地学习、更平等地与人交往。现在，当我与同学们快乐游玩时，当我与领导老师们真诚沟通时，当我面对各类媒体采访时，我总能表现出一分淡定与从容。我想，如果没有母亲对我幼时自尊心和自信心的护佑，我是不可能做到这一切的。

第四节　当孩子幸福或悲伤时

当孩子幸福或悲伤时，父母这座山要与孩子同喜同悲。

幸福着他的幸福，悲伤着他的悲伤。家长要了解孩子的所思所想，知晓孩子的喜怒哀乐，与孩子同呼吸、共进退。孩子的内心世界是狭小的，也是博大的，只要您用爱去浇灌，孩子的内心就会变得美好，变得崇高，变得强大。

当孩子成功时，家长会同孩子一样幸福。孩子有了高兴的事，家长也一样高兴，这是很容易做到的事，但在这里要提醒的有两点：

一是不要小看残疾孩子的成功。对于健全人来说，残疾孩子的成功有时是微不足道的，但对于残疾孩子却是十分珍贵的，所以哪怕残疾孩子取得再小的成功，比如说孩子今天会用筷子了，会系扣子了，家长也要放在心上，并抓住机会鼓励孩子继续努力。

二是要引导孩子学会感知成功，享受幸福。残疾孩子一般爱好比较单一，追求比较执着，尽管通过奋斗取得了一些成功，但他们不太会感知，也不太会享受，或者只盯着成功的目标，而不去享受奋斗的过程。幸福是一种感觉，而幸福感也是需要学习、需要引导的。作家毕淑敏在《提醒幸福》中写道："享受幸福是需要学习的，当幸福即将来临的时刻需要提醒。"① 家长要善于提醒孩子学会感知快乐，学会拥抱成功，学会享受幸福，不断提升孩子的生活质量和幸福指数。

当孩子失意的时候，家长要和孩子坚定地站在一起。每个人都有失意的时候，但残疾孩子有其特殊性。他们失意的时候可能更多，失意的时间可能更长，失意的严重性可能更大，失意甚至会伴随着孩子漫长的成长历程。如何让孩子尽早走出失意，勇敢地面对生活，是每个残疾孩子家长必须要面对的重要课题。

---

① 毕淑敏：《毕淑敏专集：提醒幸福》，同心出版社 2012 年版。

　　家长千万不可和孩子一起失意、共同沉沦，而是要不断地为孩子输送生活的正能量。当孩子悲伤无助的时候，家长要做孩子的坚强后盾，给孩子安慰与关怀；当孩子失望彷徨的时候，家长要理解孩子，给孩子信心与力量；当孩子孤独寂寞的时候，家长要陪在孩子身边，和孩子说说悄悄话。家长是伞，为孩子遮风挡雨；家长是灯，照孩子走过漫漫长夜；家长是温暖，帮孩子度过雪花纷飞的寒冬；家长是向导，引孩子走向远方的路。

　　在《牵手》这首歌中，有这样的歌词：因为爱着你的爱/因为梦着你的梦/所以悲伤着你的悲伤/幸福着你的幸福/因为路过你的路/因为苦过你的苦/所以快乐着你的快乐/追逐着你的追逐……这是一首写夫妻感情的歌，但用于家长与孩子的关系，也是再恰当不过了。

第五节　当孩子成长时

　　当孩子成长时，父母这座山要与孩子一起成长。

　　家长应随时准备把自己变年轻，与孩子一起成长。记得中学时，老师在作文课上给我们出过这样两个题目："假如我来当老师""假如我来当家长"，目的是启发我们展开联想，让我们学会换位思考。今天我要反其道而行之，给尊敬的家长们出个题目："假如我来当孩子"。

　　我不敢指导家长们如何去写这篇作文，我想说的是，您要经常把自己变年轻，最好变成孩子，把自己和孩子之间的代沟抹平，与孩子一起成长。哲学解释学追求一种"视域融合"，即任何解释者在理解前人的文本时，都是带着自身的"先入之见"的，我们要竭力破除这种"先入之见"的影响，追求解释者将视域置于文本当时的视域中，实现彼此视域融合，获得更接近于文本本身的正确解释。家长和孩子的教养和沟通过程本质上亦是一种理解和解释的过程。要想成为出色的家长，就应该学着把自己看待世界的视野和孩子看待世界的视野有机融合。用心去体会孩子的内心世界，试着用孩子的眼光看世界，您就会与孩子有共同语言；您要培养与孩子共同的兴趣、爱好；您还要与孩子一起学习、一起思考。我的父亲是一个在我的不同成长阶段，陪伴我共同学习和思考的人。我上中小学时他能给我指导，上大学时他能与我探讨，即使我读博士，做大学老师了，他仍能给我一些很有价值的建议，时常让我受益匪浅。父亲常说，他喜欢与我和弟弟在一起，因为这时他感到自己变得年轻了许多。

希望残疾孩子的家长们经常把自己想象成孩子，甚至想象自己同孩子有一样的残疾，想象同孩子有一样的经历，想象同孩子有一样的心情。站在孩子的角度上找答案，感受孩子的喜怒哀乐，您会在教育孩子上有豁然开朗的感觉。

奥地利心理学家阿尔弗雷德·阿德勒说："父母之爱的真正本质在于关心孩子的成长。"[①] 而最好的关心，就是经常把自己变年轻，做孩子的知心朋友，与孩子一起成长。

当然，做孩子心中的山，但不要永远做孩子的"靠山"。对于残疾孩子而言，家长的爱可能尤为深重，甚至愿意一辈子为孩子挡风遮雨、包打天下，这无形中强化了孩子"等、靠、要"的依赖心理，在家长得力的时候靠家长，家长老去的时候靠社会，甚至产生"我是残疾人，你们都应该来帮助我"的自私心理。因此，家长既要当好孩子心中的山，又要教会孩子自己走路，最终目的是让孩子能够摆脱对这座山的依赖，用自己的双手打拼出真正属于自己的那片天空。

山高大，给了孩子蓝天；蓝天广阔，给了孩子梦想；梦想深远，让孩子看到了希望的前景。家长朋友，请您当好孩子心中的山，做孩子最信赖的人，教会孩子走自己的路。

---

① ［奥地利］阿尔弗雷德·阿德勒：《阿德勒的儿童性格教育》，马丽译，中国妇女出版社2015年版。

第四章　信心比什么都重要

面对人生的残疾危机，无论是残疾人还是残疾人的家长，都应当坚定地说：信心比什么都重要。

第一节　信心是一种积极的心理品质

信心表征着人们对自己和他人的能力及发展前景的肯定，是一种积极的心理品质，更是一种促进成功的催化剂，它使人自强，催人奋进。人只有有信心，才能不断肯定和发展自身的能力，成为乐者、智者和勇者，最终到达光辉的彼岸。

信心是一种人生态度。有信心的人是乐者，他们具有正确的世界观、人生观和价值观，热爱生活，感恩生命，不管遇到多少困难与挫折，都能微笑着正确面对，始终保持积极的人生态度，感到生活充实，生命快乐，人生幸福。

信心是一种能力。有信心的人是智者，聪明机智，遇事办法多。拥有自信心的人更容易相信自己的能力，常会得到更多的锻炼机会，创造更多的业绩，使自己成为更有能力的人，并逐步成为各界的骨干、精英乃至领袖。

信心还是一种勇气。有信心的人是勇者，有强烈的竞争意识，可以抓住哪怕万分之一的机会，在不断战胜困难中享受成功的愉悦。一个真正拥有信心的人，不会让自己的人生随波逐流，他会扼住命运的喉咙，成为生命的主人。

第二节　家长自己要有信心

残疾孩子是一个最容易失去信心的群体，因为他们遇到的困难太多太多；残疾孩子的家长也是一个很容易失去信心的群体，因为他们要把残疾孩子培养成人太难太难。但是，家长要让孩子有信心，家长自己首先要有坚定的信心。

有人曾经问过我的父亲："您对孩子残疾犯过愁吗？"父亲平静地回答："愁没有任何用处，老天不会因为你的犯愁，就让孩子的病好了，关键是怎样把事情做好，让孩子向好的方面发展。"

我也曾经问过我的父亲："爸爸，您对我的残疾犯过愁吗？"父亲同样平静地回答："儿子，我经常忘记你的残疾，甚至我有时不相信你有残疾。我同你在一起很快乐很幸福，我始终相信你会一天比一天变得更好。"

心理学大师弗洛伊德指出："受到父母无限宠爱的人，一辈子都保持着征服者的感情，也就是保持着对成功的信心，在现实中也经常取得成功。"当然，这里的"无限宠爱"不是盲目的溺爱，而是对孩子正确的关爱、引领和教导。我很幸运，因为我的父母对我是有信心的，因而我从小就自信，极少自卑，这也成了我人生之路上的精神财富。但是，并不是所有的家长对自己的残疾孩子都有信心，甚至有相当一部分家长对自己的残疾孩子很没有信心，这对孩子的康复与成长是十分不利的。

2010 年上海世博会期间，农工民主党中国初级卫生保健基金会和搜狐网等多家媒体在上海明珠医院举行了"海豚计划——全国百万贫困脑瘫儿童救助"启动仪式，我受聘为"中国脑瘫救助海豚计划爱心大使"，在仪式上介绍了自己的成长历程。基金会的林胜利主任告诉我，之所以请我作这个事迹报告，是因为基金会要和上海明珠医院合作，准备给第一批 16 名脑瘫儿童做手术，可是家长和孩子对病情的康复和未来的发展都没有信心，让我来现身说法，以增强家长和孩子的信心。

我很高兴，因为我的发言达到了这个效果。当我到病房赠送我的《九童作文》和《仰望星空》两本书时，家长和孩子都表示要主动配合治疗，出院后积极锻炼，争取早日康复。

2014 年 6 月，我赴山东省滨州市无棣爱心医院看望了八十多位脑瘫儿童，医院的高祥治院长告诉我，家长对孩子的康复治疗信心不足，希望我能好好鼓励他们。我诚恳地给家长和脑瘫患儿讲述了自己的成长故事，鼓励他们一定要树立战胜病魔的信心，把孩子培养成人。家长们惊诧地望着我，许多人不住感叹："原来这样的孩子也能成为博士啊！"我说："只要您不放弃，时刻充满信心，您的孩子也一定会一天比一天好起来！"

第三节　如何培养孩子的信心

自信与自卑是一对反义词，此消彼长。自信是需要逐步培养的，在自信增长的同时，自卑心理也会得到逐步克服。培养残疾孩子的信心，与健全孩子有一致性，也有其独特性。

归纳起来，大致可以采取以下九种方法：

方法一：帮助孩子制订一个科学合理的自强计划。制订科学的自强计划，有助于推动残疾孩子在具体可为的实践中不断增强信心。家长帮助制定的目标一定要具体、符合实际、可衡量、易实现，让孩子从实现目标中体味成功的快乐。家长要帮助、督促孩子计划的实施，让孩子时时体验自己的自强，天天看到自己的进步，慢慢树立自己的信心。

方法二：关注孩子的优点。家长要做好三件事：

一是与孩子一起在纸上列出孩子的若干个优点，不论是哪方面的，比如细心、说话好听、眼睛好看、记忆力强等，多多益善。

二是引导孩子发展这些优点。在从事各种活动时，想着怎样发展这些优点，这样有助于孩子提升从事这些活动的自信，让孩子不断向自己的内心灌输正能量，输送强心剂，这叫作"自信的蔓延效应"。这一效应对提升孩子自信效果很好。

三是经常夸赞孩子的优点。家长千万不要吝啬对孩子的称赞，应经常对他说"你真棒"，让孩子经常有一种"被承认感"。残疾孩子最需要的就是家庭和社会的承认。可能您会发现这样一个规律，相比于健全孩子，残疾孩子往往更愿意或隐或显地诉说自己的成功。我见过很多残疾孩子，他们时常把自己的奖状、证书拿给我看，甚至把受到的一次表扬说给我听。我本人其实也愿意与我的亲友分享我的成功。不是因为炫耀，而是因为残疾孩子取得一点进步都非常非常不容易，他们亟须他人和社会的承认，并在这种承认中找到自身对于社会的"存在感"和"价值感"。如果家长能够及时表扬和肯定自己的孩子，孩子就会看到自己的长处，肯定自己的进步，认为自己真的很棒，从而不断增强自身的信心；反之，如果经常受到否定、轻视、怀疑，经常听到"你真笨、你不行、你不会、你还是算了吧"的评价，孩子也会否定自己，对自己的能力产生怀疑，从而产生自卑感。

美国一个小学曾做过这样的试验：老师先入为主地认为18名学生具有"最佳发展前途"（虽然孩子是随机挑选的），并常给这些孩子正面评价，结果真的激发了他们的自信，这18名学生表现得越来越出色。所以，如果希望孩子有自信，您就要坚信孩子是有能力的，并且也让孩子坚信自己是有能力的，那么孩子就会越来越努力，然后真的变得越来越有能力。

方法三：发掘孩子的潜力。人的信心总是要以足够的实力作为物质基础的。增强残疾孩子的实力在于对其潜能的挖掘和培养，家长要善于发现孩子的优势并加以培养。对于残疾孩子来说，腿残了却能唱好听的歌，耳聋了却能画好看的画等。事实上，我们每个人的能力都是有限的，我们的一生如果能做好一件事，或者是保持好一个特长就很不容易了。残疾孩子的能量看似缺乏，实际上只是被外表的残疾"藏"了起来，家长就是要帮助孩子找出这些潜藏的能力，善于挖掘孩子的优势，使其获取成就感，增加愉悦的情绪体验，逐渐树立自信心。国际激励大师约翰·库缇斯天生严重残疾，没有腿，身患癌症，受尽歧视和折磨，但他却取得了板球、橄榄球教练证书，能开车，能游泳、潜水，能溜滑板，能打乒乓球和网球。他的故事感动了许多人，激励了许多人，也改变了许多人。

方法四：多听取孩子的意见和建议。家长的认真倾听对孩子产生自信心至关重要。家长一定要尊重孩子，尊重孩子的思想火花，尊重孩子的自尊心。孩子的灵性就像早晨小草上的露珠，既晶莹剔透，又摇摇欲坠，家长一定要学会保护，做那个善于"收集露珠的人"。任何有关孩子的事，不管是生活上的还是学习上的，都要尽可能倾听孩子的意见，孩子说的有道理要进行适当的点拨；即使您认为是不正确的，也要尊重孩子的想法，给出诚恳的建议，千万不要粗暴地予以否定。事实证明，家长越喜欢倾听孩子的意见和建议，孩子就越喜欢同家长交流，说话也会越来越自信；反之，如果家长经常粗暴地否定孩子的意见和建议，孩子就会变得郁郁寡欢，变得越来越自卑。这说明，孩子的信心会在尊重中成长，也会在否定中枯萎。

方法五：鼓励孩子敢于展示自己的风采。残疾孩子由于各种缺憾，往往见人躲着走，不敢与人说话，这实际上是极不自信的表现。我的父母从小就培养我讲故事的能力。小学时，同学们经常围着我请我讲故事，《刘家五兄弟》《打虎英雄》等故事，我给同学们讲了几十遍，在学校故事比赛中获得了"十佳故事大王"称号。多年后，我之所以敢于在大学课堂上积极发言，敢于面对各类媒体从容应答，敢于给上千人作事迹报告，应该说得益于平时的锻炼。残疾孩子大多比较胆小，家长要经常引导孩子练习正视别人，与人交谈要用有力的目光注视对方，并且保持笑容，因为当笑对他人时，孩子自己也会收获一种积极的心理暗示。当孩子有了一定的自信心后，家长还要经常引导孩子练习当众发言，培养当众探讨和辩论的能力。亲身经历告诉我，残疾孩子也可以展示自己的风采，更可以在展示风采中树立自信心。

方法六：让孩子多参与力所能及的活动。在家庭生活中，每次出门，不管是拜访亲友还是外出旅游，千万不要撇下残疾孩子，而是要让残疾孩子走在前头，给全家带路。家长可以有意识地与孩子争论一些问题，自己站在错误的立场上，让孩子在争论中取胜，然后及时予以表扬鼓励。千万不能总让孩子输，更不能在日常生活中以老压小，使孩子难堪；当然也不能总让孩子赢，注意避免孩子产生骄傲自满情绪，使自信变为自负。要引导孩子辩证地看待输赢问题，使孩子的自信具有更为坚实的思想基础。在社会生活中，不论是开会、听课、看演出，除非是对号入座，否则一律挑最前面的位置坐（当然要遵守公德），培养孩子敢于走向社会舞台的勇气。

家长千万不要因为孩子有残疾，就不让孩子与小朋友们一起活动。家长一定要积极给孩子创造各种条件，帮助孩子融入同辈群体。例如，可以在合适的时机邀请孩子的同学、朋友来家里玩儿，充实孩子的课余生活。家长一定要对自己的孩子充满信心，千万不要让孩子回避父母的同事、同学和朋友，而是要主动向别人展示自己的孩子，让孩子融入各类活动之中。活动的过程，既是与人交往的过程，也是培养自信心的过程。这里强调"力所能及"，就是参加活动一定不能盲目，要根据孩子的身体状况有所选择。比如，孩子腿不好，可以让他参加唱歌、朗诵等，而不能盲目要求其参加运动会、马拉松等活动。通过参与活动给孩子创造融入健全人的机会，提高孩子的"融入能力"，这对于孩子信心的培养和今后的生活十分重要。

方法七：教会孩子怎样应对别人的歧视。对于残疾孩子来说，受到别人的歧视是常有的事，怎样应对也是一种能力。家长要从以下三个方面教育孩子：

一是当别人看不起你时，你要用自强赢得尊重。你之所以被人看不起，是因为你不够强大——没有人歧视强大。你要努力把能做到的事情做到最好，让别人看到你的优秀。

二是当受到别人冷落时，要善于激发他人的爱心和善心。随着社会的文明进步，残疾人这个弱势群体越来越受到尊重，要坚信绝大多数人是有爱心和善心的，所以当受到别人冷落时，一定不要抱怨和冲动，而是要动之以情、晓之以理，把人们的爱心和善心激发出来。

三是当受到别人嘲笑时，一定要勇于挺起胸膛。孩子走路不好，会有人在后面跟着学；孩子说话不好，会有人在旁边模仿或讥笑等。这时应告诫孩子千万不要自惭形秽，而是要正视对方，大步走路，大声说话。这里最用得着那句名言："走自己的路，让别人去说吧！"

方法八：引导孩子科学上网、看电视。网络和电视是信息时代的两大窗口，是残疾人认识世界和参与社会的重要平台。他们在分享社会科技进步成果的同时，可以在这里找到更多的自信。

网络这个虚拟世界，是对现实世界的拓展和延伸，它比现实世界更丰富更精彩。在虚拟世界中，平等化和符号化是鲜明的特征。平等化是指每个人都可以成为主角，都能与他人平等沟通交流，不存在因等级、残健产生的不平等状况；符号化是指每个人在网络世界中都有一个代号，这个代号就是你，你就是这个代号，不存在残疾或健全、贫穷或富有之分。网络可以"消除"残疾，也能让残疾孩子忘却残疾，许多残疾人在现实中做不到的事，在网络上可以做到。他们可以通过游戏成为球星，可以通过网上开店成为富翁，可以通过网上写作成为作家，可以通过网上发帖使自己的困难得到解决……网络是一把"双刃剑"，虚拟世界鱼龙混杂、良莠不齐，家长一定要对孩子上网进行有效引导和监督，激励孩子关注健康向上的网站，自觉抵制黄赌毒等有害网站，特别是要引导孩子学会辨识具有政治蛊惑性和社会欺骗性的舆论信息，在上网中培育正确的世界观、人生观和价值观，在对网络世界的探寻中树立认识社会和参与社会的信心，获得报效社会的力量。

在看电视方面，家长要让孩子多看一些正能量的节目。看电视是需要选择的，好的节目有利于孩子的健康成长，而有的节目则有可能对孩子产生负面作用。对于一些大品牌的节目，家长最好和孩子一起收看，比如中央电视台的《开讲啦》《星光大道》和"感动中国"颁奖仪式等，都是很好的节目，能对孩子产生良好的真、善、美教育。

家长既要支持孩子在网络、电视中完成自我超越和自我实现，也应正确地加以引导，避免孩子沉迷网络和电视，出现网瘾、电视瘾现象，更要注意引导孩子正确认识虚拟和现实的区别。虚拟世界实现了残疾孩子在现实中无法实现的理想，因此从中获取的自信也带有一定的虚拟性，而在转入现实后又会因实际生活的重压而盲目自卑。家长应教育孩子不仅能走进虚拟世界，而且能走出虚拟世界，在认识虚拟和现实区别的基础上，把从虚拟世界中收获的信心移植到现实中来，在现实的生活实践中收获美好未来。

方法九：鼓励、鼓励、再鼓励。这是最重要的一点，是培养孩子自信心的根本。没有鼓励孩子就不能健康成长，每一个孩子都需要不断鼓励，就好像植物需要阳光雨露一样。但是，尽管大多数家长都明白这个道理，可真正能做到、能做好的却不是很多。

一要适时鼓励。抓住孩子成长的节点与时机，及时进行鼓励。如果你想培养自信的孩子，最好留意你用的每一句话、每一个词，多做肯定性评价，比如，"我相信你一定能做到""这件事我对你有信心"。

二要适度鼓励。古训曰："过犹不及。"(《论语·先进》)① 对孩子鼓励要有分寸，不要过分地赞扬孩子，以免孩子产生骄傲情绪。

三要适情鼓励。对孩子赞美要具体一些，说出细节，比如，"你今天很有礼貌""你今天在演出中表情很好"等。鼓励是对孩子成功的肯定，一个经常享受成功的孩子，必定是一个信心十足的孩子。

"信心"是希望之"桥"，这是一条把孩子引向成功的桥。所以，建议家长朋友要千方百计地树立自己和孩子的信心，因为信心比什么都重要。在此引用一首诗，与各位家长分享：批评中长大的孩子，责难他人/敌意中长大的孩子，喜欢吵架/恐惧中长大的孩子，常常忧虑/嘲笑中长大的孩子，个性羞怯/猜忌中长大的孩子，容易妒忌/羞耻中长大的孩子，自觉有罪/鼓励中长大的孩子，深具自信/宽容中长大的孩子，能够忍耐/称赞中长大的孩子，懂得感恩/认可中长大的孩子，喜欢自己/分享中长大的孩子，慷慨

---

① 孔子：《论语译注》，杨伯峻译注，中华书局2006年版。

大方/诚信中长大的孩子，理解真理/公正中长大的孩子，极富正义/尊重中长大的孩子，懂得尊敬/信赖中长大的孩子，不但信任他人也信任自己/友善中长大的孩子，不但爱他人也爱自己。

亲爱的家长朋友，您给孩子信心了吗？

第五章　抓住治疗黄金期

一般而言，疾病都有一个治疗黄金期。在这个黄金期内，治疗效果最好，恢复水平最高，是减轻疾病痛苦甚至摆脱残疾状态的最佳时机。

第一节　不要错过治疗黄金期

在这里，我想结合自身经历和参与各类脑瘫救助活动的情况，重点就脑瘫的早期治疗问题提出自己的几点建议，希望能给大家一点启发。

脑性瘫痪（Cerebral Palsy），简称脑瘫，是自受孕开始至婴幼儿期非进行性脑损伤和发育缺陷所致的综合征，主要表现为运动障碍及姿势异常，常合并智力障碍、感知觉障碍、交流障碍、行为异常及其他异常。脑发育不良、产伤、黄疸过重、持续高烧等都可以引起脑瘫。脑瘫分为痉挛型、肌张力不全型、手足徐动型、共济失调型、混合型等类型。

生育儿女是家庭中的大喜事，但家长在高兴之余，一定要保持清醒头脑，如果发现宝宝有什么异常，要及时到医院诊断，一旦不幸被诊断为脑瘫，千万不要惊慌失措，应当相信科学，以免错过治疗黄金期。

科学研究证明，人的大脑发育进程大致为：出生时脑重量 350～400 克，是成人脑重的 25%；六个月时脑重为出生时的两倍，占成人脑重的 50%；两岁时脑重为出生时的三倍，约占成人脑重的 75%；三岁时接近成人脑重，以后发育速度减慢。由此可见，尽管人身体的发育会一直延续到成年之后，但是脑部的发育主要在三岁之前。婴儿在半岁之前，脑部的发育是以加速度进行的，如果说三岁之前是脑部发育黄金期，那么半岁之前就是"黄金期中的黄金期"。

根据大脑发育的规律，脑瘫孩子的大脑发育与外界环境特别是与康复和教育密切相关。事实证明，孩子在三岁之内，良好的信息刺激对脑功能和脑结构的发育有着重要的影响。人体内的能力绝大部分是潜能，只有给予丰富的信息刺激，才能使这些潜能更好地发挥出来。在发育的黄金期，这些潜能也相对更容易被激发出来，一旦错过了这个时机，有些潜能就会消退，也许永远都激发不出来了。因此，如果能抓住大脑发育的关键时期，坚持进行脑部的康复治疗，就可以最大限度地补偿受损的脑细胞功能，开发宝宝的脑部潜能。

由此，我们可以明确地说，孩子三岁前是脑瘫治疗黄金期，家长应当牢牢地抓住。那么，是否过了三岁治疗就无效了呢？也不是。根据我接触的一些脑瘫患者和我个人积累的经验，七岁前应当为"次治疗黄金期"，12岁前应当为"再次治疗黄金期"，而一生中有力、有序、有效的康复训练为"追加性治疗黄金期"。从某种意义上讲，无论是脑瘫患者，还是其他的残疾人，都要树立一种终生康复的理念，因为持之以恒的康复训练将是不变的治疗黄金法则。

第二节　对残疾要积极治疗

在孩子小的时候，许多家长由于各种原因，不愿意或者不敢承认自己的孩子有残疾，有意无意地回避孩子的残疾，从而贻误了最佳治疗时机。承认孩子残疾并不丢脸，需要帮助也并不意味着失去自尊，给孩子治病更是理直气壮的事情。如果能坦然面对残疾，理性面对现实，很多事情并没有想象的那么糟糕。

其实，从广义上讲，许多健全人也有残疾现象，比如许多人都或多或少地有过心理障碍等，这是个体成长和发展过程中难以完全克服的问题。犹如残疾的产生是人类不可避免的代价一样，只不过残疾人身体及其功能的特殊性更加明了而已。因此，家长在对待自己的残疾孩子时，正确的态度应当是正视而不回避、尊重而不嫌弃、积极而不气馁。

下面这个案例会极大地增强我们对脑瘫治疗的信心。梦梦出生时脑部受损，被多家医院诊断为脑瘫。像这种情况，以往100%会留有后遗症。幸运的是，孩子的父母给孩子治疗非常及时，从孩子出生第五天开始，梦梦就在医院开始综合康复治疗，包括功能训练、高压氧和药物治疗等，共做了八个疗程的治疗。出生后的第一年，梦梦基本上是在医院度过的。到梦梦十个月的时候，其发育已经基本赶上正常儿童，到一岁零一个月的时候，梦梦不仅脑部核磁共振复查完全恢复了正常，而且学会了走路，简直是生命的奇迹。

三岁以前是婴儿脑部发育的黄金期，只要父母懂得如何开发，及时向相关的专业医学机构寻医问诊，就会为孩子今后的成长开辟一条光明大道！这是体会，也是事实，更是结论。

第三节　学一点医学知识

我的父母为了我的康复，学习了很多医学知识，甚至在气功盛行的时期，父亲还到北京学习过气功，并领着我练过两门气功。虽然气功不像宣扬的那么神奇，但有些功法深得中医精髓，对调养身体有一定积极作用。除此之外，父母更多的是从康复训练上下功夫，并辅之以必要的药物治疗，而且长期坚持，特别是在关键时期没出现过任何间断。北京博爱医院的脑瘫治疗专家看到我之后，不禁感叹："按照当前世界医疗水平和脑瘫康复标准，这已经算是康复了！"我之所以能康复到现在这个程度，是与父母懂得一些医学知识密不可分的。

一是了解致残原因，避免残疾。避免残疾，就是从源头上进行预防。各位母亲在孕期，一定要避免感冒，尤其不要发烧，尽量少吃药，最好不吃药，如果非吃不可，一定要向医生咨询，严格遵循医嘱。要定期进行孕期检查，随时了解宝宝的发育是否正常，一旦发现畸形要果断终止妊娠。为了避免残疾，要了解一些分娩知识，还要在分娩时果断地与大夫进行沟通，当大夫不耐烦或不负责时，应适时采取应对举措。听母亲讲，她怀我时胃口很好，我发育得非常好，每次检查都很正常。分娩时，母亲来到滨州某人民医院，她告诉大夫，自己现在看起来挺胖，但怀孕前很瘦，怕分娩困难，能不能考虑剖腹产。大夫不以为然地说："你这么大个子生个孩子还不容易。"后来才知道，这个医院计算顺产率，他们把剖腹产归入了难产。在母亲分娩过程中，接生大夫回家去接待亲友两个多小时，母亲从开始分娩到我降生，产程长达五个多小时，由于缺氧窒息导致了脑瘫，一个本可避免的悲剧就这样发生了，世上又多了一个残疾人。

二是学点育儿知识，减少残疾。下面两个事例说明科学育儿的重要性。

我在北京儿童医院看病时遇到江苏的一个小病友，小姑娘长得很漂亮，本来已经能说能跑能玩，不想三岁时的一场高烧，使她成了脑瘫患者，别说说话和跑步了，甚至连吃东西也变得困难，看了让人心酸。我的一位表哥小时候也很健康，一岁时生了病，由于用药不当造成了永久性耳聋，虽然表哥后来上了聋校，也找了一份工作，但却只能用手语和书写与人交流。这两个事例给我们的启示是，孩子有了病一定要及时治疗，并且要做到科学用药、规范用药。各位家长应及时向医生咨询，多利用网络、医学书籍了解医学常识，努力加强医学修养，把不可控的因素降到最低限度。

三是学一点中医知识，促进康复。中医理论博大精深，与老百姓的生活密切相关，有些比较容易学，比如，按摩、食疗、四季养生等知识，家长学一点，对自己和孩子都很有好处。小时候父母经常给我按摩，我虽然当时什么也不懂，但觉得很舒服，常常在父母的按摩中甜甜地入睡。我想，这对我功能的恢复与心智的成长应当是大有益处的。

第四节　尊重医学但不迷信医学

孩子患了脑瘫，首先应当到正规的医院治疗，这是毋庸置疑的，但是，对医学决不能迷信，更不能过度依赖。

其一，把医学治疗与自我康复有机结合起来。我有一位病友，小时候病情不比我重，但他的家长过度依赖药物治疗，不注重日常的康复锻炼，尽管他做了两次手术，结果到目前仍然难以行走，更没有上学读书。这个事例告诉我们，医学是科学，但有局限性。从哲学的角度看，在治疗各种疾病时，药物和手术作为一种外因作用于人体，这种外因必须要通过人体自我调控这个内因才能发挥作用。我们要相信，人体自身有着出众的自我净化和自我修复功能，本身就是一种最有效的"大药"。要提高治疗效果，必须要把人体本身的积极能量调动起来。特别是对于脑瘫这样的顽症而言，持久的康复训练是恢复机体功能的有效途径。我们要相信医学，相信药物的科学应用；但不能过度依赖医药，要把药物治疗和科学的康复有机结合起来，才能取得最佳康复治疗效果。

其二，对医院和药物慎重选择。当前，随着时代的发展，治疗脑瘫的医疗机构越来越多，但由于脑瘫疗程长、收效慢、耗费多，大医院表现得不太积极，反而是一些小医院、小门诊比较活跃，这就要求家长仔细甄别，一定要到正规的医院及时就诊，千万不要过分相信医疗广告，谨防上当受骗。由于治病心切，我就上过多次当。从前郑州有一个以中医治疗脑瘫的团队在全国颇具影响，领头的大夫甚至被收入了"中国名医录"，广告刊登在全国权威刊物上，结果吃了他们的药后，我全身肌肉松弛，如同散了架一般，几乎是"两步一跤"，该团队后来被彻底查处。还有一个名曰"脑力智宝"的脑瘫康复药品，在北京炒得沸沸扬扬，我吃了几个疗程毫无效果，后来被曝光为假药。在此我真诚地告诫各位家长，对医院和药物一定要慎重选择，不要花了钱、遭了罪却受了害。

其三，科学实施治疗方法。治疗脑瘫的方法很多，大致有运动疗法、作业疗法、语言疗法、水疗、电疗、光疗、药物疗法、针灸疗法、手术疗法等。家长在配合医院治疗的同时，一定要努力做好家庭康复活动。脑瘫治疗是一个循序渐进的漫长过程，家长一定要沉住气，对治疗效果有一个科学的预期。以当前的世界医疗水平，想把脑瘫后遗症完全治愈，让孩子身体完全恢复到健全人的状态是非常困难的，只能无限接近于健全人的功能水平。因此，请您理性看待治疗效果，只要您的孩子经过治疗取得了一定的进步，您就要保持乐观的心态，树立坚定的治疗信心，尽力为孩子康复创造好的条件。

第五节　锻炼、锻炼、再锻炼

锻炼、锻炼、再锻炼，这既是一个理念，也是一种实践，家长和孩子都要有超凡的毅力才能做到。上面谈到的家庭康复活动，就是以这一点为基础的。

我们先谈谈"鹰爸"的"十商"育儿经。2012年春节，南京"鹰爸"事件震惊了全国。除夕清晨，一名来自南京市、跟随父母到美国旅行的四岁幼童，以他自己独特的裸跑方式在美国纽约零下13℃的暴雪中迎接着农历新年。这段视频被孩子的家人放到网上，四岁"裸跑弟"迅速爆红网络，短短几天点击量高达26万人次。对这种极限教育方式，网民们议论纷纷，褒贬不一。男孩乳名多多，本名何宜德，户籍在南京，2008年2月出生，是七个月的早产儿，出生时伴有多种并发症，被医生诊断为脑瘫。但是，他的父亲很有毅力，经过三年多的"极限训练"，现在从多多身上已经看不出早产儿的痕迹。"鹰爸"很自豪自己的"十商"育儿经，即从体商、智商、德商、情商、胆商、逆商、心商、灵商、志商、财商十方面来培养多多的理解、情感、自理、自控、记忆、反应、体能、毅力等各种能力。现在多多有较好的自理能力和耐劳能力，后遗症的特征也减退许多。多多父亲的极限教育方式的确像"鹰爸"：当幼鹰长到足够大的时候，鹰妈妈就会"狠心"地把幼鹰赶下山崖，幼鹰往谷底坠下时，拼命地拍打翅膀，趁此掌握基本的本领——飞翔。

我们姑且不去评论多多父亲教育方式的对与错，但他起码有两点是值得肯定的：一是他懂得并运用了人的大脑发展规律，很好地抓住了治疗黄金期；二是他有毅力、有思想，懂得大爱精神，用"魔鬼训练"重塑了孩子的新生命，相信对孩子未来的发展将是很有益处的。他的极端令人咋舌，他的坚持令人感动，他的成功令人鼓舞。当然，"鹰爸"极限的教育方式难以复制，也不是所有患儿都能像多多的身体那样康复得如此彻底，因为每个人的致残因素和病变程度都是不一样的，但我们可以得出这样的结论：坚持肯定有好处。

对于大多数家庭来说，我觉得我父亲归纳的"运动认知十步训练法"还是比较实用的。本训练法是以脑瘫患儿运动功能康复为载体，以提高患儿的思维认知能力为核心，通过对患儿各种功能的训练，使其生活与学习能力得以恢复、改善和增强，从而帮助孩子融入社会的一种训练方法。具体训练内容包括：①头部训练：支撑、抬起、回转控制。②翻身训练：左翻身、右翻身、仰卧与侧卧。③爬行训练：前后左右爬行。④坐位训练：靠墙坐、盘腿坐、双腿着地端坐。⑤四肢训练：上肢抬伸、双手抓握、下肢屈伸。⑥蹲起训练：辅助蹲起、独立蹲起。⑦走路训练：搀扶走路、学步车辅助、自己走路。⑧语言训练：多对话、讲故事、背儿歌。⑨认知训练：认识熟人、认识动物、认识植物、认识用具、认识字词。⑩生活训练：衣食住行、性格培养、情绪控制、交往训练。

"运动认知十步训练法"是一个开放式的训练方法，家长可以根据孩子的具体情况掌握训练幅度，一次可以训练一个，也可以训练多个。这些训练看起来比较简单，做起来就不太容易，坚持下去就有些难。比如，一个很简单的动作，健全孩子训练十次就会了，那么乘以1000，大概是残疾孩子练会需要的训练次数。要想坚持下去，就要做到主动锻炼、时时锻炼、适当锻炼、永久锻炼，锻炼、锻炼、再锻炼。

残疾孩子的潜能是可以挖掘的，残疾孩子的治疗康复是有效的，他们回归社会、融入社会、报效社会是有希望的，只是要越早越好。所以，我建议家长朋友：抓住治疗黄金期，用愚公移山精神推动孩子的身心康复和健康成长。

第六章　给孩子创造良好的家庭环境

根据教育学原理，孩子的成长和发展是由遗传、环境和自主选择三个因素共同决定的。其中环境包括社会环境、学校环境、家庭环境和自然环境。按照马克思主义的观点，环境的改变和人的改变总体是一致的，环境对人有着重要的影响作用。

家庭是孩子成长的港湾，是对孩子进行启蒙教育的关键场所，良好的家庭生活环境和学习教育环境对孩子一生的健康发展具有至关重要的作用。

第一节　给孩子创造良好的身体发展环境

身体是成就一切的基础。孩子在成年之前的身体发育水平十分重要，甚至会决定孩子一生的健康水平。残疾孩子身体的特殊性，对其成长环境提出了更高的要求。

一是根据孩子身体状况科学合理地安排膳食，保证其饮食质量。合理膳食也就是合理营养或平衡膳食。合理营养是根据各类营养的功用，科学地掌握膳食中各类食物的质和量及比例搭配，并符合卫生标准，使人体的生理需要与人体膳食摄入的各种营养物质之间建立平衡关系。

按照食物金字塔选择食物。食物金字塔由四层组成：第一层是由谷类食物（如米饭、馒头、面条、豆类等）组成，我们每日摄取量为400～500克，主食与豆类之比为10：1。第二层是蔬菜和水果，蔬菜和水果摄入量为300～400克，蔬菜与水果之比为8：1。第三层是奶和奶制品，以补充优质蛋白和钙，每日摄取量为200～300克。第四层是动物性食物，主要提供蛋白质、脂肪、B族维生素和无机盐。禽、肉、鱼、蛋等动物性食物每日摄入量为100～200克。要保证合理营养，食物的品种尽可能多样化，坚持均衡膳食，科学营养，满足孩子健康生长发育的需要。

要根据孩子喜好安排食谱。别说是残疾孩子，现在就是健全孩子吃饭也是个大问题，许多家长挖空心思，变着法子想让孩子多吃一点，吃得好一点，结果一些孩子还是不领情，甚至有的家长抱怨"现在的孩子条件好了，吃啥都不香"。实际上，就是孩子不挑食，也总有个喜好与不喜好之分。家长要精心设计，合理安排一日三餐，最好能有一周食谱，最起码应当有一天的食谱，这样才能保证孩子吃饱吃好，吃出营养，吃出健康。

二是常吃"一粥一汤一膏"。为什么要把这三样东西单列出来呢？因为这三样东西适合长期食用，而且效果良好。一粥就是米粥，包括大米粥、小米粥、八宝粥等。米粥养胃，便于吸收，百吃不厌，是人一生的美味。一汤就是大骨头汤，最好是猪大骨或者羊大骨，营养丰富，味道鲜美，十分有利于孩子的骨骼发育。我五岁前不能独自走路，姥姥就常年包下了一个摊位的猪大骨，几乎天天给我熬大骨头汤喝。因此，虽然我从小身体不好，但基本没有影响生长发育，我想这很大程度上应当得益于姥姥熬的大骨头汤。一膏就是固元膏，这是一种补气血的健康食品，对于增强人体免疫力、提高大脑的记忆力都很有好处。固元膏可以到商店买，但最好是自己做。具体做法是：阿胶 250 克，黑芝麻 500 克，核桃仁 500 克，红枣 750 克，冰糖 250 克，到中药房或商店打碎（有的卖固元膏的商店有现成的配料和工具），放入盆中拌匀，倒入两斤黄酒，再拌匀，盖好盖子，放入大锅中隔水蒸，先大火蒸 15 分钟，再文火蒸 90 分钟，蒸透放凉后装入密封器具中，每晚给孩子吃一到两勺。吃时注意勺上不要带水，以免固元膏发霉变质。若放在冰箱里保存，保质期可达半年以上。

三是让孩子在快乐中养成良好的饮食习惯。家长要以愉快的情绪带动孩子吃饭，切忌在饭前与孩子怄气。饭前要引导孩子洗手，让孩子养成讲卫生的好习惯；吃饭时不要边吃边玩，也不要暴饮暴食；饭后一定要坚持漱口，最好能够刷牙，不要马上运动，一家人可以坐下来谈论一些轻松的话题。有些残疾孩子吃饭有困难，家长要适当帮助。我三岁前自己不会吃饭，家人就用小勺子喂我，尤其是父亲，常常是"大象一口""长颈鹿一口"地逗着我吃，我每次都吃得很饱很快乐。三岁以后家人开始教我自己吃饭，刚开始，我时常把筷子、勺子、饭菜掉到地上，但家人还是耐心地教我握筷子、握勺子的正确姿势，引导我正确地夹菜吃饭。在家人的帮助和鼓励下，我不仅慢慢学会了独立吃饭，而且养成了良好的饮食习惯。

四是根据孩子身体状况安排方便的生活环境。每一个残疾孩子都有其特殊的身体状况，在生活上都有许多不方便的地方，家长要仔细观察孩子的特点，在房间布局上精心设计，让孩子能够舒适安定地居住。比如，对于盲童的生活环境，家长可在不可改变的、易伤害孩子的房屋设计的关键部位包上海绵等相对柔软的东西予以保护，并时常提醒孩子多注意安全；对易磕碰、易烫伤、易损坏的物品，要尽量摆放在他们不易触及的地方；对于诸如电源插座等较为危险的地方进行一些必要的环境设置。应注重房间布置上的简约实用，尽量留出较大的空间方便孩子的活动。盲人一般触觉都很发达，孩子一旦熟悉了家里的生活环境，他们在家里生活的方便程度可以有限度地逐步接近健全人。再比如，对于大多数行动不便的孩子，一定要把他们常用的东西放得低一点、近一点；对于坐轮椅的残疾朋友而言，家庭应按照残疾人特点对坐便器单独进行设置，应按照轮椅高度设计餐桌高度、灶台高度等，方便这些残疾朋友吃饭甚至力所能及地做饭。

五是根据孩子身体状况创设恢复孩子身体功能的环境。无论是康复理论还是康复实践都一再证明，持之以恒地训练是提高孩子身体功能的重要途径。如果孩子手的精细动作不行，可以让孩子在碗里、盒子里反复练习拣豆子，也可以练习扣纽扣、系鞋带等精细动作；如果孩子手的力量不足，可以让孩子练习握力器或者拉力器。在家里，有随时训练的环境，训练就便于坚持，孩子的身体功能必定会逐步增强。

第二节　给孩子创造良好的智商发展环境

家庭中良好的智力环境对于孩子智力的开发具有良好的促进作用。由于身体的原因，残疾人大多在智力发展上存在这样那样的限制，这种限制要么来自于智商发展水平的先天不足，要么来自于后天开发水平上的不科学。现在家长大都十分重视健全孩子智商发展环境的创设，而对残疾孩子智商发展环境的创设却不够重视。其实孩子的智力开发规律是一致的，我们无法控制先天的不足，但如果孩子智商水平正常，或尚有智商开发的潜能，家长就应重视孩子智商发展环境的创设，以期从后天环境的营造中促进残疾孩子智商水平的不断提高。

建议家长着力给孩子创造以下三种智商发展环境：

（一）静环境

一是配备适合孩子身体特点的书桌、椅子、书柜（或书架）以及各类学习用具，比如文具盒、硬纸片、胶水、剪刀、铅笔、签字笔、橡皮、刻刀等，条件允许的情况下尽量给孩子配上电脑，并且支持和鼓励孩子熟练掌握电脑。要从小教育孩子爱惜图书资料，用过的要分类收藏起来，保证从小学、中学再到大学要有一定的藏书。我父亲从前是一名教师，一直十分注重收藏各类图书和保存各种资料，目前我家有各类藏书五千余册，为我和弟弟阅读及查阅资料提供了许多方便。每当我和弟弟走进书房，自然而然就会产生一种对知识和文明的神圣感，书香气息引领着我们不断地潜心学习，攀登知识的高峰。

二是做好墙壁这篇文章，让孩子有一个良好的熏陶环境。可以在墙壁上挂上本省市地图、中国地图、世界地图，有空经常领着孩子看看地图，既有利于开阔孩子视野，也能使孩子对祖国和世界有一个大概的认识。还可以在墙壁上挂一些名人画像或者名人名言，例如挂贝多芬的画像或者名言，让孩子领悟"命运交响曲"的磅礴气势；挂钱学森的画像或者名言，让孩子懂得什么是真正的科学精神；挂张海迪的画像或名言，让孩子面对人生也能发出"生命的追问"。让孩子选一个榜样，选一个座右铭，实际上是在孩子心中建了一个标准，立了一个标杆。

三是家长要言传身教。家长要尊重知识，热爱学习，经常能读读书、看看报，经常谈论一些文化或时政话题，最好能动笔写点东西，发挥学习表率作用。身教胜于言传，家长对孩子的影响是无声的，但却是有力的。

我的父亲是一个十分热爱学习的人，虽然已离开教育岗位多年，但他始终具有很深的教育和学习情结，经常与我讨论文史哲知识，甚至能和弟弟讨论航空航天领域的可靠性工程专业知识，这可是航空航天的核心技术之一啊！我曾在《我的父亲》一文中不吝赞美之词："我的父亲有着哲学家的深邃，教育家的平易，文学家的灵秀，艺术家的机智。"

更令人钦佩的是我的姥爷，他是一名老军人，今年92岁了，可依然精神矍铄，平均每天读书看报时间达到两小时以上，在时政要闻、国际形势、战略分析等问题上都能侃侃而谈，有些问题还讲得十分深刻。和姥爷聊天能让我增长不少见识，聆听姥爷的谈话是我最快乐的事之一。尤其令我敬佩的是，姥爷还经常给我推荐报纸和杂志上的政论文章和学术文章，并郑重地在题目旁写上"重点阅读"字样，有些还是马克思主义、政治学、历史学领域的前沿性问题。特别令我惊讶的是，姥爷还让我给他列出 26 个英文字母及其发音，他说要开始学英语啦！姥爷大声地朗读英文字母和简要的单词，是那样地认真和投入，让我既感到无比崇敬，又感到一股巨大的能量鼓舞着我。

试想，这样的家庭环境，会对我和弟弟的成长产生多么大的帮助啊！如今，我和弟弟都已经成了博士，养成了良好的学习习惯，一天不学习就感到十分失落。所以说，家长要求孩子好好学习，首先自己要带头学习，切忌只要求孩子学习，自己却经常打牌搓麻将，无休止地看电视玩游戏，这对孩子的影响是极其不利的。

（二）动环境

一是给孩子建一个涂鸦园地。可以在墙上挂一块小黑板，也可以给孩子留一面墙或者地面，给孩子准备好画画写字的彩笔、粉笔、尺子、板擦等用具，让孩子在上面尽情地写，尽情地画。当然，在创设这种学习环境时应充分考虑不同孩子的残疾类型和程度，对低视力或眼盲的孩子应酌情设置。在写的过程中孩子会认识一些图形、一些颜色和一些字，但不要过分看重这些，重点要培养孩子的思维，因此每当孩子写完或者画完，一定要让孩子去解说写的和画的内容。这里要注意，孩子的内心世界对事物的理解和大人是不一样的，比如，面对"○"这样一个图形，孩子可能会说出"太阳""馅饼""呼啦圈"等各式各样的事物，这恰恰证明孩子丰富的想象力和思维的活跃度，这也是现代教育应当提倡和传统教育应当反思的问题——怎样让受教育者的思维真正活跃起来。所以，孩子解说时一定要以鼓励为主，只要讲得多少有点儿道理就要肯定，千万不要轻易否定孩子。

二是训练园地。我认识阿拉伯数字就是从跟爸爸玩扑克开始的，那真是很有趣的智力游戏。对于手部精细动作较差的孩子，拣小豆子既可以锻炼手部的灵活度，又可以练习数数，一举两得。家长可以一起和孩子练爬行、练俯卧撑、练仰卧起坐，也可以玩"藏猫猫"，既增强了孩子训练的趣味性，又开发了孩子的运动能力和智力。

三是家长要与孩子一起上网看电视。这里我想建议家长改变一个认识，就是认为孩子上网看电视是不务正业，会对学习产生不利影响。许多家长视孩子上网看电视如老虎，想方设法限制孩子，殊不知电视和网络是孩子了解社会和认识世界的两大窗口，不让孩子上网看电视实际上是不利于孩子智力和能力发展的。家长所要限制的只是避免让孩子过度上网看电视，过分沉迷于虚拟世界而不能自拔。家长的正确做法应当是善于引导孩子上网看电视，最好能同孩子一起上网看电视，一起欣赏、一起讨论、一起体验喜怒哀乐。此外，如果您的孩子是盲人，您可以在电脑上安装读屏软件，孩子只需用键盘操控光标，读屏软件就可读出电脑上的各种信息，这样不仅让盲人孩子同样享受上网冲浪的快乐，还可锻炼他们的听力。家长自己也要注重相应辅助设备的学习，在技能上帮助孩子，在内容上引导孩子，尽可能利用网络和电视的丰富资源，对孩子实施"多方培养"，让孩子形成广泛的兴趣和爱好。

（三）评价环境

这一点最简单也最复杂。从心理学角度讲，孩子的成长是需要评价的，做得好的要表扬要鼓励，他会越做越好；对做得不太好的要及时指出来，但一定要保护孩子的自尊心，给孩子留下心理调整的余地。对孩子的评价一定要一分为二，先鼓励优点，再指出不足。家长可以用贴小红花、插小红旗、挂小奖牌等多样化的方式来记录和鼓励孩子的进步，也可以用口头表扬的方式，形式多样、不拘一格。总之，对孩子的评价关键应做到时机准确、分寸合理、方法得当。

第三节　给孩子创造良好的情商发展环境

1995 年，《纽约时报》记者丹尼尔·戈尔曼出版了《为什么情商比智商更重要》一书，引起了全球热议，丹尼尔·戈尔曼也因此被誉为"情商之父"。情商（Emotion Quotient，EQ），即情感智力商数，是指自我认识、情绪管理、自我激励、认知他人、社会交往和耐受挫折等方面的品质与能力。情商也称非智力因素，是近年来心理学家们提出的与智力和智商相对应的概念。在评价情商高低时，一般将其具体分为自信心、爱心、独立性、竞争意识、乐观、诚实、交往合作、意志力、性格品质、目标性等多项指标。

爱因斯坦曾经说过："智力上的成就在很大程度上依赖于性格的伟大。"这里"性格的伟大"从某种意义上指的就是情商。中国科学院和中国工程院院士、91 岁的师昌绪先生与学生畅谈科研与人生时说，做科研能否成功，70% 看情商；一个人能否成功，归根结底是人生观和价值观的问题。他特别强调"不要嫉妒","嫉妒是万恶之源",人一旦有嫉妒之心，会造成不团结，互相拆台，以至于可以完成的事情完不成，最终误人误事误国。

在日常教育中，人们往往把智力因素在成功中的作用夸大了，使得对孩子进行的教育大部分是针对智力的教育。这种"唯智力因素"使大多数人的智力水平得到了开发，把握事物本质和规律的能力不断增强，然而人的感受能力和价值体验能力却在不断下滑，出现智商高、情商低的畸形发展。主要表现为：在生存论层面上，人们倾向于个体的私生活，对参与社会公共生活态度淡漠，疏于建立和谐的人际关系，对现实社会冷漠，缺乏社会责任和公共关怀；过于考虑个人得失，对社会核心价值观不以为然；不善与人合作，喜欢独来独往。在价值论层面上，人们过分关注自我生命利益，而容易忽视他人的生命利益、价值和自由；竞争意识不端正，诚信度较低；做事比较浮躁，过于急功近利；心胸比较狭窄，自我调控能力弱；感恩意识不足，抱怨心理严重；遇事不敢担当，抗挫折能力不足；缺乏正确的自我认知，自信心不强。古今中外，无数成功者一次又一次地向我们昭示了非智力因素的重要性，他们有着共同的素质特征，例如，清醒的自我认识、优秀的道德品质、高度的自信、高超的合作技巧、稳定的情绪和不屈不挠的勇气等。从某种意义上讲，情商的高低决定着人生的成败。

总的来讲，人与人的情商并无明显的先天差别，更多与后天的培养息息相关。情商教育影响孩子的一生，对于残疾孩子尤其重要。残疾孩子在日常的学习、生活、就业、交往以及今后的婚姻中，会遇到比健全孩子更多的困难，这就需要更好的情绪调控能力以驾驭生存中的各种艰难，因此家长要重视孩子日常情商的培养，为孩子创造良好的情商发展环境。

一是营造和谐融洽的家庭氛围。父母的言行举止应该成为孩子的表率，家庭环境对孩子的影响是巨大而深远的。做父母的一定要给孩子创造一个和谐的生活环境，比如，尊敬长辈，夫妻之间要相互尊重、平等相待，对孩子要循循善诱、平等沟通等，建立夫妻之间、父母与残疾子女之间、其他家庭成员之间融洽和谐的情感关系，这是培养孩子良好情商的基础。

二是根据孩子特点进行培养。世上没有完全相同的两片树叶，每个孩子的情况更是不同，培养时一定要有的放矢。我的父母很明白这个道理，针对我的身体和性格特点，提出了针对我的"六字箴言"——自理、自学、自控；针对弟弟有些腼腆的性格特点，提出了弟弟的"六字箴言"——博学、善思、敢闯。实践证明，"六字箴言"对培育我的自立意识、自学能力以及面对困难时的自我调控能力发挥了重要作用，对培育弟弟的开放性格、逻辑性思维和博采众长的能力起到了非常好的促进作用。

三是培养孩子意志品质是关键。这方面内容很多，其中挫折教育是许多孩子最欠缺的。改革开放初期至 2013 年中共十八届三中全会之前，我国的计划生育政策使得大多数家庭都是独生子女，从小经受的磨砺远远小于受到的宠爱，因而遇到困难时容易产生脆弱、焦虑等消极心态。我的父亲十分注重对我们兄弟二人抗挫品质的培养。弟弟上小学时，既是班长又是少先队大队长，学习成绩优秀，各种荣誉非常多，父亲认为弟弟成长过于顺利，对他以后的发展不一定是好事，决定对弟弟进行挫折教育。小学毕业转学时不让弟弟转任何职务、成绩和荣誉，让他"从零开始"。尽管弟弟也一度有些失落，但却增强了他的抗挫折能力，他凭借努力在新的学校重新崭露头角，初中时担任了班级团支部书记、学校团总支副书记等职务，以滨南油区第一名的成绩升入了全国重点高中。这种挫折历练锻造了他冷静、坚韧、果敢的意志品质，成为他一生的财富。

四是让孩子有秩序地生活。引导孩子有节律地作息、有计划地学习、有分寸地看电视玩电脑，知道什么可做什么不可做，是情商教育的重要内容。行为日久成习惯，习惯日久成性格，性格日久成文化，文化日久见兴衰。孩子在家有秩序地生活，才能成为一个好孩子；在单位有规律地工作，才能成为一个好职员；在社会有规矩地做事，才能成为一个好公民。

家庭是孩子的第一课堂，家长是孩子的第一任老师。请给孩子创造良好的家庭环境，让他无论经历怎样的磨难、挫折、痛苦，都能时刻感受家的温馨，为孩子的终生健康发展奠基。

第七章　打开孩子的心结

孩子的健康成长，既包括孩子的身体健康，也包括孩子的心理健康。随着时代的发展，人们在关注孩子身体健康的同时，也越来越重视孩子的心理健康，心理健康越来越成为孩子健康成长的重要组成部分。

当今社会，由于人们心理问题越来越多，孩子的行为矛盾也越来越多，有的甚至出现了一些极端现象。心结，通俗地讲就是心里解不开的疙瘩，是长期郁结在心中而使人倍感压力的心理活动状态，是人身心健康的大敌。及时打开孩子的心结，引导孩子用健康平和的心态面对现实，已经成为广大家长面临的一个突出问题。

第一节　教育孩子树立心理健康的理念

有一个省级重点中学的尖子生，平时考试都是全年级前三名，因为一次考了第 15 名就从楼上跳了下去。有一个名牌大学的学生，因为感冒发烧，就打电话让父母从千里之外坐飞机赶来给他看病。有的人因为一次失败就一蹶不振，有的人因为一件小事大打出手，有的人因为别人的成功而心浮气躁，有的人因为沉醉于虚荣而欲火中烧，有的人因为遥不可及的幻想而迷失方向，有的人因为身体的疾病、伤痛和残障而悲观避世。震惊全国的复旦学生投毒案，更是向我们敲响了青少年心理健康的警钟。

国外学者麦灵格尔认为："心理健康是指人们对于环境及相互间具有最高效率与快乐的适应情况。不仅是要有效率，也不仅是要能有满足之感，或是能愉快地接受生活的规范，而是需要三者具备。心理健康的人应能保持平静的情绪、敏锐的智能、适于社会环境的行为和愉快的气质。"[1]

---

① 转引自徐苏恩《高校保健医疗导引》，上海医科大学出版社 1989 年版，第 26 页。

关于心理健康的标准，中外学者的表述也不尽相同。人本主义心理学家马斯洛认为心理健康的人要具备下列品质：①对现实具有有效率的知觉；②具有自发而不流俗的思想；③热爱生活，热爱他人，热爱大自然，既能悦纳自身，也能悦纳他人；④在环境中能保持独立，欣赏宁静；⑤注意哲学与道德的理论；⑥对于平常事物，甚至每天的例行工作，能经常保持兴趣；⑦能与少数人建立深厚的感情，具有助人为乐的精神；⑧具有民主态度，创造性的观念和幽默感；⑨能经受欢乐与受伤的体验。[①] 中国学者认为，人的心理健康包括七个方面：智力正常、情绪健康、意志健全、行为协调、人际关系适应、反应适度、心理特点符合年龄。

在孩子心理健康理念的建设上，家长要做好三方面的工作：

一是教育孩子"我要心理健康"。这是一个良性诱导，是孩子心理健康的主体基础。要引导孩子自觉按照社会公认的心理健康标准做事，善于辨认和抵制那些不符合心理健康标准的思想和行为，使孩子从源头上避免有损心理健康的思想和行为。

二是同孩子一起对照心理健康标准进行自我诊断。排遣孩子心结，引导孩子心理健康，家长自身首先要心理健康。建议每位家长正确理解中国乃至世界主流的心理健康标准，善于体悟与发现生活的真谛，避免自己产生"心结"，因为家长的心理健康是引导孩子打开心结的基础。家长要在具备了健康心理素质的前提下，善于与孩子共同交流，共同检查自身的不足，激发孩子的自觉意识，若发现不良的心理因素和薄弱环节，就要有针对性地加强心理锻炼，及时纠正不良的思想和行为。

三是引导孩子正确认识自己的残疾。对于残疾孩子来说，残疾是造成孩子心结的根本性原因。因为残疾，孩子经受了太多的磨难；因为残疾，孩子对许多事力不从心、望尘莫及；因为残疾，孩子有许许多多的心理不平衡。如果不能摆脱"残疾"这个"总心结"，残疾孩子的心结就不可能被打开。家长应引导孩子正视残疾，激励孩子勇敢地面对残疾、面对生命、面对生活，避免孩子"身残"的同时再出现"心残"。家长应教育孩子正确理解残疾，让孩子认识到残疾人就是比健全人面临更多更严峻的挑战，这些挑战构成了残疾人生命的常态，抱怨没有用，犯愁没有用，只有理性面对，沉着应对，勇于奋争，时时处处保持健康的心理，才能创造残疾人"不残的人生"。

---

① 转引自殷炳江《小学生心理健康教育》，人民教育出版社 2003 年版。

第二节　选择适合的沟通方式与方法

沟通是人与人之间思想和感情的传递、反馈的过程，旨在实现人与人之间的双向理解和情感通畅。沟通的本义是指开沟以使两水相通，后来才引申为使双方相通连，以疏通彼此的意见。沟通是增进彼此合作、做好人的思想工作的重要手段，对于完善社会治理和提高社会文明水平，都具有重要意义。同理，沟通对于及时打开孩子心结，建设和谐家庭，促进孩子健康成长也至关重要。

家长和孩子适时有效的沟通，是及时打开孩子心结的关键。家长应学会做孩子的知心朋友，充分尊重孩子，平等对待孩子，在孩子面前放下家长的架子，这是一个观念问题，也是一个方法问题。

第一，做好沟通前的准备。

一是注重倾听，摸准孩子的心结所在。这是与孩子沟通的基本前提。家长平时要仔细观察孩子的一言一行，了解孩子在想什么，现在最大的心理诉求是什么，最近最愁的事或者最不痛快的事是什么。残疾孩子生活学习十分艰难，心里有很多苦水，最缺少的就是倾听。折断的翅膀需要您去修复，受伤的心灵需要您去抚慰，心中的苦恼需要您去化解，家长要成为孩子的知心朋友，认真倾听孩子讲的每一句话，才能让孩子彻底敞开心扉，将您当作他们心灵上依恋的人。只有这样，才能做到沟通起来有的放矢，事半功倍。

二是注重尊重与信任，架起沟通的桥梁。尊重和信任是桥梁，是家长和孩子沟通的心理基础。无论孩子的想法您多么不认同，孩子想做的事多么不合您的意，也请您首先尊重和信任孩子，相信孩子的想法或多或少都会有些道理，仔细分析孩子产生这一想法背后的动因。如果您觉得孩子的想法确实不可取，要耐心细致地给孩子分析缘由，引导孩子自己主动改变愿望或想法；如果您一旦认可了孩子的选择，就要坚定地支持孩子，相信他一定有能力把事情做好。随着年龄的增长，孩子的想法会越来越多，想做的事也越来越多，秘密甚至隐私也会越来越多，家长千万不要轻易怀疑孩子，更不能随意质问孩子，尤其不要因孩子身体的残障否定孩子的需求和愿望，要相信孩子的正直与善良，相信孩子的毅力和能力，相信您的孩子是可以信任的人。

三是注重商量，营造相互理解、相互包容的沟通氛围。家长一定要改变"我是爹，我是妈，我要说了算"的思想观念，做一个倾听者、参与者、建议者、帮扶者，凡事要和孩子商量，切忌妄下断语。无论是健全孩子还是残疾孩子，他们有感情，也有思想，更有选择人生之路的权利，家长一定要像朋友那样与他们平等地交流。对于残疾孩子而言，他们容易心事过重、想法偏多，面对的困难更大，在社会上的发言权更少，尤其需要家长充分地理解他们，与他们在相互商讨中共同面对和解决问题。对孩子的一些想法，家长一定要耐心听取，认真分析，合理的要积极采纳，不合理的要跟孩子讲清楚。沟通不是靠一方来完成的，而是平等主体间双向思想交流甚至是灵魂的互动过程，需要相互尊重，需要相互用心去倾听彼此的观点，这是文明社会人际交往的准则。家长应学会换位思考，善于设身处地地从孩子的角度理解和分析孩子的心理，让孩子感受到你的真诚理解和包容，而不是凌驾于孩子之上的霸气；家长平时要多与孩子交流，养成孩子愿意与您交流分享的习惯，真正把您当成他（她）心中的大朋友，这十分有利于增强沟通的效果。

四是家长要确定好自己的沟通准则，保证沟通的顺利完成。孩子有了心结，心情一般不会太好，这时候的沟通，有可能顺利，但更多的可能是不顺利。在沟通中，家长一定要在自己的心理和态度上立一个准则，不急躁、不轻视、不指责、不插话、不争论等，耐心听取孩子的倾诉，让孩子把心里话说出来。此外，非常重要的一点就是，家长要遵守承诺，严于保守孩子的一些"秘密"。孩子之所以会有心结，很多时候是遇到一些不愿言明或难以启齿的问题，要想让孩子把心结表达出来，就必须要用坚定的承诺打消孩子心中的顾虑，与孩子进行心与心的高度交融。如果孩子向您说出他（她）心中的秘密，不管这个秘密是什么，您都要坚决地保守下去，一次也不能泄露，一旦泄露一次，就将彻底失去孩子的信任。家长如果违反了沟通准则，不但打不开孩子的心结，反而会加重孩子的心结，甚至影响您在孩子心目中的形象。

五是确定沟通的目的，制定好沟通方案。凡事预则立，不预则废。家长既然要和孩子沟通，目的一定要明确，内容一定要具体，方式方法一定要得当，沟通效果一定要明显，这些都需要在沟通方案里体现。制定沟通方案很重要，但却常被家长们忽略。沟通方案一定要灵活，小的沟通认真想一想就行，大的沟通方案不妨写下来，仔细进行推敲。制定方案的过程，是家长系统思考和系统准备的过程，好的方案有助于更好地打开孩子的心结。

第二，选好沟通的时间和空间。

沟通的时空选择也有学问，选择得好，沟通的效果就好，否则就会适得其反。以我和弟弟为例。我性格外向，弟弟相对内向，我喜欢随时与父亲沟通，或是隔上一段时间就同父亲在书房进行一次长时间的交流；而弟弟却喜欢简短的沟通，在沟通中往往处于被动地位，常常是你问一句他答一句。但弟弟在三种情况下特别喜欢与我们沟通，一是学业上有了新情况、新变化时；二是从学校回家的头几天，回顾总结一学期的生活学习体会时；三是我们父子三人在一块儿洗澡时。父亲抓住弟弟的这几个特点，一个尽情地问，一个尽情地说，在交流中实现引导，在沟通中完成点拨。弟弟还愿意在睡前或学习间隙与我谈一些年轻人成长中的心理和思想变化，我抓住弟弟的这些沟通兴奋点，引出恰当话题，打开弟弟的话匣子，长此以往，弟弟变得越来越愿意与全家人沟通了。目前，我和弟弟一旦有了什么心结，全家人就会群策群力，心结自然就容易打开。

第三，确定最佳沟通方式和方法。

沟通是一门语言艺术和处世艺术，特别讲究策略和技巧，家长应根据沟通的话题和孩子的特点适当进行选择。沟通的途径大致有以下几种：

面对面谈话沟通。这种沟通方式比较适合性格开朗或健谈的孩子。优点是能随时把握孩子的思想动向，容易谈深谈透；不足是对于不健谈的孩子或者遇到孩子不愿意谈的话题，会出现谈不起来或谈不下去的尴尬。我比较喜欢与父亲面对面谈话沟通，经常一次谈一两个小时，我的心结也随着谈话的深入烟消云散。

书信交流沟通。这种沟通方式有利于对沟通内容深思熟虑，字斟句酌，会给孩子深刻而持久的影响。我的弟弟在外学习的时间多，学习很忙，当面沟通的机会很少，但在他成长的一些关键时期又必须与他交流，于是我和父亲就先后多次给他写信，较好地调整了弟弟的心态，促进了他的健康成长。我还听说过一个很有意思的事例：在高考前两个月，由于各种原因，一个孩子与父亲打起了冷战，父子俩几乎到了不说话的地步。这位父亲一连几天茶饭不想，百思中急中生智，想到了书信这种交流方式。他给孩子写了一封情真意切的信，夹在孩子最爱看的一本书里，放在茶几最显眼的地方。孩子看了第一封信没什么反应，父亲就继续写，当孩子看完第三封信的时候，看父亲的眼神发生了变化，与父亲的关系也慢慢缓和起来。父亲继续写信，孩子继续读信，高考时孩子带着父亲的鼓励满怀信心地走进考场，如愿以偿地考进了名牌大学。

手机短信或微信沟通。短信沟通或微信沟通十分灵活便捷，不太受时间地点的限制。由于受到字数或语音通信时间的限制，这种方式适合就一些具体问题进行沟通。比如，孩子受了老师的批评、一次考试没考好或者考试前心理焦虑等。如果您和孩子处在不同地域，想进行及时快捷的沟通，推荐您熟练运用短信或微信的沟通方式。

电话沟通。电话沟通时间不宜太长，所以家长要提前想好同孩子说什么，引导孩子尽快说出心里话，然后进行有针对性地沟通。由于电话的特点是只闻其声不见其人，因此沟通时要注意说话的语气，避免双方产生误解。

网上沟通。随着互联网的发展，上网就成了学生业余生活的一部分，也为家长与孩子沟通创造了一个新途径。网上沟通兼有以上四种沟通方式的特点，家长可以在网上与孩子文字聊天，也可以视频聊天，还可以给孩子留言，非常方便。但网上沟通容易受时间地点的限制，需要合理把握。

第四，把握好沟通的"度"。

"度"是指一事物区别于它事物的临界点，即一件事做到这个程度能产生最大最好的效果，一旦超过了这个"度"，就会适得其反。中国传统文化讲究"中庸"，就是强调"度"在经世致用上的重要意义。家长在与孩子沟通时，一定要把握好三种"度"：一是沟通内容上的"度"。对于一些敏感问题，比如，残疾孩子的残疾、婚恋等问题，言语表示时一定要充分顾及孩子的内心感受，尤其注意不要把话说得过死、过硬。二是沟通态度上的"度"。温和是实现良性沟通的基本态度，但对于有些问题必要时可以采用严厉的方式，尤其面对大是大非的问题时，家长决不能含糊，应旗帜鲜明地表达应有的立场，更正孩子的错误，既要在孩子面前有威严，又要保持自身的亲和力。三是沟通频率上的"度"。打开孩子的心结绝不是一蹴而就的，家长要敏锐地觉察孩子的接受程度和接受情绪，适时调整沟通的时间和方式。对于一次不能解决的问题，可以分到多次沟通中解决；对于正式谈话不能解决的问题，可以转换到生活中加以及时点拨。避免因为沟通的"度"掌握不好，引发孩子的逆反情绪，加重孩子的心结。

第五，注重沟通的持续性。

无论是健全孩子还是残疾孩子，经常有心结是正常的，家长不仅要及时发现孩子的心结，而且要及时打开孩子的心结，不厌其烦地对孩子进行心理疏导。比如，残疾作为一种恒定的要素存在于残疾人生命活动的始终，时刻影响着残疾孩子生活的方方面面，孩子产生心结的概率和频数也相对增多，这就需要家长苦口婆心、不厌其烦地对残疾孩子进行思想和心理疏导。孩子就像小树，父母就像园丁，孩子的心结就好像小树的枝杈，园丁要随时随地修枝剪杈，帮助小树苗壮成长。孩子的健康心理不是一朝一夕能培育起来的，需要家长用"心灵剪刀"耐心细致地修理，时时处处精心呵护。

第三节　适度欣赏与包容

对于一些朋友来说，欣赏对方的优点容易做到，但包容对方的不足就有些困难；而对于家长来说，不仅要欣赏孩子的优点，尤其要包容孩子的不足。适度欣赏孩子的优点，包容孩子的不足，对于打开孩子的心结，维护孩子的心理健康十分重要。

作为残疾人中的一员，我总结了残疾孩子的"三个优点"和"三个不足"，希望这些优点能在家长的欣赏中发扬光大，这些不足能在家长的包容中逐步克服。

优点一：自强不息。自强不息是中华民族的优良品质，是民族精神的重要支撑。面对形形色色的艰难险阻，中华民族勤劳勇敢，生生不息，创造了举世闻名的五千年文明。自强不息也是残疾人的特质，面对各种生存艰辛，他们不屈不挠，谱写了许多可歌可泣的动人篇章。应当说，大部分残疾孩子是坚强的，以至于他们有时候成了"自强不息"的代名词。人们一说起自强不息，会自然而然地联想到那些不向命运低头的残疾人，他们的事迹与精神成了中华民族自强不息精神的重要组成部分，在与健全人的有机融合中共同创造着人类美好的未来。家长应充分保护孩子自强不息的秉性，根据孩子的特点帮助孩子制订自强计划，及时解决孩子面临的诸多困惑，不断引领孩子科学自强和持续自强。

优点二：通情达理。残疾孩子身体的特殊性，使他们对生活没有太多的奢求，生活期望值较低，也比较能体谅大人的难处，对社会的帮助充满了感恩。对于办不到的事或者解决不了的问题，只要跟他们解释清楚，他们虽然会感到遗憾，但一般情况下都会比较理解。家长应通过春风化雨般的引导充分挖掘孩子这种优秀品质，让孩子在一种良性的心理状态和健全的心智下实现与他人的沟通。

优点三：同情心强。生存区位的弱势性，决定了残疾孩子具有很强的同情心。他们心地善良，同情弱者，渴望公正和有尊严的生活。有一次看电视，我看到一位饱经沧桑的农村老爷爷，含辛茹苦养大了几个儿女，到老了却衣食无着，不禁潸然泪下。我久久不能平静，想到了罗中立的油画《父亲》，想到了至今仍在为温饱而奋争的孩子和老人，想到了众多残疾伙伴们，我多么希望他们都能过上幸福生活啊！家长要像珍宝一样保护孩子这种可贵的品质，让孩子的同情之心和同情之行不断释放出善良的正能量。

不足一：自理能力差。自理能力是人根据自身意愿、自主料理自身生活秩序和满足自身需要的能力，是人生存与发展的基本能力。对于残疾孩子来说，自理能力成了他们人生的一道大坎。残疾孩子自理能力差主要表现在两个方面：一是动手能力差，二是依赖心理强。健全孩子轻而易举能做到的事情，在残疾孩子那里却成了一件难事，比如，系扣子、系鞋带、倒开水等。家长既要告诉孩子量力而行，又要引导孩子尽力而为。老师教育幼儿园小朋友的"自己的事情自己做"，应当成为残疾孩子一生的话题。家长要耐心培养孩子的各项技能，既不能想着为孩子包打天下，也不能在锻炼时超越孩子的局限。让孩子多拥有一项技能，就相当于给了孩子一把打开生活之门的钥匙，心结也将会在能力的提升中渐渐减少。

不足二：性格易急躁。性格易急躁实际是残疾孩子心理脆弱的一种表现。由于他们太多想做的事做不成，或者做成同样一件事的困难程度比健全人大很多，从而造成了他们经常性的心理不平衡，久而久之就会出现性格易急躁的毛病，而且越是有理想、有追求、性格要强的残疾孩子，其性格越容易急躁。越是有目标而办不到，心里就越是急躁，越急躁就越容易产生心结，进而就越不愿放弃自己的目标，造成了恶性循环，使心结郁结下来。海伦·凯勒从小就看不见听不见，她曾经是一个性格急躁甚至狂躁的小女孩。她的老师安妮·莎莉文小姐也曾是一个视力偏低、性格暴躁的孩子，可当这两个人会集到一起时，可能是出于残疾人特有的惺惺相惜，海伦在老师的循循善诱下脱胎换骨，创造了人类生命的奇迹；莎莉文也在为海伦奉献爱与关怀的过程中脱胎换骨，成为载入史册的特殊教育名师。正是因为对急躁性格的克服，才使她们二人实现了神奇的生命跨越，共同书写了一段不朽的传奇。家长要理解孩子形成急躁性格的生理、心理因素，动之以情，晓之以理，采取刚柔并济的办法督促孩子努力改正这一不足。对于残疾人来说，谁越是能克服性格急躁的不足，谁就越有可能在成功道路上越走越好。

不足三：谨小慎微。生活技能的低下和做事的艰难，容易造成残疾孩子胆小怕事、谨小慎微的性格，甚至或多或少会造成一定的心理强迫症。谨小慎微的性格是与自卑或者不自信紧密相连的，我们常看到许多残疾孩子不敢到公共场合去，见人不敢说话或者说话声音极低，老担心自己要做的事做不成，常常担心一个不经意的举动引发社会对他们的负面评价，甚至认为一件小事就能左右自己的命运，经常有一种生活的危机感和挫败感。因而在日常生活中显得畏首畏尾，心事重重，进而产生心结。家长应在实践中注重引导，开导孩子放弃那种"畏首畏尾"的思维方式，引导孩子认识到自己的命运永远掌握在自己手中，鼓励孩子变得豁达开朗，把任何事情看得云淡风轻一些，提高孩子做事的效率和自信。

包容孩子的不足，不等于纵容孩子，对孩子的不足应直言相告，并帮助孩子努力克服不足。生活中，我们把勇于指出自己不足的朋友称为"诤友"，家长要当好孩子的诤友，引导孩子健康地成长。

我们在提倡家长欣赏孩子优点、包容孩子不足的同时，也要提倡孩子欣赏家长的优点、包容家长的不足。只要家长和孩子相互感知、相互欣赏、相互包容、相互认可，既志同又道和，又能成为知心朋友，心结自然就减少了。

第四节　让孩子享受生活、享受阳光、享受幸福

残疾孩子由于生理缺陷，容易受人歧视，也容易受人关爱。他们在生活中困难很多，但也经常得到帮助，有的还取得了一定的成功。这就形成了残疾孩子的双重性格：一是自卑，比一般孩子脆弱、敏感、依赖；二是自强，比一般孩子要强、谨慎、充满梦想。残疾孩子的这种双重性格，使他们总是处于理想和现实的落差当中，导致了他们的心结偏多。

　　要真正解开孩子的心结，从根本上解决孩子的心理问题，就要引导孩子向前看，让孩子享受生活、享受阳光、享受幸福。许多残疾孩子过于在意自己的生理缺陷，过于看重未来理想的实现，希望以实现理想弥补现实的缺憾，总觉得事不如意，却忽视了当前生活的美好。如何引导和教育残疾孩子学会自我认知、自我欣赏、自主体验生命的价值，从而热爱生命、优化生命、享受生命、激扬生命，是残疾人生命教育的重要命题。我认识一位教授，他曾经给多位残疾大学生上过课，他说这些残疾大学生有两个特点：一是特别要强，学习认真，考研率高；二是心理问题比较多，幸福指数低。造成这种现象的主要原因是，部分残疾朋友过于看重了成功的手段，而忽视了成功的意义，奋斗反而捆绑了心灵，成功反而消减了幸福。家长应教育残疾孩子在奋斗中享受快乐，在快乐中持续奋斗，而不要让本应带来快乐的目标给孩子带来解不开的心结。

　　澳大利亚残疾人约翰·库缇斯曾在演讲中说："无论你觉得自己多么的不幸，永远有人比你更加不幸；无论你觉得自己多么的了不起，也永远有人比你更强。"我还想加上一句：只要你自己感到幸福，你就是一个幸福的人。

　　"我亲爱的孩子/不要再孤寂/在春日欢乐的海洋里/总有一朵爱的浪花属于你/握住你稚嫩的小手/共同接受阳光的洗礼/敞开你封闭的心门/让爱的清泉流淌到荒芜的心底。"这是一位父亲写给孩子的诗。家长应当用爱去打开孩子的心结，让孩子心中充满阳光，快乐成长。

第八章 给孩子建一个故事会

故事是一种文学体裁，它以叙述性的方式描绘一段带有寓言性质的事件。这件事可能是真实的事，也可能是虚构的事，可能是对过往事件的艺术加工，也可能是对未来事件的自由畅想，还可能是对一些事实情节的陈述。不管是文字记载下来的，还是口口相传的，都要有情节、有趣味、有意义，能让大家喜闻乐见，广为流传。

从哲学层面讲，故事是一种基于客观实践而形成的对生命与价值观的提炼和再创造。不管是什么样的故事，其本质都是人们对客观世界的一种反映形式，它体现了人们的生存现状和价值导向。当然，这种反映不仅仅是一种直观的反映，它源于现实又高于现实，源于生命又高于生命，体现了人们的生存发展理想，体现着人们对真善美的价值诉求。

故事的分类标准很多，因此种类也很多。按故事的来历分，有寓言故事、鬼怪故事、神话故事、民间故事、圣经故事等；按故事的对象分，有童话故事、名人故事、校园故事、军事故事、科技故事等；按故事的意义分，有励志故事、哲理故事、亲情故事、道德故事等。

一些好的故事，对于孩子具有特殊的吸引力，常常百听不厌，其优美的语言、生动的人物形象和深刻的人生道理，会影响孩子的一生。

第一节　听故事——让孩子感受人生的神奇

残疾孩子和健全孩子虽然在听故事的机会上是平等的，但在需求愿望上，残疾孩子更加强烈，因为残疾孩子大多行动不便，而故事恰恰能满足他们对未知世界的探求欲望，寄托他们对理想世界的美好向往，更能迎合残疾孩子的心理诉求，他们可以在故事中感知立体的世界，体会健全、完整、神奇的人生。

　　孩子之所以愿意听故事，是因为故事能给他们带来乐趣，能让他们感受人生的精彩。故事不仅可以增长孩子的知识，开发孩子的智力，增强孩子的是非观念，把学到的好思想见诸行动，而且可以增强孩子的满足感和归属感，有助于形成和谐的亲子关系。因此，家长应多给孩子讲故事。

　　给孩子讲故事，家长一定要精心选择。选择好故事的基本标准有三点：一是要看其是否立足实际，如果只是空穴来风地乱编一通，这样的故事没有太大意义；二是要看其是否体现了人类的美好理想，让人们对生活充满希望；三是要看其是否宣扬了正确的价值观念，有利于孩子健康情感和价值观的培养。只有这样的故事，才是对孩子有益的故事。

　　在这里，把父亲给我和弟弟讲的故事的部分清单列出来，供各位家长参考：①寓言故事：守株待兔、缘木求鱼、盲人摸象、阿凡提的故事等。②神话故事：女娲补天、夸父逐日、刘家五兄弟、封神演义、西游记等。③历史故事：荆轲刺秦、屈原沉江、完璧归赵、卧薪尝胆、史记故事等。④民间故事：大禹治水、神笔马良、端午节的由来等。⑤国学故事：苏武牧羊、孟母三迁、百家姓、三十六计等。⑥道德故事：孔融让梨、程门立雪、黄香暖席、感动中国人物、雷锋故事等。⑦少儿故事：刘胡兰、王二小、小兵张嘎、十佳少年故事等。⑧童话故事：小龙人、葫芦娃、小飞象、安徒生童话、格林童话等。⑨名人故事：毛泽东"恰同学少年"、周恩来"为中华之崛起而读书"、爱迪生发明电灯、鲁迅踢鬼、两弹一星元勋、体育明星故事等。⑩学习故事：头悬梁锥刺股、王羲之吃墨、闻鸡起舞、孔子教书等。⑪爱国故事：岳母刺字、林则徐虎门销烟、郑成功收复台湾、钱学森学成归国等。⑫励志故事：生命奇迹海伦·凯勒、科学巨人霍金、青年榜样张海迪、朱彦夫《极限人生》等。⑬创业故事：胜利油田石油会战、比尔·盖茨与微软、海尔创业传奇等。⑭军事故事：八一建军节的来历、抗日战争、解放战争、抗美援朝、海湾战争等。⑮科技故事：中国古代四大发明、日心说与地心说、十万个为什么、小灵通漫游未来等。⑯动植物故事：小狗救主人、牛有几个胃、会吃人的树、森林医生啄木鸟等。⑰文体故事：中国古代四大名著、王羲之妙书对联、奥运会的来历、中国乒乓梦之队等。⑱地理故事：会唱歌的沙子、百慕大三角之谜、救命的死海、海市蜃楼奇观、徐霞客游记、哥伦布发现新大陆等。⑲历险故事：玄奘取经与西游记、鲁滨孙漂流记、郑和下西洋、麦哲伦环球旅行等。⑳卡通故事：海尔兄弟、大头儿子和小头爸爸、哪吒传奇、小鲤鱼历险记、一休传奇等。以上 20 类，大约可以讲 100 ~ 200 个故事。这些故事内容广泛，孩子在享受故事趣味性的同时，丰富了知识，开阔了眼界，陶冶了情操。

　　让孩子听故事有多种形式，可以由家长念，也可以给孩子播放录音，还可以家长一边讲一边跟孩子探讨。对有些故事，孩子可能听一遍就不愿意听了；而对有些感兴趣的故事，孩子可能听上几十遍还要听。这就要求家长灵活把握，关键是能让孩子听得高兴，听得入耳、入脑、入心，在听故事中体悟生命，感受人生。

第二节　讲故事——让孩子体验成功的快乐

　　让孩子讲故事是对听故事的一种升华。在孩子听了一些故事以后，家长要鼓励和引导孩子变被动听为主动讲，让孩子在讲故事中体验成功的快乐。

　　孩子讲故事可以采用以下几种形式：

　　第一，复述式——增强孩子的注意力和记忆力。对一个故事，孩子听了几遍之后，家长要有意识地让孩子用自己的语言来表达故事里的人物和情节；也可以采取亲子互动，用一问一答的形式对故事进行复述，比如："小马在河边遇到了谁呀？""小马怎么过的河呀？"用这种方式培养孩子的注意力。有些孩子的注意力可能受到残疾的影响有一定限度，但有些孩子是因为缺乏系统训练而注意力欠佳，但只要经过科学持续的训练，都会在一定程度上得到改善。应充分提高故事的生动性，唤醒残疾孩子的意识神经，最大限度地增强孩子的注意力。

　　在引导孩子讲故事时，一定要体现孩子的特点。不要苛求孩子照背故事，而是注重发挥孩子理解式记忆的能力，只要孩子能把故事梗概完整准确地表达出来就可以，既培养了孩子的记忆力，又增强了孩子的逻辑思维能力。如果孩子通过多听多讲，很自然地把一些故事背过了，甚至背得很准确，就十分难能可贵。不知不觉中，不但孩子的注意力和记忆力增强了，而且还会在潜移默化中增强对故事的认识。记得小时候，姥爷、爸爸、妈妈轮流为我念《小龙人》系列画册，我可能在三岁之前总是处在似懂非懂的状态，但长期的语言刺激和条件反射，却能让我把六本画册记得很牢，直到现在都是一段美好的回忆。

第二，录音录像式——增强孩子的表现能力。孩子讲故事时，家长可以用录音机或者录像机把孩子的声音和神态录下来，然后让孩子听、让孩子看。一个故事可以让孩子讲多遍，家长也可以录多遍，家长一遍遍地给孩子指导，由于孩子能听到自己的声音，能看到自己的神态，他会有一种很强的成就感，在兴趣盎然中展示自己的风采，增强自己的表现能力。经过岁月的沉淀后，这些录音录像还会成为珍贵的成长记忆。

第三，模仿式——增强孩子的语言表达能力。这实际是对第二种方式的提高和延伸。模仿是创造的基础，家长要引导孩子多向电视上、电脑上、磁带中、光盘里讲故事的人学习，模仿他们的语气，学习他们的语言表达特点。孩子讲故事有了一定基础后，家长要在语言的生动性上提出要求，最好在讲的过程中多用象声词，比如模仿动物的叫声、火车鸣笛、炮弹爆炸等，必要时应手舞足蹈，眼睛、嘴巴连同脸上的肌肉一起调动起来，抑扬顿挫，有声有色。可以让孩子参加一些讲故事比赛，锻炼孩子的当众表演能力，促进孩子从模仿别人向自我创造发展。什么时候孩子自己讲得津津有味了，别人听得津津有味了，孩子讲故事的水平就达到了较高的层次。我从小就把一盘盘故事磁带听了不知多少遍，小学一年级时，同学们都追着让我讲故事，《刘家五兄弟》等故事至少讲了五十多遍，同学们依然百听不厌。当年讲故事可能也为我现在写文章打下了良好的基础。

第四，评判式——增强孩子判断能力。故事是人情冷暖、世间百态的集中展示，家长要经常与孩子讨论故事，对故事中的人和事做出正确的评判。比如，寓言故事可以启发孩子明白生活的哲理；《葫芦娃》可以培养孩子的勇敢精神；《卖火柴的小女孩》有利于增强孩子的同情心；《皇帝的新装》则告诉孩子要做诚实的人；名人故事、励志故事可以树立孩子远大的理想，激励孩子为实现理想而努力奋斗。故事可以丰富孩子的情感，开启孩子的智慧之门，让孩子认识美与丑、真与假、善与恶、成功与失败、勇敢与懦弱，培养孩子良好的人生价值观和道德判断力。

第三节　编故事——给孩子插上飞翔的翅膀

让孩子编故事是对讲故事的又一次升华。编故事对孩子的逻辑思维能力、形象思维能力、想象能力和语言表达能力是一种很好的综合训练。

孩子一般都对童话很感兴趣，因此童话是最适合编故事的一种文体。童话故事的语言活泼、简练、流畅、通俗易懂、充满幻想与新奇，句式表达十分丰富，是不同民族语言的精华，集语言、心理、环境描写于一体，语言的魅力发挥得淋漓尽致。童话中的环境描写最具特色，高山、树林、小溪，老虎、大象、小鹿，多彩的环境在孩子的大脑中形成不同的画面，孩子在不知不觉中融入童话故事中，去感悟、去体会、去创造，逐渐增强和展现了孩子丰富的想象力。

下面就以童话故事为例，谈一谈如何引导孩子编故事。

一是引导孩子在原有故事上编。一个童话故事结束了，但故事中的人或物还活生生地存在着，可以引导孩子编出故事的续集，让故事主人公们继续把故事演下去。比如，《小飞象》讲了一只可爱勇敢的小象的故事，可以引导孩子想：小飞象本领越来越大，后来成了一个小飞侠，又发生了很多很多的故事。对有些童话的故事情节，特别是故事结局，孩子不一定满意，甚至不一定赞成，家长就更应当充分发挥孩子的智慧，让孩子主动参与进来，当故事的编撰者，设计故事情节的发展变化，掌控人物的喜怒哀乐，让孩子在活动中体验成功的快乐。

二是引导孩子结合实际编故事。比如，蒲公英种子的传播是一件很有趣的事情，家长可以和孩子一起编一个小童话。针对孩子爱吃零食的不良习惯，家长可以峨眉山的猴子为例，编一个这样的故事：游人都很喜欢峨眉山的猴子，纷纷拿各种食物喂它们，它们要什么有什么，想吃什么就吃什么，结果它们越吃越胖，不但上树困难，爬山体力越来越差，而且还血脂高，得了高血压和糖尿病，需要经常吃药、打吊针，好痛苦啊……这样不仅锻炼了孩子的思维能力，也对孩子进行了良好的健康教育。

三是引领孩子进入童话世界，让孩子在各个童话间尽情穿越。童话世界是一个以童趣为前提、以想象为特征、以寄予美好梦想为归宿的彼此相通的大系统。在这个系统中，人与人之间、动物与动物之间、植物与植物之间都是相通的，互相之间可以发生各种各样的故事，中国的小朋友也可以到外国畅游，《格林童话》中的小动物可以到《安徒生童话》中扮演一个角色，孩子完全可以展开想象的翅膀，在美妙的童话世界里尽情翱翔。

第四节　给孩子建故事会的基本原则

兴趣第一的原则：让孩子听故事、讲故事、编故事，都要围绕着孩子的兴趣去展开，让孩子感到快乐。千万不要把让孩子听故事、讲故事、编故事当成学习任务，无谓地增加孩子负担。失去了兴趣，就失去了故事的魅力。

先易后难的原则：让孩子讲故事、编故事，一定要循序渐进，家长可以先开个头，让孩子根据自己的理解编续故事；家长也可以在孩子讲故事、编故事过程中及时进行点拨，帮助孩子把故事讲完整。刚开始，孩子只要能讲四五句，家长就要进行鼓励；慢慢地，孩子会越讲越多，越讲越有信心，孩子的记忆、思考、语言、逻辑、想象等各方面的能力也会越来越高。

适时适当的原则："适时"有两层意思，一是讲故事的时间要根据孩子的年龄特点来定。由于不同年龄阶段的孩子保持注意力的时间不同，让孩子讲故事的时间也要根据情况具体控制。一般来说，孩子年龄越小，讲故事的时间越短；反之则长。二是选好讲故事的时间。家长不要在孩子吃饭时讲，会影响孩子消化；也不要在孩子睡前讲，孩子越听越兴奋会影响睡眠。"适当"也有两层意思，一是故事内容要适合孩子的智力发展水平。给孩子讲故事，内容要浅显，语言要形象生动，情节不要太曲折。对于智力存在障碍的孩子，就更要根据其智力水平和开发程度选择故事。让孩子讲故事和编故事时，同样应按照孩子的年龄特点和智力水平要求孩子，保持童真童趣，千万不要把孩子培养成"小孩大人腔"。二是故事要具有针对性。对不同性格、不同爱好、不同兴趣，甚至不同优缺点的孩子，家长要选择不同的故事，以增强讲故事的效果。

寓教于乐的原则：好的故事具有很好的教化作用，但它靠的不是说教，而是故事的生动性、趣味性和感染力。应努力推动孩子在故事中找到自己的心灵依托。比如，孩子听了勇敢者胜利的故事会变得勇敢；听了朱彦夫的《极限人生》，会更加坚强地面对自己的人生；听了比尔·盖茨的故事，会激发创业的热忱，扬起理想的风帆。

人类就是在故事中成长的。无论大人还是孩子，无论健全人还是残疾人，没有人不喜欢故事，因为每个人都是故事的倾听者和创造者，我们每时每刻都在不断书写着属于自己的新故事。如果一个孩子能听一些故事，能讲一些故事，能编一些故事，就形成了这个孩子宝贵的故事会。这个故事会是孩子的朋友，会给孩子带来快乐；这个故事会是孩子的良师，教会孩子充实地生活、学习和工作。我建议家长朋友都给孩子建一个故事会，让孩子在丰富多彩的故事中快乐成长。

第九章　发现并发展孩子的特长

俗话说："千招会不如一招绝。"这"一招绝"就是特长，也叫一技之长。孩子有了"一技之长"，就有了就业谋生的手段，有了建功立业的资本，有了追求和创造幸福生活的通行证。从某种意义上讲，特长决定了一个人的工作水平和生活质量。

特长的培养和开发对于残疾孩子尤为重要。身体的残障让残疾孩子从小就从身体和心理上处于一定的弱势地位，容易产生自卑和焦虑情绪，时常感受到自己的"无能"。家长发现并发展残疾孩子的特长，不仅能让残疾孩子树立起对生活的自信，感到自己在某些方面也有能力上的优势，而且通过开发残疾孩子的潜能，为孩子打开一道生命的"突破口"，明确孩子未来努力的方向，让孩子的特长真正转化为立身于社会的资本。

第一节　正确理解特长的丰富内涵

在现代素质教育理念中，许多学校把"个性 + 特长"作为自己的培养目标，这应该是有道理的。但是，有些学校在对"特长"内涵的理解上，却出现了一些不够全面、不够准确的认识。关于特长生，比较通用的定义是：在某些方面（比如：音乐、体育、绘画等）优于普通人的学生；高校的艺术特长生是指有美术、音乐、舞蹈以及表演等专长的学生。这样一来，"特长生"就成了"艺体生"的代名词。

实际上，"特长生"应当有更丰富、更宽泛、更深刻的内涵。《现代汉语词典》的解释是：特长是指个人特别擅长的技能或特有的工作经验。[①] 比

---

① 中国社会科学院语言研究所词典编辑室编：《现代汉语词典》，商务印书馆 1982 年版，第1124 页。

如，有的孩子擅长文学创作，有的孩子擅长剪纸，有的孩子擅长维修，有的孩子擅长表演等。因此，家长应当正确把握特长的丰富内涵，在更广的领域发现和培养孩子的特长。

特长不是一个绝对的概念，而是一个相对的概念。和别人比，孩子比别人做得好的方面都可以理解成特长，即在某一领域，在社会总体的评价机制中占有一席之地；和自己比，孩子最擅长做的方面也可以理解成特长。比如，孩子的特长是唱歌，曾在舞台上一展歌喉；孩子的特长是体育，曾在省市级运动会上勇夺冠军；孩子的特长是数学，曾在奥赛中获奖；孩子特别喜欢和擅长交流沟通，相比于其他能力，孩子这方面的才干尤其突出。

应当坚信，每个孩子或多或少都有一些特长，关键是是否被发现，能否被发展，可否使之发挥作用。仅有左手的蔡天石在父母的培养和帮助下，勤学苦练，终于在印坛崛起，开创了左独手篆刻的奇迹，作品蜚声海内外。我有一位学兄，其他学科成绩都很一般，但他酷爱计算机，成绩非常突出，先是获得了全国计算机竞赛一等奖，后被某名牌大学破格录取，目前在一家国际知名的 IT 企业工作。

应当明白，特长没有高低之分，以不同特长从事的不同工作也没有贵贱之别。如果孩子擅长发明创造，就要积极鼓励他献身科技事业；如果孩子擅长服装设计，就要积极鼓励他用才华装点美好的生活；如果孩子擅长烹饪，就要积极鼓励他为大众奉献美味佳肴……绝不能以学业优劣当作唯一标准来衡量孩子的特长，对孩子拥有与学业相关的特长就加以肯定，如果孩子特长与学业关系不大就认为"不务正业"。不管孩子在哪方面表现出良好的特长，家长都要积极鼓励，相信您的孩子也许会在这方面成为杰出的人才。

第二节　用智慧的眼睛发现孩子的特长

在孩子特长发展的早期阶段，家长的作用十分关键。家长要敏锐地观察孩子的兴趣，发掘孩子的兴奋点。特别是对于残疾孩子，家长更应该将孩子的身体状况、兴趣爱好、将来可能适合的工作等进行综合考虑，结合孩子的特点为孩子制定有效的培养方案，指导孩子怎样扬长避短，以自己的特长发挥比较优势，使特长成为孩子健康成长的助推器。

　　残疾孩子也有特长，是一种理念，也是一种信念。家长要坚信残疾孩子具有潜在的特长，并善于发现和挖掘孩子的特长，不要因为孩子有残疾就失去信心。在滨州医学院特殊教育学院参观交流期间，老师和同学们以他们的特教实践告诉我，残疾孩子的潜力是巨大的，有些残疾孩子能做到的健全孩子都未必能做到。在特教教室，我尝试了一下盲人同学用以朗读电脑屏幕的读屏软件，许多健全人和其他类型的残疾人跟不上的语速，他们却听得津津有味。这告诉我们，残疾孩子的能力看似被剥夺了，实际上很多是被隐藏了，如果加以科学地开发，这种能力会释放出强大的力量，形成对残疾孩子最佳的功能代偿。

　　兴趣是最好的老师，是特长发展的原动力。家长要经常细心地观察孩子，看看他平时喜欢做什么，然后慢慢地引导和支持他的兴趣与爱好。家长要尽量给孩子一些自由的空间和时间，让他们自由选择自己想做的事情。孩子兴趣的发现和发展，往往是他天赋和特长的先兆，家长应当用心去呵护，用爱去尊重。诗人歌德的父亲是位法学博士，他希望小歌德继承父业，成为法学家，而歌德却热心于艺术和科学。他的父母没有按照自己的主观意志逼孩子学法律，而是尊重孩子的兴趣并因势利导，最终为人类培养出了一位文化巨匠。如果歌德的父亲坚持让他学法学，也许歌德会是一个二流的法学家，甚至会一事无成。

　　家长要根据孩子的身体实际，有针对性地引导孩子的兴趣和特长。因为身体的原因，制约了残疾孩子许多兴趣的产生，更难以让他们将兴趣发展为特长。我从小酷爱体育，尤其酷爱篮球，NBA 和 CBA 很多球星的年龄、身高、体重、位置，我都了如指掌。从小学到初中，只要有时间，我从没有错过收看 NBA 和 CBA 的比赛，并记下了十多本比赛笔记和评论，写了多篇与篮球有关的文章。如果我身体健康，我想我可能会成为一名篮球运动员或者一名体育工作者。但针对我的身体状况，父亲告诉我，体育只可以作为我的爱好，但难以成为我的职业，更难以发展成我的特长。父亲认为，文字工作是我比较擅长且与我的身体条件相契合的工作，可以作为特长加以重点培养。因此，我把自己的体育爱好化作生活的调味剂，努力经营着自己的笔耕园地，争取在文字工作上不断进步。应当说，目前我对文字的兴趣和一点点特长，是与父亲从小对我的引导培养密切相关的。

第三节　用心培育孩子的特长

孩子的兴趣之花要结出特长之果，需要爱的雨露去滋润。从发现孩子的兴趣到发展为特长，这是一个很漫长的过程，需要家长用心培育。

还是来讲一个感人的故事吧，因为这个故事清楚地告诉了我们应当怎样培育孩子的特长。周云玲是南京的一位下岗女工，她的儿子肖毅自幼双目失明。为了排遣孩子的苦闷，周云玲买来了《白雪公主》等书籍，每天读给儿子听，一读就是两三个小时。日复一日，年复一年，听妈妈读书成了肖毅最快乐的事，妈妈读的书也从童话故事变成了《红与黑》《老人与海》《尼采选集》……儿子开出的书单让只有初中文化的周云玲越来越难懂，书也越来越难读，但她始终咬牙坚持着。多年下来，周云玲为儿子读完了近千册书，用自己的"啼血之声"引领儿子走进了文学的殿堂。肖毅先后创作了二百多首诗歌，曾获世界汉诗大赛一等奖，二十多首诗被选入《中华诗词家词典》，诗集《我听见花开的声音》荣获了全国残疾人技能成果大奖。靠着爱的滋养，肖毅虽然无法用眼睛看到光明，却用健全的心灵听到了"花开的声音"。他在作品《感谢》中深情地写道："妈妈，您就是春天。记得妈妈常说：我是孩子的眼睛，孩子是我的生命。的确，没有无私的母爱，就不会有深深的诗情。"

有人把孩子的兴趣和乐观向上的人生态度比作父母撒在孩子心田的一粒小小的种子，土壤硬了种子没法生长，施肥多了容易把芽儿烧坏，浇水多了容易把小苗淹死，只有土壤、种子、肥料三者完美结合，苗儿才能健康地茁壮成长，顺利地生根、开花、结果。

第四节　培养和发展孩子特长应当注意的问题

在培养和发展孩子特长的过程中，大多数家长能做到呕心沥血，倾其所有，但是为什么有的家长一帆风顺，而有的家长举步维艰呢？这说明既要有爱心，又要有方法，还要有智慧和策略。

一是认真分析孩子的天赋，理智地培养孩子的特长。我们不是天赋决定论者，但也不能对天赋不以为然。要想形成具有竞争力的特长，最佳方法是引导孩子在最感兴趣的领域施展最好的天赋，让孩子做最喜欢的事，做最擅长的事。用公式表示就是：兴趣＋天赋＝特长。只有把兴趣和天赋有机结合起来，才能形成最完满的特长。所以说，培养孩子特长不要扎堆，更不能强求，尤其不应动辄就让孩子学习唱歌、跳舞、绘画等。试想，如果邰丽华没有舞蹈天赋，怎么可能跳出美轮美奂的《千手观音》？如果杨光、刘赛没有过人的音乐天赋，怎么可能在高手如林的《星光大道》舞台上获得年度总冠军？

二是培养孩子良好的习惯，因为习惯决定孩子的命运。习惯的力量是巨大的，人一旦养成一个习惯，就会不自觉地在这个轨道上运行，如果是好习惯，将会使人终身受益——行为日久成习惯，习惯日久成性格。曾有记者这样采访过一位获得诺贝尔奖的科学家："请问您在哪所大学学到您认为最重要的东西？"这位科学家平静地说："在幼儿园。""在幼儿园学到了什么？""学到把自己的东西分一半给伙伴，不是自己的东西不要拿，东西要放整齐，做错事要道歉，仔细地观察事物。"这看似意外的回答，却充分说明了儿时养成的良好习惯对人生的重要意义。

三是培养孩子兴趣与特长的专一性，这是许多人取得成功的秘诀。有人说如果海伦·凯勒和史铁生没有残疾，他们也许不会取得如此骄人的成就。这话乍一听有些牵强，可仔细一琢磨也不无道理。由于残疾，她们受到的诱惑少，心无旁骛，专心致志地做最擅长的事，更能珍惜和发展某个方面的专长，这难道不是她们成功的重要因素吗？正如美国管理学家彼得·柯林斯在《从优秀到卓越》一书中讲到的有趣的"刺猬原则"：为什么看起来很笨的刺猬能够战胜聪明的狐狸？只因为刺猬专心于一种能力的培养，而狐狸之所以不能胜利恰恰是由于它太聪明，总想通过"计谋"获得胜利。① "从优秀到卓越"的公司，比较像刺猬——单纯、憨厚、专一，只懂得一次做一件大事。他们不像狐狸——诡计多端、行动敏捷，懂得许多事情，但瞻前顾后，缺乏专一性和一贯性。术业有专攻，家长要引导孩子从兴趣入手，挑选一个最适合孩子的项目，充分发挥孩子的天赋，持之以恒地探索到底，使孩子从具有一个方面的一技之长，发展成为一个领域中出类拔萃的人才。如果您的孩子有了这种特长，他就具备了创造和享受幸

---

① ［美］吉姆·柯林斯：《从优秀到卓越》，俞利军译，中信出版社 2009 年版。

福生活的资本。

中国有句古话：纵有良田万顷，不如一技在身。杨光靠着动人的歌声，找到了生活中明媚的阳光；邰丽华靠着美妙的舞姿，找到了人生中的金色观音；张海迪靠着文学的智慧，启迪了无数人的心灵；霍金靠着科学的大脑，为人类文明做出了卓越贡献。衷心希望家长朋友都能积极发现并发展孩子的特长，给孩子办一张幸福人生之路上的"通行证"。

第十章　引领孩子走进自然

　　《幼儿园教育指导纲要》指出："让幼儿喜爱动植物，亲近大自然，关心周围的生活环境；引导幼儿接触自然环境，使之感受自然界的美与奥妙，激发幼儿的好奇心和认识兴趣；结合和利用生活经验，帮助幼儿认识自然环境，初步了解自然与自己生活的关系。"① 这段话既说明了认识大自然对孩子成长的重要性，又明确告诉我们应从小让孩子亲近大自然，因为大自然是人类之母，她神奇而美丽，复杂而多变，无限的自然现象和自然规律值得人类不断地求索。

第一节　引领孩子走进四季

　　人是怎么来的？人是大自然的产物。"生态"（Ecology）一词中的 Eco 源于古希腊文，意思是指"家"（House），表征着自然界一切生物的生存发展状态，人作为从动物界进化而来的高级生物，当然是生态系统中的一分子，"现实的人"首先是自然人。马克思指出："全部人类历史的第一个前提无疑是有生命的个人的存在。因此，第一个需要确认的事实就是这些个人的肉体组织以及由此产生的个人对自然的关系。"②

　　人脱胎于自然界，有属人的肉体组织，离不开自然界，只有在与自然的物质能量交换中才能发展自身。马克思说："自然界……是人的无机的身

---

　　① 中华人民共和国教育部：《幼儿园教育指导纲要》（http：//www. moe. edu. cn/jyb_ sjzl/moe_ 364/moe_ 302/moe_ 309/tnull_ 1506. html）。
　　② ［德］马克思、恩格斯：《马克思恩格斯选集》（第 1 卷），人民出版社 1995 年版，第 67 页。

体……自然界是人为了不致死亡而必须与之不断交往的人的身体。"① 从这个意义上讲，人存在于自然生命圈中，没有自然生命圈所提供的物质能量滋养，人的生存与发展就成了一句空话。自然界先于人类存在，自然孕育了人类，她就像我们的母亲，给我们干净的水、可口的食物、清新的空气和一切适宜人类生存发展的物质环境。人离不开自然，在认识自然、体验自然和融入自然的过程中，我们的心境会变得更加开阔，思想会变得更加高远，人生态度会变得更加豁达，身体也会随之变得更加强健，这对于任何一个孩子，尤其是残疾孩子拥抱生活、体验快乐、享受生命都具有重要意义。

说到大自然，就不能不说到一年四季，因为季节的变化和我们的生活息息相关。随着四季气候的变化，动物、植物都有不同的变化，人也有不同的感受。四季的特征渗透在我们生活的方方面面，孩子对四季的变化看在眼里，感受在心里。以季节为主线引导孩子了解自然、认识自然是一个有效方法。

先说春天。春回大地，万物复苏，天气渐渐暖和，冰雪逐渐融化，飞鸟鱼虫等开始在地上、水中和空中自由活动。家长要选择那些能代表季节特征的自然现象让孩子观察，可以先向孩子提一些问题，让孩子带着问题去观察和体验。比如，什么是春光明媚？什么是繁花似锦？为什么春雨贵如油？为什么春天燕子会从南方飞到北方？为什么"一年之计在于春"等。要通过观察和体验，使孩子明确春天的季节特征，了解柳树、杨树、银杏树等5～10种树木春天吐绿长叶的过程，认识迎春花、桃花、杏花、梨花、苹果花等5～10种花。对于盲人孩子，家长可以带他们触摸杨柳细枝，听春燕鸣唱，闻空气中弥漫着的花香，引导他们在感受春天的气息时尽情想象春天；对于聋人孩子，家长可以引导他们多看鸟儿戏水，欣赏花枝烂漫，去爬山，去野外春游，感受春暖花开、万物复苏的勃勃生机；对于肢残的孩子，家长可以带他们去公园游园，去湖边戏水等。家长还可以给孩子吟唱关于春天的诗词歌曲，领悟春天的文化底蕴，使孩子快乐地投入大自然的怀抱，同充满生机的春天一起成长。

再说夏天。家长不仅要让孩子体验夏天炎热的天气，更要给孩子讲清

---

① ［德］马克思、恩格斯：《马克思恩格斯全集》（第42卷），人民出版社1979年版，第95页。

夏天为什么会炎热，炎热对人和植物特别是对庄稼的生长有什么好处。在夏天，对孩子的自然教育要突出四个要点：

一是教育孩子会过夏天，比如怎样防中暑、防暴晒、防蚊虫叮咬、防雨防雷击、防腹泻等。夏天对于坐在轮椅上的孩子、带假肢的孩子将是严峻的挑战。炎热的天气易使久坐或卧病在床的孩子生出褥疮，家长一定要帮助孩子做好防护，勤给孩子翻身、擦身、洗澡等，避免长褥疮。对于装假肢的孩子，身体的汗液会影响假肢的穿戴，家长要善于帮助这些孩子，尽量让孩子少出汗，减少孩子外出次数和时间等。

二是经常带孩子到菜市场，最好能到菜地去，让孩子认识夏天生长的5～10种蔬菜和瓜果，养成吃新鲜蔬菜和瓜果的健康生活习惯。

三是了解小麦的生长及收割过程。小麦与我们的生活关系太密切了，可是许多孩子特别是城市孩子却不了解它的生长过程。在我国大部分地区，小麦是在秋天播种，经过一个冬天的休眠，第二年春天返青，样子极像韭菜，于是才有了城市学生看着一望无际的麦苗，闹出"祖国真可爱，遍地是韭菜"的笑话。小麦在6月初的芒种前后收割，如果有条件，可以领孩子到附近农田观察农民收割麦子的繁忙景象，唱起著名歌曲《金色的麦浪》，让孩子在歌声中欣赏麦浪翻滚时的美好景象。要给孩子讲清楚麦收的特点是"抢收"，因为一旦遇上大风、大雨或者冰雹，一年的收成就有可能烂在地里，所以才有了"三秋不如一麦忙"的农谚。

四是要在气温适中时，多带着孩子外出游玩，感受徜徉自然的快乐。小时候，每至夏天，我的父亲就会带着我和弟弟出来抓蚂蚱、逮螳螂、捕蝉，与大自然的小动物们进行亲密接触。家长不能总让孩子待在空调屋里，可以利用夏季白天较长的特点，傍晚凉爽时多带着孩子出来散步、玩耍，引导残疾程度适当的孩子与小朋友嬉戏，甚至还可以陪着孩子一起玩捉迷藏、老鹰捉小鸡这样的游戏，给孩子带来无穷童趣，把孩子的生活装点得五彩缤纷。

秋天踏着夏天的脚步静悄悄地来了。四季中，夏季与秋季的交接是最不明显的，甚至有时候初秋的天气比夏天还要闷热，号称"秋老虎"。孩子对秋天的认识，可以围绕三句话展开：

第一句是"秋天是收获的季节"。秋天收获什么？要让孩子搞清楚；如果能让孩子知道怎样收获那就更好了。可以领孩子到农田观看沉甸甸的水稻、黄澄澄的玉米、红彤彤的高粱，到果园参观或者采摘成熟的苹果、葡萄、柿子和山楂，亲身感受秋天丰收的喜悦。家长要借机教孩子认识 10 ~ 20 种秋天的庄稼、水果和蔬菜。这里有一个我亲身经历的笑话：一年秋天，父亲从农村老家带回一个棉桃，结果我们一群孩子都不认识，说像桃子吧又不太像，也不能吃。父亲告诉我们，棉花是人类的好朋友，我们穿的、铺的、盖的都离不开它。种棉花的过程十分辛苦，从春天育种育苗，夏天修枝施肥，到秋天才能收到果实。由于虫害严重，艰苦的打药除虫要持续几个月。棉花实际开两次花，先是开很好看的淡黄花、淡紫花或者白花，然后再长出棉桃，可是棉桃并不是棉花的最终果实，只有当棉桃彻底成熟了，再次开花长出长长的白白的棉絮，它才完成了自己的使命。

第二句是"秋高气爽"。这是对秋天气候特征的最好写照。秋日的天空一尘不染，湛蓝湛蓝的天空中飘着姿态万千的白云，有的像海浪，有的似帆船，有的如飞马，有的赛天仙，有的酷似奔驰的羊群，有的胜过连绵起伏的山峦……

第三句是"一叶落知天下秋"。秋天，树叶一步步由绿变黄，当它们枯萎时，便有了"秋风扫落叶"的景象。于是便有了许多人的悲秋情怀，就连巾帼英雄秋瑾也发出了"秋风秋雨愁煞人"的感叹。其实，我们何不怀着"自古逢秋悲寂寥，我言秋日胜春朝"的豪放去感受秋日的风采呢？秋天就像一场精彩演出的谢幕，让人意犹未尽，它的下一场演出也许更精彩呢！

冬天是上一场演出和下一场演出之间的休整季节。冬天来临时，引导孩子观察天气一天天变冷，说话时嘴里会呼出白气，体验在凛冽寒风中的寒冷，听北风呼啸之声，看雪花飘飞的千姿百态。最美的要数雪后大地那一片白茫茫的景观，真是一个银装素裹的世界。冰雪覆盖下的大地孕育着生机，冬日的自然和宁静让人遐想，中国古语有"瑞雪兆丰年"，英国诗人雪莱则充满诗意地说"冬天来了，春天还会远吗？"冬天不仅会飘下洁白如银的白雪，还会结出坚实的冰霜。家长在带领孩子享受雪景和冬趣的同时，一定要特别注意孩子的安全问题。在冰霜过重的日子里，残疾孩子最好少出门，如果想感受冬景，家长也要加强保护。引导孩子根据天气情况添加衣物，有些残疾孩子的身体相对比较弱，对寒气比较敏感，家长应加强孩子的保暖照料。需要说明的是，虽然冬天外面寒冷，但也不要完全闭门不出，放弃必要的活动，可以在适当时候出来锻炼，也可以加强在屋里的锻炼项目，比如搓搓手、压压腿、扭扭腰、甚至小跑几下都是不错的冬日保健保暖方法。

让孩子了解一年四季的特征，还可以给孩子讲解《二十四节气歌》和《数九歌》，并教孩子背诵。《二十四节气歌》是：春雨惊春清谷天，夏满芒夏暑相连，秋处露秋寒霜降，冬雪雪冬小大寒。上半年是六廿一，下半年来八廿三，每月两节日期定，最多不差一二天。数九是从冬至开始，以后每隔九天为一阶段，共九个九，八十一天。《数九歌》中唱道：一九二九不出手；三九四九冰上走；五九六九沿河看柳；七九河开八九雁来；九九加一九，耕牛遍地走。《二十四节气歌》和《数九歌》具有丰富的科学内涵，是勤劳的中国人民经验与智慧的结晶，对我们科学地认识自然很有意义。

第二节　引领孩子在亲近自然中提升能力

人类是自然之子，残疾也是自然给予人类的一种特殊存在形式。孩子认识了四季特征，感受了动物、植物、山水在四季中的变化，有利于孩子更好地适应自然和改造自然。

在与自然的零距离接触中，要让孩子增长自然常识，提高认识自然的能力。海伦·凯勒的成功就是一个典型的案例。海伦·凯勒从小既聋又哑又盲，自然界的万事万物在她大脑中没有任何印象。为了让她认识水，她的老师沙莉文小姐就领她到水管旁，不断地把水浇到她的手上，先让她感知水的温度是凉凉的，再让她感知水的形状是流动的，然后在她手心里一次又一次书写"水"（water）的字母拼写，最后再让小海伦用手摸着老师的嘴，按照老师发音的口形练习"水"（water）的发音。经过千百次的实践，海伦·凯勒不仅了解了水的特点，而且做到了会写会说。就这样，海伦·凯勒靠着顽强的意志，感知了风，感知了雨，感知了各类花草树木，最终创造了人类的奇迹，成为世界著名的作家和演说家。

在亲近自然、享受自然、感悟自然中，让孩子提高生存发展的能力。父亲从小就很注重对我的自然教育，经常用三轮车带着我和弟弟到野外去，挖野菜、逮蚂蚱、放风筝、捉知了。记得有一年下大雪，父亲一大早就把我和弟弟喊起来，带我们到学校大操场观赏雪景。父亲让我们由近及远地观察，渐渐融入了这个粉妆玉砌的洁白世界，内心感觉是那样的纯净。父亲和我们一起高声吟诵毛泽东的《沁园春·雪》："北国风光，千里冰封，万里雪飘；望长城内外，惟余莽莽，大河上下，顿失滔滔……"面对此情此景，我们对这首词又有了更深刻的理解。为了活跃气氛，也为了让我们进一步了解雪的特点，父亲饶有兴致地吟起了张打油的打油诗："江山一笼统，地上一窟窿；黄狗身上白，白狗身上肿。"在我和弟弟的笑声中，父亲和我们一起高喊着翻滚在雪地里，堆雪人，滚雪球，玩得不亦乐乎。

2012 年暑期，父亲带我们去登泰山。在中天门，父亲问我是自己登上去还是坐缆车上去，我坚定地说："我是来登泰山的。"中天门到玉皇顶几乎全是台阶，尤其是泰山十八盘，是泰山登山盘路中最险要的一段，共有石阶 1827 级，是泰山的主要标志之一。此处两边崖壁如削，陡峭的盘路镶嵌其中，远远望去，恰似天门云梯。攀登途中，一些游人看着我蹒跚的脚步小声议论："身体这样还来爬泰山，能行吗？"我咬牙坚持着，每登几个台阶，就感到很难很累。弟弟始终挽着我的胳膊，随时准备助我一臂之力。在弟弟的帮助下，经过三个多小时的努力，我终于登上了泰山之巅玉皇顶。放眼远眺，我真正领略了泰山的雄伟与壮美，领悟了孔子"登泰山而小天下"的意境和杜甫"会当凌绝顶，一览众山小"的豪情，体验了大自然的神奇和壮伟，也对人生有了更深刻的感悟。我无比自豪：我又战胜了自己，战胜了身体极限的挑战，实现了自己的一个愿望。在今后的岁月中，我一定会攀过一个又一个的十八盘，登上人生的玉皇顶。

第三节　引领孩子在自然中陶情怡志

自然是人类的朋友，走进自然，倾听自然的声音，犹如天籁；置身自然，温暖的阳光，清新的空气，巍峨的群山，蔚蓝的海水，青山绿水，孩子会感到心旷神怡。

张海迪在《生命的追问》中历数了她亲近自然的体悟，并由衷感叹："在与山与海的交往中，我觉得大自然是培养人性的最好的老师。"[①] 家长要重视培养孩子大海般宽广的胸怀、高山般坚强的意志、翠竹般高尚的品格、雄鹰般远大的志向。千万不要嫌残疾孩子麻烦，一定要有计划地带孩子去领略祖国的大好河山，让孩子在了解大自然、享受大自然、融入大自然、探索大自然中开阔视野，陶冶情操。孩子只有面对大海，才能真正懂得什

---

① 张海迪：《生命的追问》，作家出版社 2003 年版，第 297 页。

么是广阔；只有面对高山，才能真正懂得什么是巍峨；只有到了长白山，才能真正懂得什么是粗犷；只有到了漓江，才能真正懂得什么是秀丽；只有到了丽江古城，才能体悟到什么是悠然；只有到了九寨沟，才能真正懂得什么是人间仙境……

　　当然，家长不可能带孩子处处皆到，因此观看风景片，欣赏写四季、写山水风光的美文，也是享受自然、陶情怡志的一个重要渠道。家长可以引导孩子去收集这方面的美文，最好能背诵一些经典的诗句。杜甫的"好雨知时节，当春乃发生"悄悄地告诉了我们春雨的特点；叶绍翁的"春色满园关不住，一枝红杏出墙来"彰显了春天的勃勃生机；白居易的"力尽不知热，但惜夏日长"写尽了封建社会中国农民夏日的艰辛；秦观的"芳菲歇去何须恨，夏木阳阴正可人"则向我们描绘了夏日的美妙；曹操的"秋风萧瑟，洪波涌起"展示了一代枭雄暮年的豪情；辛弃疾的"欲说还休，却道天凉好个秋"则表露了一位豪杰的无奈；王维的"草枯鹰眼疾，雪尽马蹄轻"向我们传递了冬行狩猎的动感；岑参的"忽如一夜春风来，千树万树梨花开"竟然把冬景写得充满了春天的活力。景中有人，景为心声，大自然与人融为一体。这些经典的名句，都是大自然谱写的生命之歌，是大自然赐予我们的宝贵精神财富。

第四节　引领孩子与自然和谐相处

　　人的生命是大自然生命中不可分割的重要组成部分，人的生存和发展须臾离不开自然界。人类与大自然的关系问题，不仅是子女教育中的一个重要话题，而且是人类生存发展面临的一个重大课题。

　　家长应告诉孩子自然是人类的好朋友。我们应当抓早抓小，从孩子懂事起，就给孩子讲《小蝌蚪找妈妈》《月亮船》《迎春花》等美丽的故事，教孩子唱春天的歌，画夏天的画，跳秋天的舞，背冬天的诗。告诉孩子大自然是富于哲理的，"道法自然""顺其自然""天人合一"是很高的人生境界，体现了人与自然和谐发展的价值追求；大自然是充满奥秘的，人类对于自然的一切科学探索活动，都必将加深对自然规律的认识；大自然是有情的，赋予了人类太多太多，它的每一滴水、每一棵树、每一朵花、每一株小草、每一块石头，都彰显了大自然的坚强之美和奉献之美；大自然又是无情的，对一切违背自然法则的行为，它都会毫不客气地报复。因此，只有道法自然，尊自然为师，珍爱自然，保护自然，人类才能不断发掘出自然的丰富宝藏。

家长应让孩子明白与自然和谐相处的重要意义。回顾人类 20 世纪走过的历程，世界经济迅猛发展，社会生活飞速变迁，物质财富和精神财富极大丰富，但同时也承受着温室效应、生态失衡、环境污染、持续干旱、洪水滔天等巨大灾难。特别是突如其来的 SARS 病毒、禽流感病毒、埃博拉疫情、愈演愈烈的雾霾天气，令人们在痛苦中反思自己的行为。家长可以让孩子收集一些自然灾害的案例，在认真分析思考的基础上，意识到人类不能凌驾于自然之上，任何不顾自然规律、盲目开发和利用自然资源的行为最终都会遭来自然界的报复，进而引导孩子从小就树立善待自然的价值理念，培养孩子感恩自然的价值意识，促进孩子认识人类该怎样与自然和谐共处、我们应当怎样建设生态文明等问题。

家长应让孩子明白自然是人类赖以生存和发展的公共家园。习近平指出："良好的生态环境是最公平的公共产品。"① 生态环境的公共性表现为：一是生态权利的公正性。人与自然之间应具有平等的权利，人应自觉维护生态环境根据自身规律生存发展的权利；人与人在分配生态资源的过程中，应坚持生态资源为人类共同体共同享有，为历史、现实和未来的群体造福，而不能被私人集团所利用或被某一代人所垄断。二是生态责任的共同性。每个人都应该具有生态公共精神，科学处理利用自然和保护自然的关系，共同承担维护公共生态利益和承担公共生态风险的现实责任。任何人都没有权利和理由破坏这个家园，任何人都有责任和义务维护这个公共家园的安宁与和谐。我们只有呼唤科学的生产方式和生活方式，才能促进人与自然的共生共荣，才能推动生命共同体的健康发展。

在圣洁的大自然母亲面前，残疾人与健全人有着同样的权利与需求。相比之下，残疾孩子更渴望拥抱自然、享受自然，渴望得到更多阳光雨露的滋养。对自然的热爱与依恋也更有利于促进残疾孩子摆脱残障的心理阴影，激发他们对生活的热爱。因此，请您引领孩子走进大自然吧，让孩子在绿色生活中健康成长。

---

① 《习近平在海南考察时强调　加快国际旅游岛建设　谱写美丽中国海南篇》，《人民日报》，2013 年 4 月 11 日。

第十一章　引领孩子走向社会

马克思指出："人不是单个人固有的抽象物，在其现实性上，它是一切社会关系的总和。"① 社会性是人的本质属性，人只有真正融入社会才能获得生存发展的条件。作为人类社会的有机组成部分，残疾人只有走向社会，最大限度地融入社会，找到有尊严的社会存在方式，得到社会的认可，真正成为"社会人"，才能实现有质量的生存与发展，达成其生命的价值和意义。

第一节　引领孩子全方位认识社会

社会是以物质生产活动和自然地理环境为基础，能满足人的物质和精神需要，在相互交往中形成的人群集合体。人际交往是社会生成和发展的内在要素。对于残疾孩子来说，身体局限容易将他们封闭在一个狭小的空间当中，制约他们的社会交往和对外部世界的认识。也正因为如此，残疾孩子也更有参与社会的强烈意愿，渴望走入社会去欣赏一个不一样的世界。残疾孩子的家长是孩子与社会连接的纽带，一定要坚定地引领孩子走出家门，走向社会，摒弃自卑，帮助孩子在社会生活中确证自身的价值。

身体的特殊性决定了残疾孩子认识社会的特殊性。这种特殊性表现在两个方面：一是认识社会的难度更大。残疾孩子由于身体局限，参与社会的程度和能力十分有限。比如，盲人失去或部分失去了视力这一感知社会的最直接的技能，聋人则被剥夺了基本的社会交往中介——语言，肢残人的活动能力受到方方面面的限制。这些身体的局限，使他们认识社会的广

① ［德］马克思、恩格斯：《马克思恩格斯选集》（第 1 卷），人民出版社 1995 年版，第 60 页。

度和深度受到限制。二是认识社会的思维方式比较特殊。身体的特殊性使其对社会交往的理解方式有一定局限，容易从自身角度考虑问题，与他人思维方式和行为方式的融合能力不足。这并不是残疾孩子道德心理上的不足，而是客观条件限制了他们对他人和社会的理解程度。因此，认识社会是残疾孩子的必修课，引领残疾孩子认识社会也是广大家长的必修课。因为残疾孩子认识社会的特殊性，就更需要家长手把手地引领，不仅要言传，而且要身教。既要着重锻炼社会生活中的基本技能，又要引领孩子领悟与人交往的艺术。帮助孩子逐步改变"我向型"的思维方式，形成"交往型"的思维方式，增强融入社会的本领。我把家长引领孩子全方位地认识社会归纳为八个字：衣食住行，交金记知。

一曰衣。人的衣着打扮往往向社会传递着各种信息。家长要让孩子明白怎样根据季节、天气的变化增减衣服，告诉孩子在什么场合应当穿什么衣服，见什么人应当穿什么衣服，穿什么衣服最适合自己的长相和身材，穿什么衣服最能显示自己的气质和修养。

二曰食。食物虽然只能满足人的生存需要，但人的社会交往却赋予了食物以社会性的内涵。无论在外面小饭摊儿，还是到饭店吃饭，都有一些常识，家长要仔细告诉孩子，最好让孩子亲自体验一下，知道如何点菜，哪个菜新鲜，哪个菜卫生，哪个菜比较可口。告诉孩子在外面要慎吃凉菜，油炸食品尽量少吃，吃肉吃海鲜要仔细观察，吃包子要防止吃到"血脖肉"等。在外吃饭时，要讲究礼仪文明，比如什么是主陪、副陪、主宾、副宾以及这些角色的礼仪要点；比如要尊重服务人员的劳动，要学会与饭店老板打交道，也要善于维护自己正当的权益，等等；再比如，敬酒的时机、场合、方式等，虽然许多时候人们不会跟残疾人计较，但了解了这些礼仪规范却能显示残疾人本身的风度。家长还要告诉残疾孩子尽量避免饮酒，不要吸烟，饮食习惯要符合"健康第一"的基本原则。

三曰住。孩子走入社会，就会遇到外出住宿一类事情。要引导孩子学会通过电话、网络提前预订房间，出门时准备好身份证、学生证等各类证件，最好让孩子自己到吧台去登记，体验办理住宿的流程。要教会孩子怎样操作电梯，怎样用磁卡开门，怎样观察安全逃生路线。坐轮椅的孩子还要考虑怎样进电梯门、怎样进房间门，盲人孩子怎样更好地使用导盲杖等辅助设备。进入房间后，要先打开《服务指南》，了解怎样打服务电话，对照物品清单查看房间的物品是否齐全，检查电视、照明灯、网络等设施是否能正常使用，如有异常情况，要及时向服务人员反映。外出办事时一定记得带好房门磁卡和随身贵重物品，退房时要认真检查，不要遗忘物品。

四曰行。对于残疾孩子而言，正常出行是最需要也是最难的社会活动。残疾孩子要尽量克服各种困难走入社会，只有这样，才能走出狭隘的私人空间，去认知和感受社会公共空间。由于行动不便，残疾孩子出行时总会有这样那样的困难，看到公路上川流不息的车辆容易惊慌失措，总有一种因力不从心而产生的紧张感。这时家长要手把手地教孩子，无论是步行、坐轮椅还是骑车，无论是外出办事还是到公园散步游玩，都必须遵守交通规则，做到安全第一。如果需要坐汽车、坐火车甚至乘飞机到外地去，要教会孩子怎样买票、怎样过安检、怎样找座位，在车上或者飞机上要注意什么。特别要告诉孩子注意以下三个问题：一是叮嘱孩子一定要带好残疾证，因为在乘车、买票等各类活动中，残疾人可凭残疾证享受到各类优惠政策。要引导孩子了解残疾证的使用效力。比如，所有持残疾证的残疾人均可在南京地铁和公交上免费乘坐，而北京地铁的免费待遇只针对盲人（持红色残疾证者）；大多数旅游景点对持残疾证者都采取全票免费，而部分景点则采取打折优惠，还有些景区内部景点则没有免费服务。应教会孩子知晓这些政策的区别，尊重不同地区、不同单位对残疾人不同的优惠待遇，切忌盲目与人争吵。二是引导孩子多利用现代化手段方便出行。例如，教孩子网上订票、查询旅行线路和相关信息等，让残疾孩子充分利用网络补偿行动上的不足。三是在人群拥挤的地方，告诉孩子千万不要与人争抢，学会发现和利用绿色通道，善于寻求相关工作人员的帮助。

五曰交。交往是社会生存的基本方式，离群索居的单独个体是难以生存的。个体和私人群体生存能力的有限性需要人际交往，每个人都需要通过与他人的合作来实现自己的实践目的，这构成了公共交往生成发展的必要性。人与人之间的共通性又构成了人们交往的可能性。人的共通性是指差异个体之间能够通过相互沟通而弥合差异、实现共同生活的属性，人也只有在同他人的交往中才能确证自身的生存意义。著名教育家内尔·诺丁斯指出："人际关系可能是幸福的一个最重要的构成成分。"[①] 因此，家长要引领孩子在参与社会交往中融入社会，共享幸福美好的生活。

人的交往过程是促进人与人互利、互信、互爱的价值实现过程。互利

---

① ［美］内尔·诺丁斯：《幸福与教育》，龙家新译，教育科学出版社 2009 年版，第 179 页。

是人与人交往的利益基础，互信是人与人公共交往的信义支撑，互爱是人与人公共交往的关怀要求。在交往过程中，家长应从三个方面教育引导孩子。

一是从互利的视角培养孩子正确的竞争与合作观。应教育孩子既要树立竞争意识，敢于与他人做比较，又要树立公平竞争意识，开展和他人的良性竞争，决不能以损人利己的方式战胜对手。在与人竞争的过程中，更要学会与人合作，善于从他人身上取长补短，尊重和保护他人的劳动果实，善于同朋友伙伴一起分享成功的快乐，使彼此都能从中达成自己的目标。

二是从互信的视角培养孩子的诚信观。蔡元培指出："信义是朋友间交往的首要义务。"① 一个人只有真实诚恳、言出必行、一诺千金，才能赢得他人的信任，从而促进人与人之间心灵的真实沟通与呼应，为人际合作实现共同目标奠定坚实基础。反之，如果一个人不愿以真实面目示人，经常以虚伪、欺瞒和失信作为换取物质利益的手段，那么他最终必将失去交往市场而被社会共同生活所抛弃。家长应教育孩子从小学会诚实待人，对朋友真诚无欺，重诺守信。应允的事情一定要办到，即便因为条件变化确实做不到，也要向他人做出真诚的解释和检讨。尤其是对于残疾孩子，本身身体就不便，如果再让他人感到虚伪不实、谎话连篇，就会让人产生厌恶，断绝了融入社会的通道。家长既要引导孩子遵守诚信，又要善于辨识对方是否诚信，特别是在与陌生人交往时，应谨言慎行，切莫轻信对方。比如，不要轻易给陌生人开门，不要相信一些传销性的宣传，也不要相信占卜算卦者的言论，防止上当受骗，等等。

三是从互爱的视角培养孩子的友善观。"友"就像顺着一个方向的两只手，表示以手相助；"善"从言，从羊。言是讲话，羊是温顺、吉祥的象征，指在言谈举止上要温和善良。在公共生活中，友善的意思就是像朋友一样善良、亲近，表达了对公共生活中人与人之间良好关系建构的价值期待。家长应教育残疾孩子在同他人交往时做好三点：相互尊重，礼让三先，让他人从你身上感受到自身的尊严；相互宽容，心胸豁达，学会包容对方多样化的价值观念和行为方式，包容对方的过失，让对方和自己都感到舒服；相互成就，助人为乐，体察他人需要，善于换位思考，学会力所能及地帮助别人，在交友助人中提升自身的社会交往境界。

---

① 蔡元培：《中国人的修养》，中国工人出版社 2008 年版，第 117 页。

六曰金。说得通俗一点，就是要教育孩子学会挣钱、存钱、花钱。先说挣钱。经营要懂得经营之道，做工要讲报酬，懂得维护自己的正当权益。再说存钱。孩子要会到银行存钱，会用卡取钱。比如，如果孩子手不方便，应尽可能在家长的看护下锻炼如何放磁卡、如何取磁卡、如何输入密码，家长在旁边引导协助，让孩子掌握这个技能。孩子还要学会理财，掌握理财常识，最好能了解和学会买基金、国债、保险等，但千万不要参与非法集资，往往是贪小便宜吃大亏，得不偿失。再说花钱。要教会孩子到商店或小商摊购物，会到菜市场买菜，会货比三家，会讨价还价，懂得货真价实和物美价廉。近些年兴起的网购，对残疾孩子特别实用，要引导孩子掌握好网购技能，学会辨识真伪，以有理、有力、有节的方式维护自己的权益，保证从网上买到称心如意的商品。

七曰记。就是要懂得城市、道路和乡村的各类标识。哪是商店、哪是饭店、哪是银行、哪是地铁、哪是移动电话营业厅等。所在城市的道路是怎么命名的，公交车的站牌怎么看，回家的路上有什么突出标志等，都应当让孩子全面地了解，要尽量培养孩子的方向意识，善于在大脑中记住所在区域的布局和方位，以方便寻找各个目的地。

八曰知。要从小引导孩子关注时事，了解国家重要的组织机构，知道国家重要的领导人，懂得一些现行政策和法律，特别要了解残疾人事业法律、规章和相关政策，让孩子思想跟上时代的发展，善于利用法律和政策提升自己的生活质量，内心充满正能量。引导孩子了解中国的优秀传统文化，懂得当地的公序良俗和风土人情，知道在不同社会环境中的礼仪规范，增强做人处事的本领，为孩子走向社会奠定良好的人脉关系。

第二节　引领孩子最大限度融入社会

回归社会，是残疾人一生的努力追求；参与社会，是残疾人生存发展的重要途径；只有最大限度地融入社会，残疾人的生存发展才有了根本保障。

在残疾人融入社会的过程中，往往面临着三大基本矛盾，概括起来就是互认、同建和共享的矛盾。一是残疾人与社会互认的矛盾，即残疾人与社会间在生存方式、价值观念、心理状态和发展道路上的各种不一致性甚至分歧。二是残疾人与社会同建的矛盾，即残疾人在社会分工、社会合作、共同建设社会中的机会缺失、边缘化等问题。三是残疾人与社会共享的矛盾，即残疾人在分享社会发展机遇、文明成果过程中面临的各类矛盾和问题。克服这些矛盾是一个漫长的过程，残疾人融入社会也不会一帆风顺，既需要残疾朋友和家庭的努力，更需要社会总体的文明进步，残疾朋友和家长都应有充分的思想准备。作为残疾朋友的家长，应在力所能及的范围内帮助孩子克服融入社会的困难，引导孩子尽可能地融入社会，实现个体社会化。

其一，引导孩子树立积极的融入意识。想让孩子融入社会，家长就要引导孩子树立正确的理想，使孩子对社会有所期盼、有所追求，在为理想的不懈奋斗过程中不断实现社会融入。引导孩子克服自卑和消极避世的心态，敢于参与社会，愿意融入社会，在实现理想的过程中增强社会融合意识，在奋斗中提高社会参与度，使融入意识变成美好现实。

其二，帮助孩子找准社会定位和发展路径。社会是一个大舞台，每个人都在这个舞台上扮演着各自的角色，这些角色决定着孩子的社会定位。社会角色是指个体在同社会互动中呈现出的符合社会期望、与社会地位相适应的行为模式、权利、义务的总和。人在生命过程中要经历不同的角色转变，每一次角色变化都意味着新一轮的社会化。扮演什么角色最适合发挥孩子的特点和特长，最能挖掘孩子的潜能，使孩子找到最适合自身的发展道路，从而更好地在社会上立足，值得家长认真地思考和探索。在多重社会角色中，最重要的就是帮助孩子科学分析和找到最适合孩子从事的工作，使孩子真正掌握立身社会的一技之长，找到在社会中的科学发展路径。

残疾孩子可以从事的工作受限较多，学习什么要因人而异。一般分为以下几类：

第一类：加工类，如简易包装、手工制作等。这一类简单技术比较容易学，对身体要求不高，只要双手能自由活动就行，但要求速度、准确度和技巧，适合于腿部残障或耳聋的残疾人。这类工作对耐性和恒心要求很高，一个简单的动作要重复上千次上万次，往往比较枯燥，而且工资一般属于计件形式，生存压力比较大。

第二类：技能类，如美容美发、家电修理、开办网店等。这类技术对身体有一定要求，一旦学会终身受益，工作也相对好找，收入也不错。这类技术对学历要求不是很高，也容易学会，学会后给别人打工或自己开店都可以。

第三类：思想文化类，如软件开发、艺术表演、文学创作、技术革新、学术研究等。从事这些工作，需要较高的文化水平，还需要较强的韧劲儿，既要求耐得住寂寞，又要思想活跃，有悟性有灵气。

为了使孩子在社会中发展得更好，家长要做好三点：一是支持，支持孩子按照自己的意愿选择适合的工作。二是引导，引导孩子按照自己的残疾特点和特长选择，找到最适合自身的社会定位，不要想当然；要及时排遣孩子工作中的压力，疏解生活中的困惑。三是督促，督促孩子不断训练各种技能，找到最适合的社会立脚点。

其三，让孩子尽量多地参加社会活动。我想以自己为例谈谈这个问题。我五岁那年，父母带我去天安门广场看升旗仪式，当时人很多，父亲为了让我看清楚，就把我扛在肩膀上，足足扛了半个多小时，父亲累得满头大汗，我看得兴高采烈，尽管我当时并不清楚升旗仪式的深刻含义，但升旗仪式那庄严而宏大的场面却深深印在了我幼小的心灵深处。

我有时会想，在我近 30 年的人生中，父母就是这样扛着我走向社会的。日常生活中，只要有我适合参加的活动，父母总会千方百计带着我去参加，文艺演出、体育比赛、元宵社火、群众广场活动，我都经常去参加或观赏。只要学校里有什么我可以参加的活动，父母都会积极支持，比如征文、演讲、讲故事、参与课题活动等。记得当年学校开运动会，我因身体缘故不能参加而感到很失落，父母就鼓励我多写广播稿，为同学们加油助威。有一次，在学校组织的家庭趣味运动会上，父母精心挑选了我能参加的项目，认真地把塑料筐绑在身上，让我向筐里投球，别的孩子投进了三十多个，而我只投进了十个，父母不但没有抱怨我，而且很高兴地祝贺我。一位老工程师看了，激动地说："孩子，你和你的同学一样优秀，因为你投进的都是金球。"

我曾经这样问父亲："你们经常带着我参加社会活动，就不怕我走路难看丢丑吗？"父亲听了，沉思了好一会儿，十分郑重地对我说："在爸爸心里，你从来就没有残疾。你应当多和同学们在一起，因为你们是一样的。"也许正是有了父母正确的态度和积极的行动，才保证了我二十多年来一直以良好的心态对待人生，并在不断进取中逐步融入社会。

第三节 引领孩子力所能及建设社会

在融入社会的基础上，力所能及地建设社会，实现个人价值与社会价值的有机统一，是残疾人生存发展的最高境界。

一个残疾人能够融入社会很不容易，既需要家长和孩子的共同努力，更需要社会各界的帮助，因此要引导孩子时刻对社会充满感恩。近几年来，我在全国各地做了五十多场事迹报告，从第一场开始，父亲就让我把报告定名为《感恩生命》，告诉我做报告不是为了宣传自己多么优秀，而是对社会的一种感恩和回报，是用自强不息的精神激励更多人和自己一起进步。每次参加公益活动，无论是捐款捐物，还是公益教育活动，我总能从父母那里得到鼓励和支持。2010 年 6 月，中国脑瘫救助海豚计划启动仪式在上海举行，主办方邀请我和父母现身说法，为脑瘫孩子和家长树立信心。我的父母利用双休日不远千里陪我来到上海，面对即将接受手术的脑瘫患儿，当我鼓励他们的时候，当我向他们赠送自己书籍的时候，当我推着他们游览世博园的时候，我感到了一种社会责任，也收获了一种从未有过的社会成就感。

父亲经常用一些残疾人回报社会的事迹教育我，有残疾科学家、作家、学者、企业家，也有普通的残疾人。舟山市残疾人义工顾亚梅，从小因患小儿麻痹症导致左腿残疾，平时靠一根拐杖助行，但她积极回报社会，被评为全市"十佳义工"。她有一段话我特别欣赏："我自己有能力，哪怕这种能力很小，也要尽力去回报社会。做一名义工，苦的只是我的身体，快乐的却是我的心。"的确，残疾人只有回报社会，对社会尽绵薄之力，成为社会的建设者，才能真正融入社会。

从认识社会到融入社会，再到建设社会，这是一幅美丽的蓝图，而描绘这幅蓝图的第一作者就是孩子的家长。我的建议是：希望家长朋友尽力引领孩子走向社会，让孩子在社会中实现自己的价值，创造美丽的人生。

第十二章　正确处理残疾孩子与健全孩子的关系

　　目前，很多家庭既有残疾孩子，又有健全孩子。怎样正确处理残疾孩子与健全孩子的关系，是摆在父母面前的一个很现实、很严肃、很复杂的课题。

第一节　正确对待残疾孩子与健全孩子的区别

　　残疾之谓残疾，就是因为它与健全不同。只有认识了残疾孩子与健全孩子的不同，才能有针对性地区别对待。

　　残疾孩子与健全孩子相比有以下十个方面的区别：

　　生理特征不同。相比于健全孩子，残疾孩子在生理上或多或少存在着某些缺陷，有的肢体不便，有的或聋或哑或盲，有的可能智障。由于生理特征的不同，残疾孩子和健全孩子衣食住行等各个方面都会有所不同，家长应对此有清醒的认识，不能对残疾孩子有过于苛刻的要求。

　　心理特征不同。残疾孩子心理有时比较脆弱，但有时又异常坚强，对外界十分敏感，心态容易急躁；对残疾以及由此带来的挫折有一定的抱怨或宿命心理；有依赖心理但自尊心极强，他们迫切需要援助，但又不愿在他人面前暴露自己的弱势，凡事十分要强，希望通过努力赶上甚至超过健全人的水平；有坚定的意志和持久的耐力。有追求理想的残疾朋友会以顽强的斗志同命运抗争，自强不息，百折不挠，但他们又往往陷入理想和现实的矛盾苦恼中。而健全孩子心态相对平和、理智、果断，但有时面对困难的恒心和意志力不足。对同样的事情，特别是比较重要的事情，健全孩子容易拿得起放得下，会想得相对简单；而残疾孩子却容易念念不忘，直到看到这件事情的最终结果——因为他们做事往往会付出更大的代价，他们对人和事都更为珍惜，常常认为一件小事就能决定自己的命运，期望凡事都能做到最好，办得最牢靠。家长要根据二者的不同心理特点采取不同的心理疏导方式，引导残疾孩子和健全孩子相互学习借鉴。

做同一件事的难易程度不同。由于残疾孩子受限很多，主体能力不足，相比于健全孩子，他们做同一件事的效率、效果、水平都有所不同。比如削苹果，健全孩子可能教几遍就会了，而残疾孩子却要经过成百上千次的练习才能做到，健全孩子轻易能做到的事残疾孩子即便付出百倍努力也未必能做到。家长应对残疾孩子和健全孩子采用不同的衡量标准，万不可一概而论。在做事情上，要引导健全孩子多关心帮助残疾孩子。

参与社会的方式不同。由于健全孩子能够经常外出活动，实践范围较大，实践方式多样，他们的社会生活视野相对宽阔；残疾孩子因为身体局限可能较多地局限在家庭或小圈子里，他们更多地通过电视、网络、报刊等间接地认识社会生活。残疾孩子更关注弱势群体、同情弱者，在感同身受中表达自己对美好生活的向往。家长应充分尊重和理解二者不同的交往方式，并引导他们利用自己的特长更好地认知社会。

做事方式不同。健全孩子做事方式灵活多样，大多主动性较强。残疾孩子大多做事认真，守时守信守规矩，特别容易相信别人，有时甚至会把玩笑话当真，所以对残疾孩子一定要重诺守信，否则他会认为别人欺骗了他。与此相联系，残疾孩子往往处事不够灵活，价值观念比较正统，有时还会有些固执，认准了的事不轻易改变。

表达方式不同。除了聋哑孩子用手语表达之外，有些残疾孩子说话的语速往往比较慢。在残疾孩子的表达方式上，有两个特点要引起注意：一是因为交往的局限，经常怯生生地不敢说话，语言机能的发展受到限制，不能全面准确地表达自己的意愿。二是心急火燎地说话，并且有一种"我说了就要马上给我办到"的冲动。这是因为身体的残障在某种程度上会强化某种不安全感，对生存和发展的需要也更为迫切，特别希望别人看重自己的意见。相比而言，多数健全孩子表达起来会显得相对从容，甚至对有些事情漫不经心。家长应对健全孩子与残疾孩子的表达方式区别对待，对残疾孩子不能急，孩子越急可能越表达不清楚。家长应尊重孩子的意见表达，该倾听时耐心倾听，该纠正时及时纠正。对于孩子的一些过于激烈的言行，应教育他们学会克制，并努力做好自我平复。

应对困难和突发事件的能力不同。因为残疾的局限，残疾人主体性的发挥程度往往比较低，对周边环境的自主性、选择性和创造性相对薄弱。

对于同样的困难和突发事件，比如家里漏水了，健全孩子很快就会想出应对办法，而残疾孩子却容易焦急不安，甚至惊慌失措。对于残疾孩子这方面的能力，家长要有意识地进行培养。

思维方式不同。在日常生活中，健全孩子更多地表现为"外求"，即自己的许多行为受外界影响较多，凡事希望从社会交往中得到启发；残疾孩子更多地表现为"内求"，因为交往圈子相对小，凡事容易从已有的经验出发，也更善于反思和内省，完成一项工作时也更容易耐得住寂寞。父母应辩证地认识两种思维方式的优点和不足，引导二者相互取长补短。

对仪表的追求不同。爱美之心人皆有之，随着年龄的增长，孩子会对美越来越重视，但残疾孩子却常常会比健全孩子晚几年，因为残疾孩子往往有一定的自卑心理，认为再怎样注意也不会改变残障带来的缺陷；而且他们过于"内求"的思维方式导致其忽略甚至轻视外在仪表。在这一点上，家长要引导残疾孩子勇敢些、自信些，尤其不要自惭形秽，也不能放任自流，应多向健全孩子学习，善于展示自己，引导他们认识到仪表之美不仅是尊重自己，也是尊重别人，干净整洁的服饰仪表也能体现残疾人对阳光和美好生活的追求。

对父母的依赖程度不同。不言而喻，残疾孩子对父母的依赖程度肯定要重，而且具有循环性和反复性。健全孩子的独立意识和自主决断的能力往往较强，更希望在海阔天空的世界中翱翔。相比之下，残疾孩子更恋家，也更乐意和父母交流，将来结婚后也更能做到常回家看看。但残疾孩子在依赖家长的同时自尊心也很强，总希望在依赖与自强之间达到平衡。家长应由此受到启发，让健全孩子和残疾孩子都能对父母适度地信赖，都能和父母经常地交流，这是父母应当好好做足的功课。

了解了残疾孩子与健全孩子的区别，为父母有的放矢地教育引导孩子提供了依据，也为正确处理残疾孩子与健全孩子的关系打下了基础。

第二节　残疾孩子与健全孩子都是父母宝贵的财富

许多家庭没有处理好残疾孩子和健全孩子的关系，原因不外乎两点：

第一，家长要求健全孩子迁就残疾孩子。一般情况下，家长都会从小告诫健全孩子，将来要帮助自己的残疾兄弟姐妹。要求健全孩子在成长过程中多帮助残疾兄弟姐妹本无可厚非，但个别家长却要求健全孩子在上学、就业、安家等方面都要考虑方便照料残疾孩子，这就有些不太公平了。我曾看过一个故事，父母要求健全弟弟为了残疾哥哥，放弃自己喜爱的专业，放弃上大学的机会，甚至放弃交往多年的女友，无形中让健全孩子承受了太大的压力，这使父母与健全孩子、健全孩子与残疾孩子的关系都受到了负面影响。

第二，家长过分注重健全孩子而忽视甚至嫌弃残疾孩子。有的家长为了健全孩子，将残疾孩子边缘化，甚至出现了轻视、嫌弃残疾孩子的现象，这是很不应该的。这种情况通常发生在那些本身就不愿对残疾孩子负责的家长身上，他们生养健全孩子的目的就是为了替代残疾孩子，当健全孩子来到家庭中之后，残疾孩子的地位自然每况愈下，残疾孩子和健全孩子之间的关系自然不可能融洽。

这两个原因的症结就在于，父母不能同等地看待残疾孩子和健全孩子，要么过于同情残疾孩子，要么过于看重健全孩子。作为父母，正确处理残疾孩子和健全孩子关系的黄金法则就是：从内心深处对孩子一视同仁。事实上，无论是残疾孩子，还是健全孩子，都是父母的心头肉，孩子之间也是血浓于水的亲情关系。对于同时拥有残疾孩子与健全孩子的父母，正确处理好孩子之间的关系，让孩子们和谐相处，是一门很有智慧的艺术。

我和弟弟的关系非常好，令我最自豪的是二十多年来我和弟弟没吵过一次架。我和弟弟的关系融洽，离不开父母的正确教育和引导。父母处理我和弟弟关系的方法可以总结为"四个平衡"：

地位上的平衡。我的弟弟非常优秀，我曾经担心父母会厚此薄彼，嫌弃我的残疾。我把我的担心告诉了父亲，父亲深情地对我说："儿子，你和弟弟都是爸妈最宝贵的财富。"我觉得，健全孩子和残疾孩子在家里的地位虽然应当是平等的，但这种平等不是空洞的，而应是具体的，是在共性上的平等和在特殊性上的平衡。比如，在做家务上，每个孩子都应当学着做，但由于身体情况的不同，健全孩子可以七岁开始学，残疾孩子可能十岁之后才能学，做家务的种类和熟练程度也有差异，平等是相对的，平衡是绝对的。

作用上的平衡。尺有所短，寸有所长。家长应认识到每个孩子对家庭都是有作用的，但具体作用是不同的。对于家里的事情，家长应根据孩子的特点做好分工，健全孩子可以多跑跑腿，残疾孩子可以多陪父母说说话。如果健全孩子能打水做饭受到表扬，那么残疾孩子把餐桌擦干净也值得称赞。

精神上的平衡。家长要让孩子感到，家长没有有意偏袒任何一方，这是很重要的。家长也不是圣人，不能保证在任何时候和任何情况下都能对孩子一视同仁。常常的情况是，家长会在一定条件下对孩子区别对待。特别是在某个孩子人生的关键时期，比如比赛前、表演前、中考前、高考前、婚礼前等，家长肯定会有所侧重。家长一定要引导孩子正确认识到这种特殊时期的"不平等"，让每个孩子都能感受到精神上的平衡，让他们时刻感受到您是始终为他们好的，您不会有意地偏袒任何一方，随时得到孩子的理解和支持。

物质上的平衡。许多家庭闹不和谐，往往都是物质惹的祸。要做到孩子物质上的平衡，总的来说要注意三点：一是引导孩子正确对待物质，正确对待物质与亲情的关系，尤其不应过分关注物质，更不要互相攀比和争夺物质利益。教育孩子树立正确的利益观，如果一个家庭因物质利益产生了纠纷，其结果必然是令人失望的，甚至是可悲的。二是根据孩子的切实需求来分配物质。物质平衡不是绝对的平均主义，由于每个孩子的个体特点不同，他们的物质需求也是不一样的，家长应知其所需，有针对性地提供。家长提供的物质应以对孩子的学习、生活和工作有利为原则，千万不要在物质上过分满足孩子，那些"富二代""官二代"们的各种"坑爹"行为，就是从孩子"要什么就给什么"这根"毒藤"上长出的恶果。三是平衡孩子的物质条件。一般情况下，一些残疾孩子相比于健全孩子，物质条件是有一定差距的，尤其是随着年龄的增长，这种差距可能会日渐明显。在尽量避免家庭矛盾和纠纷的前提下，家长要采取措施尽量弥补这个差距。家长要始终明白，孩子物质上的平衡，其本质还是心理上的平衡。只要孩子心理上平衡，他就会豁达地面对一切物质利益，保持一颗平常心，保持一种幸福感。

第三节　引导孩子和谐共处、共同成长

引导孩子和谐共处、共同成长，是正确处理残疾孩子与健全孩子关系的升华，也是家长养育孩子的重要目的之一。

家长要引导孩子做到"六个相互"：

相互尊重。让孩子从小懂得，尊重别人是一种美德，兄弟姐妹之间相

互尊重是一种亲情之爱。要尊重对方的意见，尊重对方的外貌，尊重对方的愿望，尊重对方的爱好。家长应在家庭中做到，大孩子不欺负小孩子，身体好的孩子不欺负身体弱的孩子，尤其要避免歧视残疾现象，这是与残健孩子和谐共处、共同成长的基础和底线。

相互包容。包容是当下孩子需着力培养的一种心理品质，包容对方的优点特长而各取所长，包容对方的缺点不足而和谐共处。当然，包容是有原则的，这就是包容应有益于共同的成长和进步，通过包容使双方的优点特长日渐突出，使双方的缺点不足日渐衰微，让孩子们相互理解、相互体谅、相互成全，这既是包容的艺术，也是包容的目的。

相互谦让。孩子之间完全没有矛盾是不可能的，有矛盾才是正常的，比如，两个孩子都看中了同一件衣服，都想吃同一种水果，而此时又只能满足一个孩子，怎么办？这就需要有一个孩子做出让步。家长要做的是，您要让孩子们感到谦让的高尚。谦让是互相的、双向的，家长一定要搞好平衡，断不能让一个孩子总谦让，而让另一个孩子总是被谦让。只有一方的谦让，培养的是一种特权；双方都能够谦让，培养的是一种品格。

相互激励。家长要平等地关心每个孩子的成长，哪个孩子有了进步，取得了好的成绩，家长都要表示欣赏和鼓励，并且以此激励其他的孩子，在家庭中积聚正能量，让孩子总是在激励中成长。要善于引导孩子相互关心，期望对方进步；相互帮助，乐于为对方做事；相互学习，善于取长补短；相互沟通，架起心灵的桥梁。

在我和弟弟的成长过程中，相互激励起了很重要的作用。每当我们有了进步，父母总会和我们一起祝贺和总结，我们兄弟二人也会互相鼓励。我们还会为对方的进步而竭尽所能地互帮互助，以至于对方取得了成绩比自己取得成绩还要高兴。父母从小就教育我们勇于承担责任，作为哥哥，我努力做好带头作用。我曾在弟弟中考、高考等关键阶段给弟弟写过五封信，与弟弟交流思想，鼓励弟弟在关键时刻敢于展示自我。弟弟是个内向的人，但他总是会把我的信精心收藏好，还曾在一篇文章中写道："哥哥的信对我起到了巨大的激励作用。"

父母专门给我和弟弟建了荣誉柜，把我们的各类证书摆在一起。我们有时会拿出证书相互比对一下，当然不是为了攀比，而是对彼此的成绩由衷地感到高兴，怀着对彼此的欣赏开始新的奋斗。进入大学以来，我的努力和成绩使弟弟深受鼓舞，弟弟更加奋发努力，不仅以优异的成绩考取了北京航空航天大学，而且现在已经以学院学习总成绩年级第一名的身份被保送成为一名博士研究生（硕博连读），年仅 24 岁就在 SCI 一区的顶级刊物上发表文章，先后获得国家奖学金、北京市优秀学生、国家游泳中心优秀志愿者、北京高校优秀共青团员等荣誉。我们兄弟就是在这种互相激励中不断进步、共同成长。

相互牵挂。家长应引导孩子重视血缘亲情，始终想着彼此，采用不同的方式来表达牵挂之情。我和弟弟始终相互牵挂，特别是当我们兄弟在不同地方求学以来，这种牵挂与日俱增。我们俩不论谁过生日，总能在那一天收到对方的祝福；不论谁的学业到了关键时刻，都会得到对方的关心、鼓励和帮助。为了方便和弟弟联系，我特意办了一个长途亲情号码，经常彼此打电话交流。弟弟总爱把他的目标和计划告诉我，让我给他出主意、想办法，我经常帮助弟弟收集各种信息，对弟弟的学校情况、学习情况和相关专业非常了解，并及时为弟弟提出合理化建议。能为弟弟的成长出谋划策，成为我最快乐的事。

虽然弟弟比我小四岁，但我每办一件重要的事或做一个重要的决定时，都要认真征求弟弟的意见，弟弟也经常能给我提供许多有价值的想法。弟弟每次从北京回家前，总要打电话问我想吃点什么，回来时给我带回一些小吃、面点。有一次，妈妈到北京看弟弟，从北京返程前吃了顿饭，弟弟特意多点了我爱吃的"老婆饼"，吃了两块后，将剩余的五块包了起来，告诉妈妈："我哥爱吃这个，您带回山东给他吃。"这虽然是件小事，但让我颇为感动，透现出我们兄弟间的亲情和牵挂。

相互补台。每个孩子总有做得不到位的时候，甚至会有很多不足，这就需要孩子之间相互补台。比如，一个孩子没有收拾好餐桌，另一个抓紧帮助收拾干净；一个孩子没有及时写作业，另一个赶紧提醒；一个孩子没有完成计划，另一个善意地监督他去执行；一个孩子出现了心结，另一个孩子要做他的第一个听众，及时帮他疏导、开解；一个孩子遇到困难，另一个孩子要赶快施以援手。父母要经常告诫孩子，补救、提醒甚至监督是最好的补台，而补台是对别人最好的奖赏。

在芸芸众生中，健全与残疾是一对孪生兄弟——因为有了健全，人们才为残疾感到遗憾；也因为有了残疾，人们才懂得了健全的珍贵。家长朋友，如果健全孩子和残疾孩子都来到了您面前，请您用心去处理好残疾孩子与健全孩子的关系吧！

第十三章 该放手时要放手

温室里长不出参天大树，阳光下方能生出万年长青；圈棚里养不出千里战马，草原上才有骏马奔腾。孩子在父母的"温室"里，始终处于一种被动的状态，很容易丧失自己的主体能动性，因此家长对孩子一定要做到该放手时就放手。

第一节 您不可能跟孩子一辈子

有人说中国的孩子是"抱大的一代""保大的一代"和"包大的一代"，是指中国的孩子从小习惯了让大人抱着，不愿意自己迈脚走路；从幼儿园到中学，中国的孩子习惯了让大人接送，在大人的保护下学习和生活；上大学后有的家长一切都包着，参加工作了家长一切都包着，甚至结婚、买房、养育下一代家长仍然一切都包着。在家长们乐此不疲的关怀中，孩子长成大人，变成家长，然后像自己家长那样关怀着自己的孩子。这种中国式的亲情文化，一方面增强了人间的温馨，另一方面也在一定程度上制约了孩子能力的提高。

我曾经遇到过一位残疾孩子的母亲，孩子已经七岁了，她还经常抱着孩子走路，我在敬佩这位母亲对孩子爱心的同时，也深深为她孩子的未来担心。我关切地问："阿姨，您为什么不让小妹妹自己走呢？"阿姨叹了一口气，无奈地说："我多想让她自己走啊，可是孩子走路很困难，又很慢，不如我抱着她省劲儿。"我感到自己有说服阿姨的义务，就诚恳地说："阿姨，您不能抱着妹妹走一辈子啊，您让她走一步，也是她自己走的呀！"于是我把自己怎样在姥爷、姥姥、父亲、母亲的帮助下艰难学会走路的故事讲给阿姨听，阿姨被我的真诚所打动，愉快地接受了我的建议。

有多少父母，在孩子襁褓时，把孩子紧紧抱在怀里，生怕孩子冻着饿着；孩子会走路时，也不敢松开手，生怕孩子磕着碰着；上学时，送去又接回……在大人的眼里，孩子永远也长不大。特别是一些残疾孩子的家长，对孩子更是呵护有加，有的甚至说："趁我活着多帮帮孩子，让孩子少受点罪，能管到什么时候算什么时候吧！"这是对孩子的真爱，但这个爱里有消极的成分。授人以鱼不如授人以渔，给孩子一袋猎物不如给孩子一杆获取猎物的猎枪。的确，前文中讲到"家长一松手，孩子就掉在地上"，是为了告诉家长不要轻易放弃，引领孩子踏上人生的旅程；但"家长的手"永远代替不了孩子自己的手，"家长的脚"也永远无法代替孩子走出自己的人生路。家长应将自己的爱延伸，培养孩子独立生存的能力，因为残疾孩子您也不可能跟他一辈子。

第二节　一点一点地放手

我曾经多次去看放风筝，自己也喜欢放风筝，我发现许多放飞高手都是根据风向和风力将风筝慢慢地放向天空，当风筝达到适当的高度时，就会平稳得近乎静止；也发现许多放飞者由于把线放得太快，风筝就会摇摆不定甚至会坠落下来。放风筝要循序渐进，一点一点有节奏地放线，才能取得好的效果。我想放风筝的道理同样适用于对孩子的培养。

残疾孩子的特殊性，决定了家长放手的时间较健全孩子要更晚一些、节奏要更慢一些、时机要把握得更恰当一些。

在日常生活中一点一点地放手。日常生活中的吃喝拉撒睡和衣食住行，对于健全人可能比较简单，而对于各种类型的残疾孩子，却要一点一点地学，一点一点地去适应。家长应及时鼓励和引导，必要时可适当帮助，但一定要坚持让孩子自己独立完成，千万不要担心孩子完成得不好，每当孩子稍有困难就马上取而代之。您可以站在孩子身边，在孩子确实需要帮助时第一时间帮助他，但是万不可替孩子完成所有的事情，一定要坚持"耐心第一"的原则，哪怕孩子做得再慢再难，只要您觉得孩子能独立完成，就不要插手。比如，在城市里过马路时，面对川流不息的车辆，许多残疾孩子会望而却步。刚开始，家长可以牵着孩子的手过；慢慢地，家长可以让孩子牵着您的手过；接下来，您可以松开手，跟在孩子的身后过；再后来，您可以站在路边看着让孩子自己过；到最后，当孩子能充分观察路上的车辆情况，不过分紧张时，您就可以不在孩子身边，放心地让孩子自己过马路了。再比如，孩子要逐步和家长分床睡，刚开始时小床可以就在妈妈的床边，方便妈妈照顾孩子；之后可以把孩子的床挪到其他房间，给孩子建立属于自己的小天地，引导孩子自己建立这个小天地，慢慢地独自学会睡觉、定闹钟起床等。

在获取生存技能中一点一点地放手。家长要根据孩子的残疾情况，因材施教，让孩子循序渐进地学一些生存技能。比如，让孩子去学修理、学电脑、学刺绣、学创作等，家长应像春燕衔泥筑巢那样帮助孩子一点一点地积累进步。在放手的过程中，孩子的不方便、不适应在所难免，肯定一开始做得不如健全人周全，家长不能提出过高要求，既要鼓励孩子进步，也要允许孩子犯错，指导孩子在错误中改正缺点，体验人生的酸甜苦辣。家长还要对孩子学习的技能略知一二，只有这样，您才能在孩子的成长中给予适当的指导和帮助，也才能真正知道怎样"该放手时就放手"。家长还要在放手的基础上，增强孩子的奉献意识，如果孩子能运用自己的生存技能为别人做些事，哪怕很小很小，家长也应该给予极大的鼓励。比如，一些残疾孩子希望帮助家长做些家务，家长一定要表示欢迎，不要总觉得孩子已经这样不方便了，就别让孩子受累了，从而阻止孩子。您可别小看孩子要求做家务这件事，它昭示着残疾孩子家庭观念和社会意识的提高，只有孩子懂得付出爱，懂得在自己力所能及的范围内帮助别人和回报社会，主体意识才能真正觉醒，主体能力才能进一步增强。放手让孩子付出爱，才能实现您"放手"的升华。

在孩子身心成长和社会交往中一点一点地放手。

先说身体。残疾孩子一般身体比较弱，容易头痛感冒或者肠胃不舒服，家长一方面指导孩子正确就医，科学服药，必要时可以给孩子准备一些常用药，教孩子学会使用方法；另一方面引导孩子多锻炼身体，学一些四季养生方法，增强身体的免疫力和抵抗力，增强孩子的自我保护意识和自我保健意识。

再说心理。任何人都会面对一些事情和问题，谁都有高兴的事和不顺心的事，关键是遇事要保持良好的心态。正确调整自己的心态，已经成为现代人生存和发展的一种必备能力。对于残疾孩子来说，由于不平衡的事太多，情绪又比较容易波动，心态的自我调整就显得尤为重要，家长要不厌其烦地教给孩子调整的方法，引导孩子自主调整心态。

　　再说孩子的社会交往。残疾孩子的社会融合起步阶段肯定十分艰难，旁人的不解、嘲笑甚至讥讽在所难免，甚至还会有个别人侵犯残疾人的权益。家长须做好监护，特别是多教给孩子一些自我防范的意识。譬如，不要轻易和陌生人说话、不要轻易透露自己及家人的真实信息、多掌握别人的样貌特征、车牌号码等信息，提高孩子的警惕性。在维护孩子社交尊严上，家长一方面要适时地帮助孩子维护正当权益，另一方面要教育孩子增强交往艺术，以理服人，以情动人，以大肚量容人，增强孩子自主融入社会的能力。

　　对残疾孩子的放手是一个漫长的过程，而且会出现多次反复，家长应有所准备。如果事情确实已经超出了孩子的能力范围，强行完成可能出现不可逆的后果时，不要盲目地要求孩子坚持独立完成。在监护孩子完成各种事情时，不论孩子出现怎样的状况，都千万不要有意无意地笑话或表现出不耐烦，您的一次不经意取笑或不耐烦都可能给孩子贴上一个自卑的标签。家长应适时地帮助孩子，细致地指导孩子，耐心地安慰孩子，慢慢地教会孩子各类技能，然后慢慢地松开您的手。

　　对于成长中的年轻人，老人们常说："扶上马，送一程。"而对于残疾孩子，我却要对家长朋友说："扶上马，送三程。"

第三节　让孩子闯出一片真正属于自己的天地

　　在中央电视台《星光大道》绚丽的舞台上，一位美丽的姑娘夺得了年度总冠军，轰动了全国，她就是盲人歌手刘赛。

　　刘赛的父母是懂得"该放手时就放手"的典范。从刘赛上小学起，她的父母就让她独自上下学，刘赛为此深深委屈过，因为她遇到的困难实在太多了。直到有一天，她因为看不见就要迈进一个大坑时，一双大手从后面紧紧搂住了她，那是父亲的手。原来，父母每天都悄悄地跟在她的后面，只是为了锻炼她的自我生存能力而没有告诉她。这不仅不是对孩子冷漠无情，而是一种大爱。正是有了父母的这种大爱，才培养了刘赛融入社会的非凡能力，使她一步步地走出来，终于走上了国家大舞台，闯出了一片真正属于自己的天地。

　　能够闯出一片真正属于自己的天地，是残疾孩子融入社会的标志，也是家长培养孩子的目标。作为家长，要重视培养孩子的独立意识，让孩子自己说出"我要独立"，并在生活实践中做一个"独立的人"。真正的独立是孩子自我意识的觉醒和主体能力的提高，是从"要我独立"到"我要独立"的飞跃。家长应让孩子明白，父母照顾得再好，也不可能跟孩子一辈子，"凡事靠自己"才是努力的方向。

轮椅博士侯晶晶，11 岁时突遭厄运，不幸瘫痪，重新开始苦练生活自理能力。小时候，侯晶晶要去取一样东西时，就用两个小板凳交替着一点点挪过去，而母亲则在一旁静静地注视着她。"晶晶，为什么不让妈妈帮你去拿或者抱着你去拿呀？"小伙伴问她。"我自己能做。"侯晶晶的回答非常平静。病痛减轻后的侯晶晶对父母说："把我的书包拿来吧，我想看书！"邻居悄悄劝她的父母："让孩子学点手艺吧，还可以为家里挣些钱，读书对她来说有多大用处？"但侯晶晶的父母坚定地回答："孩子喜欢学习就让她学，知识对她来说是最重要的。"从此，侯晶晶在父母的支持下开始了她漫长而艰辛的自学之路。初中、高中、大专、本科，她用顽强的意志和勤奋创造着奇迹。1998 年，她以优异的成绩考取了南京师范大学的硕士研究生，后又以优异的成绩成为中国第一位轮椅上的女博士。目前，侯晶晶在南京师范大学留校任教，并被授予全国自强模范。家长朋友们，只要您敢于放手，善于放手，巧于放手，您的残疾孩子一定也能还您一个生命的惊喜！

牵着孩子的手，是为了孩子走好人生的路；放手让孩子去做，是为了让孩子越走越好。孩子亲身经历越多，体验就越丰富，能力也会越强。只有经历过磨炼和摔打，孩子才能拥有百折不挠的生活态度，才能拥有自立自强的生命追求，人生才能焕发出美丽的光彩。我真诚地希望家长朋友：相信孩子，该放手时就放手，因为您不可能跟孩子一辈子。

第十四章　请您做伟大的父母

写下这个题目，我的心中十分忐忑。我想说明的是，我并非是要评判广大的父母，而是表达一个强烈的愿望，就是希望天下所有的孩子，特别是残疾孩子都有一对伟大的父母，都能在父母的呵护下健康成长。

在这里，我对我的父母以及其他家长们的一些好做法、好经验进行分析和总结，怀着崇敬之心归纳出了"伟大的父母"的十条标准，也算是本书"家庭篇"的小结。

第一节　生活的引领者

孩子来到这个世界，父母是引领者；孩子在这个世界开始自己一生的生活，父母更是引领者。

家长第一步要教会孩子能生活，掌握必要的生活技能和方法。第二步要教会孩子会生活，积极地融入社会，在求生存、谋发展中更好地驾驭生活。第三步要教会孩子能够创造生活，通过自己的努力奋斗不断提高生活质量和幸福指数。

生活自理、生活自立、做自己生活的主人，这是残疾孩子过好生活的三部曲。生活是丰富多彩的，生活也是五味杂陈的，有太多的精彩，也有太多的无奈。生活就像一面镜子，你怎样对待生活，生活就怎样对待你。家长应引导孩子树立积极的人生态度，永远笑对人生，在认知生活中热爱生活，在热爱生活中享受生活，在享受生活中创造生活。

既然生活选择了我们，我们就要创造更加美好的生活，这是我的生活座右铭，也是对父母二十多年生活引领的真情回答。

第二节　品格的熏陶者

　　品格是指人的人品、人格、性格和做事风格，它是人的世界观、人生观和价值观的外在表现，体现了人的基本道德素养。对于孩子的成长来说，品格是船，能力是帆。孩子品格的好坏高低，直接决定着他的未来。

　　品格要教。家长是孩子的第一任老师，其世界观、人生观和价值观的形成，需要家长持续不断地正确引导。孩子是家长的影子，家长的品格水平会在孩子身上显现出来。家长要教育孩子对自己的观念不断地自我反思，对自己的行为不断地自我修正，对自己的心态不断地自我调整，在纷扰中多一分宁静，在浮躁中多一分踏实，在质疑中多一分忠诚，对社会、对家庭、对个人都能保持一颗纯洁和真诚的心。

　　品格要养。身教胜于言教，家长须在具体事情上给孩子做出表率。比如，在为人处世方面，家长待人要真诚友善，使孩子从小就养成诚信友爱的习惯；在学习品质方面，家长要在家中营造尊重知识、热爱学习的氛围，使孩子从小就养成踏实、勤奋、善思的习惯；在社会公德方面，家长要带头模范遵守，引领孩子成为健康的公共生活的参与者、公共秩序的维护者、公共价值的捍卫者，告诫孩子时刻以公共利益为重，做事要多考量对他人和公共世界的价值和意义，使孩子养成遵行社会公德的良好习惯。

　　品格要做。内化于心，外化于行。一个人品格的高低，总是要通过具体的行为表现出来。比如爱心的培养。残疾孩子一般都极富同情心，感同身受的人生体悟让他们极为同情弱者的遭遇，家长对孩子的爱心行为一定要坚决支持，并且在能力许可的范围内带着孩子一起从事公益慈善，广结善缘。再说孝心的培养。当前有的家长对自己的父母不孝，却对自己的孩子关爱有加，期望自己的孩子长大以后孝敬自己。这实际是一个很矛盾的逻辑，因为家长给孩子的影响是"不孝"，孩子长大后却被要求"行孝"，孩子能做到吗？他的孩子也像他一样怎么办？这不是恶性循环吗？所以作为孩子品格的熏陶者，家长一定要带着孩子去做正确的事，在孩子心中树立是与非的标准，让孩子懂得什么是真善美，什么是假恶丑。

第三节　宽容的营造者

一要民主。家庭中的每位成员都能畅所欲言，每个人的观点都能得以表达，每个人说话、做事都会被尊重，父母经常和孩子商量着做事，只要孩子说得对，同样会得到重视和认可。

二要平等。平等应成为父母子女交往的基本准则。这里讲的"平等"应从以下方面理解：

其一，勿以长幼论是非，只要谁说得对就应当听谁的。父母特别要注意，不能凭借年龄和辈分压制子女的意见，干涉子女的正确选择，而是在相互尊重中提出合理化建议。

其二，做好父母与子女相互关爱的平衡。平等意味着父母与子女间权利和义务的双向互动，不能只是父母关心子女，不能只是父母为子女服务，而是同样注重引导子女关心父母，让爱心和孝心在相互关怀中生长，这理应成为家庭关怀伦理最基本的逻辑。

其三，处理好"尊老爱幼"的关系。这里讲的"父母子女间的平等"是一种人格尊严上的平等，并不意味着取消家庭成员间的长幼秩序。现在有些孩子被家人奉为掌上明珠，任性娇惯，一旦不合心意，在爷爷奶奶、姥姥姥爷面前摔摔打打者有之，在父母面前怨声载道者有之，对长辈缺乏起码的尊重。有一些残疾孩子，总认为父母家人亏欠了自己，片面追求无原则的平等，片面追求只对自己有利的平等，这种平等是要不得的。家庭平等必须以遵从正当伦理秩序为前提，孩子尊敬长辈在任何时候都是不可动摇的原则。

三要自由。自由不是放纵，真正的自由是自由与自律的完美统一体，自由即自律，这是自由的最高境界。自由是家庭中必须要有适当的家规，生活中要有必要的秩序，大家都能体认这种规范，在规范的制约下发挥自己的个性，每位家庭成员良好的兴趣、爱好、特长和习惯都能得到尊重，并在不影响别人的情况下健康发展。在自由的家庭中，家庭成员既能自觉地自我约束，又能自由地展示自我，人人热爱家庭，人人忠诚家庭，人人畅所欲言，人人心情舒畅。

四要和谐。夫妻之间、父母孩子之间应当经常沟通，说个笑话，开个玩笑，遇到矛盾和问题商量着解决，尽量不要吵架，不要形成对抗。一旦发生了矛盾甚至冲突，只要不是原则问题，一方面要主动作出让步，另一方面要积极寻求解决问题的办法。谈心、做游戏、外出吃饭和游玩等，都是融洽家庭关系、增强家庭凝聚力的良好方式。

五要包容。世上没有完全相同的两片树叶，即使是一家人，也会有不同的性格、爱好和习惯，大家要相互包容各自的缺点和不足。平等是包容的基础，包容的环境对孩子的健康成长至关重要，但包容与溺爱有着本质的不同。溺爱是用无原则的宽容迁就孩子，导致孩子的放纵和家长的无奈，给彼此带来的不是包容，而是相互之间的压力；而包容则是在人格平等的基础上，着力克服"自我中心"情节，随时随地从他人的角度看待和处理问题，营造相互关爱、相互体谅的家庭环境。一个和谐的家庭，必定是一个善于包容的家庭。

第四节　选择的参谋者

如果要问我，人的一生中最难的是什么？我的答案是"选择"。人在进行选择时，需要对自身现状及其未来的诸多可能性作出正确判断，要对诸多不可控的因素进行准确预估。每个人一生中都要经历很多选择甚至生死抉择，我们无法保证每次选择都准确无误，这就表明了参谋的重要性。

孩子阅历较少，考虑问题不够全面，需要家长的参谋意见。比如理想的选择，家长可以与孩子分析是否符合实际；比如学习目标的制定，家长可以与孩子分析是否适当；比如职业的选择，家长可以与孩子分析是否有利于孩子特长的发挥和缺点的规避，等等。记得有一次，我雄心勃勃地制定了一个学习规划，不想父亲看后却给我发来了如下邮件："儿子，你制定的目标有些高，爸爸建议你进行调整，因为如果按照现在的规划，你的身体会吃不消。我觉得，完成现在规划 80% 的目标，你正好取得了 100% 的成功；完成 90% 的目标，你就取得了 90% 的成功；完成了 100% 的目标，你反而只取得了 80% 的成功。你不能长期超载行驶，更不能以身体健康为代价换取所谓的成功。一定要循序渐进，先实现小目标再去想大目标，先完成阶段性目标再去追求长远目标，追求可持续的发展，这就是成功的辩证法。请你永远记住这句话：适合的才是最好的。请三思而慎行。"我听从了父亲的建议，修正了学习规划，保证了身体和学习的双丰收。

第五节　舞台的设计者

　　孩子成长的舞台是需要设计的，舞台设计得越适合孩子，孩子的特长就越能发挥，孩子的表演就越发精彩。残疾孩子的机会相对较少，这就更需要巧妙的舞台设计与规划，使孩子能发挥出最大的才干。

　　家长作为孩子的第一任老师，在舞台设计中的作用尤其关键。我的父亲是孩子人生舞台的优秀设计者，从小就很注意培养我的语言表达能力和记忆能力。他发现我写字困难，就使劲"逼"我练字，他说："如果写不好字，就像你在打字机里打了很多字，可是没有打印机没法输出。"与此同时，他与母亲拿出当时全家仅有的六千多元钱，在 1997 年为我购买了电脑和打印机。正是电脑这个现代化的学习工具拓展了我的舞台，我的人生才开始丰富起来，才逐步有了开花结果的机会。父亲仔细分析了我的身体状况和当时电脑的软件情况，重点训练我的文字表达能力，让我找到了最适合自己身体特点和兴趣爱好的专业和职业舞台。二十多年来，父母不断联合学校和社会各界为我搭建更广阔的舞台，从小学、中学、大学以至成为一名博士、一名大学老师，我有了一种"天高任鸟飞，海阔凭鱼跃"的感觉。我感谢所有为我搭建舞台的人们，也感谢所有为广大残疾朋友搭建舞台的爱心人士。

第六节　挫折的倾听者

　　父母都期盼孩子成功和顺利，但谁也没法杜绝孩子的挫折和不顺。其实，挫折和成功一样，都是孩子成长的财富。现在世界各国都在探索对孩子的挫折教育，中国的许多有识之士也在重视学生的挫折教育，并把它作为素质教育的重要内容。中国的学生为什么会出现高分低能？为什么闯劲不足、创造力差？很大程度上就是因为心理脆弱，抗挫折能力比较差。卖猪肉的北大毕业生陆步轩当年曾受到无数人的嘲笑，如今历经千辛万苦成了广东壹号食品股份有限公司的董事长，有了几千万资产。他在谈到自己的成功经验时说："现在有种现象，学校里学习好的孩子，走向社会没出息；调皮捣蛋的孩子，在社会上却混得很好。孩子学习好，听到的都是老师、家长的赞美声，走向社会脸皮薄、受不了挫折；不好好学习的孩子经常被罚站、挨骂，走向社会后，人家骂一句，笑笑就没事了，这种人反而百折不挠。"这段话虽然不够全面，但起码说明了一个道理，就是家长要鼓励孩子敢闯敢干，不要怕挫折和失败。

家长应明确告诉孩子，任何人都会遇到挫折，残疾人更应乐观地把挫折当成一种常态，甚至当成人生的苦口良药，当成激励孩子不断作出调整的机遇。当孩子遇到挫折时，家长要做最好的倾听者，耐心地倾听孩子的苦恼，仔细与孩子分析失败的原因，告诉孩子摔倒了没关系，爬起来，拍拍身上的土，继续加油，继续前行，让每一次加油都产生新的动力。

下面是我和弟弟遇到困难时，父亲发给我们的三条信息："艰难困苦，玉汝于成。越是困难的时候，越要保持冷静；不论遇到什么情况，是顺境还是逆境，都要保持淡定。""遇到困难要积极想办法，要有钢铁般的意志，坚持坚持再坚持，坚持就是胜利！""人的一生有许多坎坷是正常的，一帆风顺反而是不正常的。真正的战士不仅能在关键时候勇于亮剑，而且能在艰苦中永久地忍耐。微笑着对待每一天，你才是生活的强者！"应当说父亲对我和弟弟的挫折教育取得了良好效果，为我们以后的人生之路打下了坚实基础。

第七节　错误的训诫者

孩子就像一棵小树，不仅需要家长经常浇水施肥，而且需要经常整修枝叶。有的家长大水大肥地供着孩子，却在枝叶整修方面不太用心，甚至任其生长，结果长成了歪脖子树。孩子的错误就像小树中长弯了的树干和不该长的枝条，必须及时进行校正和修剪。有人说人之初性本善，也有人说人之初性本恶，古希腊人将人描绘为"一半是天使，一半是魔鬼"。不管怎么说，孩子从一出生就是伴随着可爱和错误成长的。

如何正确对待孩子的缺点和错误，是摆在家长面前的一个很有挑战性的问题。现在的孩子在家庭中地位太过重要，溺爱成了孩子缺点和错误滋生的土壤。比如，无理取闹、蛮不讲理、浪费食物、迷恋上网、玩物丧志等，都能在溺爱中找到答案。孩子有缺点和错误是很正常的，关键是教育孩子怎样正确对待缺点和错误。孩子犯了错，家长一定要及时训诫，做到不包庇、不纵容，充分吸取某些青少年道德失范的教训，使孩子从小就养成有错必究、有错当究、知错必改的好习惯。对于残疾孩子，也不能因为心疼其身体而对其错误视而不见、得过且过，反而应更加郑重而严肃地指出来，并帮助其改正。残疾孩子的身体已经不够完美，一定要帮助他们建构美丽的精神世界，在纠正其错误的过程中引导他们对真、善、美的追求。

希望家长朋友牢固树立这样一种观念，对孩子的缺点和错误及时进行训诫，这才是对孩子更深层次的爱。

第八节　创新的助推者

创新是一个民族发展的灵魂，实现中华民族伟大复兴的中国梦，关键要实现中华民族创新精神的伟大复兴。可不得不承认，目前我们的创新意识不足，自主创新能力需要不断增强。国家是由各个家庭组成的，每位家长要从小重视孩子创新意识和创新能力的培养，当好孩子创新的助推者。

一是保护孩子的好奇心。面对五彩缤纷的大千世界，孩子们会瞪着好奇的大眼睛，心中充满了无数个为什么。有的孩子爱拆玩具，想看看里面的奥秘，家长千万不要简单地责怪孩子，而应因势利导。孩子有好奇心甚至有一定的冒险精神，说不定就是孩子创新的萌芽，应像园丁那样好好保护和培育。

二是培养孩子的创新思维。培养创新思维要从培养创新意识开始，家长要增强创新教育。孩子写作文时，每篇都要力求写出一定的新意；生活中遇到困难，要多想解决的办法；对司空见惯的事情，要敢于另辟蹊径，找出新方法、新角度、新窍门和新途径。随着孩子创新思维的逐步形成，创新会成为孩子的一种习惯，也许不久的将来就会转化为创新的成果。

三是引导孩子处理好继承与创新的关系。有许多孩子，一提创新就忽视继承，实际上人类的发展是先有继承后有创新的。继承是创新的基础，创新是继承的升华，这就要求孩子尊重历史，尊重传统，善于向书本学习，向实践学习，向他人学习，以实际行动担当起时代创新的重任。

四是关注创新成果。引导孩子从小养成崇尚科学的意识，对各类新观点、新思潮、新成果，无论是社会科学的还是自然科学的，都要高度关注，以此激发孩子的创新灵感。只有经常关注前沿，才能经常有所创新。

第九节　成功的赞美者

任何人都喜欢赞美，大人这样，孩子更是如此。成功学大师戴尔·卡耐基指出："要维持家庭生活的幸福快乐，最重要的原则之一是衷心地表示赞美。"① 对于教育孩子来说，赞美是奖赏，更是艺术。家长要做赞美孩子的艺术家，重点要做好以下"六个把握"：

把握好赞美时机。孩子取得成功要进行赞美是毋庸置疑的，但在什么时间赞美效果最好，家长需要进行认真选择。有时孩子取得成功后马上表扬效果好，有时降一降温再赞美反而效果更好。赞美时机的把握是取得良好效果的前提。

把握好赞美导向。孩子考试成绩好、孩子助人为乐、孩子表演很精彩、孩子自己解决了一个困难等，都是值得赞美的事情；但孩子打架打赢了、吵嘴没吃亏、买东西时占了占小便宜，千万不要赞美孩子。家长赞美孩子的实质是给孩子一个正确的导向，告诉孩子什么对什么错、什么可以做什么不可以做、什么应当发扬什么应当摒弃。

把握好赞美分寸。赞美是一顿佳肴，孩子吃得适当就会增加营养，吃得不适当就会消化不良。不要因孩子取得了一点成功就过分地夸奖，甚至经常炫耀，导致孩子骄傲自满而影响进步。要让孩子懂得珍惜赞美，家长就要善于适度赞美。

把握好赞美方式。赞美应当以口头为主，其他方式为辅，利用一些现代化手段如给孩子录像、照相、发个信息或邮件，也是很好的方式。孩子取得了好成绩，给孩子做几个好菜，买一点小纪念品也无可厚非，但不宜过分用物质奖励进行赞美和刺激。

把握好赞美的标准。赞美的标准就是孩子做到什么程度可以得到您的赞美。这个标准一定要因人而异，因时而变，不要过高也不能偏低。比如，

---

① ［美］戴尔·卡耐基：《美好的人生　快乐的人生》，肖云闲编，中国文联出版公司 1987 年版，第 168 页。

健全孩子在体育比赛中取得了骄人成绩值得赞美，那么残疾孩子能够快乐地上完一节体育课就值得赞美。再比如，一个大学生发表了一篇论文值得赞美，一个小学生写了一篇出色的作文同样值得赞美等。

把握好赞美效果的延伸。孩子得到赞美，心理会发生微妙的变化，这时候家长说话孩子最愿意听，也最容易听进去，家长应在把握赞美主基调的同时，与孩子平心静气地分析成功的原因，适度指出还存在的不足，延伸赞美的宽度，增强赞美的厚度，最大程度提高赞美的效果。

第十节　幸福的共建者

中国的家长是最有责任心的家长，他们常常说"我们过的就是孩子的日子"，因而孩子的幸福就是他们的幸福。家长和孩子共同建设幸福生活，虽然内容很多，但主要有以下五个方面：

一是生活乐趣。家长要让孩子尽量体验爱好之乐、学习之乐、游戏之乐、餐饮之乐、观赏之乐等。特别是在孩子幼年时，家长应尊重孩子的成长天性、兴趣爱好，给孩子一个快乐的童年，让孩子真切地感受人生的乐趣。随着孩子慢慢长大，应让孩子参加一些力所能及的文体活动，参观游览一些名胜景区，让孩子感到生活有滋有味，充满乐趣。

二是身体康复。身体是幸福的基础，身体康复是残疾孩子一生的幸福主题。除了到医院和康复机构进行康复治疗外，家长要引导孩子加强自主身体锻炼。有的孩子可能会说，我已经残疾了，再锻炼有什么用？实际上，健全人也需要锻炼，运动员几天不训练还影响状态呢！残疾孩子的锻炼应简单些，简单的动作重复做，重复的动作坚持做，不要和别人比，只要达到自己身体的最佳状态就好。

三是心理幸福。在当今社会，心理健康日趋重要，直接影响着一个人的幸福指数。幸福实际是一种感觉，有的人条件很好，可就是感觉不到幸福；有的人条件一般，却生活得很幸福。家长要帮助孩子建设丰富充实的心灵家园。在这个心灵家园里，有白天黑夜，有阳光雨露，也有朔风霜雪；能经得起快乐，也能经得起烦恼，能经得起顺境，也能经得起逆境。唯有如此，孩子才能时刻保持一种阳光心态，用自己的双手创造属于自己的生活。

　　四是工作适合。无论是社会就业还是自主创业，家长一定要帮助孩子找一份适合的工作，因为工作是生存的保障，关乎尊严和信心。残疾孩子在社会就业中选择余地比较小，找到适合的工作比较难，需要认真细致的职业规划。自主创业相对灵活，但更需要家长的帮助。家长要和孩子一起做好充分的准备，因为一旦孩子有了适合的工作，等于他的人生成功了一半。

　　五是家庭幸福。这包括两个方面：一是父亲和母亲组成的家庭一定要让孩子感到幸福，二是帮助孩子组建自己的幸福家庭。父母在帮助孩子组建家庭的过程中，要把握好十个字，就是"实际的婚姻，幸福的家庭"，教育孩子心不能太高，要找适合自己的伴侣，双方能相互尊敬和爱慕，实实在在地过日子。家长应经常对孩子进行婚姻指导，特别是帮残疾孩子明确自己的婚恋预期，力所能及地帮助孩子解决生活中的困难，提高孩子自己经营婚姻和爱情的能力，在自我经营中享受家庭的幸福。

　　如果说残疾孩子是父母宝贵的财富，那么伟大的父母更是残疾孩子宝贵的财富，因为只有伟大的父母才能帮助残疾孩子铺就通往美好未来的光明大道。其实，家长们大都做得很好，有许多无愧为"伟大的父母"。我这里归纳的"伟大的父母"的十条标准，不论准确与否，都表达了我真诚的愿望：愿您成为伟大的父母，与您的孩子共度美好人生。

第二编　个人建议篇

　　残疾人个体是残疾人最大程度上实现梦想的内因。作者以马克思主义人学为指导，结合自身的成长经历，在残疾人如何生活、如何学习、如何择业等方面进行了阐述，提出了切合实际的建议，意图提振残疾人自身的生命信念，促进残疾人在自强不息中逐步走出残疾。

第十五章　永远保持一颗恒心

杰出革命家黄兴曾说："人生以精神贯注而立，大事以一线到底而成。"就是说，任何成功都不会一蹴而就，都需要有"精神贯注"和"一线到底"的恒心。恒心是指人为实现目标始终保持的坚定性和一贯性的精神意志状态，它是人成就理想的关键因素。

第一节　恒心是打开强大心灵之门的金钥匙

恒心最突出的两个特征：一个是目的性，另一个是持久性。目的性是恒心的内在条件。目的就是理想，就是方向，是恒心生成和贯彻的基本动力。理想能让人力量无穷，指明了人奋斗的方向，构成了"恒心"的支点。持久性是恒心的根本属性。毛泽东说："贵有恒，何必三更起五更眠。最无益，只怕一日曝十日寒。"[①] 这是一代伟人事业成功的经验总结，值得我们深思和学习。人生的成就不在于超越人体极限的"三更起五更眠"，而在于能够持之以恒地不断努力；如果一曝十寒，不仅身体难以承受，甚至积累下来的能力和成绩也将付诸东流。

恒心对于残疾人具有特殊的重要性。对于渴望取得成功的人来说，恒心是至关重要的，残疾人尤其如此。残疾人由于身体的障碍，实践活动能力比健全人低得多；在完成同样的工作量时，消耗的能量和付出的努力却要比健全人多得多。这个落差使残疾人面对的困难往往超乎想象，注定了他们在生存竞争中的劣势地位。在这个竞争激烈的社会，任何人想实现自己的目标都需要有恒心；对于身体存在缺憾的残疾人来说，要在有限的社会资源中谋求生存和发展，更需要"永远保持一颗恒心"。

---

① 杜忠明：《毛泽东名言故事》，中央文献出版社 2006 年版。

从生存论的角度看，基于人性的有限性，任何人都会面临生存障碍，但这种生存障碍对于健全人来说多表现为偶然性和暂时性，而残疾人则具有常态性和永恒性，甚至构成了残疾人特殊的生存方式——障碍生存。残疾人最大的痛苦，就是健全人轻而易举能够做到的事情，残疾人却要付出巨大的努力才能实现，有时甚至耗费百倍的努力也未必能够实现。杰出的残疾作家、演说家海伦·凯勒为了发出一个"water（水）"的声音用了半年之久；残疾博士杨占文为了缩短同健全人写字的差距，横、竖、撇、捺每个笔画一写就是几十页，常常是胳膊写得酸疼、手指握笔握得红肿，望着那些写得连自己都看不懂的字，他经常沮丧地将笔甩在地上，但他没有放弃，咬咬牙又重新握起笔，一笔一笔艰难地写下去，每一笔都在向着他的梦想前进。我练习写字的经历和杨占文相似，手上经常磨起血泡，手指缠满胶布。与他不同的是，我还经历了中途换手写字，从右手变到左手，实施了若干个"百日冲刺计划"，写满的练字本足足有半尺多厚。

作为中国脑瘫救助"海豚计划"爱心大使参加脑瘫救助活动时，多少个场景让我揪心不已：有的脑瘫患儿为了把糖块儿送到嘴里，用尽了浑身解数，但越是想往嘴里送，糖却离嘴越远；为了锻炼孩子的精细运动机能，康复中心安排了"捡豆子"训练项目，尽管父母和康复师百般引导，许多脑瘫患儿的手也无法顺利捏住豆子，这个对健全人来说近乎是"下意识"的动作，对于许多脑瘫患儿却要重复成千上万次方能成功。每每看到这些场景，我感同身受，想当年我也是从这个阶段一步一步地走到了今天。当年，我虽然没有机会像他们这样长期待在正规医院进行康复训练，但在姥爷、姥姥、爸爸、妈妈的陪伴和鼓励下，我凭着一颗恒心和一股韧劲儿，完成了这一个个"艰辛"的动作。

恒心本质上讲就是自强心、意志力的恒常性，是打开强大心灵之门的金钥匙。残疾人只有具备"恒常性"的"自强心"，才能产生强大的"意志力"，为生存和发展奠定坚实的心理基础。

第二节　恒心是维持生存发展的重要素质

恒心不只是一种坚持不懈的意志，更是人维持生存发展的重要素质。世界著名的军事院校西点军校培养了成千上万的军事人才，它在给学生的训令中指出："一切贵在坚持，只要坚持，哪怕是弱小的力量也能创造出意想不到的效果。"① 残疾人身体的弱势性要求他们必须懂得保持恒心，坚持到底。因此，只有坚持，才能推动他们在磨难中找到生活基点，一点点超越生存的障碍，一步步创造生命的惊喜。

不论生活如何艰难，只要拥有了恒心，就拥有了一种永不放弃的强大力量。全国自强模范王树明因为一场突如其来的事故造成高位截瘫，他仅仅为了做到从床上坐起来，每天早上四点多钟就开始锻炼，用双手撑着笨重的身躯上下活动，经过一个多月的苦练，直到臀部磨破、双腿浮肿，才终于得偿所愿。在这里，恒心成了意志的衡量标尺，也成了希望的代名词。

在我的成长历程中，我对"恒心"二字的体会十分深刻。运动功能障碍给了我一双"被捆绑的手脚"。双脚的"足外翻"让我举步维艰，经过五年的苦练，我五岁时才能独自走路。系鞋带，这个健全人轻而易举的生活技能，我却整整练习了一年多，其间经历了几千次的失败，很多时候练得汗流浃背、双手颤抖。正是靠着这种恒心和毅力，我学会了骑三轮车，独自洗澡，自己收拾房间，大大提高了生活自理能力。生存能力的增强，为提高生活情趣和质量带来了可能。我心中始终有一个"体育梦"，对篮球和乒乓球的热爱近乎痴迷，从一次只能拍一下篮球到成为全班的定点投篮冠军，从一开始不能用球拍碰到乒乓球到代表全系参加学校的乒乓球比赛，靠的就是持之以恒的练习。简单的动作重复做，重复的动作坚持做，失败了重新来，摔倒了爬起来，在一次又一次的坚持中，我体验到了生命的希望与快乐。

作为残疾人维持和促进基本生存的重要素质，恒心能激发残疾人的生命潜能，增强残疾人的自我认同，促进残疾人持之以恒地努力奋斗。生活的魅力就在于，通过不断地克服种种困难，将无数的不可能变成可能，将无数的可能变成美好。残疾人在一次次的努力中，不断化解生存的障碍，意识到困难本身正是人生不可分割的一部分，在不断战胜困难的过程中感悟生命的意义和价值，并展开对这种意义和价值的不懈追寻。

---

① 杨立军：《西点军校的经典法则》，学历出版社 2006 年版，第 60 页。

第三节　残疾人如何保持恒心

在日常生活学习中，如何保持恒心既是一个心理问题，也是一个方法问题，还是一个意志品质问题。

保持恒心需要确立科学的奋斗目标。目标是保持恒心的动力，一定要切合每个残疾人个人的具体实际。残疾人活动能力十分有限，每完成一件事情都要付出超乎常人的努力，需要在正确目标的指引下提高效率，使努力和付出事半功倍。确定目标一定要适中，既不能过高过大，也不能过低过小。如果目标过高，超越了残疾人心理和生理的承受能力，实现起来力不从心，即便再想保持恒心，也没有"恒力"，恒心也就无法转化为现实的力量。如果目标过低过小，对人的挑战不够，动力也不足，恒心的意义大打折扣，收获的成果就小，对人的锻炼价值也不会很大。目标要"适中"，通俗地说，就是制定的目标需要跳一跳才能够到，既符合我们的身心状况，又利于我们锻炼意志和能力，在实现目标的过程中，通过日积月累的奋斗，恒心在心灵深处扎下了根，成为我们的一种生活心态。

保持恒心需要坚定的意志和持久的毅力。唐朝魏徵曾说："有善始者实繁，能克终者盖寡。"[①] 意思是说，有良好开端的实在很多，能够始终如一坚持到底的却很少。坚持到底，是取得成功的关键，成功者和平庸者最大的差别就在于成功者"多出的那一份坚持"。没有量的积累，就不可能有质的飞跃，"这一分坚持"很可能成为从量变到质变的关键。不少人往往一开始信誓旦旦，热血沸腾，但随着时间的推移和工作任务的加重，就日渐懈怠，直至最终放弃，这样的人是难以成功的。我的父亲曾告诫我说："能不能成功，先不要怀疑自己的智力，先要去怀疑自己的毅力。"我想父亲的这句话说明了坚定的意志和持久的毅力对于成功的重要性。残疾人要时刻警醒自己，生活中有无数的沟沟坎坎，坚持、坚持、再坚持，一定要迈过这一道道坎，只要一步步地迈过去，前方终将是平坦的大道。

保持恒心关键是要学会忍耐。但凡有成就的人都十分善于忍耐，越王勾践卧薪尝胆十余年方得天下；司马迁忍受着宫刑之耻写就了名垂青史的

---

① 魏徵：《谏太宗十思疏》，转引自张世华编译，《古代文书选读》，文化艺术出版社 1998 年版。

史家绝唱；马克思一生穷困潦倒，但他创立的学说和思想光耀千秋。健全人要想做出业绩尚且如此，残疾人疾病缠身，障碍丛生，想持之以恒地做一件事情就更加艰难，要想取得一点成功，就更要学会忍耐，善于忍耐，树立吃苦耐劳的坚定信念，这是残疾人走向成功的人生必修课。

一要学会忍耐身体上的痛苦。山东省沂水县残疾民办教师陆安强在攻读函授大学期间，为了参加面授，独自坐汽车赶往曲阜。由于没有座位，在拥挤的长途车上，他只好用双拐把身体悬撑在车门口，颠簸的汽车使他左右摆动，腋窝被拐柄磨得火辣辣的疼，豆大的汗珠从面颊上滚滚而落。20天的面授中，他上楼下楼摔倒了多次，跌得鼻青脸肿。一次，他端着碗提着水壶到餐厅吃饭时，不小心摔了个仰面朝天，手脚被烫起了水泡。为了减少上下楼次数，他尽量少喝水、少吃饭，忍受着舌干唇裂和饥饿的煎熬。天道酬勤，他最终取得了全部课程门门第一的好成绩。对于忍耐身体上的痛苦，残疾人要有认同意识，做好充足的思想准备，不要抱怨，不要颓唐，不要气馁，勇敢地接纳一切，永远不要放弃！残疾人要想取得一点成绩，必须付出多出健全人几倍、几十倍的努力，坚信辛勤的汗水一定能浇灌出美丽的成功之花。

二要学会承受心灵的压力。第一，用积极心态对待遇到的窘境。残疾人经常会面对异样的眼光，遇到各种各样的拒绝，残疾朋友一定要有平和的心态。其实，遭到拒绝并不是残疾人的专利，任何人都会遭到拒绝，有时"拒绝"是社会对成功者的选择过程。好莱坞巨星史泰龙当年被拒绝了一千五百多次，最后反而使他变得更强大，暂时的失意又算得了什么呢？第二，相信自己一定能做得更好。如果暂时不被认可，不要被失落和压力蒙蔽了理性，而要理智地思考一下，除了残障这个缺陷外，我们还有什么地方做得不够好，应当如何进一步改进和提升自己。第三，不让残疾阻挡我们奋进的脚步。如果你在奋斗的过程中，因为身体的残障而屡屡受挫，应勇敢面对，泰然处之。对于有些不太公正的评判，要学会忘记，学会摆脱，坚信自己的努力一定会感动上苍，持续奋斗，永远进取，在坚持不懈中让自己的心灵更加强大。

保持恒心还要懂得适度。一是做事不能太着急，着急是恒心的第一大杀手。恒心，就是恒久的决心。实现目标必须要经历一个过程，任何事情都不会一蹴而就，"宝剑锋从磨砺出，梅花香自苦寒来"，如果揠苗助长，急于求成，势必适得其反，导致身心俱疲，人事两空。二是做事不能脱离实际，脱离实际是恒心的第二大杀手。如果为了实现高不可攀的目标，经常感到力不从心，导致不能正常地生活，这种恒心是难以持久的。三是不能让恒心成为心中的负担。把恒心当成负担是恒心的第三大杀手。保持恒心是一件艰苦的旅程，"永远保持一颗恒心"更需要钢铁般的意志，但这并不意味着可以为保持这份恒心而付出一切，诸如自己的身心健康、家庭的幸福等等。不能让恒心异化为一种"恶性压力"，甚至成为一种严重的心理障碍。残疾人生存和发展过程中的困难层出不穷，但残疾人不能总是处在与现实抗争、与自我抗争的极端状态，这并不是真正的恒心，而恰恰是对恒心的颠覆。如果因恒心的"坚守"让自己不堪重负，那么恒心不仅不能帮你走向成功，反而会使身体的劣势无限放大，加剧残疾人的自我否定。

为了保持恒心的适度性，首先要适度调整目标，使其符合自己的身心发展状况。其次要善于休息，让自己暂时忘却目标，把那颗疲惫的心和劳累的身体从那种"坚持"的漩涡中解脱出来。人生是需要不懈奋斗的，但在人生奋斗的某个阶段必须得到休整。任何人都需要休息，残疾人尤其需要身心的调适，提高自身能量的利用效率，把好钢用在刀刃上，避免无用功，不断为科学的奋斗积蓄力量。再次要培养宁静平和的心态。恒心是持续的意志努力，需要的是一种相对平和的心境和稳定的行为状态。对于任何人，困难是不可避免的，只有在一种健康的身心环境下，才能更理性、更科学地应对困难，将坚定的信念和持久的意志贯彻到底，让恒心真正为残疾人美好的生活服务。

保持恒心尤其需要正确评价残疾人的成功。衡量残疾人的成功不应看其赢得了多大的声誉，拥有了多高的地位，取得了多么辉煌的成就，而应当看其是否最大限度地融入了社会。残疾人应当淡泊名利，甘于寂寞，在持之以恒中追求自我完善、自我超越和自我实现，争取在社会中做一名优秀公民，在家庭中做一名优秀成员。持之以恒的奋斗过程本身就意味着残疾人生命的创造，就是对自然缺陷、社会局限和心理极限的挑战。在这个过程中，残疾人不但成就了自我，而且实现了同社会间双向的理解、认知、沟通和塑造，成为人类文明中不可忽视的重要力量，这本身就是特殊的成功人生。只有从生活实际出发，正确评价残疾人的成功，持之以恒才能成为大家的一种习惯、一种性格、一种文化和一种生活方式。

持之以恒是成功的秘诀，而能做到持之以恒，本身就是一种成功。因此，我真诚地建议残疾朋友：永远保持一颗恒心。

第十六章 学习、学习、再学习

在哈佛大学图书馆门前有这样一则名言："学习并不是人生的全部，但如果连人生的一部分——学习也无法征服，那还能做什么呢？"① 当前，学习已成为时代的第一选择。只有学习，才能不断探求新知，提升一个人的内涵品位、竞争实力和生活质量，为人类文明进步作出贡献。对于残疾人而言，身体的局限必然会削弱其体力劳动的能力，精神劳动的能力就显得更为重要。这种精神劳动的能力正是在全面学习、终生学习的过程中逐渐生成和发展起来的。

第一节 学习：残疾人的命运因此而改变

动物是本能存在物，凭借本能进行各类活动，它们的每个器官都具有特定的功能，自然选择是其存在和发展的根基。人与动物的根本区别就在于，人不仅具有本能，更具有社会交往性和文化创造性；人不仅是"自然选择"的产物，更是"文化选择"和"文化创造"的产物。在文化选择和文化创造中，构筑起人类的精神大厦和文明家园。学习就是实现文化选择和文化创造的关键环节，人正是通过不断的学习，完成对历史文化的选择和传承，实现对当代文化的发展和变革，创造光辉灿烂的人类文明。

学习是残疾人知识解放的核心环节，对于其生存发展尤为重要。残疾人的知识解放，就是残疾人凭借学习各种科学文化知识和培育思想道德修养，走出狭窄的生活空间和思想空间，全面提高认知社会和参与社会的能力，为残疾人的全面发展奠基。正确认识学习的重要性，在学习中增强对自然、社会以及人自身的科学把握，把努力学习与改变命运结合起来，增

---

① ［美］丹尼·冯：《哈佛图书馆墙上的训言》，北京理工大学出版社 2008 年版，第 49 页。

强知识解放的能力和水平，是每个残疾人应当深入思考的人生课题。

学习能够唤醒残疾人的生命意识。由于身体的限制，不少残疾人生活在一个狭小的圈子里，他们的视野中多是家人、亲朋、生活温饱等概念，学习意识、创造意识、生命价值意识比较淡薄。在五十岁以上的残疾人中，受过正规教育的不多，他们的生活态度相对消极，往往是"过一天算一天"，缺乏明确的生活目标，命运多被边缘化。随着我国残疾人教育事业的不断发展，广大残疾人的素质有了较大提高，残疾人开始迎来了可以通过学习改变自己命运的时代。通过学习，残疾人不仅能够吸收知识和文化营养，而且能实现对生命、对残疾、对自我和社会的理性认知。

中国第一位轮椅女博士侯晶晶说："像我这样受教育过程比较特别的人对教育事业更热爱、更有感情，我有深切的感受，教育对人的生命力有着一种巨大的拯救、唤醒的力量！"这是她多年学习、教学和科研的体会，更是她对残疾人奋斗的理性思考。由于11岁那年误诊导致双腿残疾，侯晶晶只有凭自学完成小学、中学和大学本科课程。正是这种学习，将她的生命力量唤醒，让她逐步告别了曾经的痛苦、挣扎和自卑，重新焕发了生命的活力。如今，已是南京师范大学教授的侯晶晶正在属于自己的三尺讲台上用文化教育学生，用行动感染学生，用生命唤醒新的生命。

我与侯晶晶同为南京高校的老师，比她幸运的是，我从小学到博士，经历了21年完整且不间断的学校融合教育，学习让我对人生、对社会、对残障有了更为深刻的理解。如今，在南京特殊教育师范学院，作为一名大学老师，我承担起教书育人的使命，承担起教育健全大学生和促进残障大学生社会融合的双重责任，我感到自己的学习生涯在教书育人中得到不断升华。因此，残疾人要广泛地探求新知，在学习中发现和参与更广阔的天地，让自己的生命不断焕发新的生机。

学习能够激发残疾人的内在创造力。学习是一种创造性活动，学习的对象是人类的创造性成果，善于学习的人应当是富有创造性的人。学习不仅是一个吸收知识的过程，更是一个自我修炼和创造的过程。在学习中，残疾人不仅可以走出自己狭窄的生活世界，更能从思想上改变对世界和对自我的悲观认识。人真正的本性在于人的创造性，对于残疾人来说，其身上的创造潜能被深深埋藏着，他们比一般人更加渴望挣脱"捆绑的手脚"，用自己的聪明才智去创造美好的新生活。

当学习这种创造性劳动与残疾人心灵深处激荡的创造活力形成强烈共

鸣时，学习就会给他们的创造活动插上翅膀。他们对知识的强烈追求足以冲破一切艰难险阻，没有什么力量能够阻止他们在思想的天空中翱翔。因此，我们看到了中国残联主席张海迪能够取得常人难以取得的文学成就，中国科学院盲人教授杨佳能够在哈佛大学肯尼迪政府学院这一世界顶级学府崭露头角，世界著名科学家霍金的科学成就甚至让许多当今和历史上的科学家望尘莫及……正如山东大学残疾副教授孙振玉所说："为什么一定要读书？这是他对自己命运的'自主性'选择，生命中有些东西我们愿意也好不愿意也好，都是我们不能自主、无法选择的，但是有没有东西是能够自主的？如果有，我们就应该去追求。我选择做一个自主的人。"残疾朋友都应努力做出自主选择，激发自己的内在创造力，摆脱日常的依赖和困顿，以实际行动成为生活的创造者。

学习能够增强残疾人融入社会的能力。残疾人的社会融入包含三个层面：一是理念融合，二是能力融合，三是交往融合。理念融合是基础，能力融合是保障，交往融合是渠道。残疾人要实现真正的社会融入，最关键的就是学习。通过学习，残疾人掌握一定的知识和文化，具备了一定参与社会的能力，才可能在一个相对对等的平台上展开同健全人的对话、交流与合作，真正成为健全人思想的交流者、工作的合作者及生活的共享者，促使健全人以全新的理念和态度正确审视残疾人。

残健之间的能力融合、理念融合和交往融合是密不可分、相互贯通的有机整体。对于一个具有正常学习能力的残疾人来说，学习是残疾人与健全人差距最小的工作；即便是在智力上有轻微缺陷的残疾人，若不断开发其智慧的潜能，也能增强其参与社会生活的能力。青年音乐指挥舟舟，还有许多从事剪纸、手工等艺术的轻微智障人士，他们通过不断地学习，思维能力得到有效改善，不仅自食其力，而且还对社会做出了贡献。霍金、张海迪、海伦·凯勒以及侯晶晶、孙振玉等人，他们的路因为学习而越走越宽。

我本人也是不断学习的受益者。在读小学和中学时，尽管我学习很努力，但并不被一些人看好，有时还会受到歧视，大多时候是一个被同情的对象。因为在人们身边，极少有残疾孩子学成者。然而，我在家人、学校和社会的帮助下，始终坚持学习，并在自己擅长的领域做出了一定的成绩。特别是进入大学后，我除了学习好之外，还活跃于各种社会活动之中。学习让我的心智更加成熟，心态更加平和，行为举止更加从容。今天，作为一名博士，我有幸成为中国特殊教育最高学府南京特殊教育师范学院的一名教师，既可以教书育人，又可以从事自己喜欢的理论研究。在这个充满博爱的大家园里，我同老师和同学相处得非常融洽，工作得很充实，生活得很快乐，许多人真诚地告诉我，他们并没有把我当成一个残疾人。所有这一切的改变，我把它归功于不断的学习，向书本学习，向他人学习，向实践学习。学习提升了我的能力，拓宽了我的成长平台，让我在更深程度、更广领域融入了主流社会。

第二节　学习之路是凤凰涅槃的旅程

"凤凰涅槃"语出佛教典故。据印度史诗《罗摩衍那》记载：传说天方古国有一种神鸟叫作凤凰，每隔五百年大限到来之时便会集香木于一身以自焚，燃为灰烬，再从灰烬中重生，其羽更丰，其音更清，其神更髓，成为美丽辉煌永生的火凤凰。"涅槃"是佛教教义，是梵文 Nirvana 的音译，意思是"寂灭、安乐、无为、解脱"，佛教本以此比喻修行到忘我的最高理想境界所要历经的艰辛，后人则将其引申为一种不畏艰难、勇于革新、执着追求的象征。残疾人的学习之路犹如凤凰涅槃，历尽艰辛而后浴火重生。

"凤凰涅槃"同王国维的"学习三境界"可谓异曲同工。王国维在《人间词话》中以三句古词阐述了古今之成大事业、大学问者，必经过三种境界："昨夜西风凋碧树，独上高楼，望尽天涯路，此第一境界也；衣带渐宽终不悔，为伊消得人憔悴，此第二境界也；众里寻他千百度，蓦然回首，那人却在灯火阑珊处，此第三境界也。"[①] 第一句语出晏殊的《蝶恋花》，原意是作者登高望远所表达的惆怅之情。王国维则借此解释为，做学问成大事业者，首先要登高望远，开阔眼界，明确目标与方向，了解事物的概貌；第二句语出宋代词人柳永的《蝶恋花》，作者以此句表达自己的思想伤怀，而王国维在此处解释为对事业、对理想要执着追求，忘我奋斗，为了到达成功的彼岸，哪怕"衣带渐宽"（形容人憔悴消瘦）也在所不惜；第三句出自辛弃疾的《青玉案》，王国维用在此处，把"众里寻他"当作学习者历经周折、磨炼之后，就会逐渐成熟起来，方能明察秋毫，对真理豁然领

---

① 王国维：《人间词话》，中华书局 2012 年版。

悟，寻到自己的目标。由此可见，任何人要想学有所成，都要付出巨大的代价和艰辛，因为知识浩如烟海，学术永无止境，而人的能力终归有限，正所谓"书山有路勤为径，学海无涯苦作舟"。

残疾人学习首先要克服身体之难。一是克服求学路上生活自理的困难。这个困难对于学习而言虽是一种外部障碍，但很多意志不坚者却极易被击倒。且不说残疾人，一些外出求学的健全孩子因为不能打理生活而退学、休学或是学习成绩大幅下降者大有人在。对于残疾人来说，必须要以极强的意志力和忍耐力克服身体的病痛和行动的不便，尽力减轻这种困难对学习的干扰，决不能因此轻易放弃学习的机会。孙振玉当年为了能按时上学，常常提前一个多小时出门，到学校后再一个个台阶地爬上楼，有时必须手脚并用才行。时间长了，膝盖、胳膊肘等经常接触地面的地方，衣服磨出了窟窿，里面的皮肤磨出了血，后来长成了茧子。为了谋求更好的学习机会和更高的发展平台，残疾人不论遇到多少困难，也要在能力许可的情况下，敢于远离父母家人，来到更高的平台求学深造，积极锻炼生活自理能力，奋力排除万难。

二是克服身体残障对于学习过程和学习效果的制约。学习是一种复杂的脑力劳动，既需要脑力的迅速运转，亦需要体力的支撑。通俗地说，学习者必须能够"坐得住"。对于健全人而言，"坐住"主要考验的是心理意志，但对于有些残疾人来说，"坐住"这个动作本身就是一种煎熬。高位截瘫的残疾人因为"坐住"而饱受折磨，如果调理不好，难免要受"褥疮"之苦，长期久坐对他们的脊柱也是很大的考验。有些行动不便的残疾人，为了不给他人添麻烦，会刻意少喝水以减少上厕所的次数。不可否认，这些困难时时制约着残疾人的学业发展，要想取得好的学习效果，就必须把这些现实困难考虑进去，确立恰当的学习目标，选择适合自己的学习方式，选择科学实用的学习方法。比如写字慢就多听多背，到学校学习不方便就多在家里自学，学会利用电子课堂、网络远程学习等方式。只要勤奋努力，你有 100 个困难，必有 101 个办法去解决。

残疾人学习也要克服经济之难。很多时候，贫困和残障共同制约着残疾人的成长成才之路。据 2006 年第二次残疾人状况抽样调查显示，当前中国农村残疾人的比例占残疾人总数的 75.04%[①]。目前，20% 的残疾人依然生活在贫困线以下。为了给孩子治病，残疾人家庭往往会倾其所有。虽然政府、社会和学校对残疾人教育的学费给予了减免，但因经济发展不平衡和教育资源不足等问题，残疾人学费减免尚未制度化和常态化，更没有系统的残疾学生奖学金机制。广西师范大学残疾硕士生何志文家境非常贫寒，考研期间，他没有任何经济来源，又没有精力打工，租不起房子，夏天睡在篮球场，冬天住在楼梯洞，别人扔掉的衣服他捡起来穿，别人吃剩的饭菜他就着开水充饥。在学习之余，他捡易拉罐、矿泉水瓶、旧书报等卖钱买学习资料。"活下去，站起来"成为他的座右铭。面对这种学习考验，残疾朋友除了选择坚强和坚持，没有第二条路可走。

残疾人学习还要克服社会接纳之难。因为社会发展水平、价值理念、保障制度等诸多问题，残疾人的学习机会经常来之不易。因为考核方式不够灵活，接收方式不够人文，培养方式不够科学等原因，许多残疾人的求学梦化为泡影。改革开放之前，高等教育对于残疾人来说几乎是天方夜谭。直到 1985 年山东滨州医学院二系（现为特殊教育学院）的成立，才有了第一所集中接收残疾人进行普通高等教育的高校。滨州医学院特教学院总结了近三十年的特殊教育经验，积极探索残疾人知识解放的成功范例，我应邀参加部分工作并采访了十几位校友，他们当年高考时都经历了一番考验，有的连续高考四五年，每次都能通过录取线却没有被高校录取，因而他们普遍对滨州医学院二系的成立充满了高度认同，对母校的教育充满了无限感恩，对知识改变命运充满了深切体验。残疾人面对种种学习困境，既需要理性，又需要智慧，努力寻求教育部门和社会各界的帮助，选择最适合自己的教育方式，千万不可因困难放弃学习，因为放弃了学习，你将来的生活之路会更加艰难。

第三节 出色的自学能力是成功学习的法宝

一方面，残疾人要善于利用学校的学习环境，根据自己的实际情况选

---

① 国家统计局、第二次全国残疾人抽样调查领导小组：《第二次全国残疾人抽样调查主要数据公报》（第二号）（http：//www.stats.gov.cn/tjsj/ndsj/shehui/2006/html/fu3.htm）。

择相应的普通学校或特殊学校，接受老师的教导。另一方面，要注意发挥自己学习的主动性和能动性。

教育家叶圣陶先生说过，（对学生）教是为了不教，说明了教育的最终目的是为了培养学生的自学能力和自我教育能力。学习方式的特殊性和学习困难的多样性，决定了残疾人必须着力提高自学能力，即使是有条件和能力接受学校教育的残疾人，也要特别注重自学能力的培养。

第一，提高正确选择学习内容和学习方法的能力。

一要明确自身的残疾状况最适宜学什么。有的残疾人肢体残障程度很高，劳动能力甚至自理能力部分或全部丧失，但头脑灵活，意识清晰，就适合于理论知识的学习；对于盲人来说，由于形象思维能力会受到影响，可以多发挥触觉和听觉灵敏的特长，可尝试音乐艺术等侧重于心灵感知和内在想象的学习；对于聋人来说，可充分发挥观察能力强、动手能力强的特点，有针对性地学习一门技术，掌握一技之长。

二要充分考虑残疾人自身的兴趣与特长。兴趣是最好的老师。心理学家皮亚杰说："所有智力方面的工作都要依赖于兴趣。"① 兴趣是人积极认识和创造的心理倾向，是学习的动力机制。在兴趣的促动下，人体内沉睡的潜在能力会释放得更加充分，进而形成特长。主体能力的天然缺陷使得残疾人在能力发展上不可能面面俱到，关键是要认清残疾人的兴趣点，通过学习持续不断地强化兴趣，激发潜能，使之真正成为现实的特长。在选择学习内容和方向时，切忌贪大求全，一定要求精求深，形成自己的比较优势，将某一方面的潜能开发到极致。我有两个残疾朋友，他们都十分聪明，也都有着开发电脑软件的理想。一个坚持从事计算机领域的学习钻研，曾获得全国计算机软件开发大赛的一等奖，他开发的软件成功申报了专利；另一个朋友也非常努力，但有些盲目追求完美，所学知识涉及哲学、社会学、计算机、物理、机械制造、中医等各个领域，因为学得太杂，没有取得什么建树，不得不放弃早先的梦想。希望朋友们引以为戒。

三要选择适合自身特点的学习方法。学习方法科学与否直接决定了学习的效率、效果和持续性。残疾人要根据自己的身体可承受度，创造性地选择学习方法。张海迪是中国第一位残疾硕士生，她从小学到研究生的课程主要靠的是刻苦自学。在她的事迹中，有一个细节令我印象深刻：因为

---

① ［瑞士］让·皮亚杰：《教育科学与儿童心理学》，傅统先译，文化教育出版社1982年版。

截瘫无法自如移动，为了避免生褥疮，更为了保证充裕的学习时间，她就侧躺在床上，把书本固定在一个地方，在面前摆上一面镜子，依靠看镜子中的影像完成学业。就是凭借这种坚韧不拔的自学意志、出色的自学能力和适合的学习方法，她精通三门外语，创作和翻译了数十部文学著作。由此可见，正确选择适合自身的学习方法，对残疾人成功学习至关重要。

第二，提高科学制订学习计划和进行必要的自我调节的能力。

一是根据自己的身体情况确定适合自己的学习计划。对于残疾人，不同的生理特点和残疾状况，其学习的内容、学习的方式以及学习所期望达到的效果是不同的。对于肢体残疾人而言，其智力、心理若正常，对文化的认知能力没有受到影响，可以参照健全人的学习标准来要求自己；对于盲人来说，由于形象思维能力受到影响，不要将理论学习的目标定得过高，而应更看重实践技能的培训；对于聋人来说，由于语言中枢的伤害，其语言表达能力和理性思维能力相对不足，能够基本把握日常生活逻辑和正常参与社会交往是他们首先应追求的学习目标。

在宏观的学习目标确定之后，就要合理安排作息时间，制订微观的日常自学计划。我在各个学习阶段，都习惯制订一定区间内的学习作息计划表，将这段时间内的学习进度和完成时间一一列出，然后再根据这个大计划制订每天的小计划，每天晚上将一天的学习情况进行梳理总结，评估完成情况，一旦有未完成的内容，就把未完成的部分安排到次日初始阶段，告诫自己必须及时完成；一旦有超额完成的项目，就趁热打铁，保持主动的学习进度。只有日清日新，日清日高，才能收到好的学习效果。

二是把学习水平的提升和身体机能的提升紧密结合起来。处理好学习和身体的关系是残疾人学习中一个至关重要的问题。健康是"1"，财富、成就等都是后面的"0"，如果没有"1"，后面有再多的"0"都无济于事。残疾人对社会竞争具有更强的危机感和紧迫感，面对来之不易的学习机会，更懂得珍惜，更渴望通过学习实现自我，因而在学习中更加投入，也更容易忽视身心的极限。很多热爱学习的残疾人有一个共同点，就是学习起来时常一坐几个小时，直到累得腰酸背痛，虽然提高了学习效率，但却是一种不应当提倡的学习方法。残疾人确定学习目标切忌好高骛远，不能因为追求不切实际的学习目标而使自己身心俱疲，以加重残障痛苦甚至带来其他疾病的代价换取学习成绩，那显然是得不偿失的。

建议残疾朋友把握一条法则，就是通过学习提升素质要与身体健康相一致。一旦发现学习目标超出了身体的负荷能力，就要及时进行调整，努力实现身体与知识双丰收，只有这样，知识解放和命运改变才是有价值的。学习并不是生活的全部，学习也不是单纯的理论认知，应注重把理论学习与认知社会紧密结合起来，把学习力的提升和机体功能的恢复紧密结合起来，在学习之余多出去看看外面丰富多彩的世界，多呼吸一下大自然的气息，多加强身体的锻炼康复。在学习能力和知识水平不断提升中陶冶自己的情操，优化自己的身心健康，也应是残疾人学习的一个重要目标。

第三，提高利用各种社会资源的能力。在这个信息爆炸的年代，各种信息通过信息高速公路向全球传递，人类在前所未有的深度和广度上实现了信息共享。网络、计算机等通信工具和微信、微博、微视等新媒体技术广泛普及，在很大程度上弥补了残疾人身体的不便，极大地拓宽了残疾人学习知识和认知社会的途径。残疾人应熟悉网络、计算机等基本学习工具，充分利用虚拟世界的资源为自己的学习服务。网络课程、电子图书馆、在线咨询等各种教育和学习方式的日臻成熟，优化了残疾人学习的渠道和环境。需要提醒的是，大家要在博采众长的基础上加强甄别能力。由于虚拟世界是一个平民化、平等化、碎片化的世界，学术权威的地位有所淡化，各种学习资源十分繁杂，因此要树立去伪存真的批判意识，增强学习的有效性和针对性。

合理利用公共资源是残疾人提升学习水平的重要能力。残疾人要善于通过公共服务、社会组织、大众媒体、友人推介等各种方式，经常向一些专家学者请教问题；在大学接受教育的残疾人，一定要善于利用学校的实体图书馆和电子图书馆，特别要能够熟练掌握中国知网、读秀学术搜索、国外学术期刊搜索等数据库的操作。我的一位残疾朋友就经常到附近的大学去旁听课程，通过网络、电子邮件、电话等手段不时向国内知名教授请教。轮椅博士侯晶晶当年为了完成博士论文，带着她设计的调查问卷，坐着轮椅到各师范学校、中小学和幼儿园调查并观察关怀教育在中国学校的运行状况，充分利用社会资源使其学术课题更加完备。残疾人要想更好地学习，一定要注重多向身边的人求助、请教，调动一切积极因素为自身学业服务。

第四，提高抵制各种诱惑的能力。学习是一项艰苦的工作，需要高度的意志力和探索欲。古人云："业精于勤荒于嬉"①，嬉闹和玩乐能给人的感官和心灵带来充分的欢愉和畅快，而人性内在的贪婪更为这种感官畅快提供了生长的土壤。老子曰："五色令人目盲，五音令人耳聋，五味令人口爽，驰骋畋猎令人心发狂，难得之货令人行妨。"② 就是说，色彩、音乐、味道这些感官的享受一旦过分，都会使人心智迷乱、忘乎所以。

自学是在没有人监督评判的情况下，以高度的自觉来实现的。自学没有老师的系统指导，很多事情都要靠自己领悟，因而自我要求、自我调控、自我监督和自我评判就显得特别重要。在这个光怪陆离的世界中，各种诱惑层出不穷，抵制各种诱惑的能力就成为能否成功自学的重要一环。随着信息社会的到来，虚拟世界显示了比现实世界更强大的丰富性和诱惑力，各种游戏、影视等娱乐平台将极大地激发人的好奇心、享乐欲，一旦把握不好，就会滋生懒惰和放任的不良习惯。残疾人活动空间的局限性使他们更希望去亲近多彩的世界，很容易在虚拟世界中迷失自我而荒废学业。要想学有所成，就必须耐住寂寞，抵制住各类诱惑。

我本人也一直走在与诱惑抗争的学习之舟上，几点心得希望与朋友们共勉：清心寡欲、慎独自警、反思改过、勤勉躬行。清心寡欲，就是玩乐要适可而止，以强大的意志力克制自己过分的享乐欲；慎独自警，就是要在没有他人监督的情况下，依旧能够保持良好的学习习惯和生活秩序；反思改过，就是经常对自己的行为进行反思，不断弥补自己的不足，努力使自己做到最好；勤勉躬行，就是行胜于言，落实高于一切，勤勤恳恳做事，踏踏实实做人，不断提升自己的学习力和执行力。

第五，提高持续学习的能力。一个国家要可持续发展，一个人也要可持续学习和可持续发展。学习贵日新，只有"苟日新，日日新，又日新"③地持续学习，才能彰显学习的真正价值。中国科学院教授杨佳中途失明，但她以自己的不懈努力成为哈佛大学杰出的博士生和访问学者。在哈佛大学的岁月中，她每天先用盲文把老师的课堂笔记简要记录下来，课下再仔细整理，这才有了哈佛大学政府管理学院历史上第一个满分论文的诞生；回国后，她通过坚持不懈的努力，成了中国第一个盲人博士生导师。

在当今这个信息时代，知识日新月异，莫说是身体不便的残疾人，任

---

① 韩愈：《师说·进学解·原毁》，王洪宇编，西泠印社出版社 2008 年版。
② 老子：《道德经》，北京联合出版社 2015 年版。
③ 曾参、子思：《大学·中庸》，北京联合出版社 2015 年版。

何人要想跟上时代的浪潮都要不断地努力学习新知识。残疾人在学习上不要满足于已有的成绩，而要时刻保持对于知识的新奇感，对于文化的亲近感，对于学习的持久感，树立终身学习的理念，把学习贯穿于自己生命发展的始终，活到老，学到老，以健康的身心调控延长自己的生理生命和文化生命，把命运掌握在自己手中，用知识创造越来越美好的明天。

　　上一章我建议残疾朋友要"永远保持一颗恒心"，在这里我又建议残疾朋友"学习、学习、再学习"，合起来就是持之以恒地学习，踏踏实实地行动，用知识武装自己的头脑，用行动改变自己的命运。

第十七章　千万不要自卑

自卑是残疾人的共性心理之一。由于自卑，残疾人心中的希望之火会慢慢熄灭，因此残疾朋友们千万不要自卑。

请残疾朋友们挺起胸，昂起头，坚定地对自卑说"不"。

第一节　正确认识"自卑情结"与"自卑缺陷"

心理学家阿德勒认为，每个人都有一种"自卑情结"，都存在不同程度的自卑感，自卑是每个人都要面对的基本处境。正是这种"自卑情结"激发了人们弥补自身缺憾的意志努力，自卑感是人奋发图强、最终战胜挫折并取得成功的基础，甚至是人类不断进步的原因。①

在这里，阿德勒混淆了自卑与自知、自谦的本质区别。阿德勒所讲的"自卑"既包括人对个体生命发展局限性的自我认知，也包括对个体能力和价值的不自信。每个人都有弱点和不足，任何一个有自知之明的人也都会认识到自身的不足，但我们不能把人对自身不足的认知理解为一种"自卑"，更不能把这种所谓的"自卑情结"作为人类进步的动力。

本文所讲的自卑，是指人由于对自身情况的不当认识而形成的片面自我否定、自我封闭乃至自暴自弃的消极心理状态。中国人传统意义上的"自卑"或"自卑情结"，大多是一种认输、认命的表现，以消极悲观成分为主，基本没有积极乐观的因素。从一般情感上说，没有人愿意自卑，但人们又很难避免自己的"自卑缺陷"。比如，当人处于身体局限、能力不足、经济困难等弱势地位时，都可能造成人的心理缺陷和性格缺陷，进而产生不同程度的自卑。身体的局限以及这种局限带来的重重困境，让不少

① ［奥地利］阿弗雷德·阿德勒：《自卑与超越》，李青霞译，沈阳出版社2012年版。

残疾人认为自己天生就比别人"矮一截"，自卑构成了残疾人普遍的心理状态，成为其生存发展的重大障碍。能否和在多大程度上克服自卑，直接关乎残疾人的生存状态和生活质量。

第二节　残疾人自卑的表现形式

自卑心理在残疾人群体中表现得尤为突出。相比于其他群体，残疾人连完善的生理器官或正常的生理机能都不具备，他们在日常活动和社会交往中所遇到的困难是常人无法想象的，而他们取得的成绩和结果却时常不如人意。他们常被边缘化，在社会竞争中处于劣势地位，比健全人更容易遇到挫折，更容易遭受失败，更容易承受痛苦，时常经受屡遭挫折和渴求成功的情感落差，极度渴望成功，极度渴望社会认可，常常陷入无法融入社会的深深忧虑之中。

我们权且将残疾人这种处境和心态称之为"被边缘化综合征"，其核心是残疾人在理想和现实的尖锐矛盾中陷入了深度自卑。主要表现在三个方面：

第一方面，自我否定，不敢面对现实。其一，对自我存在的否定。残疾人往往缺乏对自我生命存在的认同，当他们因为身体残障而面对各种难以克服的困难时，许多人会自问：我为什么要来到这个世界？甚至得出极度悲观的结论——这个世界不属于我，我来到这个世界根本就是个错误。为什么别人都是健全的，而我却是残疾呢？这种想法会使他们以悲观无奈的心态接受一切磨难和不公正，对各类事情要么逆来顺受，要么充满逆反。

其二，对自我能力的否定。身体残障带来了主体能力的下降。在英语中，"残疾人"的翻译是"disability"，"ability"的意思是能力，"dis"则是否定前缀，译为"能力低下的人"。这个翻译在一定程度上体现了残疾人能力不足的客观必然性，亦存在一定的歧视性倾向，让残疾人感到万分失落和自卑。在相当长的历史时期内，"残疾人"经常被理解和表达成为"残废人"，"残"和"废"仿佛成了一对"孪生兄弟"，使不少残疾人认为自己本来就是"废人"甚至"废物"，形成了一种"天然"的自卑心。

其三，对自我价值的否定。爱因斯坦说过："一个人不一定非要成为一个成功的人，但他首先要成为一个有价值的人。""价值"表征着一个人的存在对自身和社会的意义。如果一个人不知道自己的人生发展目标，只是浑浑噩噩地了此一生，无疑是可悲的。然而，在许多残疾人的字典里没有"价值"这个词汇，只满足于能吃上饭能穿上衣就行。正是这种自我否定的心理状态和思维习惯，使许多残疾人得过且过，不思进取，他们不是被"身体的残疾"打败了，而是被自卑的心理打败了。

第二方面，自我封闭，不敢与人交流。这是残疾朋友自卑最直接的表现，特别是大多数残疾孩子都存在着这个问题。台北艺术学博士黄美廉从小罹患先天脑性麻痹，全身肌张力异常，肢体失去平衡，肌肉扭曲且无法言语。小时候，同学们跳皮筋投沙包，但没有人找她玩，这让她陷入深深的苦恼中，一度把自己封闭起来。我小时候和她有着相似的经历，在集体游戏时也经常被婉拒，每次走在大街上都会招来人们好奇的眼光，甚至一些顽皮儿童还跟在我身后模仿我走路。我曾有一两年左右的时间不愿意出门、不愿也不敢同他人交流。幼小的心灵蒙上一层厚重的阴影。大学时，我邀请一位患小儿麻痹的同学一起打篮球，她奇怪地看了看我，轻轻地摆了摆手。等我下场休息时，她惊讶地对我说："想不到你能这样从容地在场上打球。"她说她平生最害怕的就是在公共场合暴露自己的残疾，早已习惯了躲开人堆儿走，除了和闺蜜联系之外，很少与人接触。

残疾人的自卑大都是因为心灵过于沉重造成的。我在社会交往上质的飞跃就是从给同学们讲故事开始的。当同学们被我的故事吸引，围在我周围听故事时，我感到与人交流不仅是一件无比快乐的事，更是残疾人应有的权利。正如成功学大师戴尔·卡耐基所说："克服当众说话的恐惧，对于我们做任何事情都会有极大的潜移默化的功效。"① 的确，高中之后，学校培养我成为学生典型，我在几年间接受了《中国教育报》《中国青年报》等几十家媒体的采访，摆脱了无谓的怯懦，敢于走向人生舞台，学会了同各种各样、各行各业的人交流学习。之所以比从前有了质的飞跃，就是因为我走出了心理的阴影。现在，我的许多熟人都说我与小时候大不一样了。我想，这其中的"不一样"无非是多了一分自信与坦然，这应当归功于家庭的引导、学校的教育和社会的关爱。

第三方面，自暴自弃，在困难面前暴躁易怒。《孟子·离娄上》有云：

---

① ［美］戴尔·卡耐基：《语言的突破》，中国文联出版公司 1987 年版，第 32 页。

"自暴者，不可与有言也；自弃者，不可与有为也。"① 意思是说，自己残害自己的人，不可能同他有所谈论；自己抛弃自己的人，不可能同他有所作为。

自暴自弃是自卑的极端表现，严重阻碍了人的发展。史铁生在《秋天的怀念》一文中曾这样描述："双腿瘫痪后，我的脾气变得暴怒无常。望着望着天上北归的雁阵，我会突然把面前的玻璃砸碎；听着听着李谷一甜美的歌声，我会猛地把手边的东西摔向四周的墙壁。母亲就悄悄地躲出去，在我看不见的地方偷偷地听着我的动静。当一切恢复沉寂，她又悄悄地进来，眼边红红的，看着我。'听说北海的花儿都开了，我推着你去走走。'她总是这么说。母亲喜欢花，可自从我的腿瘫痪后，她侍弄的那些花都死了。'不，我不去！'我狠命地捶打这两条可恨的腿，喊着：'我活着有什么劲！'"② 史铁生这段逼真的描写，深切反映了残疾人无助的心理状态和狂躁的现实表现。不仅如此，如果这种无助和狂躁愈甚，人的自卑就愈甚，自卑愈甚，无助和狂躁就愈甚，由这个恶性循环陷入另一个恶性循环：越是想摆脱自卑，越是想得到别人的尊重，就越要去尝试一些超出自己能力范围的事情，而越是急功近利，就越容易失败，进而加重自己的自卑。周而复始，久而久之，就会使人感到人生无望，继而情绪不断失控，最终自我放弃。许多残疾人走不出自卑的阴霾，有的甚至变得性格暴躁易怒，时常怨天尤人，融入社会成为空话。令人欣慰的是，史铁生最终没有沉沦下去，而是用他的笔书写了美丽的人生。

第三节 规避自卑带来的危害

同残疾人自卑的表现形式相联系，残疾人自卑具有多种危害，应当千方百计加以规避。

对残疾人来说，自卑使他们游离于社会交往，丧失生活的斗志和生命的意义。自卑的残疾人，一个重要特点就是总生活在自己的世界里，把自己的生命局限在一个狭小的私人空间中，总怕暴露自己的弱点。他们没有

---

① 孟子：《孟子译注》，杨伯峻译注，中华书局 2008 年版。
② 史铁生：《秋天的怀念》，华夏出版社 2011 年版。

"存在感"，找不到独立人格的"标志杆"，与周围的人和事格格不入。规避这种危害的最好办法，就是积极动员广大残疾朋友从他们固守的那个"失真的世界"里走出来，大胆参与现实生活，在参与中树立自信，在自信中减少自卑，以实际行动构建自己"真实的世界"。

对残疾人的家长来说，他们会因孩子过分自卑逐渐失去对孩子和对生活的希望。残疾孩子的家长面对孩子终日的消沉束手无策，他们的情绪也会消沉下去，变积极担当为放任自流。长此以往，孩子的自卑会蔓延到亲人的心中，改变甚至颠覆他们的世界观、人生观和价值观，从而降低整个家庭的生活质量。

有多少自卑的残疾人，就有多少自卑的家庭；要想孩子不自卑，家长首先不能自卑。所以，我想对家长朋友说：请您做自信的家长，做有耐心的家长，做循循善诱的家长；我也想对自卑的残疾朋友说：当你们郁郁寡欢的时候，可曾看到终日唉声叹气的父母至亲？当你们暴跳如雷的时候，可曾感受到父母的心也跟着一同破碎？当你们绝望透顶的时候，可曾注意到父母以泪洗面的无助？请你们从自卑的深渊中跳出来，听从父母亲人的教诲，跟着他们勇敢地走向社会、走向自然、走向美丽的新生活。

对社会来说，残疾人的自卑会加重社会的负担。残疾人是社会航船编队中的最后一艘船，如果残疾人因自卑而远离社会，必然会影响全面小康社会的建设进程。自卑让残疾人失去了斗志，失去了创造活力，其主体的代偿功能无法得到发挥，长此以往就会演变为一种自我放逐的意识，在"做一天和尚撞一天钟"中了此一生，真正成为社会上所讲的"残废人"。社会应当积极培养残疾人自食其力的能力，给残疾人提供为社会做贡献的机会，大力选树残疾人自强典型，通过广大残疾人的自强精神向社会传递一种正能量，让残疾人和健全人在共建共享中实现共同发展。

第四节　让自卑离我们远去

自卑是残疾人最难以摆脱的心理障碍，严重制约了残疾人融入社会的进程。残疾人要想真正提高生存和发展质量，就必须让自卑远离我们，开启心灵的无障碍旅程。下面同大家分享几个克服自卑的方法：

其一，自我激励法。思想决定行动，行动决定出路。残疾朋友的自卑，很多时候源于自己灌输的"我不行""就这样吧""认命吧"的思想暗示。请残疾朋友们树立积极的信念，坚信我能行！我很行！

任何生命都值得尊重和珍视，生命的价值不能因其生理上的完善程度而有所分别。在古希腊罗马时代，伟岸的身躯、强健的体魄固然是人们追求的理想生命形态，但断臂维纳斯释放出的优雅、高贵与圣洁同样为世人所倾倒。生命真正的伟大不仅在于外表上的完美，更在于潜能的释放、心灵的完善以及对社会的意义，在于不断创造属于自己的新生命。

建议每个残疾朋友，都能时刻给自己注入信念的强心剂：我就是一个伟大的存在！我珍贵的生命是不可泯灭的！不要担心自己做得不好，因为任何人都很难一下子做好；不要担心自己走路难看，因为人类早就发明了一句名言：走自己的路，让别人去说吧！不要为自己的外表自惭形秽，因为健全人也美丑不一；不要担心受别人嘲讽，因为嘲讽别人的人实际也是在嘲讽自己。当然，这种积极的心理暗示并不是让残疾人由自卑走向自大，而是引导残疾人冷静地认知自身的局限，在正确自我评价基础上，树立科学的自信意识，积极融入社会生活中去。

其二，心理调节法。俗话说：心平才能气和。正所谓"心平气和，百邪不攻，乃愈而康。"由此可见，平和之心对于调养心智、强身健体的重要作用。

身残是人生的遗憾，心残是人生的毁灭。残疾人自卑的根本原因在于其不能、不敢、不想正视自身的残疾，总是试图用健全人的标准来衡量和评判自己。这种评判标准和心理预期本身就不符合残疾人的实际，反而会使其产生颓废、挫败等消极情绪，久而久之产生自卑心理。因此，如何面对残疾是残疾人永恒的生命课题，也是残疾人心理调节的核心内容。

一要在认同残疾中走出残疾。必须从心理上清醒地承认残疾，认识残疾可能带来的一切负面因素，通过读书、听音乐、看电影、与人聊天等方式转移自己的注意力，从外界摄取正能量，祛除心中的负能量，避免让脑中萦绕的悲伤和失落压得透不过气，逐步从心理阴霾中走出来。

二要理性思考自己在残疾的状况下还能做些什么。有一个较为普遍的现象，就是残疾人的心理容易大起大落，要么怯懦自卑，一味退缩；要么言谈像宣言，行为如战斗，凡事看得过于凝重，一旦无法实现目标就显得异常失落，甚至一蹶不振。残疾人要改变这种思维方式和行为方式，避免在理想和现实的落差中生活，从自身的实际出发，只看我所有的，不看我没有的；只想我能干的，不想我不能干的，在力所能及中增强自己的信心。

三要以平和的心境面对各种困难和挑战。残疾人做事肯定会遇到很多困难，这时要善于暗示自己：健全人和我们一样，也会遇到很多困难，不要凡事动辄归罪于"残疾"。残疾人要自己珍惜自己，自己尊重自己，在坦然的行动中迎接困难，在平和的心绪下不惧挑战，让自卑在平和的心境中失去存在的土壤。

四要在心灵上超越残疾。史铁生对病痛也曾有过一段非常超然的阐发："生病也是生活体验之一种，甚或算得一项别开生面的游历。这游历当然是有风险，但去大河上漂流就安全吗？不同的是，漂流可以事先做些准备，生病通常猝不及防；漂流是自觉的勇猛，生病是被迫的抵抗；漂流，成败都有一分光荣，生病却始终不便夸耀。不过，但凡游历总有酬报：异地他乡增长见识，名山大川陶冶性情，激流险阻锤炼意志，生病的经验是一步步懂得满足。发烧了，才知道不发烧的日子多么清爽。咳嗽了，才体会不咳嗽的嗓子多么安详。刚坐上轮椅时，我老想，不能直立行走岂非把人的特点搞丢了？便觉天昏地暗。等到又生出褥疮，一连数日只能歪七扭八地躺着，才发现端坐的日子其实多么晴朗。后来又患尿毒症，经常昏昏然不能思想，就更加怀恋起往日时光。终于醒悟：其实每时每刻我们都是幸运的，因为任何灾难的面前都可能再加一个'更'字。"① 是的，"残疾"是残疾人生命中的一部分，熔铸于人生的各个阶段，如果我们一味抱怨也将于事无补。我们还不如转化思维方式，由厌弃残障转为悦纳残障，这个"悦纳"是对残障本身的解脱，更是对生命本身的超越。将残障视作别样的生命体验，转化为奋发图强的正能量。残疾朋友要大胆放飞自由的心灵，双目失明的人也能感知斑斓的色彩，双耳失聪的人也能倾听花开的声音，高位截瘫的人同样能让自己的思想远行，让精神的自由冲破残疾的种种束缚，让自卑离我们远去。

其三，能力补偿法。能力的缺乏是自卑的根源，缺乏能力就意味着自卑，对任何人都是如此。残疾人不能总是纠结于因残障丢失的那部分能力，而应学会在现有条件下锻炼技能，掌握一技之长，以此为支点寻求立足社会的途径。这个一技之长越是卓越，我们的自信感就会越强，自卑就会离我们渐行渐远。

---

① 史铁生：《病隙碎笔》，湖南文艺出版社 2013 年版，第 1 页。

　　贝多芬为什么能摆脱"无声"的恐慌？是因为他创作的伟大音乐足以震撼世界，也足以让他扼住命运的咽喉；史铁生为什么能走出失意？是因为他靠自己的笔取得了健全人都难以企及的文学成就。我也曾经受过自卑的煎熬，不能和大家一起游戏、一起奔跑、一起打球，大家有什么集体活动都会顾忌我的身体。但我没有在自卑中沉沦，而是逐渐发掘了自己的写作、演讲等特长。当别人去踢球时，我就强迫自己坚持写作，日积月累，年复一年，一次次征文获奖、范文朗读、文章发表，让我渐渐看到了自己的价值。我还在业余时间练习演讲，渐渐克服了说话慢、说话声音低的不足，充分运用自己声音的感染力，在学校的多场演讲比赛中获奖。我有针对性地发展着自己的特长，慢慢拓展自己的成长平台，获得了越来越多融入社会的机会。

　　因此，我真诚建议残疾朋友，切忌拿自己的短处和别人的长处比较，那样必定会陷入自卑而无法自拔。应善于发掘自己的潜能，用自己的特长培养自信。有的朋友擅长音乐，就在音乐上苦下功夫；有的朋友善于感知色彩，就努力在绘画上有所造诣；有的朋友擅长手工，就争取做出精致的工艺品。抓住自己的能力兴奋点，耐住寂寞，持之以恒地坚持训练，形成自己的特点，获得自己的能力优势，实现自己的人生价值，就会自然而然地远离自卑。

　　其四，环境优化法。残疾人超越自卑一定要勇敢地参与社会生活，融入社会是走出自卑的必经之路。马克思说："人的本质不是单个人固有的抽象物，在现实性上，它是一切社会关系的总和。"① 没有"人"就没有"社会"，没有"社会"就无所谓"人"。

　　有这样一个心理学实验：实验者将几个人关进具有隔音装置的小房间里，给他们戴上墨镜、手套，不准他们说话，他们只能躺在床上。八个小时之内，大部分人还能通过自我对话和思考而面色平静，可时间一长，许多人就感到焦躁、烦闷，甚至出现幻觉，以至于精神崩溃。这个实验告诉我们，人是社会的动物，离开了充足的感官刺激和社会交往，仅仅维系在自我封闭的私人空间中，就会感到被剥夺的压抑感。

　　这个实验也启示我们，残疾朋友要通过广泛的思想交流逐步走出压抑的自卑世界。要努力学习科学文化知识，善于体验多元的环境，勇敢地走

―――――――――

　　① ［德］马克思、恩格斯：《马克思恩格斯选集》（第1卷），人民出版社1995年版。

上人生大舞台，多同他人（无论是残疾人还是健全人）交朋友。要心中有爱，以友善的心态和大家交往，与大家共建共享爱的环境，在爱的环境中展示自己的才华，表达自己的愿望诉求，争取别人的理解和尊重，寻找适合自己的发展平台。慢慢地，会有越来越多的人"懂你"，你会得到源源不断的无私帮助，找到更多的阳光、雨露和春风；慢慢地，自卑会离你越来越远，自信会越来越青睐你，你的身上将越来越充满超越自我、改变环境的正能量！

事实证明，残疾人自卑，无论是对残疾人个人，还是家庭和社会，都不是一件好事情。因此，我的忠告是：残疾朋友应当振作起来，千万不要自卑。在这里，我想用自己喜欢的一首歌《怒放的生命》与大家共勉，愿每个残疾朋友走出自卑，成就"怒放的生命"：曾经多少次跌倒在路上/曾经多少次折断过翅膀/如今我已不再感到彷徨/我想超越这平凡的奢望/我想要怒放的生命/就像飞翔在辽阔天空/就像穿行在无边的旷野/拥有挣脱一切的力量/曾经多少次失去了方向/曾经多少次破灭了梦想/如今我已不再感到迷茫/我要我的生命得到解放/我想要怒放的生命/就像飞翔在辽阔天空/就像穿行在无边的旷野/拥有挣脱一切的力量。

第十八章　善于抓住别人的手

"别人的手"就是社会各界及家人对残疾人的援助之手。作为社会弱势群体，残疾人需要"别人的手"。如何善于抓住别人的手，从别人的手中摘下希望的种子，是残疾人需要认真思索的问题。

第一节　"有形的手"和"无形的手"

我先讲一个自己亲身经历的故事。多年前的一天，因父母有事，就委托父亲多年的至交张伯伯接我回家。到家时，我发现楼道门锁了，就本能地拿出钥匙请张伯伯帮我开门。张伯伯却说："我帮你拿着东西，你自己开，锻炼锻炼。"这句话顿时让我感到有些不好意思。我们家和张伯伯家是无话不谈的密友，张伯伯从小看着我长大，我对他有一种天然的亲近感和依赖感，我突然意识到，张伯伯跟着我一起下车，就是为了看着我开门。

这件小事让我深受触动，回到家当即在日记上写下了《别人的手》这篇文章。任何人的成长都离不开"别人的手"，我们也会向别人伸出援手，在"送人玫瑰，手有余香"中，形成了人与人之间互帮互助的友善关系。残疾人尤其需要"别人的手"，甚至有的残疾朋友离开了"别人的手"就难以维持正常的生活。从某种意义上讲，"别人的手"就是残疾人生命的一部分。

"别人的手"有两种："有形的手"和"无形的手"。"有形的手"是指残疾人得到实实在在的肢体上、物质上的扶持和帮助。这是一种最直接的援助，很具体，很实用，如扶着上楼梯、搀着过马路等。但残疾人如果对此过分倚重，就容易疏于锻炼自己的能力，进而产生依赖心理。"无形的手"是指对残疾人政策上的扶持、方法上的引导和精神上的鼓励。这种"手"对残疾人的帮助可能体现得不那么直接，但它能释放出一种鼓舞力量，激发残疾人的潜能，引领残疾人学会通过自主奋斗收获社会认同，体现了对残疾人内在价值的肯定，具有更强的持久性和更深的关怀性。

在上述事例中，如果张伯伯当时把他"有形的手"伸过来，帮我把门打开了，我确实能轻轻松松地得到"实惠"，但我却锻炼不了开门的技能；他站在旁边看着我开门，指导我，鼓励我，实际上是把他"心中的手"给了我，既让我锻炼了自理能力，又使我倍感踏实和温暖。因此，残疾人既不能过分依赖"别人的手"，也不能盲目排斥"别人的手"，更不能荒废自己的手；既要善于抓住别人"有形的手"，也要善于抓住别人"无形的手"，在"别人的手"的牵引呵护下，使自己的手变得越发灵巧，创造属于自己的幸福生活。

第二节　勇于承认自己的弱势

对于残疾人来说，千万不要盲目自强，更不要盲目自大，应理性地对待自己的残疾，在社会中找准自己的定位。

首先，勇于承认自己是弱势群体。弱势群体是指由于身体和心理状态、经济及政治状况而在社会中处于劣势地位的群体的总和。残疾人是弱势群体中的弱势群体，在社会竞争中处于不利地位，在社会生活中经常遭遇种种窘境，甚至会被歧视和边缘化，最需要他人的帮扶，"别人的手"是其不可或缺的生命要素。残疾人清醒地认识自己的弱势地位，不是悲观或泄气的自我否定，也不是为自己的依赖寻找借口，而是一种理智的自我认知。有的残疾朋友一旦在某些方面取得一定成绩就盲目自大，认为自己已经可以完全撒开别人的手，甚至想把健全人甩在身后展翅高飞，这无疑是一种不理智也不现实的选择。勇于承认自己的弱势，是残疾人明智而勇敢的行为，是残疾人人生的准确定位。

其次，明确自己弱的地方，善于利用社会的帮扶不断强大自己。残疾人不能盲目示弱，妄自菲薄；也不能盲目逞强，妄自尊大。应明确自己弱在什么地方，有针对性地借助他人的手。比如，盲人可以凭长期的经验而独立行走，然而到了泥泞坑洼的路段，就需要借助他人的引领，并在引领下锻炼熟识路段和克服困难的能力；聋人可以通过手语、书写等方式同人交流，但到了沟通歧义之时，就需要他人的帮助，避免产生不必要的交往误会。残疾人只有明确自己弱的地方，才能更好地借助他人的手，逐步增强融入社会的能力。

善假于物者，方能至千里。"别人的手"是残疾人人生路上的重要依托，只有善于抓住"别人的手"，残疾人才能顺利地跋山涉水，有望到达光辉的彼岸。从总体上说，残疾人离不开别人的手，但残疾人牵住别人的手并不意味着完全仰仗别人，而应借助别人的手达到自强的目的。既要善假于物，又要在外力的帮扶下靠自己的努力达至千里。

残疾朋友应当明白，正视自己的弱点不仅没有坏处，反而会有好处，因为你的弱点会在别人的帮扶下逐步改善。对于可以完全消除的弱点，残疾人可凭自己的努力一点点撒开别人的手；对于那些受制于生理或心理极限的弱点，残疾人要尽自己最大的努力减少对他人的依赖，增强自理自立自强的能力，让别人的手发挥更好的作用。

最后，处理好"示弱"与"自强"的关系。人既是一种有限性的存在，又是一种超越性的存在。残疾人既是弱势群体，同时又有着成为强者的强烈渴望。这种强弱不平衡的矛盾状态，极容易使一些残疾人产生自卑、执拗、偏激、急躁等不良性格。

在与健全人的交往中，残疾人往往处于两种极端状态：一种是过分自卑地忍气吞声，一种是过分强势地盛气凌人。这两种状态都容易造成残健融合的障碍。社会交往谋求的是包容与融合，需要人与人之间的相互尊重、礼让、称赞与谅解。残疾人本来就是弱者，时刻需要他人的帮助和关爱，在融入社会的过程中，既需要得到尊重，更应学会尊重他人，尤其要尊重和理解那些曾经和正在帮助你的人，学会适应由健全人主导的社会整体生存法则。青年残疾舞者廖智对这一点有着深刻的体悟："不能示弱的人，就是虚张声势，那种人其实内在是很虚弱的，只有示弱，才是坦诚的。"残疾人切忌盲目清高，唯我独尊，把社会对自己的关心看作理所当然，避免社会因逆反而降低对你的同情和关爱度。

其实"示弱"与"自强"并不矛盾。这里讲的"示弱"，源自于残疾人本身的"弱势者"状态，是残疾人基于正确自我认知和社会认同而产生的明智选择；而"自强"是一种良好的心理反应，体现了残疾人对生命价值和意义的追求。必要的"示弱"有助于残疾人更好地融入社会，用自己的真诚、乐观、宽容和感恩打动他人，使他人心甘情愿地向你伸出援助之手，创造良好的环境，帮助你发展特长，使你成为生活的强者。你只有诚心示弱，别人才会诚心帮助你；你只有真正自强，别人才能真正尊重你。坦荡的"示弱"是一种交往智慧，它为残疾人走向"自强"架起了桥梁。

第三节　正确对待别人的同情

几乎所有的残疾朋友都会遇到这样的问题：我们应如何正确对待别人的同情？目前存在着三种不当的认识和做法：

第一种，有的残疾朋友喜欢表现出特别可怜的"弱势状态"，乐于甚至享受被同情的感觉，希图以博得别人同情而长期依赖他人，满足于坐享其成，对别人的帮助心安理得。这样的做法也许暂时会使生活得到一定改善，但由于过分依赖"别人的手"，放弃了自强的机会，忽视了主体能力的训练，长此以往必然影响生活的持续性，降低生活的意义和价值。

第二种，有的残疾朋友对别人的同情不以为意，认为全社会同情关怀残疾人是理所当然的。这种理所当然的"同情观"，不利于社会感恩意识的形成，也不利于获得社会持久的援助。

第三种，有的残疾朋友比较抵触别人的同情，把别人的同情当作对自己"轻视性的怜悯"，不愿意成为别人"怜悯的对象"。这种对社会同情的抵触和对他人善意的误解，容易伤害社会的文明情感，不利于残疾人真正融入社会。

正确对待别人的同情是善于抓住"别人的手"的心理基础。残疾人要想在别人的帮助下进步和成功，就必须努力克服上述三个心理误区，以感恩的心对待别人的同情。

别人的同情是一种爱心表现，是实现残健融合的情感基础。同情是指人们基于内在的道德素养而产生的对弱势者及其遭遇的怜悯和爱护之情。社会对残疾人同情的程度和水平是社会文明程度的重要标志之一，大致会经过四个阶段：

第一阶段：健全人对残疾人产生同情之心。对残疾人的同情意味着健全人开始体会残疾人生存的不易，这是他们愿意向残疾人伸出援手的重要前提，残疾人应珍视健全人这种宝贵的情感。

第二阶段：健全人对残疾人伸出帮扶之手。健全人在对残疾人的帮扶中展开与残疾人的交往，逐步了解残疾人的精神世界。残疾朋友此时要怀着感恩之心接纳他人的善意，即便他人低估了你的能力，比如在很简单的事情上帮助你，在你看来很容易的活动中婉拒你的加入，你都应怀着一颗感恩之心接纳这份温暖。仔细想想，健全人能对残疾人有如此细致周到的关爱也实在难能可贵。

第三阶段：双方彼此深入了解。在同情的情感氛围中，健全人愿意不断认知和理解残疾人，残疾人也愿意把自己的内心世界展示给健全人。残疾人通过与健全人的交往不断了解社会，不断提升自己。当残疾人用实际行动证明自己的时候，健全人也会逐步认识到残疾人身上的巨大潜能，这种潜能与残疾人的躯体形成鲜明反差，进而触发健全人对残疾人的敬佩之情。残健双方相互学习、相互理解、相互促进，达到共同提高。

第四阶段：双方实现全面融合。由于双方的人生际遇形成的思维方式、行为特征和性格志趣都有所差异，因而健全人对残疾人由同情到帮扶、由理解到尊重、由磨合到融合就成为残健融合的必然轨迹。双方交往久了，大家相互理解了彼此的能力、性格、习惯、思想，从而在社会实践中达成了高度默契。由此可见，同情不仅是健全人认知残疾人的一把情感钥匙，也是残疾人实现社会融合的催化剂。残疾朋友非但不能抵制这种同情，反而要感恩和珍惜这种同情，真诚欢迎越来越多的"别人的手"伸向自己，让"别人的手"成为残疾人实现理想和融入社会的助推器。

善待别人的同情，以感恩之心接纳他人的善意。对于残疾人而言，感恩是面对社会同情最基本的态度，在感恩基础上逐步深入与健全人的交往。对待别人的同情应做到"三要、三不要"：

一是要自强但不要盲目自强。自强是残疾人克服困难而使自己变得强大的主体性活动，是残疾人生存发展的必备素质。然而，不论残疾人怎样努力，其有限性是显而易见的，残疾人不可能脱离他人而独立自存，靠"单打一"是不可能完全达成目标的。从人性上看，人的互助性构成了人作为社会存在物的基本要义，每个人的生存和发展都离不开"别人的手"，健全人在许多事上尚需他人的帮助，更不用说身体不便的残疾人了。残疾人自强是必要的，但不能过分自强，千万不要说我不需要别人的同情，摆出一副"万事不求人"的架势；残疾人要在该自强的时候自强自立，在需要帮助的时候善于求助他人，将自强和他强有机结合，让自己的手和别人的手紧密相牵，这样既有利于残疾人目标的实现，也有助于残疾人和健全人间的深度融合。

二是要敏锐但不要过分敏感。一些残疾人因不能正确处理身体缺憾和自尊心之间的关系，往往特别在意别人的态度，仿佛别人说的话、做的事甚至飘来的眼神都是在审视或议论自己，所以在面对别人同情时表现得过分敏感。要解决这个问题，就要解决残疾人对自己、对他人、对社会的正确评判问题。这个世界可能会有些复杂的人心角力，人与人之间可能还存在一些隔膜，但这种个别的"阴暗面"绝不会遮蔽和冲淡世界的真善美，而且永远不会成为社会的主流。别人向残疾人伸出援手，不管出于什么原因，其直接受益者是受到帮扶的残疾人。残疾人不要因过分敏感让自己的心灵承受太多的复杂因素，要始终怀着积极的心态与他人交流，怀着一种纯净的心境与社会对话，克服不必要的心理阴影。当然，残疾人在社会中也需要有敏锐的洞察力。这主要表现为，敏锐把握社会关怀的信息，快速对他人的关怀予以回应，准确判断"别人的手"带来的各种机遇，以感恩之心善待他人的同情，在他人的帮扶下健康成长。

三是要接受但不要过分依赖。在同情情感的支配下，善良的人会把关爱的手源源不断地递过来。对于这种现象，残疾朋友绝不能尽情享受和依赖，因为一旦把别人的帮助视作理所当然，残疾人就会放弃自身的努力，不仅会产生"等、靠、要"思想，甚至会产生消极不满情绪，对别人的帮助挑三拣四。残疾人要接受"别人的手"，但万不能依赖"别人的手"，因为它只是你生命的助推器，你生命的发动机将永远掌握在自己手中。如果残疾人放弃了自己手中的发动机，就失去了前进的动力和方向，"别人的手"也会变成"虚幻的手"，变成"漫无目标的手"。海伦·凯勒说："我要把别人眼睛所看见的光明当作我的太阳，别人耳朵所听见的音乐当作我的乐曲，别人嘴角的微笑当作我的快乐。"① 海伦的这段话虽然肯定了"别人的手"对于残疾人的重要作用，但归根结底体现了"以我为主"的自主意识，体现了由"他助"到"自为"的价值转换。别人的手只能为我们的奋发进取添砖加瓦，但要真正建成我们的人生大厦，还需要残疾人自己的规划、拼搏和创造。

---

① ［美］海伦·凯勒：《假如给我三天光明》，李汉昭译，华文出版社 2002 年版。

第四节　从别人手中摘下机会的种子

对于渴望成功的残疾人来说，最大的关爱莫过于给予他们平等参与社会和获得成功的机会。

联合国《关于残疾人的世界行动纲领》中指出："机会平等是指要使整个社会体系能为人人所利用，诸如物质和文化环境、住房和交通、社会服务和保健服务、教育和就业及包括体育运动和娱乐设施在内的文化和社会生活。""如果一个人失去了获得生活基本因素的机会，而这些机会对于社会其他人却是人人有份的，那就构成了障碍。这些基本因素包括：家庭生活、教育、住房、经济和人身保障、参加社会团体与政治团体、宗教活动、亲密关系和性关系、享用公共设施、行动自由以及一般的日常生活方式"。①

由于身体局限，残疾人参与社会以及争取成功的机会大大减少，社会上一些人的歧视态度、质疑心理和推诿行为，加剧了残疾人在教育、就业、政治、文化活动等方面的劣势地位。很多残疾人在求职时被拒之门外，因为有些单位没有设置适合残疾人的岗位，没有考虑为残疾人提供可能的机会。不少残疾硕士、博士就业困难，着实让人有五味杂陈的感觉。平等的机会，对残疾人来说是奢侈品。

烟台养马岛有一处塑像，名曰"伯乐相马"，讲的是伯乐和千里马的故事。一方面，残疾人要不断提升素质，增长才干，力争使自己成为"千里马"；另一方面，要有"伯乐"来发现和认可这些"千里马"；为有能力的残疾人提供机会和平台。机会只垂青于有准备者，一旦有了机会，残疾朋友一定要牢牢抓住，倍加珍惜，努力做到最好。残疾人要勇于和善于寻找机会，寻找你人生中的"伯乐"，进而抓住这个机会，在人生的平台上纵横驰骋。

事实上，社会上不乏爱心人士，也不乏开明人士，他们都愿意帮助残疾朋友，但你要想办法引起他们的关注。我称不上"千里马"，但我却遇到了许多位"伯乐"，他们都慷慨地为我提供了良好的成长平台，从小学、中

---

① 联合国大会：《关于残疾人的世界行动纲领》（摘要）（http://www.china.com.cn/aboutchina/zhuanti/cjr/2008－09/05/content_16391827.htm）。

学再到大学，一直到我读博士，当大学老师，我的身旁始终有许多双关爱的手，有领导、有老师、有长辈、有同窗、有社会各界的好心人，引领我一步一步地往前走。我不会忘记我的母校对我的悉心培养，也不会忘记社会各级组织为我搭建的成长平台，更不会忘记数以百计的好心人表现出来的大爱无私的高风亮节。在这个过程中，我珍惜每一个机遇，紧紧抓住别人的手，尽全力做到最好，不仅没让关爱我的人失望，而且让关爱我的人从我身上看到自己善心的价值。

在成长道路上，如果没有"别人的手"，残疾人的人生将倍加艰难。残疾人要正确对待别人的同情，勇于承认"弱势"，善于从别人的手中摘下机会的种子，在爱心园丁的精心培育下，平等地获得水分、养料和阳光，使这棵小树苗逐渐长高、长壮、成材，渐渐地看到蓝天、碧水和青山。

真诚期盼残疾朋友善于抓住别人的手，祝愿大家把"别人的手"和"自己的手"紧紧相牵，成就我们生命的精彩！

第十九章 给生命插上梦想的翅膀

有梦想的人生才是美丽的人生，才是有希望的人生。海伦·凯勒的梦想是《假如给我三天光明》，张海迪曾有"假如我能站起来吻你，世界将多么美好"的梦想，我也曾写过《假如给我一双好手好脚》，表达了我幼时美好的愿望和梦想。许多残疾朋友都有自己的"假如"，"假如"为我们的梦想插上了翅膀。对于残疾本身，"假如"是不存在的，因为残障难以逆转；但对于我们的生命，"假如"却充满了能量。虽然身体遭受不幸，但我们却有着美好的梦想，只要有梦想，一切皆有可能。

第一节 梦想给残疾人添上希望的羽翼

海迪老师曾送给我两本她的代表作——《轮椅上的梦》和《生命的追问》，扉页上的赠言更是让我记忆犹新："亲爱的九童，读了你的文字，我和很多人都很感动，这是一个健康的孩子都难以做到的，可是你却以自己顽强的斗志做到了，我们都应该学习你坚强的品格！我想，一个人身体有残障是不幸的，但只要有美好的梦想，生活依然还会是幸福的，奋斗就是幸福啊！"

海迪老师的话不但激励我不断前进，而且给了我很大启发。是啊，残疾人乃至所有人的成功，皆发端于梦想和奋斗。有梦想，有奋斗，才会有成功。海迪老师就是一个充满梦想的人，她在《生命的追问》中动情地写道："梦对我来说是一种精神的解脱。我喜欢梦境，在梦中我的健康失而复得……梦是一种精神补偿，给予我走向生活的信心。"① 每个残疾人都是伟大的梦想家，因为在梦幻的世界里，我们摆脱了残障的羁绊，尽情释放着

---

① 张海迪：《生命的追问》，作家出版社 2003 年版。

生命的力量，自由追寻着人生的期盼。正像美国第三十七任总统威尔逊所言："我们因梦想而伟大。有些人让梦想悄然绝灭，有些人则细心培育、维护，直到它安然度过困境，迎来光明和希望，而光明和希望总是降临在那些真心相信梦想一定会成真的人身上。"翅膀断了，心也要飞翔，这句话成了描述残疾人的经典名言。梦想就是一双隐形的翅膀，带着成千上万的残疾人飞向希望的远方。

从哲学的视角看，梦想是主体基于客观实际和内在需要而提出的对于未来的价值规划图景，是人特有的积极的心理现象和思维活动。人的生命是有限性的存在，而人的自我意识总能认识到自身的有限性；人的生命又是未完成性的存在，这决定了人的创造本质，人的生存和发展过程就是不断创造的过程，通过不断超越现实世界而构建可能世界。身体的残障让残疾人的现实世界不够完美，但梦想却能给生活注入美丽的色彩，让他们在梦想的天地里追求多种可能的图景。

梦想给我们添上希望的羽翼，让我们怀揣美好的梦想，无论遇到多少艰难险阻，也要矢志不渝地走下去，用生命的星星之火，点燃梦想的灯塔，照亮人生远航的路，走向人生光辉的未来。

第二节 科学规划自己的梦想

我见过一些残疾朋友，他们经常底气不足地说："我的身体已经这样了，还能有追求梦想的机会吗？"不，朋友，每个人都有追逐梦想的权利，身体的残障非但不能阻挡我们追梦的脚步，反而会激发我们昂扬奋发的信心和力量，我们要勇于冲破命运的枷锁，敢于摆脱身体的束缚，向着光明的梦想之路进发。莫自卑、莫彷徨，只要精神不倒，就会有梦想成真的机会！

残疾人既要敢于追梦，又要让梦想的翅膀携着理性翱翔。梦想意味着超越现实的可能性，但并不意味着一定时期内超越现实的必然性。我们提倡的梦想是有理性的梦想，在确立梦想时准确地把握有限和无限、现实和可能的内在张力，使梦想的生成、发展和实现有其现实的实践基础。只有立足于现实，梦想才能凝聚人的意志，锻造人的品格，指引人的方向，而不至于成为空想。空想是一种毫无客观根据、甚至与现实背道而驰的主观臆想，它非但不能成为人们为之奋斗的精神支柱，反而会引发人们对现实生活的质疑和虚妄。如果长期沉醉于空想，人们将走入一个虚幻世界，瓦解生命的信念，甚至失去正常的生活状态。

我曾见过这样一个人，他本身不是残疾人，可整日迷恋于自我构筑的虚幻世界，痴想自己如何飞黄腾达，憧憬着高官厚禄、美女如云的场面。他以虚幻世界干扰自己的现实世界，生活中时常出现幻觉，最后成了一名精神残障者。相比于健全人，残疾人在现实生活中会遭遇更多的限制，超越现实的愿望就愈发强烈，易把梦想演变为"梦幻"或"空想"。健全人沉浸在"空想的世界"中都有可能导致"残疾"，残疾人就更应引以为戒。

树立梦想一定不要感情用事，要理性地对客观现实进行正确评判。正确评判现实是确立梦想的前提，残疾人不仅要明确自己目前的实际状况，还要较好地判定这个状况未来的发展趋势。例如，一个人失去了双腿，就不能期望双腿重新长出来，也不可能指望假肢能完完全全地代替原腿的功能，但可以期望尽量提高假肢的智能性和自身掌控假肢的能力，使其逐步成为自己身体的一部分，达到效能最大化。只有把梦想建立在现实的基础上，梦想才能真正成为我们的人生动力，我们才能离梦想越来越近。

树立和实现梦想的过程，实际上是一个不断认识自我的过程。世界上有一本最难读懂的书，这本书就是自己。在希拉帕尔纳索斯的南坡上，有一个驰名世界的戴尔波伊神托所，在它的入口处写着一个亘古未解的命题：认识你自己。几千年来，人类都在苦苦追寻，把"认识你自己"作为人生的终极命题，至今人们仍然难以给出明确的答案。

残疾朋友在树立梦想时要认真思考三个问题。第一个问题，我是什么？主要包括明确自己的身体状况、性格特点、生活环境、学业水平、人脉资源等现实状况，明确自己现有的人生发展方位。第二个问题，我要什么？主要表现为自己的具体需求、兴趣爱好、实际愿望等，明确自己的努力方向。第三个问题，我能做什么？即我为了实现自己的梦想能够做什么，我做的这些究竟可以在多大程度和范围内实现梦想。根据这三个问题，残疾朋友可以确定自己的梦想，并在追梦实践中根据变化了的情况不断调整自己的梦想。

我是一个有梦想的人，我的人生就是一个"寻梦—圆梦—再寻梦"的过程。我的追梦经历告诉我，人对自己的认识进一步，离自己的梦想就近一步。小时候，我有许多充满童趣的梦。我看到军人穿着军装很威风，就整日拿着玩具冲锋枪站岗，梦想着将来做一名军人。我后来又迷上了篮球，渴望做一名优秀的篮球运动员，并在五年级作文《新世纪，我有一个夙愿》中写道："我要成为一名中国男篮的队员，与队友们一起夺得奥运会金牌，为国争光。"当我真正了解了自己的身体状况后，我开始认识到，我的这两个梦想是无法实现的，因为我的手脚是"被捆绑的手脚"。然而，"被捆绑的手脚"并没有阻止我追梦的脚步，我又确立了自己的下一个梦想——大学梦。我谨遵"书山有路勤为径，学海无涯苦作舟"的古训，蹒跚着行走在追求知识的山路上。在社会各界的关爱下，我 2007 年圆了自己的大学梦，2011 年圆了自己的硕士梦，2013 年圆了自己的博士梦，2016 年又圆了自己的大学老师梦，将我的大学梦进行到底。看到我的进步，很多人都为我高兴，经常真诚地夸奖我，我也想真诚地对大家说：有梦谁都了不起！

现在，我最大的梦想，就是以马克思主义为指导从事残疾人理论研究和实践，探寻马克思主义和残疾人生存发展的科学，为残疾人和残疾人事业的进步尽自己的绵薄之力，期盼每个残疾孩子都能拥有圆满的家庭；期盼每个残疾朋友都能有一个有价值的人生；期盼社会处处充满爱的阳光。实践使我意识到，残疾人群体是最需要帮助的群体之一，要想从根本上提高残疾人的生活质量，最重要的是让残疾人接受教育、锻炼技能，使更多的残疾人能自食其力。

我把这个梦想称为"月亮的梦想"。我曾这样写道："如果把健全人比作太阳，那么残疾人就是月亮，月亮之所以皓皓如银，是因为阳光的普照。太阳永远是圆的，而月亮却要体验圆缺的交替。但是，太阳和月亮的梦没有区别，残疾人和健全人的梦没有区别，都是圆的。"月亮由缺及圆的更替象征着残疾人的成长，象征着残疾人坚持不懈的圆梦进程。希望每位残疾人都能心怀"月亮梦想"，追逐"太阳人生"，找到适合自己的生命支点，为实现自己心中的美好生活而不懈奋斗。

第三节　让梦想成为美好现实

我很欣赏这样一句名言："如果你的心中有一条巨龙，既是一种苦刑，也是一种快乐。"这里的"巨龙"就是我们心中的梦想。这句话说明了梦想的两个特点：一是它在每个人心中都有举足轻重的地位，是我们心中的

"巨龙"；二是实现梦想的旅途注定是艰辛的，如承受"苦刑"一般，只有经过艰苦历练，才能让心中的"巨龙"腾飞起来。相信每个有梦想的人都甘愿经受"苦刑"，因为他们心中已经有了一条巨龙，为之奋斗将是毕生的快乐。

我们要做梦想家，更要做实干家；既要做仰望星空的"筑梦者"，也要成为脚踏实地的"圆梦人"。"圆梦"是一个漫长的过程，不可能一蹴而就，一定要保持梦想的坚定性和持久性。我们可以根据自身和外在环境的变化不断调整自己的梦想，但这种调整是为了增强梦想的科学性，并不意味着可以随意更换梦想。俗话说："无志者，常立志；有志者，立长志。"切忌接二连三地更换梦想，切忌追梦过程中三天打鱼两天晒网，科学的梦想一经确立，就应矢志不渝地坚持下去。

脚踏实地的"圆梦人"一定是一个善于有序做事的人。我们应当把自己的梦想做一个详细分解，在不同的时期制定相应的短期目标、中期目标、长期目标，通过一个个小目标的实现，逐渐汇集成自己的最终目标。有一位著名马拉松选手在每次参加比赛前，都先将整个比赛路线观察一番，设立了若干个标志性参照物作为自己沿途的一个个小目标。进行比赛时，每到达一个小目标，他都会欢欣鼓舞，浑身充满力量，期待完成下一个目标。他越跑越快，越跑越有劲儿，最终夺得冠军。

在英国威斯敏斯特教堂内，英国圣公会主教的墓碑上写着这样一段话：当我年轻自由的时候，我的想象力没有任何局限，我梦想改变这个世界；当我渐渐成熟明智的时候，我发现这个世界是不可能改变的，于是我将眼光放得短浅了一些，那就只改变我的国家吧！但是我的国家似乎也是我无法改变的；当我到了迟暮之年，抱着最后一丝努力的希望，我决定只改变我的家庭、我亲近的人——但是，唉！他们根本不接受改变；现在在我临终之际，我才突然意识到：如果起初我只改变自己，接着我就可以依次改变我的家人。然后，在他们的激发和鼓励下，我也许就能改变我的国家。再接下来，谁又知道呢，也许我连整个世界都可以改变。

这两个故事从正反两方面告诉我们，只有脚踏实地，循序渐进，梦想才能最终转化为现实。梦想是我们前进的不竭动力，承载着对美好生活的无限向往。脚踏实地不是原地踏步，而是一步一个脚印地前进，这应当成为我们的一种生活方式、一种精神信仰和一种生命境界。作为残疾人，跋涉生命的长河，我们举步维艰，所以我们必须牢牢扼住命运的喉咙，不断跨越人生的天险，脚踏实地、沉稳有序地走好每一步。其实，人生就是一场马拉松，每个人从出生之日起就开始了这场征途，征途上的每一个里程碑，都是人生各个阶段的目标，而马拉松的终点就是人生梦想达成的地方。

如果一个人只有所谓的终极目标或远大梦想，而没有各个时期的短期目标、中期目标，追梦就容易失去方向，筑梦就容易失去信心，圆梦就容易失去高度。残疾人的各种限制使其实现梦想的旅程变得更加漫长而艰辛，要做好充足的思想准备，将远大的梦想化整为零，具体到每一年、每一月、每一星期、每一天、甚至每一小时，将要完成的事情列入梦想计划表，记录下每个阶段的完成情况，对当前和今后的每一步做出正确的评估。不积小流，无以成江海；不积跬步，无以至千里。① 残疾朋友只要一步一个脚印地走下去，相信总有梦想成真的一天。

第四节　积极参与中国梦的伟大实践

2012 年，习近平总书记在参观复兴之路展览时提出："实现中华民族的伟大复兴是近代以来中国人民最伟大的中国梦。"② 总书记在历次中国梦的重要论述中指出："中国梦是人民的梦，是每一个中国人的梦想""生活在我们伟大祖国和伟大时代的中国人民，共同享有人生出彩的机会，共同享有梦想成真的机会，共同享有同祖国和时代一起成长与进步的机会。"③ 在2014 年全国助残日，习近平总书记接见了第五次全国自强模范代表，再次明确指出："中国梦，是民族梦、国家梦，是每一个中国人的梦，也是每一个残疾人朋友的梦。我们都要凝心聚力，在实现人生梦想的同时，共同推动中华民族的美好梦想早日实现。"④ 中国残疾人作为中华民族大家庭中的平等成员，是建设中国特色社会主义的一支重要力量，应将自己的梦与中国梦相结合，把自我奋斗同民族命运紧密联系起来，勇于肩负应尽的社会责任，成为有抱负、有担当的人。

残疾人应尽己所能回报社会，为实现中国梦添砖加瓦。奥斯托洛夫斯

---

① 荀子：《劝学篇》，转引自王先谦，《荀子集解》（上），中华书局 2013 年版。
② 习近平：《习近平谈治国理政》，外文出版社 2014 年版。
③ 同上。
④ 同上。

基说："人生最宝贵的是生命，生命对于每个人来说只有一次。一个人的生命应当这样度过：当他回首往事的时候，不因虚度年华而悔恨，也不因碌碌无为而羞愧；在临死的时候，他能够说：'我的整个生命和全部精力，都已献给世界上最壮丽的事业——为人类的解放而斗争。'"① 这也是残疾人追逐梦想的最高境界。张海迪、朱彦夫、史铁生、丁晓兵、张莉莉，他们的所作所为无不体现了一个残疾人对国家和社会的自觉担当，是我们学习的榜样。如果能有更多的残疾人自食其力，那就是对社会的莫大贡献；如果能有更多的残疾人回报社会，那将为实现中国梦注入强大的正能量；如果能有更多的残疾人成为实现中国梦的排头兵，就将使中国梦的内涵得到不断升华，残疾人的梦想也将在实现中国梦的伟大实践中熠熠生辉！

作为一名残疾人，我在拍摄个人电视专题片时庄严承诺："将来，我不仅要自食其力，还要奉献社会，实现自己的远大抱负。"我现在写下上述文字，与大家分享自己的人生体悟，实际也是在用行动实现梦想。为了更好地圆梦，我确定了自己人生中的十种追求：脚踏实地，对理想矢志不渝；苦心孤诣，对真理孜孜以求；保持气节，对信念永远坚守；饱读圣贤，对人格日臻完善；恪尽职守，对工作竭尽全力；敬重师长，对父母遵守孝道；热爱妻儿，对家庭忠贞不渝；为人真诚，对朋友肝胆相照；心胸开阔，对万物豁达开朗；胸怀天下，对祖国永远赤诚。

真心希望我的梦与千千万万兄弟姐妹的梦相通，与我们民族复兴的梦相连，这对我而言将是一种无与伦比的幸福；真心希望越来越多的残疾朋友自觉把个人梦想和民族复兴的伟大梦想紧密结合起来，为国家、为民族做一些力所能及的贡献；真心希望广大的残疾人给生命插上梦想的翅膀，祝愿残疾人的中国梦美丽绽放！

---

① ［俄］尼古拉·阿列克谢耶维奇·奥斯特洛夫斯基：《钢铁是怎样炼成的》，梅益译，人民文学出版社 1995 年版。

第二十章　多与健全人交朋友

俗话说："万两黄金容易得，知音一个也难求。"一语道破了"朋友"对于人生的意义。古时候，俞伯牙和钟子期"高山流水觅知音"成为千古佳话。后人多以"知音"指代最好的朋友，鲁迅先生更是有"人生得一知己足矣"的感叹。朋友是具有共同志趣、能够相互理解和彼此包容的人，朋友之间可以相互交流、相互帮助、共同进步。残疾人要真正成为社会大家庭的一员，健全朋友的理解、尊重和帮扶十分重要，因此残疾人一定要多与健全人交朋友。

第一节　健全人朋友是残疾人融入社会的桥梁

吴厚泽先生在《残疾人心理分析》中将世界分为"残疾人世界"和"健全人世界"，把"残疾人世界"界定为由各种类型的残疾人通过相互交往而构成的世界。① 这样的划分带有一定的标签色彩，存在把残疾人和健全人割裂开来的嫌疑，但同时也说明了残疾人与健全人之间的差异性。残疾人在社会交往中往往表现出独特的行为方式、思维方式和价值观念，残疾人要想获得社会的认同，就必须认同和参与主流社会和主流文化，健全人朋友就是残疾人参与主流社会和主流文化的桥梁。

就健全人而言，如果能成为残疾人的朋友，肯定对残疾人群体或个人有着一定的心理认同，能够尊重和理解残疾人的生活经历、人生体验以及处世方式，有着彼此引以为乐的交流方式。健全人朋友可以成为肢残人的手，引领他们参与社会公共实践；可以成为盲人的眼睛，帮助他们领略五彩斑斓的世界；可以成为聋哑人的耳朵和嘴巴，引导他们解读人间百态；

---

① 吴厚泽：《残疾人心理分析》，华夏出版社 1987 年版。

甚至可以成为智障人的大脑，帮助他们在平凡中感悟生活的快乐。

就残疾人而言，既然与健全人交朋友，说明对健全人有着深度的信任感，愿意将自身的内心世界呈现给健全人。朋友并不仅仅是语言的交流、眼神的对视、情感的宣泄和肢体的亲密，更是心与心之间的融通。经过长时间感情的磨合，二者之间便会逐渐消弭所谓"残疾"和"健全"的生理鸿沟，成为彼此相互理解的心灵伙伴。残疾人可以在与健全人的交往中更好地理解社会、参与社会和融入社会。

第二节　与健全人交朋友是残疾人自尊自强的重要表现

与健全人交朋友，说明残疾人能坦然面对自我，对参与社会充满自信，这是残疾人更高层次的自尊和自强。

在与健全人交朋友的过程中，残疾人应自觉走出亲属的佑护，走出单纯由残疾人群体形成的关系网络，对健全人敞开心扉，把自己置身于整个社会的公共环境之中。残疾人必须要克服自卑心理，勇敢地走到舞台中央，接受健全人的审视和评判，这是一个非常艰难的过程。很多残疾人因为不能正确面对自身的缺憾，害怕在健全人面前出丑，害怕健全人对自己不理解，不敢与健全人交朋友。

这方面我深有体会。当我还对自己的残疾懵懂无知时，我以一种迫切的心态与其他小朋友嬉戏，但在玩耍的过程中，我渐渐感到小朋友们对待我的态度与对待他人态度的不同。小朋友的很多活动和游戏，我大都不能参加；即使允许我参加，参与的程度也十分有限，比如踢足球时只让我去守门，还要特意安排另一个守门员，我基本上成了看客；打篮球时只让我站在前场，但很少给我传球。当我开始理解了其中的缘由时，我便远远地望着他们，一度背上了沉重的心理包袱。为了帮助我融入同学之中，父母和老师就鼓励我参加力所能及的活动，少先队组织课题活动，我就负责写课题报告；同学们爱听故事，我就给大家讲故事；我还学会了打篮球、打乒乓球和打羽毛球，增强了结交朋友的能力。随着时间的推移，我渐渐对残疾有了客观的认识。从高中开始，我慢慢学会了结交朋友的方式方法，毫不回避地向他们诉说自己的一些曲折经历，我的诉说不仅没有带来负面效应，反而使他们深入地了解和理解了我。在日常的生活学习中，只要同学们认为是我的身体能够承受得了的活动，都会邀请我参加，我甚至成了一些活动的策划者和发起人，我的倡议也得到了同学们的积极响应。我们一起学习、打球、散步，参加各类活动，时间长了，大家渐渐把我当成健全人来对待。

在这个融入健全人的过程中，残疾人的自尊自强主要表现在两个层面：第一个层面是残疾人敢于正视自己的残障，而不是刻意遮掩，恐怕别人碰到自己的"疼处"，从而缩小与健全人之间的距离；第二个层面是残疾人与健全人一起参与各类社会活动，发挥力所能及的作用，使自己摆脱狭小圈子和自我心理的束缚，真正成为一个"社会人"。马克思说："人是最名副其实的社会动物，不仅是一种合群的动物，而且是只有在社会中才能独立的动物。"① 和健全人交朋友，就意味着把自己置于健全人的社会关系中，更好地确证自己的社会本质，真正在思想上和行动上融入社会，塑造自己健全的独立人格。事实说明，当我们交到许多朋友的时候，当我们与健全朋友毫无芥蒂地交流的时候，当我们赢得社会尊重的时候，我们才做到了真正的自尊和自强。

第三节　如何与健全人交朋友

残疾人与健全人交朋友，是一件不太容易做到的事情，交的朋友越多，说明残疾人融入社会的程度越深。因此，残疾人应懂得如何与健全人交朋友。

第一，饱含交往的诚意。交朋友是"真心换真心"的过程。只要真心诚意，朋友之间是可以跨越等级、年龄、性别、民族等各种差异的。公元24 年秋，刘秀率兵攻打起义军，封降兵渠帅为列侯。但降者并不很放心，担心刘秀是否出于真意。刘秀获悉这一情况后，为使其放心，便采用安抚之计，下令降者各归其本部统领原来的兵马，刘秀独自轻骑巡行各部，无丝毫戒备之意，降者都为此折服，皆称："萧王推赤心置人腹中，安得不报

---

① ［德］马克思、恩格斯：《马克思恩格斯选集》（第 2 卷），人民出版社 1995 年版，第 87
页。

死乎!"这便是成语"推心置腹"的由来，形容人在交往中表现出来的真挚和诚意。

残疾人在接触健全人时往往有矛盾心态：一方面，极其渴望同健全人交朋友，一旦健全人表现出真心和诚意，便会得到残疾人积极回应；另一方面，这种"积极回应"是有限度的，他们对较为生疏的人有戒备心理，在最初交往时往往采取试探的心态。我对残疾人朋友的建议是，在适当时候敢于主动表达自己交往的诚意，而不仅仅是被动接受。残疾人与健全人交往是一个平等交往的过程，任何一个人对他人表现出诚意，都会或多或少地得到他人的响应。我的经历告诉我，世上还是好人多，善良的健全人都愿意和残疾人交朋友。残疾朋友们，请告别"自卑"的怪圈，摆脱社会交往中的"等待"心理，大胆说出对健全朋友的欣赏，大胆表达交朋友的诚意，在与健全人的交往中展现残疾人的风采。

第二，选择恰当的交往对象。残疾人选择朋友的标准大致有四个方面：

一是有爱心。这是残疾人择友的核心。爱心是一个人内心深处最柔软的地方，也是一个人善良本性的出发点。有爱心的人，才会对残疾人产生同情心，才愿意理解残疾人的种种特殊性，能对残疾人做到不嫌弃、不嘲弄、不歧视，常怀慈善之心，常修仁爱之德，尊重残疾人的特性，体谅残疾人的难处，设身处地地为残疾人着想。当残疾朋友遇到困难时，能毫不犹豫地伸出援手；当残疾朋友心情郁闷时，能动之以情，晓之以理，用爱化解他们心中的疙瘩；当残疾朋友遇到挫折时，能及时给予同情和鼓励；当残疾朋友取得成功时，能与他们共同分享幸福和快乐。

二是愿意倾听。倾听是深入了解和理解的前提。健全人没有身体残障的切身体验，只有耐心倾听残疾人的思想、情感、经历和意愿，双方才有彼此相互了解的可能性。残疾人毕竟是弱势群体，他们更需要得到健全人的充分理解，只有真正愿意了解和理解残疾人的健全人，才能包容残疾人因为残疾而带来的不足之处，不会因听觉、视觉或是肢体伤残带来的诸多不便而影响双方成为志同道合的朋友。

三是为人正直。孔子曰："友直，友谅，友多闻，益矣。"[1] 意思是好的朋友必须是为人正直、体谅他人和见识广博的人。其中，"正直"被摆在了最突出的位置。"正直"有两层含义：第一，做人正派，品行高尚，

---

[1] 孔子：《论语译注》，杨伯峻译注，中华书局 2006 年版。

有自己的道德准则和处事原则，这样的人绝对不会伤害朋友；第二，直率敢言，坚持正义，不会阿谀逢迎。这样的人能指出朋友身上的缺点，帮助朋友成长。残疾人要善于听取这种朋友的指点，改正自己的缺点，使自己变得更好，更能适应社会的需要。一个健全人能与残疾人成为挚友并善意地指出其缺点和不足，是一种朋友之间的真情流露，残疾人一定不要曲解朋友的善意提醒，更不要把朋友的劝解和批评当成是对自己的"嫌弃"，而是要虚心接受，倍加珍惜这难得的友情。爱因斯坦有句名言："世间最美好的东西，莫过于有几个头脑和心地都很正直的严正的朋友。"残疾人应把正直的朋友当成一种宝贵财富，并把改正不足作为更好融入社会的新起点。

四是在性格和志趣上有契合之处。子曰："道不同，不相为谋。"① 相似或互补的性格、共同的志趣爱好能提高交友的质量，两人总有说不完的话题，共同语言将大幅度增进友谊的长久性和稳定性。残疾人要努力寻觅那些同自己志趣相投、性情相容的人，增强双方交往的默契度，在朋友的带动下更好地认知社会和提升自我，更好地体验生活的美好。海迪老师的散文集《生命的追问》中有多篇文章描写她儿时的伙伴，他们一起玩耍、一起成长，每个细节都是如此的清晰而生动，充满了童真与诗意。海伦·凯勒在《假如给我三天光明》里多处谈及友情，有与她志趣相投的挚友，与她心心相印的闺蜜，还有给她热忱鼓励的忘年交。巴尔扎克说："在各种孤独中间，人最怕精神上的孤独。"残疾人尤其需要精神的慰藉，共同的语言能使残疾人和健全人心灵交融，让残疾人真切体验到人间的真情和生活的温暖。

第三，学会交友艺术。

一是懂得理解，让健全人感到你是一个通情达理的人。美国首任总统华盛顿说："真正的友情，是一株成长缓慢的植物。"相互理解就是滋养这种植物的甘霖，它能使友谊之树苗壮成长，让友情历久弥坚。理解永远是相互的，千万不能一味指望健全人朋友的理解而忽视了理解对方。大家都是大千世界中的一员，健全人应当体谅残疾人的种种局限，残疾人也要理解健全人的种种难处。比如，一个健全人和一个残疾人很要好，健全人可能在很多方面对残疾人呵护有加，但是诸如郊游、逛街、运动等活动就不

---

① 孔子：《论语译注》，杨伯峻译注，中华书局 2006 年版。

一定邀请残疾人参加，对此残疾朋友要能充分地理解。如果在交往中确实存在着彼此理解不到位的情况，残疾朋友尤其注意不要盲目抱怨，应尽量避免相互争执，用和气的方式、感恩的心态与之沟通，达到双方进一步的理解和尊重。

二是懂得自己的特殊性，但不搞特殊化。懂得自己的特殊性，是指残疾人要明白自己与健全人的区别，在交友中找准自己的定位，尽力适应和接纳健全人朋友的交往方式，凡事多从朋友的角度考虑问题。不搞特殊化是指残疾人一定不要有"特殊化"心理，在残健交往中，健全人可以帮助残疾人，残疾人也可以请求健全人的帮助，但不能过分依赖健全人，更不能把身体的残障当作一种"资本"，仿佛别人理所当然地应该迁就照顾自己。残疾人一定不要向健全人朋友提太多要求，尤其不能在健全人朋友面前不停地抱怨，应以平和的心态对待自己的特殊性，在与健全人朋友的平等交往中结出个性化的友谊之果。

三是努力促进"忘却残疾状态"的生动实现。所谓"忘却残疾状态"，是指残疾人和健全人通过深入的交往，在充分尊重彼此个性特点和价值取向的基础上，一方面残疾人忘却对残障的自卑，力所能及地参与社会，自信地展示自我；另一方面健全人忘却对残疾人身体缺陷的过分顾虑，让残疾人更充分地参与社会。这种"忘却"绝不是对残疾状况的回避，而是残疾人和健全人在充分承认"残疾"特殊性的情况下，以自然而然的方式理解、交往和共同行动。这里的"忘却"不具有刻意和勉强的痕迹，而是残疾人和健全人在深度融合后的自然流露，是一种包容开放的"残健融合"。

我从小到大经历了五所学校和千余位老师同学，同我交往的初期他们都经常提醒自己：他是个身体不便的残疾人，他和我们不一样，有些事情他不能做，我们要时刻帮助他……但交往的时间久了，他们就会有很多惊奇：原来他还能干那个，原来这种事也难不倒他。随着我身体机能、精神状态以及社会交往能力的不断提高，越来越多的健全人朋友向我表示："我们并未把你当成残疾人，有时甚至都忘记了你的残疾。"我觉得这是我得到的最高奖赏。其实，他们并未遗忘我的残疾，也不曾减少对于我种种不便的关怀和帮助，而是遗忘了对于我的残疾的过分顾虑，因此我们能够更加顺畅地交往融合。希望残疾人朋友以真挚的情感和行动投入到同健全人交往的过程中去，逐渐增进彼此之间的了解，不断提升适应社会的能力，让

"残疾的阴影"在同健全人的美好交融中逐渐远去，促进"忘却残疾状态"的生动实现。

"残疾人世界和健全人世界"不是两个截然对立的世界，而是一个能够相通相融的有机整体，在这里人类生存的多样性和人类文明的包容性得到了最好的体现。为了更好地实现残健融合，希望残疾朋友多与健全人交朋友，善与健全人交朋友。

第二十一章　科学树立自己的人生榜样

榜样亦称"楷模"。相传古时有两种树，一种是"楷树"，最早生长在孔子墓旁，树身挺拔，枝繁叶茂，巍然矗立，似为众树之榜样。另一种为"模树"，最早生长在周公（周文王）的墓旁，树叶随季节变动，春季青色翡绿，夏天赤红如血，秋日变白，冬日变黑，因其颜色光泽醇正，不染尘俗，也为众树之表率。孔子和周公都是万世敬仰的圣贤人物，故人们以树喻人，把在道德情操、学业技能等方面值得众人学习的人称为"楷模"或"榜样"。每个人都需要榜样，榜样为人的生存发展树立了标杆，提供了精神动力。残疾人身有缺憾，生活中有许多困难和不如意，尤其需要榜样，需要一种人格化的正能量让他们看到未来的希望，在每一天的努力中都认识到生活的意义。

第一节　榜样告诉我们人生的前进方向

每个人对人生都充满了期望，即使是一个对生活绝望的人，他的内心深处也期望有人能给予他力量和希望。榜样告诉了我们人生的前进方向，使我们的希望和目标变得越来越具体、越来越清晰。人是精神存在物。恩格斯说："地球上最美丽的花朵在于思维着的精神。"[①] 人的活动超越了动物的本能，有一种内在精神力量的推动。榜样就是推动人不断前进的正面人格化的精神力量，是我们人生路上的航标，指引我们不断创造"新我"，不断追求更高的发展目标。

榜样的力量能够激励残疾人不断克服各种艰难险阻，坚定地在崎岖不平的人生之路上前行。古往今来，我们有许多人生榜样，特别是一些身残

---

① ［德］马克思、恩格斯：《马克思恩格斯选集》（第4卷），人民出版社1995年版。

志坚的人，用他们杰出的事迹向我们诠释了榜样的丰富内涵。他们同样有残疾，甚至残疾程度还很重，但他们用不懈的努力建功立业，赢得了社会的尊重。面对他们，残疾人得到了力量，看到了希望，增强了信心。

以我自己为例。当我接触到海伦·凯勒、奥斯托洛夫斯基、张海迪、朱彦夫等人的感人事迹时，我先是有一种"亲近感"，这种"亲近感"来源于残疾人之间特有的亲近。身体残障者的心灵是相通的，不论你是何种残障，我们都能在彼此的交流中产生共鸣；随后是"钦佩感"，我对他们自强不息的精神十分敬重，对他们取得的成就由衷地向往；之后是一种"希望感"，希望自己也能凭借努力改变命运；再后来是一种"自信感"，逐步走出茫然失意，坚信自己也能像榜样那样奋发图强，实现生命的超越；最后转化为一种自强的行为，制订计划，循序渐进，不断朝着自己的人生目标前进。这是我面对自己人生榜样时的心路历程，我相信大部分残疾朋友也会有类似的心态。榜样唤醒了我们的心灵，激起了我们奋发向上的实际行动，这就是学习人生榜样的意义所在。

通常情况下，在某个领域做出了卓越成就，能够对我们的人生发展发挥持久激励作用的人，可以称其为"大榜样"，如雷锋、焦裕禄、张海迪等，这些人是值得我们一生学习的榜样。同时，我们还要注重向身边的"小榜样"学习，因为他们同样对我们有很好的引领作用。子曰："三人行，必有我师焉，择其善者而从之，其不善者而改之。"①（《论语·述而》）每个人身上都有值得学习的优点，我们要善于学习他人的优点，弥补自身的不足，促进全面发展。从一般意义上讲，成功者在奋斗过程中表现出了许多共同特点，如自强不息、持之以恒、敢为人先、善假于物、知错必改等优良品质，都值得我们很好地学习。从特殊意义上讲，不同的人要根据自身的生活状况、兴趣特点和人生目标，科学选择自己的人生榜样，以增强学习榜样的效果。

第二节 选择最能触动你心灵的人作榜样

榜样可以是一个人，也可以是多个人，但一定是在某个方面使你发自

----

① 孔子：《论语译注》，杨伯峻译注，中华书局 2006 年版。

内心敬佩的人，也一定是在某个方面对你的人生有引领作用的人。特级教师魏书生在教育学生时，总是让学生选出一个或几个自己特别崇拜的人，把这些人的简介、照片、名言摆在自己的书桌上，以便随时对学生起到激励鞭策作用。

选择榜样和向榜样学习是残疾人的一种自主性选择，表现了残疾人积极向上的人生追求。在认知某个榜样的初期，可能会有家长或社会的引导，但是否真正把这个人视为榜样，则由残疾人自己决定。把一个人作为榜样，就意味着对这个人及其精神的高度认同、倾慕和敬仰。选择榜样和学习榜样的过程，实质上是与榜样对话的过程，在交流中开阔视野，在碰撞中提升精神。选择最能触动你心灵的人作榜样，对你的心灵触动得越深，这个榜样对你的促进作用就越大。

我们提倡向周围的人学习，但并不排斥榜样的稳定性。有的人是我们一时一事的学习榜样，而有的人是我们一生一世的学习榜样。对最敬仰的榜样的学习和模仿，应是一个持久和可持续的过程，只有这样才能深入把握榜样精神的实质，在学习榜样的过程中不断坚持和完善自己的人生目标。学习榜样，不能一时冲动而盲目崇拜，一定要了解榜样，充分把握为什么学习、学些什么以及怎样学习，用自己的心与榜样对话。真正走进你心中的榜样，将成为你一生的朋友和财富。

第三节　明确向榜样学习什么

向榜样学习，要建立正确的学习观。残疾朋友应明确，向榜样学习关键在于学习榜样的精神和成功方法等，而不是试图完全复制榜样，特别是不能盲目希求复制榜样所取得的成就、荣耀和地位。我们可以学习他们永不言弃的坚定意志，勇于攀登的科学精神，乐观豁达的人生态度，科学奋斗的成功方法等。世上没有完全相同的两片树叶。每个人的天资、环境和机遇各有区别，人生轨迹也各不相同，人生的结局也将千差万别。我们树立人生榜样的目的不在于复制榜样，而在于超越自我，让自己变得越来越好。

向榜样学习，要建立正确的比较观。学习榜样的过程是一个同榜样比较的过程，通过科学比较促进我们更好更快地成长。

其一，对照榜样经常查找自己的差距。在学习榜样的过程中，认清自己比榜样具体差在什么地方，应怎样通过学习榜样提升自我，使榜样成为激励自己前进的不竭动力。可以为自己制定一个自我优化的时间表，写明要模仿和学习的榜样的优点，写明自己的不足和改进的预期。譬如，在某件事情上产生了畏难情绪，要学习××的坚强意志，以后再遇到类似的事情时要勇往直前。在比较的过程中，把横向比较和纵向比较紧密结合起来。横向比较就是与榜样的成长过程相比较，从榜样的事迹中获得激励；纵向比较就是与自己比较，采取回忆法、内省法和分析法，反思自己以往和当前的思想行为，看看自己在学习榜样后相比以前取得了哪些进步，不断督促自己向榜样看齐。

其二，要辨识与榜样的可比性。残疾人将健全人中的优秀者当作榜样时，要清楚自己在什么地方比较适合与榜样比，什么地方不太具备可比性。残疾人可以借鉴榜样的精神、毅力和科学方法，但切忌与榜样全方位地盲目比较。健全人中的优秀者有着良好的身体、天资和精力，大部分健全人都难以达到，残疾人更不要刻意去模仿其所作所为。比如，他们有的习惯于夜间工作，挑灯夜读，甚至能不知疲倦地连续工作几天几夜，这些都是残疾人的身体所望尘莫及的。残疾人应辩证地学习榜样的成功之道，结合实际量力而行，在自身条件许可的范围内做到最好。

其三，残疾人之间可以作为榜样相互学习借鉴。残疾人之间有着相似的思想和生活经历，便于相互学习和交流，互为榜样，取长补短，常常会有很好的效果。应当注意的是，残疾人之间也不能盲目类比，因为不同残疾类型、不同残疾程度的残疾人，大家在实践能力、特长特点、成长环境等各方面都有相对的局限，这些局限制约着各自能力的发挥和发展，本身就缺乏可比性。我们不能奢望一个长期缺乏语言沟通的聋哑人能像史铁生那样写出出色的文学作品；不能要求一个盲人能像邰丽华那样在舞台上舞出曼妙舞姿。学习榜样的关键在于从实际出发，博采众长，为我所用，最大限度地开发自身的潜能和比较优势，在可控范围内实现自我超越。

向榜样学习，要与自己的志趣、理想结合起来。韩愈在《师说》中写道："术业有专攻。"① 每个人都有自己擅长的领域，残疾人更要把握和发展好自己的志趣特长，增强自身的核心竞争力。在每个特定的领域，都会有

---

① 韩愈：《师说·进学解原毁》，王洪宇编，西泠印社出版社 2008 年版。

许多成就卓著的人，他们不但是残疾人的精神榜样，更是残疾人的智慧榜样。向这些榜样学习，残疾人可以学到更多关于这一领域的技巧、方法和经验，更好地了解这一专业的发展规律和人才成长规律。当学习榜样和实现理想结合在一起时，不但能增强学习榜样的针对性，而且有助于残疾人选择正确的努力方向，坚定实现理想的信念和决心。我从小喜欢写作文，但懵懂的我并不清楚文字对于我而言意味着什么。当我越来越多地阅读了张海迪、奥斯托洛夫斯基、海伦·凯勒等人的著作时，我明白了文字工作是最适合我身体状况的工作，那么多残疾人榜样在类似领域取得了卓越成就，他们的精神和业绩都让我对从事的工作更加珍视，并在工作中不断挖掘自己内在的潜能。

向榜样学习，还要注重对人生榜样的客观评价。榜样是人，不是神。我们可以尊重榜样、敬佩榜样，甚至可以崇拜榜样，但不能盲目地信奉榜样，把榜样的一切照单全收，甚至把榜样的缺点也像珍宝那样学习和保留。海伦·凯勒是个"暴脾气"的人，这可能与残障带给她的生存艰辛有关，如果把她的这种"暴脾气"也当作学习的对象就不对了；奥斯托洛夫斯基之所以为了革命不顾惜身体，就是深受《牛虻》主人公的影响；数学大师陈景润由于透支身体而英年早逝，我们可以学习他的学术精神，但对他带病刻苦钻研大加赞赏就值得商榷了。应当尽力避免学习榜样的盲目性行为，且不可理直气壮地说："××榜样都是这样，我为什么不能？"在向榜样学习时，一定要讲辩证法，分清榜样的哪些思想和做法是促成榜样成功的因素，哪些是制约榜样进一步发展的因素，把榜样当"人"看，既以榜样为师，学习榜样的优点，又以榜样为镜，避免榜样的不足。

向榜样学习，特别要学习榜样的良好心态。榜样大都有良好的心态，胜不骄，败不馁，能珍惜荣誉，再接再厉，以谦虚谨慎的心态对待成绩，以诚惶诚恐的心态查找自身的不足，以兢兢业业的心态努力学习和工作，以感恩的心态回报社会；既能正确对待挫折和批评，又能正确对待成功和表扬；既能正确对待自己，又能正确对待别人。随着残疾人事业的发展，越来越多的残疾人开始在社会各个领域发挥自己的才能，部分残疾人更是崭露头角，残疾人自强典型不断涌现，心态问题就显得尤为重要。就我本人而言，社会给了我许多荣誉和褒奖，甚至有人称我为"时代楷模、青年榜样"。我深知，越是在这样的时候，越要保持清醒的头脑，常思自身不足之处，绝不能以榜样自居。我始终怀着这样的信念：我所取得的成绩不仅是我一个人的，而是饱含着家人、学校、社会多方面的关怀和帮助。希望每个残疾朋友时刻注意虚心向榜样学习，向实践学习，以感恩之心对待荣誉和赞赏，不断地完善自我，不断地奋发图强，无论何时何地都能保持良好的心态。

　　榜样的力量是无穷的。所以，我建议残疾朋友科学树立自己的人生榜样，在榜样的激励下成就光辉人生。

第二十二章 "七自"助我们度过美丽人生

"七自"是指自觉、自尊、自理、自强、自控、自护、自立，全面强调了人的主体能动性。"七自"对于残疾人的生存发展至关重要，它是残疾人实现自我超越和自我成就的法宝，是残疾人收获美丽人生的良方。

"七自"是残疾人在实践活动中主体性的重要表现形态。什么是主体和主体性？通俗地讲，人是现实的主体，作为万物之灵，人具有支配自然、社会及人类自身的意愿和能力。主体性就是人作为主体在实践活动中表现出来的特性，具体表现为自主性、能动性和创造性。每个成功者都是决定自己命运的主体，"天行健，君子以自强不息"始终是一切积极进取之人不变的精神信仰，"胜人者有力，自胜者强"的宣言被各个时代的成功者传扬。残缺的身体一定程度上剥夺了残疾人的主体能力，但上苍也给了他们一颗勇敢执着的心，这才有了张海迪"纵使命运使我100次跌倒，我也要101次爬起来"的决心，才有了贝多芬"我要扼住命运的咽喉"的人生宣言。

求人不如求己。残疾人的确需要抓住许许多多只"别人的手"，但更关键的是要掌控好自己的手和自己的心。残疾人最鲜明的主体性就表现为，在生命实践中，自觉践行"自觉、自尊、自理、自强、自控、自护、自立"的"七自"法则，正确认识自身的受动性，努力发展自身的能动性，真正成为自己命运的主人。

第一节 自觉是度过美丽人生的心理前提

残疾人的自觉是指残疾人自身对其身心状况、人生意义和生命价值取向的正确认知与评判，主要包括生命自觉和价值自觉。

残疾人对生命的理解和态度大致有三种：一是能够乐观地面对残疾，

有明确的人生目标，有勇敢坚韧的精神，坚信能够创造美好的生活，这是应当提倡的生命自觉；二是有人生目标，也想好好奋斗，但意志力不够，坚持得不够好，经常生活在理想与现实的矛盾中，这是不完全的生命自觉；三是自卑情结严重，对生活悲观无望，面对困难不知所措，性格容易极端，精神萎靡不振，这是沉睡中的生命自觉。

残疾人对生命具有哪种理解和态度，与其生存的环境密切相关。中国七成以上的残疾人生活在农村，他们生长在偏僻而闭塞的环境中，承受着残障和贫困带来的多重苦难，没有余力，也没有条件去拷问人生，部分残疾人家长只想通过维持孩子生理生命使其"平静"度日。随着残疾人社会保障水平的提高，更多的残疾人具备了一定的生存条件和更多的精神诉求。希望广大残疾朋友振作起来，认真思考一下自己的现状和未来，想想除了接受他人的照料外，自己还可以锻炼什么技能，还能凭借自己的力量为他人和社会做些什么。因身体残障而自暴自弃的朋友，请不要被悲观遮蔽了双眼，更不能盲目地贬低生命，要在正确认知生命意义的基础上，更好地实现生命自觉向价值自觉的转化。

价值自觉是残疾人对自身能力、素质的自我认可，认识到自身的实践对自我生存和社会发展的意义，是对生命自觉的深化。每个残疾人在最初认知自身残疾状况时都要经历一个阵痛的过程：海伦·凯勒曾因为看不见东西暴躁地摔坏物品；史铁生曾因病残让母亲无可奈何；贝多芬也曾因无法接受突如其来的变故而痛不欲生。但成功的残疾人和沉沦的残疾人的区别就在于，积极乐观最终战胜了消极悲观，奋发向上最终取代了彷徨颓废，最终实现了从生命自觉到价值自觉的升华。残疾人要在接纳自身残疾现实的基础上，努力发展自身现有的能力，找准自己的价值定位，凭借自己的努力寻找实现价值的方式和方法。

当然，残疾人的生命自觉和价值自觉是一个长期的、反复的过程，即使再乐观向上的残疾人在奋斗过程中也会产生消极、抱怨的心态。每当此时，残疾朋友就要善于自我警醒，无论遇到怎样的困境，都要避免盲目地自我贬低；也要善于自我激励，告诫自己继续发愤图强，保持坚强自信，让生命的正能量持久地占领思想的高地。请坚信：如果你心中充满黑暗，这个世界永远是黑的；如果你心中充满光明，你终究会得到阳光的普照。

在生命自觉和价值自觉方面，请广大残疾朋友牢记三句话：第一句话，我是一个有权利的人，有权利创造和分享幸福美好的生活；第二句话，我是一个有能力的人，应当做好力所能及的各类事情；第三句话，我是一个有价值的人，应当为了自己、为了他人、为了社会积极行动起来。

第二节　自尊是度过美丽人生的人格基石

自尊是一个人基于自我认知和社会比较而形成的对自身的尊重感，它既包含了人的自我认同，也包含了对社会尊重的期望。残疾人的心理特点是自尊心极强，渴望得到社会的尊重，十分看重社会对自己的评价，对世人的态度特别敏感，害怕自己受到伤害，往往因不当的判断产生过激的思想和行为。例如，聋哑人只能凭借"察言观色"来领会他人的看法，盲人只能通过听和摸来感知世界，这都容易造成对他人的曲解，导致执拗、脾气暴躁等不良反应。许多残疾人一味追求和健全人的"等同"，当遭到健全人的婉拒时，便认为伤害了自尊，先是从自尊到愤懑，后来又陷入自卑，结果是自己伤了自己的自尊。

残疾朋友应从以下几个方面展现自己的自尊：

一是在人生态度上自爱与自信。身体的残障并不意味着"低人一等"，不能让残疾剥夺我们享受生活的权利，我们要自己爱自己，自己尊重自己，才能真正得到大家的尊重。澳大利亚人力克·胡哲自出生就没手没脚，但他却成了一名出众的作家和演说家，他用仅存的戏称"小鸡腿"的畸形脚趾在舞台上悠闲地"踱来踱去"，甚至还能驾驭着帆板在海上冲浪，他将这一切说成是"好得不像话的生命体验"。这就是残疾人应当追求的自尊境界。

二是在与人交往时表现出从容和淡定。残疾人要求健全人理解自己，自己必须先理解社会，学会站在健全人的立场上考虑问题，明确哪些是自己能做的，哪些是自己不能做的，哪些是自己本来能做但因各种原因没有做成的，在言谈举止中保持从容，在成败荣辱中保持淡定，在与人交往中做一个有修养、有风度、有自尊的人。

三是在遭受不公正待遇时表现出应有的勇气和力量。在日常生活中，对于各种歧视残疾人的言行，要进行有理有力有节的回应。要学会利用法律和道德的手段，维护自己的合法利益。既不能盲目争胜，也不能放任自己的正当权利遭受侵犯，要准确表达诉求，合理伸张正义，让社会感知残疾人丰富的精神内涵，以公平正义架起残疾人与社会互信的桥梁，靠勇气和真诚赢得社会的尊重。

第三节　自理是度过美丽人生的基本条件

自理，是指残疾人在能力允许的范围内自主打理好自己的生活。每个残疾人的残疾状况各异，自理能力的受限程度也不相同，有的甚至连吃饭、洗澡、上厕所这些日常生活都需要别人帮助。自理能力作为残疾人生活的基本技能，对其生存发展具有决定性作用，必须放在优先培养的地位。

残疾朋友要树立自理意识，并在力所能及的范围内把这种自理意识转化为自觉行动。残疾人的自理能力固然有许多局限，但我们不能轻易放弃努力，而要在可控的范围内积极锻炼。实践证明，持之以恒的锻炼能极大地增强残疾人的自理能力，甚至会取得意想不到的效果。一些盲人学会了乘车；一些失去双臂的残疾人双脚练得异常灵活，通过"脚"和"嘴"的配合顺利完成穿衣、洗菜、做饭、写字等不可思议的动作。

我和一位脑瘫病友的故事就深刻地说明了锻炼和不锻炼绝对不一样。那个病友是我在北京治病时认识的，幼儿时他的病情一直比我轻，但他的父母对他的锻炼重视不够，给他做了一个小椅子，让他天天坐在这个椅子上看电视，吃喝拉撒全由家人照顾。时间一天天过去，他坐的椅子越来越高，但他机体的功能却越来越差，腿上的肌肉逐渐萎缩，至今已年近30岁，但连基本的走路都没有学会。

与他相反，我的家人从小就十分重视我的功能锻炼，从学习系鞋带、系纽扣开始，我的自理能力也在漫长的锻炼中慢慢提高。后来我独自走出家门上大学、读研、读博，现在又远赴离家乡一千多里路的南京工作生活，我更是加紧了锻炼的脚步，发现自己完全能够胜任以前从未尝试过的事情，能够独自打理自己的生活，自理能力与我的学业进步并驾齐驱，给我的生活增添了不少成就感。这让我深切体会到，生活自理是残疾人一种很重要的生命自觉，体现为残疾人对所用工具、所处环境、所做事务的一种驾驭能力，能激发残疾人的潜能，提高残疾人的主体意识，促进残疾人心灵的愉悦和理性的发展，为残疾人融入社会奠定坚实基础。

残疾人自理能力的锻炼应当遵循循序渐进的原则。锻炼自理能力，一定要根据残疾状况量力而行，做到宽严适度，以避免因盲目逞强带来不必要的麻烦。残疾朋友要经常对自己的自理能力进行评估，明确自己想做什么、该做什么、能做什么、现在可以做什么、将来要慢慢学会做什么。有些事情在一些情况下可以尝试做，有些做起来很困难一定要慎重去做，做起来具有风险的事情尽量不要去做，在一定时期内确实做不了的事情也不要勉为其难。总之，要一点一点地撒开"别人的手"，用自己的力量创造美丽的新生活。

第四节　自护是度过美丽人生的重要保障

残疾人既需要社会和家庭的护理关照，也需要自我保护。当前，社会上存在着各式各样的风险，人的生存过程中的不确定性因素不断增长，风险生存成为人的一种基本的生存方式。对于残疾人而言，身体条件的局限令其对人身安全和财产安全的防范能力有限且任务艰巨，特别要注重学会防范人身安全风险和规避财产安全风险的技能，妥善保护自己的生命健康和经济利益。

在人身安全风险方面，残疾朋友要十分注重保护自己的身体。我们不能因为"残疾"而否认残疾人"身体的健康"，而应努力维护固有身体状况的稳定，确保残障程度不继续恶化，使机体在一种"生命常态"下稳定运转，并不断趋于完善化。

一是注重身体保健，维持机体功能的最佳状态。残疾朋友要积极参加力所能及的体育锻炼，保持健康的生活方式，按时作息，合理饮食，劳逸结合，及时根据季节交替料理冷暖，根据天气状况调整外出计划。

二是注重各种疾病的预防。大多数残疾朋友的身体比较脆弱，容易受到各种疾病的侵袭，尤其是各类传染性疾病，一旦染上相对更难康复。残疾朋友要注意不要过度疲劳，不要着凉，传染性疾病易发多发季节尽量少到人群集中的地方，有病要及时就医，按医嘱科学用药，防止疾病的交叉感染。

三是尽力避免伤害。残疾朋友做事要小心，走路、坐车要保持适度警觉，不要摔伤，不要被撞伤，更不要被打伤，遇到不利局面时要适时示弱，不能争强好胜。我的一位残疾朋友就因为上厕所不小心摔伤，流了很多血，伤口缝了13针，这真是血的教训。在日常生活中，特别是外出时，残疾朋友一定要有高度的自我保护意识，善于寻求各种帮助和保护，以免受到无端的伤害。

在经济风险方面，残疾人最关键的是要增强辨别能力，谨防上当受骗。在社会诚信机制尚不完善的今天，残疾人作为社会弱势群体，很容易上当受骗。残疾人外出、购买货物、与陌生人交往时，一定要保持高度警惕，千万不能贪小便宜，谨防上当受骗。在就业上，大多数残疾人处于社会就业链的中低端，一些不正规的私营企业，把残疾人当作廉价甚至无价劳动力，利用残疾人文化水平低、法律意识淡薄的弱点，在用工时"钻空子"，有的不给残疾人相应的"五险一金"保障，有的故意拖欠残疾人工资，有的根本不签订劳动合同。曾有个私企老板利用残疾人不识字的弱点，拖欠了一个残疾人三年的工资，最后卷款而逃，让这位残疾人所有的辛劳都付诸东流。因此，残疾朋友一定要学习法律常识，增强法制观念和风险意识，提高警惕，不明白不清楚事情的来龙去脉时，要寻求家人或有关组织的帮助，善于以法律武器维护自己的合法权益，切实保障自己的经济利益和财产安全。

第五节　自强是度过美丽人生的精神品质

"苦难的人生不是博取同情的资本，而是激励自己奋发向上的动力源泉""翅膀断了，心也要飞翔"，这是残疾人经久传扬的自强宣言，激励无数残疾人走上了成功之路。

自强是人主动增强主体能力、克服主体弱点、达成实践目标和实现自我超越的实践活动过程。每个人都需要自强精神，自强不息的精神是人类共有的宝贵财富。从生存哲学的角度看，障碍生存可以说是残疾人的一种生存方式，克服残障的自强活动也是残疾人的一种生存方式。这不仅需要残疾个体克服各种障碍实现自我超越，也需要残疾人群体乃至人类为克服残疾、预防残疾乃至消弭残疾而不懈努力。

残疾人要想收获美丽人生，就要坚守自强品格。第一，要找到适合自身特点的自强着力点。残疾人切忌盲目自强，一定要深刻认知自己的缺陷和活动能力，找准自强的着力点，一方面在可能通过努力而弥补的不足上苦下功夫，另一方面应以自强之行发挥并发展自身的特长，将之转化为比较优势，甚至把这方面的能力发挥到极致。第二，自强要保持适度性。即便是再伟大的残疾人，也不可能完全超越残障的客观性，完全达到与健全人等同。"健全人能做到的，残疾人通过努力也一样能做到"，这句话可以作为残疾人的精神宣言，但绝不能作为残疾人自强的客观标准。任何残疾人都必须接受一个残酷事实：有些健全人能做到的哪怕很简单的事，残疾人就是做不到！这不是一种泄气的表达，而是一种冷静的判断。因此残疾人绝不能逞一时之勇，一定要在可控中适度自强。第三，自强要具有持久性。面对种种困难，一次不向困难低头容易，两次也能做到，但一直坚持下去就很难了。自强只有持久不息，才具有真正的效力，才能逐步达到人生的目标。第四，要将"自强"和"他强"结合起来。残疾朋友既要向自强典型学习，也要向周围的人学习；既要同大家比学赶帮超，又要虚心接受他人的指导和帮助，在"他强"中变得更加"自强"。

在新的历史时期，残疾人自助已成为其自强的崭新表现形式。残疾人自助组织就是在社会的倡导和帮扶下组成的以自强和互助为核心的残疾人团体组织。在这个团体中，残疾人以群体的力量共同面对和解决各类困难与问题，通过各种形式的娱乐活动、宣传活动、慈善活动，促使残疾人在社会交往、就业能力等方面获得提高。有的残疾朋友说："因为从小残疾，接触面比较狭窄，父母怕我受欺负，哪里也不让去，可参加了互助组织后，通过一起去旅游、游泳、逛公园，接触到了许多朋友，在公共场合不像从前那样发怵了，体验到从未有过的快乐，也感受到生活的美好。"希望更多有理想有追求的残疾人联合起来，参与到残疾人自助组织中来，同时吸纳越来越多的健全朋友一起支援这样的组织，共同搭建残疾人自强奋进和融入社会的大平台。这样的社会平台，标志着残疾人的自强走出了以往个人孤立奋斗的局面，走向一种"联合自强"的时代。"联合自强"是残疾人自强的一种崭新趋势，亦是社会和残疾人自身发展提出的内在要求，它反映了残疾人"组织起来"的价值诉求，无数这样的残疾人互助组织的不断兴起，将构筑起一个个"残疾人自强共同体"，有助于残疾人自强内涵的丰富和价值的升华。

第六节　自控是度过美丽人生的内在要求

如果说动物的生命是"本能的释放器"，那么人的生命则是"理性的调试仪"。柏拉图的灵魂学说认为，人是由灵魂和肉体两个部分构成的，肉体就像监狱一样把灵魂困在身体内。而灵魂又由三个部分构成：理性、激情和欲望（激情和欲望构成非理性部分）。它们分别对应于三种不同的德行：智慧、勇敢和节制。人的理性部分和非理性部分之间存在着激烈的关于统治权的争斗。如果一个人的行为是遵循理性的原则，使激情听从理性的号令，而非欲望的号令，那么这个人的行为就是正常的；如果灵魂的欲望部分推翻了理性的统治，令激情听从它的指令行事，那么这个人的灵魂就出现了混乱，其行为将破坏节制之德行，从而犯下错误。因此，人的灵魂的活动过程就是理性对本能和欲望的制约过程。"无论从哪个方面看，能够更好地控制自己的注意力、情绪和行为的人，都会活得更幸福。"①

根据残疾人的特点，应在两个方面增强自控能力的培养：

第一，面对挫折、迷茫甚至歧视时控制好自己的情绪和言行。残障注定会让我们的人生布满荆棘，无论社会发展到何种程度，因残疾或其他因素带来的各种不如意都会伴随着残疾人。特别是当面对贫困、面对社会排斥、面对健全人唾手可得而自己尽心尽力也难以达成目标时，心里的惆怅在所难免，做好心理调整十分重要。残疾人要经常给自己灌输正能量，把自卑转化为乐观，善于利用转移的方法控制心中的怨气，不要随意宣泄，不要轻易发脾气。残疾人最大的失败并不是身体残障，而是身体残障所导致的心理失衡及其一系列过激举动；残疾人最大的成功也不是取得多么大的辉煌，而是坦然地面对残障，从容地经营生活。林则徐的座右铭是"制怒"，郑板桥最引人深思的心得是"难得糊涂"。希望残疾朋友在面对困境和无助时也变得糊涂一些、豁达一点，把自己的心理调控在最佳状态。

第二，面对各种诱惑和干扰，掌握好自己的心灵。古往今来，耐住寂寞从来都是成功者的法则。单说残疾人中的成功人士，从国外的海伦·凯勒、贝多芬、霍金，到国内的张海迪、史铁生、朱彦夫，他们的成功无不

---

① ［美］凯利·麦格尼格尔：《自控力》，王岑卉译，印刷工业出版社 2012 年版，第 13 页。

是在寂寞中发愤努力、持之以恒的结果。今天，越来越多的残疾博士、残疾科技工作者、残疾企业家、残疾歌手、残疾舞蹈家走进了我们的视野，进一步昭示了坚守的意义。在这个充满诱惑的年代，浮躁成为一种时尚，平静却成为奢侈品，要真正沉下心来做些事情，就需要耐住寂寞，排除干扰，拒绝诱惑，这需要很强的内控能力。

作为残疾人，必须要坚守住属于自己的心灵领地。要发扬坚韧和慎独的精神品格，做好自我管理和自我约束，控制自己的欲望，远离世俗的五彩斑斓与光怪陆离，科学掌控自己的时间和精力，千万不要事后用懊悔的心情感叹"时间都去哪儿了"。香港中文大学校长在毕业致辞中寄语学生：不流俗，不盲从，不负此生。一是讲了做事的品格，二是讲了治学的精神，三是讲了人生态度。要做好这三点，还有一个根本前提，那就是守住自己的心灵。古今中外，大凡成功者，没有人总是"舒舒服服"就功成名就，而是经受了"凤凰涅槃"般的奋斗和重生。希望每位残疾朋友都做自控的能手，踏踏实实地耕耘好自己的生活园地，在沉静的奋斗中实现生命的自我超越。

第七节 自立是度过美丽人生的价值归宿

自立是指残疾人通过奋斗在社会中谋求到自己的生存发展空间，摆脱对社会和家庭供养的依赖，实现自身理想和价值的生活状态。残疾人要想真正成为社会活动的主体，最终的归宿点必然是自立。自立意味着残疾人能力上的自主和经济上的独立，能够把命运主动权掌握在自己手中，能够较好地融入社会，其行为得到社会认可，创造并分享着有尊严的生活。

对残疾人而言，自立核心的标准，就是通过一技之长在社会上自食其力。每个残疾人的才能不同、机遇不同、特长与社会的契合度不同，形成了各式各样的自立方式，但不管哪种自立方式，都是值得尊重的。我认识一对残障夫妻，在双方父母的帮助下，开了一个小卖店，小夫妻勤于经营，做到了自己养活自己，基本实现了生活自立。在中国大小城市中，有许多盲人按摩店，盲人朋友用自己默默无闻的劳动，为广大患者解除病痛，他们同红遍大江南北的盲人歌手杨光、刘赛一样，都是自立自强的典范。无论是那些经常曝光于媒体的残疾楷模，还是我们经常看到的摆地摊、演杂耍的残疾朋友，都完美地诠释了自食其力的真谛。残疾朋友要在自立中勤于创新，甘于奉献，选择适合于自己的自立方式，积极享受自立的快乐，用创造性劳动不断提升自立的境界和水平。

"God help persons who help themselves."天助自助者。自觉、自尊、自理、自护、自强、自控、自立是残疾人创造美丽人生的法宝，我希望残疾朋友都用好手中的这个法宝，让"七自"助你度过美丽人生。

第二十三章 学会选择和发展适合自己的职业

职业是指一个人服务社会并作为主要生活来源的工作，拥有职业不仅意味着人获得了基本的谋生手段，而且意味着人拥有了发展自身能力和实现人生价值的舞台，具备了发展创造力的重要条件。残疾人要想在社会上立足，就更需要职业发展的支撑。明确自己适合做什么，尽最大可能发挥自身的比较优势，在发展自己的职业中实现人生价值，应成为残疾朋友的自觉追求。

第一节 适合的职业在生存发展中的重要作用

适合的职业是残疾人自食其力的根基。适合的才是最好的。残疾人要从宽泛的角度去理解"职业"。职业没有高低贵贱之分，无论是社会公职，还是个体自主创业，只要能适合自己的身体状况、经济条件、能力特长，工作具有稳定性、便利性和可操作性，有利于在长期工作中收获安定、充实和快乐的人生，就是最适合自己的良好职业。只有有了适合的职业，残疾人才能自食其力，才能谋求进一步的发展。如果一个残疾人能够凭借自己的劳动获得应有的社会酬劳，满足基本的生存发展需要，既减轻了家庭负担，又为社会做出了贡献，是一件了不起的事，也是一件很有尊严的事。凡是找到适合自己职业的残疾朋友，无论干什么，都有理由为自己感到自豪。

适合的职业是残疾人社会参与的重要途径。职业是社会的产物，体现了人在社会劳动分工中的地位和作用。人在职业发展中必然要与他人交流合作，必须走出自我封闭的狭隘空间，在社会公共空间中满足自己的职业发展需要。职业发展能够帮助残疾人克服身体局限，千方百计实现与健全人的沟通，尝试参与健全人的生产生活实践，实现与社会主流价值的融合，作为一个"社会人"来生存和发展，有利于增进残疾人与社会之间的相互理解，改变残疾人的自卑心态，增强生活的自信心。

适合的职业能促进残疾人的价值升华。残疾人都想证明自己能够为社会做出贡献，职业就是残疾人证明自己的舞台。一旦残疾人找到了适合自身发展的职业，就能调动起巨大的潜能，甚至取得意想不到的成就。东北汉子李金其不顾小儿麻痹症带来的肢体伤痛，艰苦创业，目前他创立的黑龙江鑫盛化工有限公司年产值已达几千万元。他始终不忘回报社会，在佳木斯的贫困地区捐建小学，并资助多名残疾大学生完成学业。从 2003 年起，每年为三十多位贫困残疾人订阅报刊。十几年来，他逢年过节都去看望邻居贫困老人，为他们购买年货。这生动展示了残疾人的职业创造性，彰显了残疾人不寻常的人生价值。全国自强模范、全国五一劳动奖章获得者孙建博，三岁因病致残，动过十多次手术，右腿的骨头两次被重新排列，但他身残志坚，自强不息，1996 年担任了山东淄博原山林场场长。当时，原山林场亏损严重，负债4009 万元，林场已有 13 个月发不出工资。面对困难，他大胆改革，勇于开拓，经过十年的艰苦奋斗，逐步走上了一条林业产业化道路，使原山林场发展成为拥有固定资产4.6 亿元，年收入过亿元，林业、副业、旅游业、房地产开发等多产业并举的企业集团。2015 年春节，滨州市作协主席李登建老师将孙建博创作的纪实文学作品《火凤凰》送给我，我读后有一个强烈的感觉：如果残疾人能在适合的岗位上回报社会，就能实现自我，达到凤凰涅槃、浴火重生的境界。

第二节　如何选择和发展自己的职业

第一，确定合理的就业预期。这就需要残疾朋友处理好三个方面的问题：一是科学评估自身能力，决不能妄自尊大，自命不凡；二是深刻认识当下人才市场的竞争压力的严峻性；三是对社会关于残疾人就业的显性或隐性偏见要有充分认识。任何一方面认识不到位，都容易造成就业预期与就业现实的巨大落差。当前，虽然残疾人受教育程度越来越高，社会对残疾人的总体评价越来越积极，现代社会新残疾人观也在社会上得到广泛传播，但是，在社会接纳残疾人就业方面，由于深受消极残疾人观的影响，许多行业对残疾人存在评价标准失当、评价过程武断、评价结论片面的现象，不愿用、不敢用甚至不屑用残疾人的现象依然严重存在，"残疾人就业负担论"的舆论声音远远盖过"残疾人人力资源论"。加之社会对保护残疾人就业的法律法规还不够健全、落实不够到位、监管不够有力，致使诸如北大残疾女博士郭晖尽管精通四门外语，但由于高位截瘫，在求职过程中接连碰壁这种现象时有发生。对于这种社会现实，残疾朋友在求职中应做好充分准备。特别是对于那些经受了教育尤其是高等教育，且有一技之长的残疾朋友，初入社会往往预期很高，甚至在工作中挑肥拣瘦，以至于在就业实践中处处碰壁。

我们课题组曾在南京特殊教育师范学院的残疾高校毕业生中做过一个关于就业心理的调查，在回答"您的就业预期是什么"时，46.91%的残疾高校毕业生选择了"一定得找到自己喜欢的工作，实现人生价值"，41.24%的人则认为"只要就业单位接受自己的身体和能力即可"，另有11.86%的人采取了无所谓的态度，认为"什么工作都无所谓，混口饭吃即可"（如表1所示）。这说明，近半数的学生是以自身喜好为标准、以实现人生价值为目标确定就业预期的，就业预期偏高；有四成的同学考虑到了自身身体条件与单位需要的适应性。

表1　　　　　　　您的就业预期是什么（人数：194人）

选项	人数	百分比（%）
一定得找到自己喜欢的工作，实现人生价值	91	46.91
只要就业单位接受自己的身体和能力即可	80	41.24
什么工作都无所谓，混口饭吃即可	23	11.85

在回答"您理想的工作性质是什么"时，53人选择了"必须获得国家机关、国有企事业单位的编制"，67人选择了"自主创业"，选择"集中就业"和"民营单位就业"的人数相加仅有74人（如表2所示）。这表明，人们对事业编制非常热衷。笔者通过访谈对此进行了进一步详细了解，发现53个选择"必须获得国家机关、国有企事业单位的编制"的人中，竟有6人属于一级残疾的聋生，4人属于一级残疾的肢残人，还有10人有二级残疾。

表2 您理想的工作性质是什么（人数：194 人）

选项	人数	百分比（%）
集中就业	52	26.80
必须获得国家机关、国有企事业单位的编制	53	27.32
民营单位就业	22	11.34
自主创业	67	34.54

从上述调查结果可以看出，不少残疾高校毕业生的就业预期普遍偏高。然而，两个月后，其中 10 位学生告诉我，他们的就业进程不理想，不少单位因为残疾甚至都不给他们面试的机会。由此可见，残疾人在选择职业时一定不要好高骛远，想当然地高估自己的能力，低估社会对起用残疾人依然存在的偏见程度。这需要做好三方面：

其一，正确处理"适合"与"热爱"的关系。应引导残疾高校毕业生树立"先就业再择业"的理念，使其认识到在这个充满选择和变化的时代里，初次就业不能对人生理想起到太大的决定作用，告诫残疾高校毕业生充分考虑其身体特殊状况与岗位需求的适合性，当"适合"与"热爱"出现矛盾时，残疾朋友应以"适合"作为职业选择的前提，努力寻求自身状况与社会认可之间的双向契合，只要对方能够接纳自身的残障及其带来的一系列不便，就应当先把握住一条谋生通道，不要盲目地对自己的职业"挑肥拣瘦"。如果初次职业选择不够理想，也不要自怨自艾或消极怠工，应在既有平台上努力充实自己，进一步发展自身的特长，尽快适应岗位需要，争取取得好的业绩，为未来可能的再选择做好准备。

其二，放大自己的择业空间。众所周知，目前许多事业单位人满为患，编制紧张，尽管国家出台了事业单位按比例安排残疾人就业的条例，但现实情况是许多事业单位不愿执行，有的甚至宁愿缴纳足额的残疾人就业保障金，也不愿安置残疾人就业。因此，建议那些一心想进国有企事业单位的残疾人在积极追逐梦想的同时，亦要善于变通和调整，很多时候要勇于面对残酷的就业现实，认真考量自身身体状况与岗位的适合度，放平心态、拓宽视野，在更广泛的就业渠道中寻找出路。

其三，当理想和现实发生冲突时进行积极的心理调节。许多残疾朋友特别是残疾大学生在步入社会的初期往往踌躇满志，就业预期很高，在求职过程中不免要经历一个不断降低就业预期、就业理想与就业现实形成严重落差的时期。有些对就业形势过于乐观的残疾大学生认为，既然社会能接纳自己一路接受教育，并且有那么多的就业倾斜政策，残疾人就业不会太难。但他们忽视了教育接纳和就业接纳的差异性，教育是残疾人受惠于社会，但就业是残疾人奉献于社会。在就业岗位十分有限的情况下，许多用人单位面对众多的健全人选择就本能地将残疾人排斥在外。因此，请残疾朋友正视现实，保持乐观心态，放低预期，切莫在理想和现实的落差中无法自拔，以至于延误了重新选择的机会。

第二，善于开发自身的比较优势。这是残疾人确定职业和发展事业的基点。比较优势源于经济学中的国际贸易理论，是指每个国家都应根据"两利相权取其重，两弊相权取其轻"的原则，集中生产并出口具有"比较优势"的产品，进口具有"比较劣势"的产品，就是要在竞争中避他人之锋芒，扬自己之专长。中国古代"田忌赛马"的故事就是一场依靠比较优势取胜的典范：虽然田忌的三匹马在相同等级上都略逊于齐王的马，但通过孙膑的科学安排，田忌的马充分发挥了比较优势，最终取得了比赛胜利。

明晰残疾人的比较优势和比较劣势有利于实现其就业。健全人之间虽然在个别能力上有差异，但他们在生理特性上具有相似性，都具备了达到一定正常劳动水平的能力；残疾人则不然，对于有些工作，纵使他们付出再大的努力也不可能胜任。譬如，盲人不可能从事电焊、机床之类生产一线的技术工作，聋人也极难在音乐等方面有突出造诣，要让肢残人去从事重体力劳动更是勉为其难。但这并不意味着残疾人相比于健全人在所有方面都呈现"完全绝对劣势"，他们会在一些方面接近、赶上甚至超出健全人，因此开发残疾人的比较优势十分重要。

一是残疾人要明晰自己的特长，找到与健全人差距最小甚至处在同一水平线上的技能。我刚上小学时，父亲就发现，写作既能激发我的兴趣，又是我的身体状况能够承受的一项技能，于是就有意识地培养我的写作能力。我也把它作为自我提升的着力点，逐步积累的文字表达能力成了我现在学习和研究最重要的技能。对于接受过一定教育的残疾人来说，文学创作、文字编辑、学术研究等可能是比较适宜且有利于比较优势发挥的职业。残疾人因为体力局限，不能像健全人那样东奔西走，这是其"比较劣势"；但残疾人可能因此更能远离浮华，潜心工作，耐得住寂寞，甚至进入"躲进小楼成一统，管他冬夏与春秋"的境界，这是他们的"比较优势"。在适合的职业中，残疾人应努力促使自身的比较劣势向比较优势转化。当前，全媒体时代的到来也为残疾朋友带来了更多的就业选择。许多残疾人受到活动能力限制，但计算机和网络能够较好地补偿其身体局限，残疾朋友可以利用微信、微博、QQ等新媒体技术认识大千世界，参与社会生活，发展比较优势，谋求就业通道。建议有能力、有兴趣的残疾朋友都来学习电脑，也建议具有电脑操作技能的残疾人考虑网络就业渠道，设计自己擅长的网络就业方式，例如上网开店、开办网站、创立网络公司或从事与网络有关的工作，把掌握信息技术转化为自身实现就业的比较优势，充分利用信息化平台和现代化科技手段为自己的职业添彩。

二是要持之以恒地训练和发展自己的比较优势。比较优势的发展可能有先天的因素，但大多来自后天训练。在充分把握自身特长的基础上，要有针对性地勤学苦练，把特长真正转化为优势。盲人歌手杨光很有音乐天赋和模仿天赋，但他成功的秘诀在于勤学苦练。无论演出和比赛任务多么繁忙，无论怎样东奔西走，即使唱得"嗓子冒烟"，他每天都要挤出一定的时间练声，拿出一些时间揣摩名人的发声位置，不断提升自己的歌唱和模仿功力。在NBA，迈克尔·乔丹、勒布朗·詹姆斯、科比·布莱恩特都堪称这个星球上篮球打得最好的人，他们的篮球天赋无人能及，但每天比别人多出三到四个小时的训练量才是他们成功的真正秘诀。健全人若想出类拔萃尚需勤学苦练，残疾人就更应当持之以恒地发展自己的特长，开掘自身的潜能，以一技之长弥补身体的缺憾，发展比较优势，在就业、择业和创业时最大限度地发挥自身的特长，让自己由"弱者"转化为"强者"。

第三，注重职业发展的稳定性和持续性。影响残疾人职业发展稳定性的内因是残疾人自身面对职业选择时，可能出现见异思迁的现象。在这个充满诱惑与变数的时代，一些人"这山望着那山高"，"跳槽"成为时尚名词，时常换工作甚至成为一些年轻人引以为傲的事情。外因是社会保障措施不到位造成残疾人失业。随着社会竞争的加剧，各类岗位人员更替、流转频繁，下岗、失业成为社会发展不可避免的代价，残疾人往往容易成为这种代价的牺牲品，面临更多的失业风险。

一方面，残疾人要对所谓"跳槽"的冲动保持清醒理智的头脑。残疾人毕竟和健全人不一样，其成功就业不仅得益于自身的本领，更得益于特定的就业环境对残疾人的肯定。健全人更换岗位和就业环境后，可能会得到同样的甚至更高的认同，而残疾人却未必能做到。任何一个陌生环境对残疾人的认同都需要较长的时间，只有这个环境中的人们慢慢地熟知残疾人的残疾状况、能力特长、工作方式后，方能建立起对这个残疾人的基本信任，这是一个漫长的过程。残疾朋友要明白，一个组织对残疾人的信任程度和磨合程度往往是难以复制的，熟悉的就业环境对于残疾人而言弥足珍贵，我们应当倍加珍惜。奉劝残疾朋友一定不能在更换工作的问题上轻举妄动，更不要因为眼界过高而失去自我。要把握住现有的工作机会，努力摸清本职业的发展规律，预判可能的职业空间，凭借扎扎实实的工作立足于社会。残疾朋友如果确实感到现有的工作不称心，也要在更换工作时做好十足的准备，对利弊充分评估，预测可能发生的各种情况。

另一方面，残疾人要学会规避各种失业风险。残疾人避免失业的根本在于爱岗敬业，不断在自己的岗位中作出成绩，而不要有任何怠惰和投机心理，更不能依仗"残疾"希望得到"特别优待"。职场靠的是本事，不是运气，更不是怜悯。残疾人避免失业的关键在于不断发展自身的特长，逐步形成自己的独特优势，掌握此类工作必需的"独门绝技"，努力在工作上有所建树，成为所在职位不可或缺的行家里手。残疾人还要善于运用国家的相关法律，理性地保障自己的职业发展权利，成为一个有职业精神、有专业技能、有社会尊严的社会人。

第三节　以自主创业开辟职业发展的光明前景

现代社会就业难，残疾人就业就更难，残疾人"就业而无业"的状况依然比较突出。有这样一种现象，有的单位把残疾人吸纳进来，希望在税收上取得政策优惠，增强企业的经济效益，但并不分派残疾人实际的工作，这不利于残疾人真正地实现人生价值。残疾人要敢于挑战自我，在充分预判各种时机和条件的情况下，以自主创业追求职业梦想，实现职业发展的升华。随着自主创业优惠政策的增多，残疾人自主创业率与日俱增，2010—2012年，自主创业占残疾人就业人数的比例分别为5.1%、6.2%、7.7%，这说明残疾人自主创业的土壤愈发肥沃。

首先，要有切合实际的创业计划。创业的历程是十分艰辛的，柳传志、张瑞敏、马云、俞敏洪这些创业精英在创业初期都受过各种各样的磨难。健全人中的杰出人才尚且如此，残疾人就更是可想而知。残疾人要有自主创业、自谋职业的勇气，从创业精英那里学习创业的技巧和精神，从实际出发制订缜密的创业计划。慎重考量创业时机的科学性、创业项目的可行性、创业程序的复杂性，根据出现的各种新情况及时进行调整。如果经过科学的预判之后，认定了自己的创业目标和创业前景，就应排除万难坚持下去；如果在创业中发觉自己的创业计划、预期目标同实际不相符合，就要果断作出取舍，千万不可盲目逞强，更不要一条道走到黑。

其次，善于争取和利用各种特殊优惠条件。当前，社会对残疾人自主创业给予了资金扶持、小额贷款贴息、经营场所租金优惠、社会保险补贴、税费减免、创业培训等各种优惠，残疾人要充分了解这些优惠政策，多向当地残联及相关部门询问各地区不同的优惠细则，将这些优惠政策积极利用起来，打牢创业的基础。如果出现优惠政策落实不到位的情况，要依法有理有据地进行反映，使优惠政策真正为残疾创业者造福。

最后，创业成功后要勇于承担社会责任。残疾人要心怀感恩，在自己能力许可的范围内为更多残疾同胞和社会贡献自己的一分力量。聋哑企业家魏家新凭借自己的诚实劳动从一名字画小商贩成长为年产值六百多万元的企业董事长，其创办的新腾公司与包括台资企业在内的诸多企业都有长期合作。在新腾公司八十多名职工中，聋哑人占了近1/4，解决了这些残疾人的生计问题。当前，越来越多的残疾人创业明星不断涌现，他们艰苦奋斗的创业意志和勇于担当的奉献精神不仅使残疾人本身的生命价值得到了升华，也给社会留下了一笔宝贵财富。他们的故事告诉我们：给残疾人一个机会，还世界一个惊喜！

就业是民生之本，它不仅是谋生的手段，更关乎人的尊严。建议残疾朋友学会选择和发展适合自己的职业，在职业发展中让自己生活得更加幸福、更有尊严。

第二十四章　增强自己的人格魅力

人格魅力，反映了人的道德修养、性格品性和气质内涵，是人的感染力、亲和力鲜明的表达形式。残疾人要自觉增强自己的人格魅力，因为人格魅力是残疾人融入社会的软实力。

"人格"可以从三个层次加以解读：

第一个层次是哲学人格，是人之为人的主体资格，表征着人在社会中的尊严和价值。人之所以区别于动物而获得做"人"的资格，就在于人超越了动物的本能，有生命的自觉意识和独立的精神文化追求。人在社会实践活动中不断确证自身的主体性，追求平等的生存和发展权利，通过个体价值和社会价值的实现，完善人格的价值塑造。

第二个层次是道德人格，是指个人在认知社会道德准则基础上形成的道德品格。中国传统文化讲究"内圣外王"，指一个人对内要完善修养，对外要经世致用，为社会做出应有的贡献，进而形成了"修身、齐家、治国、平天下"的道德理想，成为影响几千年的中国传统的道德人格。

第三个层次是心理人格。心理学意义上的人格主要是个体特有的心理模式和行为倾向的总和。气质、性格是其中最为核心的两个要素。气质是指人的心理活动典型而稳定的内在个性特质，体现为人的性情、姿态、穿着、行为等元素的综合体带给他人的心理感觉。性格是指人在对现实的态度和行为中表现得比较稳定、具有核心意义的个性心理特征，表现为人在社会中的脾气秉性、思维方式和行为方式等，是一种与社会密切相关的人格特征。气质和性格互为表里，气质是性格的内在基质，性格是气质在社会活动中的表现形态，共同体现了每个人独特的人格特点。

第一节　乐观豁达的人是具有人格魅力的人

任何人都有顺境和逆境，都有成功和失败，关键是你能否正确面对生活给予的一切，做一个乐观豁达的人，做一个热爱生活的人。

学会坦然。坦然，是一种豁达的心理素养，一种从容的生活方式，一种看破磨难与烦扰的自我超越，是在充分认知自我和认同社会基础上的精神洗礼，也是历经磨难后的生命本真回归。"竹杖芒鞋轻似马，谁怕？一蓑烟雨任平生"表达了东坡居士豪放豁达的心境；"采菊东篱下，悠然见南山"表达了陶渊明淡定雅致的悠闲；"天生我材必有用，千金散尽还复来"表达了李太白超然洒脱的自信。这些亘古流传的诗句，无不饱含着生命历练后的达观与坦然。残疾人要善于汲取中国古代的心灵智慧，努力放下心中的无助、不满与惆怅，豁达地面对残障带来的各种不便与苦恼。琼·吉内特说："身处逆境而泰然自若，乃高雅之极致。"国学大师启功先生的坦然或许能给我们不少启发。暮年时，他尽管忍受剧痛接受颈椎治疗，但却依然饶有兴致地写下了诙谐的诗句："七节颈椎生刺，六斤铁饼拴牢，长绳牵系两三条，头上数根活套。虽不轻松愉快，略同锻炼晨操，《洗冤录》里篇篇瞧，不见这般上吊。"我们应向启功先生学习，无论何时都保持着一颗清净愉悦之心。如果我们残疾人也能轻松地体会"瘸子的快乐""瞎子的幸福""聋子的美妙"，相信就不会有人再把我们当成"瘸子""瞎子""聋子"，我们也不会再纠结于自身的"残疾"，轻松淡定地接受生活给予的各种挑战。

学会珍惜。学会珍惜，学会知足，学会感恩，是乐观豁达的心理基础。乐观豁达的人很少抱怨生活，因为他们知道生活给予我们的比我们给予生活的多得多。"每天都抱怨，那是浪费自己的生命。"这是台北残疾博士黄美廉的人生感悟，她在一次演讲中说道："我很珍惜我自己，我只看我所有的，不看我没有的。"青年舞者廖智在复旦大学演讲时，讲述了自己在汶川地震废墟中被埋三十多小时的生死体验，特别是面对失去幼女以及承受截肢之痛时，他动情地说："我的生命里面已经不剩下什么可以被我挥霍的，所以我必须珍惜每一天，我必须把握好每一天。"

请残疾朋友铭记：成功的人不抱怨，抱怨的人难成功，抱怨只会给自己和家人增添烦恼，而珍惜却能使人在乐观中找到生命的意义。珍惜生活是我们的本分，创造美好的生活是我们义不容辞的责任。只有珍惜生活，才能不被生活所抛弃；只有创造生活，才能真正展现乐观豁达的人格魅力。

学会快乐。现在总有人爱问："你快乐吗？""你幸福吗？"是的，只有快乐的人才是幸福的人，才是有魅力的人。西方人性论认为，趋乐避苦是人之本性，但"什么是快乐"却是许多人百思不得其解的人生课题。

快乐是一种能力。快乐与一个人的财富多寡、地位高低没有必然的联系，身居高位、家财万贯的人有太多郁郁寡欢，而普通人却能在平凡的生活中领略快乐的真谛。复旦大学青年教师于娟，因为超负荷的工作损害了身体，到即将离开人世之时，她才彻底明白："物质的需求都是浮云。如果有时间，陪陪你的孩子，把买车的钱给父母买双鞋，不要拼命去换大房子，换什么豪车，和相爱的人在一起，蜗居也温暖，自行车也快乐。"① 这是她用生命换来的人生感悟。

当残障成为生命活动的常态，残疾朋友应坦然地接纳这一切，积极寻找生活中的快乐基因。桑兰的微笑感染了许多人，使她收获了快乐的人生，不仅与爱人喜结连理，又奇迹般地喜得贵子，她的快乐生命在缔造新生命的过程中不断延续。断臂女孩雷庆瑶在出演爆笑减压微剧《青春大爆炸》时说："其实我和普通女孩没有差别，我也很幽默，热爱生活、爱美，也能给大家带来快乐。"华东师范大学高位截瘫的学生金婉尽管自小饱受病魔困扰，但她却坚强地表示："如果有 1000 个理由哭泣，我一定会找第 1001 个理由让自己微笑。"《中国教育报》的老师采访我时，我始终用乐观的态度回答他的提问，他欣喜地长时间握着我的手说："这孩子这么阳光啊！"

快乐、阳光应该是残疾人最好的社会标签，应成为残疾朋友的追求、信仰和生活方式。我们要放下心理负重，投入到与他人"自然而然"的交往当中，树立残疾人乐观向上的新形象，成为创造快乐和传播快乐的使者。

第二节　道德高尚的人是具有人格魅力的人

道德是人以善恶荣辱为标准处理各类关系的准则，通过对人与自然、人与社会之间关系的规范和协调建构一个向善的世界。残疾人身体的局限并不妨碍其明事理、懂是非、知善恶，残疾朋友应保持高尚的情操、纯洁的心灵、善良的本性，时刻讲道德、尊道德、守道德，践行社会主义核心价值观，以提升自己的社会道德价值来增强自己的人格魅力。

加强个人修养，做一个有道德的人。马克思说："人格的本质不是人的

① 于娟：《此生未完成》，湖南科学技术出版社 2011 年版。

胡子、血液、抽象的肉体的本性，而是人的社会特质。"① 一个人要具有高尚的人格，就必须做一个有修养、有道德的人。

一是向圣贤学习。要向传统的民族道德学习，多读书，读好书，把读书、思考和实践紧密结合起来。例如，从名人传记中学习成功者自强不息的奋斗精神和高尚纯洁的道德节操，从充满正能量的通俗读物中寻找可效仿的道德标杆，从文学作品的人物形象中思索世间的善恶美丑。读书使人明志、明理、明德，读一本好书就是与一个伟大的灵魂对话，是认知社会和改善自我的良方。

二是向自己的良知学习。应注意自身的道德省察，曾子曰："吾日三省吾身：为人谋而不忠乎？与朋友交而不信乎？传不习乎？"② 曾子每日从对他人是否忠诚、对朋友是否诚信、学习的功课是否温习三个方面进行省察，使他成为最能领悟圣人思想的弟子之一。富兰克林年少时列出十二条道德清单，每日对照自查，为他后来的卓越成就打下了坚实的思想基础。我们应该效仿先贤，以高度的道德自觉审视内心世界，时时拷问自己的良知，克服心性中的不良意念，不断完善道德品格。

三是向社会中的好人好事学习。有些残疾朋友长期脱离社会，往往产生一些负能量或不切实际的思想倾向，有的悲观厌世，有的放大社会阴暗面，有的甚至因一时邪念违法犯罪，缺乏对社会的整体了解和对社会道德的系统认知。残疾朋友应当积极走向社会公共领域，向社会上道德高尚的人学习，尤其要向时代楷模学习，向身边的好人好事学习，主动参加力所能及的公益活动，在社会道德中汲取成长的营养，在社会实践中展示残疾人的精神风貌，做一名讲道德、讲文明、讲风格、讲规则的人。

其一，遵守家庭美德，在家庭中做一名尊老爱幼的好成员。要力所能及地承担自己的家庭责任。作为孩子，要尽最大努力孝敬父母；作为夫妻，要互敬互爱，互励互勉，形成默契的配合；作为父母，应善待儿女，给孩子树立良好的榜样，把孩子也培养成一个坚强乐观的人，让孩子感到自己的父母尽管身体不便，但依旧热爱生活，而且在尽力奉献自己的爱，让孩子以你为荣。有一个真实的故事，在一片地震的废墟中，当救援人员拨开瓦砾时看到了一个依旧存活的男婴，他被父母的双手高高托起，躲过了被

---

① ［德］马克思、恩格斯：《马克思恩格斯全集》（第 1 卷），人民出版社 1995 年版，第 270 页。
② 孔子：《论语译注》，杨伯峻译注，中华书局 2006 年版。

埋没的厄运，而他们的父母死亡时的姿态一直是高举着双手！更令人感动的是，这竟然是一对盲人夫妇！这对盲人夫妇对孩子的爱足以震撼人心，引人深思。

其二，遵守职业道德，在工作中做一名爱岗敬业的工作人员。残疾人应怀着一颗感恩的心做好本职工作，尽量克服残障带来的各种不便，努力以优质的工作回馈社会。伤残军人朱彦夫为了"抗美援朝，保家卫国"失去了四肢和一只眼睛，回国后，他婉拒了国家的优抚待遇，拖着残障的身体带领村民创业致富，用残肢夹着笔写出了感人肺腑的自传著作《极限人生》。到2014年，朱彦夫已在村支书岗位上默默奉献了二十五个春秋，81岁高龄的他依旧积极为党和人民的事业贡献力量，体现了高尚的人格魅力。朱彦夫不仅是残疾人学习的榜样，而且是广大党员干部学习的标杆，他无愧于"时代楷模"和"全国自强模范"的光荣称号，他崇高的道德人格将激励一代代人奋勇向前。残疾朋友应经常以朱彦夫的事迹鞭策自己，在平凡的岗位上尽职尽责，甘于奉献，用残缺的身体作出不平凡的业绩。

其三，遵守社会公德，在社会上做一名克己奉公的好公民。遵规则、守公德、讲诚信，凡事谦和有礼，争做社会公序良俗的优秀实践者。公序，是指社会良性运行和健康发展所必需的公共秩序；良俗，是指人类在长期实践中形成的为人们认同，并有利于促进人的健康发展和社会进步的公共习俗。"诚信哥"周礼森尽管罹患"渐冻人症"（科学家霍金所患疾病），逐步变得不能行动，但他得到救济款后首先想到的不是为自己治病，而是在年迈母亲的帮助下，挨家挨户还清了欠款。宁愿自己生活拮据、无钱治疗，也要坚持履行先前的承诺。这种言而有信的行为堪称道德楷模，令人动容。在日常生活中，残疾人应当自觉完善人格，维护社会公德。比如，方便时弯腰捡起地上的纸屑，买东西主动排队，见到比自己更难的人力所能及地伸出援手等，这些小事既能体现残疾人的高尚人格，又能赢得社会的尊重。我注重积极参与力所能及的公益活动，当我给残疾朋友念书、讲故事，陪他们游玩，把自己出版的书籍赠送给他们时，我感到无比快乐；当我得知在我的鼓舞下，一些残疾朋友及家长树立了康复信心和生活信念，一些从前对生活迷惘的健全人开始了精彩的人生，一些不愿进取的大学生考取了研究生，我感到由衷的幸福。我深深体会到，残疾人只有积极参与社会建设，才能得到社会的承认，真正体现自己的价值和魅力。

第三节 坚韧进取的人是具有人格魅力的人

我的座右铭是：既然生活选择了我，我就要创造更加美好的生活。不断进取是残疾人人格魅力的重要表现，每个残疾人都应当培养一种进取型人格。残疾人的生命已经有所遗憾，弥补这一遗憾的最好办法就是用进取精神不断开辟人生的新境界。

努力开发内在潜能，把积极进取作为自己的生命责任。积极进取不是盲目求快、求高，而是在准确把握自身能力及其发展定位的基础上，善于挖掘内在的潜能。在人的能力结构中，90%以上的能力都是以潜在的方式存在着，残疾人在某一方面部分或全部地丧失某种能力，势必激发他们强烈的超越信念和进取意识，经过长时间的训练后，将发掘出机体其他部分的潜在能力，以达到对丧失能力的"代偿"。

人的器官经过不断磨炼，可以胜任更多的工作，这是代偿功能发挥的自然基础。中国台湾女画家张维德双手萎缩，她却凭借一股永不服输的劲头，不仅学会了用脚打理衣食住行，而且还画了"一脚"好画，用脚操作的画笔在画纸上游刃有余，画面泼墨均匀，色彩优美。更令人惊叹的是，她还用双脚学会了开车，成为中国第一个用脚拿到驾照的人。山东汉子陈州失去了双腿，但他却凭借双臂的支撑征服五岳，并十一次登顶泰山，他的双臂看上去同健美运动员一样粗壮。力克·胡哲在没有四肢的情况下，凭借超凡的身体平衡能力驾着冲浪板在大海中驰骋。残疾人潜能的开发是残疾人生命的再创造，是人的本质力量的升华，彰显了残疾人的进取精神和生命热忱。希望残疾朋友多发现自己身上的特长，在培养和锻炼特长中发掘自己的潜能，勇于攀登人生的高峰，向世人展示残疾人别具魅力的人格力量。

培育坚韧不拔的意志品格，让积极进取成为生命常态。任何人取得成就都会经历一番"煎熬"，只有那些始终坚守梦想的人才能到达光辉顶点。科学家巴斯德认为支撑他达到目标的唯一力量就是坚持精神。意志力是最强大的主体能力，它在一定程度上能帮助人超越生理局限性。15岁的波兰少年雅内克·梅拉只有一条腿和一只胳膊，但就是这样一个残疾少年，为了让自己走出残障带来的苦恼与困顿，决心展开他的北极徒步探险之旅。

经过长达一年半魔鬼般的极地探险训练后，他历尽千难万险，硬是凭着一股永不放弃的精神成功抵达北极，不仅成为第一位征服北极的残疾人，而且刷新了全世界北极探险者年纪最小纪录，完成了健全人都望尘莫及的英雄壮举。

建议残疾朋友都来学习和发扬"蜗牛精神"。每次春雨过后，在我家外面的墙壁上就会出现一群奋力攀爬的蜗牛，它们的速度是那样缓慢，但登上墙顶是它们唯一的目标。我曾实验性地故意将一只蜗牛拿到起点，想看看它的反应，只见它缓慢地调整好方向，再次从起点缓缓地匀速攀爬。我顿时为自己冒失的实验感到歉疚，也对它肃然起敬。我想：蜗牛的速度看似缓慢，但靠着这股韧劲坚持下去，将会是一种怎样的前景啊！"蜗牛精神"的魅力就在于不着急、不埋怨、不浮华，永远向着一个目标前进。初中时，我就曾有感而发，写下了《永不言弃》的文章；今天，我依旧要建议残疾朋友，同时也告诫自己，继续好好学习"蜗牛精神"，以平常心对待各种困难，甘于面壁十年，用脚踏实地的积极进取精神塑造自己别具魅力的人格。

第四节　丰富高雅的人是具有人格魅力的人

丰富高雅彰显了人的高贵气质和不俗风范，是人的仪表美和内涵美的高度统一。如果残疾人能成为一个丰富高雅的人，就是对残障的伟大超越。

高度重视自己的外貌仪表和生活礼仪。不少残疾朋友可能认为，身体的残障既然难以改变，就不需要注意自己的仪表，也不可能做出等同于健全人的体态和动作，于是就产生了放任和懈怠心理，这是不正确的。残疾人注重仪表和礼仪，不能机械地以健全人的标准衡量自己，而要展现残疾人独有的风采。残疾人只有自尊自重，别人才会尊重我们。这个"自尊自重"是指立足自身现有条件，努力从内到外都展现出阳光、向上、纯净、整洁的姿态，在待人接物中彬彬有礼、落落大方，做一个热爱生活、装点生活的人。父母经常叮嘱我要内外兼修，既要学业有成，又要注意仪容仪表，尤其要注意步态、衣着和表情，做到现有条件下的最佳状态。我为自己确定的气质目标是：培育儒雅之风，增强阳刚之气。我愿和各位残疾朋友共同努力，展现残疾人的良好风貌。

　　敢于和善于发表自己独到的见解。如果说注重仪表和礼仪是残疾人丰富高雅的外在表现，那么独到的见解则体现了残疾人丰满的精神世界。一方面，要善于利用各种机会学习，既要向书本学习，又要向实践学习，向他人学习，敢于走出私人空间，在公共领域融入社会交往。另一方面，善于进行生命体验，在独特的生命轨迹中形成富有个性的认识。残疾人特殊的人生经历，往往带给我们丰富的生命体悟，每个残疾人都要学会审视和发掘自己的人生，提炼独到的人生见解。我在初中时曾问一位教授"什么是哲学"，那位教授的回答让我印象深刻：你知道著名的尼亚加拉大瀑布吗？当我们从四面八方、天空陆地等不同的角度看它时，它会带给我们不同的视觉享受，就像一千个人眼中有一千个哈姆雷特。我讲这个故事，就是要告诉残疾朋友，要敢于和善于站在自己独特的生命视角去发表独到的见解。我们的生命并不因残障而低下，残障有时反而能使我们更深刻地感悟生命，不要唯唯诺诺、亦步亦趋，要在精神独立、见解独到中彰显我们的人格魅力。

　　培养广泛的兴趣爱好。广泛的兴趣爱好是生活的强心剂，也是残疾人人格价值的重要依托。兴趣是人最好的老师，健康的兴趣有助于残疾人生活的丰富和性情的滋养。残疾人不应让有限的生活空间制约自己的精神空间，应广泛涉猎和力所能及地参与各种文体活动，找寻自己的兴趣爱好，增强对生活的热爱。广州残疾女李秀枝酷爱剪纸艺术，她剪出的以"荔湾风情"为题的作品长达180米，创造了新的吉尼斯世界纪录。我们经常看到一些盲人朋友在街边演奏二胡，脸上露出"美滋滋"的笑容。为丰富残疾人文化生活，一些单位组织了绘画、书法、集邮、诗歌朗诵、门球等兴趣小队，让残疾朋友走出家门，在社会大家庭中寻找快乐。残疾朋友不必追求达到多么高超的水平，关键在于找到适合身心发展的兴趣。要积极参加各类兴趣小组，积极参与社会公共活动，锻炼与人交流的能力，在快乐中陶冶良好的性情，使性格变得活泼开朗，气质变得阳光潇洒，忘却残障带来的伤痛，尽情享受生活给予我们的美好。

　　培养高雅的审美情趣。一个人的高雅包括思想的高雅、知识的高雅和气质的高雅。舞蹈让人更优美，音乐让人更豪放，文学让人更睿智，书法绘画让人更洒脱，学术让人更深邃，体育让人更富生命活力。残疾人要学会欣赏美，努力创造美，在艺术天地里超越身体的局限和心理的失落。2004年雅典残奥会闭幕式北京的八分钟表演中，《千手观音》将人们带入了一个充满真善美的奇幻梦境，慈善的面庞、优雅的舞姿和高超的艺术表现力，使一个个无声的生命敲响了时代的最强音；残疾舞者马丽和翟孝伟互相扶持，三条胳膊和三条腿融为一体，不仅给人以美妙的视觉冲击，更带来了强烈的心灵震撼；2007 年星光大道总冠军杨光的那句"你是我的眼，带我穿越无边的黑暗"让所有人动容，那浑厚的声音仿佛是穿透黑暗的一缕阳光，将人们带入了光明的世界；石晓华失去双臂，但他的毛笔却在他的"口中"描绘出生命的意义。当他把一副写有"至诚通天"的书法作品送给我时，我感悟到了一个道理：残疾人应该用生命书写艺术，用艺术创造生命，让残障的生命在追求美的艺术中达到永恒。

建议残疾朋友开展好自己的"五个一"工程：

（1）每天听一首好歌。歌曲内容应积极向上，或柔美抒情，安顿身心；或如泣如诉，说尽人间百味；或热烈奔放，调动生命的活力。

（2）每周写一段文字。这段文字不一定有多高的专业水平，只是作为梳理思想、倾诉情感的工具。应学会利用微博、微信、人人网、博客、QQ 等各类公共网络平台与大家进行思想交流，也可以建立私人文档记录所见所闻所感，书写生活的喜怒哀乐。长此下去，你就会变成一个热爱思考和善于品味生活的人。

（3）每月看一部经典影视片。在革命题材的影片中培育坚定的信仰，在励志题材的影片中磨砺坚强的意志，在爱情题材的影片中寄托美好的感情，在青春题材的影片中激发青春的活力，在历史题材的影片中体悟历史的深邃，在生活题材的影片中激发对生活的热爱。

（4）每年读一本好书。残疾朋友的文化水平参差不齐，兴趣爱好和工作岗位各异，但建议每个有余力的残疾朋友都能拿出一部分时间读书看报，至少应做到每年读完一本书。对于阅读不便的残疾朋友，建议劳烦父母亲属朗读。残疾人可根据兴趣选择文史类、人物类、小说类、科普类等读物来增长知识、提升修养，养成善于学习、勤于学习的好习惯。

（5）一生学一项文体专长。建议残疾朋友多参加各式各样的文体活动，挖掘艺术潜能和兴趣，选取舞蹈、书法、剪纸、绘画、写作等各种艺术形式丰富自己的文化生活。有些残疾朋友很有文艺天赋，逐渐在生活中练就了文艺特长，甚至以此为业。请相信，残疾人也可以提升自己的生活情趣，在多姿多彩的生活中感悟人生的魅力。

第五节　理性包容的人是具有人格魅力的人

由于身体不便，心理负担重，残疾人时常产生急躁心态，遇事缺乏理性。残疾人要优化心理调节能力，在理性包容中形成良好的心态和性格。

首先，要懂得包容。我们都是"社会人"，彼此都有着不同的需要、利益、性情，只有相互包容，才能和睦共处。残疾人要学会换位思考，善于倾听他人和理解他人，努力把握各个群体和个人的性情特点，做事情有的放矢。当别人帮助你时心怀感恩，当别人忽视你时心存体谅，甚至当别人歧视你时学会忍耐和克制。一个善于包容、心胸宽广的人，是最具有人格魅力的人。

其次，要心态平和。残疾人脾气急躁的重要原因，就是身体受限却又过分追求完美，理想和现实的落差使其心理不平衡，难以接受现实。特别是当看到健全人轻易做到而自己尽最大努力还没有做到时，要么沉默寡言、自我封闭；要么暴跳如雷、怨声载道。这些表现都十分影响残疾人的人格魅力。其根本原因就在于残疾朋友不愿从心底里真正接纳残疾，甚至容易把一切的不如意全部归咎于残疾。残疾朋友必须乐观地接纳"残疾"带来的一切，消除与健全人本来就不相对称的攀比，不要总想着"如果……我就……"，而要想"我在这个基础上要……才能获得快乐和幸福"。常念控制情绪的"心灵咒语"，真正把心"放平"，做平凡人，怀平常心，享平静生活，度平安人生。

最后，要善于排遣不良情绪。当心态失衡、出现不良情绪时，要选择恰当的排遣方式。比如通过写文章、体育锻炼等方式宣泄内心的不良情绪；通过上网、玩游戏、看书等方式使自己远离产生不良情绪的情境。还要学会与父母、亲人、朋友及时有效沟通，从他们那里获取丰富的经验、良性的宽慰和克服困难的方法。要积极培养性格中的"幽默细胞"，幽默是生活的"调味品"，是快乐的"转化剂"。当心情低落时，可以多听听相声，看看小品，欣赏一下网络上的搞笑视频，让自己快乐起来。残疾朋友不仅要学会欣赏幽默，还要学会创造幽默，让自己变得有文采、有创意，使别人在同你的交往中感到轻松和愉悦，收获意想不到的惊喜，被你的人格魅力深深吸引。

　　身体的缺憾可能在一定程度上影响了残疾人的人格魅力，但并不能阻挡残疾人人格魅力的光芒。张海迪的落落大方、朱彦夫的坚韧不拔、霍金的睿智聪颖，力克·胡哲的乐观幽默，无数残疾人自强不息、乐观昂扬的精神风貌，都是残疾人最能够打动人、感染人、激励人的人格魅力所在。残疾朋友应努力增强自己的人格魅力，积极打造"魅力自我"，把"最好的自己"展现在世人面前，以最佳的身心状态融入社会大家庭。

第二十五章　学会感恩

鸦有反哺之义，羊知跪乳之恩，道出了动物界本能的感恩法则。人是这个世界上最懂得感恩的生物，感恩是人最基本的道德意识和道德行为，是基于内在良心对外界馈赠的报答。英国哲学家洛克说："感恩是精神上的一种宝藏。"感恩是人与人和谐共处的重要纽带，也是每个人生命发展的内在需要。

第一节　感恩生命，用心体验生命的伟大

我曾写过一篇题为《感恩生命》的文章，细数了家人的慈爱、老师的关爱、同学的友爱和社会的博爱，通过自己的人生成长经历，表达了感恩生命、创造生命的真挚感情。这篇文章我已经在全国各地宣讲了五十余次，受众达几万人次，在残疾朋友和健全朋友中都引起了强烈共鸣。我想，这并非是我的文笔有多么优美，而是因为我道出了每个人对生命最厚重、最真诚的情感：感恩。

十月怀胎，一朝分娩。我们每个人都是经历了母体的孕育和滋养，随后来到人世。俗话说："孩儿生日，娘苦日。"人们都说母亲生孩子很痛苦，但究竟有多痛苦，我们不得而知。感谢医学给这个痛苦做了一个量化的计算：生孩子时子宫收缩产生的能量相当于一台拖拉机的马力。疼痛等级共分十级，女人生孩子属于最高等级！生命是如此来之不易，生命又是如此伟大。人的生命从娇小柔弱的身躯开始，慢慢地长大，经过童年、少年、青年、成年；然后再期待着我们的后代降生，抚育他们长大；再后来，我们老了，可我们的子子孙孙又被赋予了崭新的生机。人类就是这样代代传承，绵延不息，文明的薪火也在这代际传递中越燃越旺，人类的后代永远能创造出前辈们不曾完成的辉煌业绩，于是这个世界时刻充满着惊喜，时

刻焕发着生机。

生命的延续，文明的传承，这是何等的磅礴伟力啊！请残疾朋友想一想我们的成长轨迹，它看似平常，可却让我们的父母家人、社会以及我们自己付出了艰辛的努力，我们没有理由不感恩——感恩父母家人、感恩社会甚至感恩我们自己。

许多残疾朋友曾抱怨命运的不公，抱怨老天给了自己一个残缺的生命，始终不愿接受"残疾"的事实，甚至将"残疾"视为摧毁生命的源头，故而对人生采取冷漠的态度，以消磨光阴的方式虚度年华。其实，谁也不愿意出现残疾，但残疾是人类发展不可避免的一种代价，残疾人的生命同健全人一样，都值得尊重和珍爱。无论生命如何艰难和挫折，每一个残疾人都应心存感恩，学会感恩，懂得报恩。

残疾人感恩生命，关键在于以坦然的心态面对疾病，面对挫折与苦难。残疾朋友关键要转变看待生命的方式。残疾人成长过程中要承受多种苦难，如果把这种苦难当作无法逾越的"深渊"，就会对自己的生命充满失望与无助。但是，如果残疾人能够真心诚意地悦纳残疾，把残疾及其带来的一切看作别样的生命体验，这些生命体验让我们的心智更成熟、信念更坚定、情感更丰富、行动更勇敢，引领残疾朋友收获一个不一样的人生，收获一笔别样的财富，那么就会生成对生命的热爱与感恩。当然，没有人愿意以付出身体残障的代价来换取这笔财富，但是上苍不会给我们重新选择的机会，残障及其带来的各种挫折将成为我们人生的必答题。面对残疾，抱怨没有用，犯愁没有用，我们必须选择坚强。冰心先生说："快乐时我们要感谢生命，痛苦时我们也要感谢生命。"无论什么时候，都不要抱怨生活，因为生活给予我们的远比我们给予生活的多得多。

记得曾有一道高考作文题：人生，失意还是诗意。这不仅是一道高考题，更是摆在所有人面前的人生课题。我常想：人生就是一道计算题，如果你把它当成减法，它可以减掉你的一切，最终让你在失意中沉沦；如果你把它当成加法，奋发图强，永不言弃，那么它会加到一个无穷大的数，最终使你收获充满诗意的人生。失去健康的身体无疑是残疾人人生中最大的失意，但只要精神不倒，我们就一定能用生命内在的力量化解遗憾，在历练中收获诗意的人生。命运给我们安排了一道特殊的心灵关卡，我们极有可能在这里跌到，一蹶不振；但当我们勇敢地迈进一步，前方也许会是平坦的大道。

请给我们一个感恩生命的理由！任何一个生命，不论健全还是残障，不论健康还是疾病，不论富有还是贫穷，既然来到人间，都将成为人间的宝藏。往小了说，身体发肤，受之父母；往大了说，每一个生灵都是人类历经磨难后的伟大创造；于公于私，我们都没有权利结束生命，我们都有责任和义务珍爱生命。世间万物都以生命的存在而缘起和发展，又以生命的消亡而归于寂灭。因此，生命无价，感恩永驻。

第二节　感恩家人，用爱体验亲情的力量

提到"父母"一词，我们每个人心中都会为之颤动，残疾人尤其如此。一对父母培养一个残疾孩子要比培养一个健全孩子付出几倍甚至几十倍的努力，这便是亲情的力量。

从我们牙牙学语、学走路、治病、身体康复，到经历各类教育、工作乃至结婚生子，这个过程对于任何一个残疾人父母来说都是一段漫长的旅程。聋人的父母可能永远听不到孩子发出"爸爸""妈妈"的声音，却在不断探索如何让这个被上苍按下"静音键"的孩子更好地面对未来；盲人可能长期需要父母的引导，即使父母已经白发苍苍，却依然要做他们的眼睛；一些肢残人失去了部分或完全的运动能力，他们是在父母的背、抱、扶、推中长大的，有的一辈子都离不开父母这根拐棍；对健全孩子教上几遍就懂的事情，智障孩子的父母恐怕重复千遍万遍也未必奏效。残疾人的父母还要面对孩子在教育、就业、婚姻等多方面的诸多考验，可以说，孩子在挑战中长大，父母在考验中变老。

如果家中有一个残疾人，不止残疾人的父母，所有的家人都要承担起照顾甚至抚养残疾人的重任。在我的成长历程中，我的父亲为了我呕心沥血，千方百计让我接受最好的教育，努力培养我的特长，为我参谋人生中的每一次重大选择；我的母亲29年来把我的生活打理得有条不紊，不论有多大的难处，都让我吃好、穿好、睡好，创造最好的生活环境；我的姥姥、姥爷从我一出生就离开老家来到我身边，陪伴我、照顾我、教导我，虽然现在已过耄耋之年，但仍然关心着我的生活和学习；我的弟弟三岁时就知道出门拉着哥哥的手，从七岁开始就知道照料我洗澡、外出等活动，从无怨言，即便我现在完全能自理了，他也仿佛习惯了对我的照顾。最使我感

动的是，为了帮助我实现登上泰山的愿望，从山下一直到陡峭的十八盘再到泰山之巅，弟弟始终拉着我的手，难走的地方搀扶着我，我的愿望实现了，可弟弟的胳膊却累得疼了好几天。这一切，我始终铭刻在心。感恩父母，报答家人，是每个人最基本的道德良知。

对于残疾人而言，要学会从以下几个方面表达我们对亲人的感恩：

第一，不要因为"残障"伤父母的心。一些残疾人遇到困难时不禁怨天尤人，有的埋怨父母不该把自己带到这个世界，有的甚至把"残疾"归咎于父母的一时疏忽，这无疑是在父母的"伤口"上撒盐。对于子女的残疾，父母的痛苦绝对不比子女少，如果有可能，他们宁愿以自己的残疾换取子女的健全。俗话说："打人别打痛处，说人别说重处。"无论遇到怎样的挫折、磨难、困境，都要学会冷静克制，千万不能以"残疾"去苛责父母。正确的做法是，对父母长存感恩敬畏之心，心平气和地与父母沟通，全家齐心协力找到解决问题的办法。

第二，要在日常生活中体谅父母家人。父母也都是普通人，他们培养、教育残疾孩子本身就已经非常不容易了，还要承担工作的压力和日常生活琐事，经常负重前行，时常身不由己，不可能随时随地都保持着高昂的精神状态和愉悦的心情，即使是再爱孩子的父母也会有偶尔失去耐心的时候。残疾孩子需要父母家人更多的关爱和呵护，在接受父母家人照顾的时候，也要理解和适应父母家人有时出现的"不耐烦"或"不愉快"。这时候，残疾朋友应学会换位思考，如果是我们的父母像我们一样需要费尽心力的关怀和照顾，我们能否一定做到"应勿缓，行勿懒"呢？

体谅父母最重要的是理解父母。残疾人的父母同样望子成龙、望女成凤，他们每时每刻都希望创造生命的奇迹。为了创造"奇迹"，父母有时对残疾孩子也会有很严格的要求，其动机都是希望孩子不断进步。残疾朋友要仔细考虑父母的建议，理解父母的良苦用心，对于不符合实际的地方，要平心静气地与父母沟通，绝不能对父母的建议不理不睬，甚至故意违逆。父母与子女作为两代人，难免在思维方式和行为习惯上有所差异，特别在养育残疾孩子时，父母对残疾孩子的培养预期与残疾孩子自身的成长预期有所差异。父母往往更趋务实，残疾子女往往充满梦想，这就需要残疾朋友学会耐心地与父母沟通，合理评估自身的能力和发展前景，深刻理解父母对自己的良苦用心，在父母愿望和自身预期中找到对接点，让父母踏实放心。要多为父母着想，心中装着家人，比如，记得父母家人的生日，在母亲节、父亲节时对父母说一声"节日快乐"，给父母买束花，或是亲手制作个小礼物，等等。这些微不足道的小事既能反映你对父母真挚的情感，又能给父母带来生活上的惊喜和心灵上的安慰。其实，父母并不奢求子女的报答，残疾孩子的父母更是如此，他们的要求特别简单朴实，他们辛苦的付出只是想换取子女的进步。我的父母就不止一次地对我和弟弟说："只要你们健健康康地成长，高高兴兴地生活，让我们看着高兴，就是对我们最好的报答。"

第三，要勇于承担自身的家庭责任。残疾人同样肩负着家庭责任，也应当成为和谐家庭的建设者。孝敬父母老人、善待亲属、友爱兄弟姐妹、爱护自己的子女应成为残疾人的自觉行动。残疾人应力所能及地做好适当的家务，帮父母分忧解难。当自己的父母年迈时，也应尽最大努力赡养他们，帮助父母安度晚年。对于这些责任，只要残疾人尽己所能，无论做到什么程度，相信家人都会给予充分理解。

第三节　感恩社会，用情体验文明的升华

感恩，应是残疾人对待社会的基本态度。感恩社会意味着残疾人与社会的高度融合，其最高境界是社会对残疾人的帮扶与残疾人对社会的贡献之间的高度统一。

残疾朋友应从三个层次感恩社会：

第一个层次是在客观认知社会的基础上参与社会。有的残疾朋友因为在社会生活中遭遇过一些不公正待遇，时常觉得社会亏欠了自己，慢待了自己，埋没了自己，即使是社会对其施以援手，也很难改变他的一些偏激看法。鉴于此，建议残疾朋友摆正自己的社会心态，正确认识社会和他人，辩证对待残疾人社会化中的矛盾，坚信中国的残疾人事业总体上是进步的、向上的，社会发展的主流声音和主导态势是千方百计为残疾人谋福祉。残疾人要敏锐把握这一社会发展趋势，以平和的心态接纳身边的一切，让社会从残疾人身上看到热情、奋斗和感恩的正能量，激励更多人为残疾人服务。残疾人应主动融入社会，搭建残疾人和社会之间良性互通的桥梁，力所能及地参与各类社会活动，在社会公共空间中发挥残疾人的价值，不但要做和谐社会的受益者，更要做和谐社会的实践者和建设者。

　　第二个层次是自食其力，减轻社会负担。对于残疾朋友而言，自食其力是最好的报恩方式。如果残疾朋友都能凭借自己的力量满足生存发展的需要，那就是对人类社会最大的贡献。当然，很多残疾朋友确实力不从心，确实需要救济和帮扶，但一定要正确对待救济和帮扶，对社会有感恩心，对家庭有责任心，对自己有自强心，对生活有自信心，以自己的通情达理促进社会和家庭的安定祥和，这也是感恩的一种表现。当前，随着社会环境和家庭条件的改善，越来越多的残疾人增强了自食其力的自觉性和本领，谋生手段越来越多样化，修理、缝纫、开饭馆、办商店等不仅在一定程度上解决了就业问题，而且有了相对稳定的收入，有的还过上了比较富足的生活。更为可喜的是，"十二五"期间，全国高校共录取残疾大学生56577人，其中有47881人被普通高校录取，8696人被高等特殊教育学院录取。①平均每年有9429名不同类型的残疾学生成为大学生，这必将大大提高残疾人自食其力的能力，为残疾人生存和发展开辟一条绿色通道。当越来越多的残疾人开始回报社会的时候，全社会的感恩意识和感恩行动将上升到一个新的高度。

　　第三个层次是热心社会公益事业，力所能及地为社会做贡献。人不仅是个体存在物，也是公共存在物；不仅要为自己谋幸福，也要为他人谋福利。人的存续和发展就在于对公道、公正、公益和公利的价值追求。扶残助残是一项公益事业，如果有能力的残疾人在接受了社会公益之后献身公益，实现对社会的反哺，无疑是残疾人感恩社会的升华。重庆南坪29岁的脑瘫孪生兄弟苏坤海、苏坤涛，十多年无偿献血31次，献血总量近12000毫升，相当于三个成人体内血液量总和。他们说："最开心的事，是收到血站发来的短信，说我们的血又帮助了一个病人。""板凳妈妈"许月华身患高位截瘫，她一岁丧父，12岁丧母，17岁时被送进社会福利院，平时只能用两个小板凳勉强支撑着行走，每走一步都异常艰辛。就是这样一个人，为了回报社会，报答哺育她的福利院，她主动提出帮助照顾福利院的孩子。每天，她撑着小板凳，为孩子们缝补浆洗、纳鞋底、喂食端尿，孩子们亲切地叫她"许妈妈"。37年来，她用坏了四十多个小板凳，一手带大的孤残儿童有一百三十多人，很多人已经考上大学、参加工作甚至结婚生子，

────────────

　　① 参见《2015中国残疾人事业发展统计公报》［2016－04－01］（http：//www.cdpf.org.cn/zcwj/zxwj/201604/t20160401_548009.shtml）；《2016中国残疾人事业发展统计公报》［2016－03－31］（http：//www.cdpf.org.cn/zcwj/zxwj/201703/t20170331_587445.shtml）。

成为社会的有用人才。现在，越来越多的残疾人走上奉献社会的道路，他们怀着感恩的心帮扶更多的残疾同胞，这已经成为一种大爱的传承，这种大爱传承必将逐渐催生一种代代相传的自强文化和独具魅力的感恩文化，系牢受助者和助人者心手相依的情感纽带，实现残疾人感恩社会的价值升华。每个有余力的残疾人都应从我做起，从身边小事做起，克服单纯的"受助心理"，在为他人服务中彰显自己的生命价值。

我始终坚守"感恩在心，报恩在行"的人生信仰，竭尽所能回报社会。步入大学以来，我积极参加奥运、赈灾、农家书屋建设和脑瘫救助等公益活动，捐赠个人文集几百本，被中国初级卫生保健基金会和搜狐网聘为"中国脑瘫救助海豚计划爱心大使"。2008年，我致信震后北川中学的同学们，希望他们振奋精神，勤奋学习，乐观面对人生，积极重建家园；2010年，我在上海参加"全国贫困脑瘫儿童海豚计划救助仪式"时，陪同脑瘫患者参观上海世博会，为了方便行动，主办方要求脑瘫患儿都坐在轮椅上游览，当一个脑瘫患儿要求同我合影时，我鼓励他说："我们要站起来合影，因为我们的心灵不需要轮椅！"我利用电视台、网络、书信、面谈、报告等各种方式，同数千位青少年交流思想，鼓励他们勇敢地面对挫折、热爱生活、走向未来。山东、河南、新疆、黑龙江等地的老师或家长请我写信鼓励他们的学生或孩子，有的还请我参加他们的高考誓师大会。我先后到滨州医学院特教学院、上海明珠医院、无棣爱心医院等地进行实践活动，多次在各级电视台录制公益节目，尽己所能为残疾人事业助力。目前，我正在把理论和实践结合起来，把为残疾人服务、为社会奉献的理想从一腔热忱转化为理性思考，以马克思主义人学为指导，从哲学、社会学、教育学、心理学等多重学科角度从事残疾人研究，希望我的研究和实践能给更多的残疾人兄弟姐妹带来帮助，给更多的残疾人家长和关爱残疾人的人们带来启发。

感恩是一种境界、一种力量、一种信仰和一种情怀，是这个世界上最美好的感觉。感念不幸，它磨砺了人的品性；感念生活，因为它魅力无穷；感念亲情，多一分亲情社会就多一分和谐；感念成功，成功就在每个人手中。希望每个残疾朋友学会感恩，感恩生命、感恩父母、感恩社会，知恩图报，在大恩与大爱的滋养中收获美丽人生。

第二十六章　实际的婚姻　幸福的爱情

　　世界上既甜蜜又苦涩，既惬意又艰辛，既让人心驰神往又让人望而却步，既充满享受又充满责任担当的事情，莫过于爱情和婚姻了。爱情和婚姻有风花雪月，也有酸甜苦辣，是人类独有的伟大创造。从某种意义上说，只有经历过爱情和婚姻的生命才是完整的生命，只有品味过爱情甜蜜和婚姻幸福的人生才是真正成功的人生。

第一节　爱情和婚姻是残疾人必不可少的生命要素

　　爱情是人类生存发展过程中超越动物本能而诞生的伟大情感，是男性和女性在彼此高度认同下的水乳交融，是每个人的基本权利。同健全人一样，残疾人也需要爱情和婚姻。他们忍受着残障的痛苦，历尽生存的艰难，更需要爱情的滋养，更需要婚姻的护佑。联合国教科文组织提出了"结婚——残疾青年康复的最终目的"的口号，足见爱情和婚姻是残疾人必不可少的生命要素，它不仅关乎残疾人的身心健康和后代繁衍，更关乎残疾人的尊严。

　　爱情和婚姻能挖掘残疾人的生命潜能，提升残疾人的生存境界。爱情和婚姻意味着彼此没有血缘关系的两个异性心甘情愿地彼此携手、共度一生。爱情远不仅仅是男女之间本能的释放，也不仅仅是男人和女人之间的相互依恋，而是一种生命的融合与创造。

　　这种融合与创造具有深刻的超越性内涵：

　　一是残疾人超越身体障碍和由此带来的精神忧虑，不断提升对爱情和婚姻的驾驭能力，在婚恋中体验生活之美。

　　二是在残疾人和健全人结合的婚恋中，健全人在对残疾人各种特殊性的认同、适应与交融中不断塑造着健全人自身的价值。在残疾人和残疾人相结合的婚恋中，两个感同身受的残疾人通过身心的高度契合而实现对残障的超越。

三是无论是残疾人与残疾人，还是残疾人与健全人，他们在婚恋中的相互扶持与和谐共建，不仅能建设一个美满家庭，也能成就双方父母的晚年幸福，更是对人间真情的诠释和创造过程。谁越是能够爱，世界对于他也就越有意义。

四是残疾人能够真正拥有爱情和婚姻，也是人类生命意义的一次超越。残疾人能够拥有爱情和婚姻，意味着世界上还有一个人能像父母和至亲那样承认、接纳残疾人的一切，这是一种伟大的人类情感，这种情感尽管没有血缘之亲，却释放出同血脉亲情同样的光辉，这对于残疾人来说是弥足珍贵的。如果残疾人之间、残疾人和健全人之间都能构建美好的幸福之巢，人类在爱情和婚姻上就达到了真正的自由境界。

第二节 残疾人在爱情和婚姻上存在的特殊困难

中国残疾人在婚姻上存在着"三高问题"：未婚率高、离婚率高和丧偶率高。1987 年和 2006 年两次全国残疾人人口抽样调查结果将适婚年龄的残疾人和非残疾人的婚姻状况进行了数据对比（％）[1]：

	1987 年				2006 年			
	未婚	有配偶	丧偶	离婚	未婚	有配偶	丧偶	离婚
残疾	29.29	58.96	10.26	1.50	31.19	58.70	7.27	2.85
非残疾	16.05	74.29	9.17	0.49	17.88	75.08	5.69	1.09

以上数据反映出适婚残疾人有配偶的比率远低于健全人，但未婚、丧偶、离婚的比率却远高于健全人，说明了残疾人婚恋问题的艰难。

爱情的获得性决定了残疾人在爱情和婚姻上的劣势性。爱情是一种在无血缘纽带条件下创造出的一种亲情关系，需要两个人彼此把身体、心灵

---

[1] 国家统计局、第二次全国残疾人抽样调查领导小组：《第二次全国残疾人抽样调查主要数据公报》（第二号）（http://www.stats.gov.cn/tjsj/ndsj/shehui/2006/html/fu3.htm）。

甚至全部生命奉献给对方而成就的一种神圣感情。相比于亲情的先天性，爱情是一种获得性感情。所谓获得性感情，是指它不是与生俱来的，而是男女两性在社会化的过程中，在具备相应的生理基础和心理条件的前提下，彼此因相互吸引而产生的情感，它不仅意味着激情与快感，更意味着责任、使命与承担。一方面要求男女之间在身心、幸福、责任、前途等方面的水乳交融，另一方面还深受男女双方家庭的态度与价值观的影响。两个相对独立的个体，在寻觅自己感情的过程中有广阔的选择空间。一个男性可以在多个适龄女性中选择最符合自己心意的一个女性，一个女性也可以在多个适龄的男性中选择最符合自己的一个男性，这是一种完全基于自愿的双向选择过程。残疾人因为身体的不足在这种选择中处于劣势，这就意味着残疾人获得爱情会相对艰难。

爱情的排他性进一步增强了残疾人婚恋之路的困难性。所谓排他性，是指爱情只限于固定的两人范围，而不允许其他人参与其间。在一定时空内，两份同样的爱情不能也不准同时发生在三个人身上，爱情的排他性最终表现为婚姻选择的唯一性。有一部家喻户晓的电视剧《肥猫寻亲记》，讲的是一个有些智障的大哥肥猫在他所谓的"小媳妇"的帮助下，寻找他失散多年的弟弟妹妹的感人故事。以前，我更多看到的是一份亲情的守候，一份真挚的奉献，一份社会对残疾人的尊重。如今再看《肥猫寻亲记》，我却有了新的感触，尽管大哥肥猫很真诚、很真实，事事为别人着想，表现了足够的心灵之美，"小媳妇"对他充满了欣赏，但他却始终无法得到"小媳妇"的爱情和婚姻，而他依然默默无闻地为所爱的人付出，不免令人感到心酸。从爱情的排他性可以得出答案，尽管"小媳妇"十分喜欢肥猫，但这种喜欢并非爱情，也不能与他走进婚姻，因为"小媳妇"还有另外的选择。

从总体上说，残疾人婚恋之路的艰辛大致由三重因素造成，正如中华女子学院王献蜜老师所说："经济条件差、社交圈子小及自卑心理成为阻挡残疾人缔结婚姻的三大拦路虎。"首先，经济条件差难以为建立一个新家庭提供必要条件。残疾人是中国经济最困难的群体，尤其是目前 3/4 以上的残疾人生活在农村，在农村残疾人中还有一千多万的绝对贫困残疾人口。当残疾人谈婚论嫁时，身体局限和生活拮据的双重劣势将成为婚恋难以逾越的障碍。其次，社会交往面窄使残疾人很难遇到适合自己的恋爱对象。相比于健全人，残疾人婚恋的选择机会少得多，经常处在被爱情和婚姻所遗忘的边缘。最后，残疾人自卑心态在婚恋问题上表现得尤其突出。身体的缺憾、能力的不足、交往的受限往往会使残疾人自惭形秽，在爱情和婚姻面前望而却步。

残疾朋友的婚恋分为两类：一类是残疾人与健全人婚恋，另一类是残疾人与残疾人婚恋。残疾人婚姻中的困难具体表现为：

（一）残疾人与健全人婚恋

恋爱阶段健全人对残疾人理解和认同的困难。理解和认同是双方面的，但在残健婚恋中，健全人对残疾人的理解和认同具有决定性意义。残疾人在生活、学习、工作中都有着各种不便和特殊性，这种"不便"需要健全恋人去克服和包容，这种"特殊性"需要健全恋人去理解和适应。在爱情的萌发阶段，不少健全人在选择婚恋对象时本能地排斥残疾人，即使是很有共同语言的好朋友，双方可以相互欣赏甚至相互吸引，结下深厚的友情，但这种友情也不一定转化为爱情。在做朋友时，残疾人身上的优点会被放大，其自强不息的精神甚至会感动许多人。但当面对婚姻时，残疾人身体的缺陷往往被置于优先的评判地位，从而影响健全人的选择。由于没有"残障"的生命体验，现实生活中能够真正理解残疾人的健全人并不多。

"残疾"往往成为残健婚姻最大的"拦路虎"，因而在谈婚论嫁时往往会忽略残疾人的优点而放大其不足，认为残疾人因残障而导致的弱势性不足以使他们支撑一个家庭。事实上，一个人是否强大，并不仅仅在于身体的强弱，伟大的精神和美好的心灵照样能释放出强大的生命能量。霍金因患"渐冻人症"，禁锢在一张轮椅上达40年之久，但他却身残志不残，其魅力不仅在于他是一位充满传奇色彩的科学天才，还因为他是一位令人折服的生活强者，他不断求索的科学精神和勇敢顽强的人格力量深深吸引了每一个了解他的人。1965年，一位金发女郎简与霍金结婚，并全力以赴支持霍金的科学研究，给了霍金一个正常人的生活。伴随着霍金在学术上的巨大成功，他的夫人简也成了全英国非凡的女人。

借此机会，真想真诚地对健全人朋友说：如果你确实为某个残疾人所吸引，请不要因世俗的某些习惯性思维故意排斥这种感受，因为一个残疾人能够在你的心中占有一席之地，既说明他（她）付出了巨大努力，也说明这个残疾人肯定有其突出的闪光点，他（她）在你心中已经足够优秀。世界上没有十全十美的男人，也没有十全十美的女人，任何人都有遗憾，也都有不足，残疾是一种不足，性格不好也是一种不足，不良的生活嗜好更是一种不足，给残疾人一个机会，也许你会收获一份惊喜。

　　征得健全人家人同意，是对残健婚恋的又一大考验。据说在发达国家，残疾人与健全人组建家庭比较常见，父母和亲友也很少出面阻拦。但是在中国，有时爱情和婚姻不仅仅是两个人的事，而是关乎两个家庭甚至两个家族的事。现实生活中，大部分健全人父母在面对这个问题时都会有所顾虑，父母反对的事例屡见不鲜。很多时候，残疾人得到了健全青年的爱慕，却在对方父母那里遇上了"红灯"。其实，幸福也好，苦难也罢，都是人的主观感受，关键在于残疾人和健全人之间是否真正相爱和真正愿意相互扶持。某残疾歌手得到一个健全女孩的倾慕，却在女孩家长那里一度遭到反对，但后来两人用幸福的生活征服了女孩的家长，也得到了女孩家长衷心的祝福。从这个例子，我们得出两个结论：一是当残健结合受到健全人家庭反对时，健全人的态度和立场起到了决定性作用。如果健全人十分坚决，就会成就一段美满姻缘；如果望而却步，就会半途而废。二是父母都是希望孩子获得幸福，只要孩子认定了自己的幸福，父母一定是最真诚的祝福者。

　　在这里，建议残疾朋友做好两点：一是倍加珍惜与健全恋人的感情，倍加珍视健全恋人对自己的倾慕。二是理解健全恋人家人的顾虑，并且努力寻找合适的机会向健全恋人的父母证明自己。当然，如果健全恋人的家人能非常开明地接纳子女的残疾恋人，那就不仅说明了这个健全恋人境界非凡，也说明了健全恋人的家人胸怀博大，残疾朋友更应该用自己全部的爱心经营好这段难得的美满姻缘。

　　婚后健全人和残疾人生活磨合存在困难。生活的真谛在于平淡中那"稳稳的幸福"，平淡的生活是残健婚恋真正的试金石。

　　首先是生活能力的磨合。残疾人的生活自理程度、对家庭的贡献能力、交往空间等局限都需要健全人适应。健全人势必要在家务劳动中付出更多辛劳，给予残疾人更多的生活照料。

　　其次是生活心态的磨合。这方面困难主要表现为两个方面：一是从健全人的视角看，婚后平淡的生活、繁重的家务劳动、残疾人在活动能力层面的局限，可能会使其感受到现实的婚姻状况并不符合其原有预期，造成二人婚姻出现问题。二是从残疾人的视角看，部分残疾人无论是在恋爱和婚姻中，由于实践活动与健全人存在差距，总是或多或少存在一定的自卑心态。当健全人承担繁重劳动而自己力不从心时，容易产生愧疚和不知所措的心理状态。如果双方因生活琐事发生争执，残疾朋友容易上纲上线，甚至盲目认为健全人配偶质疑这段婚姻生活、不满意现有生活状态，等等，给健全人配偶造成困扰。这实际是残疾人尚未真正摆正自己的生活心态，未能全面找准自己的婚姻定位所致。这个磨合上的困难需要彼此高度信任与坚守，从而在漫长婚姻生活实践中予以克服。

最后是性格的磨合。俗话说，千人千脾气，万人万模样。由于家庭环境和社会经历不同，男女双方肯定在处事风格、脾气性格、生活习惯上各有不同。残疾人身体的残障给其身体和心灵造成了极大伤害，在残健婚姻的比对中，常常会有力不从心的现象，容易产生自卑和失落心理，这种心理容易转化为烦躁的脾气；健全人在婚姻生活中承受着比一般健全人夫妻更繁重的家务劳动，在漫长的生活实践中，难免容易产生劳累、心焦和情绪低落的现象，性格脾气也容易产生起伏。这就需要双方深入体察对方的心理，各自克服负面心理和情绪，不断完善自己的性格，做到深刻地相互理解、相互包容、相互适应，保持健康的婚姻状态，不要因为盲目猜忌和生活琐事伤害了夫妻感情。这不仅仅针对残健婚姻，任何人的婚姻都需要用心经营。

（二）残疾人与残疾人婚恋

双方残疾给生活带来的重重障碍。可想而知，一个人某个部位或功能的缺失就会让生存变得艰难，如果两个人都面对这种挑战，势必给日常生活带来更大挑战。对于肢残人或盲人来说，洗衣、做饭、打扫房间都存在困难；对于聋哑人而言，家庭正常的交往活动会遇到阻滞。即便身体的代偿功能可以让他们身体的其他器官异常灵巧，但"代偿"毕竟不是"惯常"，譬如，失去双臂的残疾人尽管可以熟练地打理一些家务，但对于看护小孩特别是婴儿就会力不从心。当然，爱情的力量和感同身受的情感可以让他们相濡以沫，收获婚姻的幸福。因此，在客观看待这些困难的同时，我们要真诚地祝福这些残疾朋友。

子女教育中的困难。婚姻的重要责任之一在于保障后代的健康成长。残疾朋友就学率、就业率普遍偏低，经济条件和文化水平十分有限。他们可能会拿出积蓄供孩子上学，但在孩子的学业指导、心理疏导方面却显得力不从心。据统计，中国 15 岁以上的残疾人中 43.29% 的人属于文盲①，教育孩子对他们来说可谓勉为其难。另外，某些类型的残疾人面临许多特殊的问题，例如，聋哑夫妻孩子的语言功能开发令人担忧，孩子从小在无声或者发声极不规范的环境中长大，势必会对其语言开发产生严重的负面影响，这也是为什么许多聋哑夫妻的孩子出现说话不清晰、发音不规范或者干脆不会说话的现象的原因。

赡养老人方面的能力有限。残疾夫妻时常自顾不暇，很难履行赡养老人的义务。有的父母已经七十多岁了，还要为残疾孩子买菜做饭，甚至照看起居，这无形中给老人增加了许多负担。残疾夫妻履行赡养老人的义务，要本着量力而行的原则，起码应做到"三要三不要"：要有孝敬老人的意识和行动，自己能做的事情要尽量自己做，要常回家看看；不要惹老人生气，不要向父母提过多要求，不要在教育下一代上与父母发生冲突。

残疾朋友要深入认识和理性接受在婚恋问题上的困难，并努力想办法克服这些困难。更应明确的是，无论是残疾人还是走进残疾人婚姻的健全人，一定要有一颗充满"大爱"的心，当面对各种困难时依然能不改初心，共同携手努力，坚信生活中的困难是可以化解的，坚信残疾人也可以有幸福美满的婚姻。

第三节 真诚培育幸福的爱情和实际的婚姻

对于残疾人来说，幸福的爱情不只是花前月下、你侬我侬，更是彼此信赖、依偎和真挚的守候；实际的婚姻也不能停留于柔情蜜意抑或激情碰撞的主观幻想，更应靠自己的真诚与真正爱慕你的人彼此携手度过平淡而美好的一生。对于爱情和婚姻，残疾朋友最重要的就是以足够的理智树立正确的婚恋观。

第一，选择适当的婚恋对象。这是残疾人婚恋幸福的基础。残疾人在选择配偶时，应充分考量自己的实际状况，不要对婚姻和爱情抱有过多幻想，切忌沉湎于可遇而不可求的憧憬。

---

① 国家统计局、第二次全国残疾人抽样调查领导小组：《第二次全国残疾人抽样调查主要数据公报》（第二号）（http://www.stats.gov.cn/tjsj/ndsj/shehui/2006/html/fu3.htm）。

选择适当的婚恋对象时应当注意：

一是从客观层面讲，双方的身体状况、经济条件、家庭环境、发展前景等比较合适，能达到一种平衡状态。

二是从主观层面讲，双方的品德修养、能力水平、兴趣爱好、性格脾气等比较合适，彼此有共同语言，能够相互爱慕。

三是双方能够相互理解和相互包容。这个"理解和包容"不是浅表化的、某些方面的，而是深入灵魂和全方位的。特别是在残健婚姻上，健全人要体认残疾人由于残障造成的生活不便，心甘情愿地给予残疾人包容和体谅，领会残疾人复杂而丰富的内心世界。任何人都不是生活在真空中，世上也没有无缘无故的爱，当你爱一个人时，哪怕是一见钟情，要么喜欢其容貌，要么欣赏其才华，要么为他（她）的高贵品质所折服，要么对其从事的职业充满仰慕。在这个过程中，残疾人尤其要努力保持婚姻的纯洁性，避免在爱情和婚姻之上附着太多的东西。

正视残疾人恋爱中面临的各种考验。在残健婚恋中，当残疾朋友喜欢一个健全人时，要综合平衡各方因素；对于健全人的拒绝，残疾人应在换位思考的基础上理解对方，理性地考虑这个人是否真正适合自己。瓦西列夫说："爱情是本能和思想，是疯狂和理性，是自发和自觉，是激情和修养，是残忍和慈悲。"① 爱情是理性与非理性的统一体。虽然感性认知难以抑制爱情的怦然心动，但残疾朋友更需要用理智统驭激情，在理性中耐心寻觅真正的爱情。一旦残疾人发现自己寻觅到了真正的爱情，认为收获幸福的时机已经成熟，就要克服自卑，大胆地说出自己的爱，积极争取属于自己的幸福。当残疾人与残疾人恋爱时，应尽量选择残疾类型类似或残疾程度互补的对象，以便更容易相互理解、彼此照料。同样或相似的残疾类型有助于增强共同语言，深化相互理解；残疾程度互补有助于增强互相帮扶的能力，提高婚姻生活质量。

在这里，还要建议残疾朋友避免两类情况：

一是善于甄别婚姻目的的不纯洁性。随着信息技术的发展，网络征婚成为一种重要的婚恋平台，而且出现了各种专门面向残疾朋友的婚恋网站。这既为包括残疾人在内的适婚人士提供了更便捷和更广泛的选择，但也存

---

① ［保加利亚］基里尔·瓦西列夫：《情爱论》，赵永穆、范国恩、陈行慧译，当代世界出版社 2003 年版。

在着盲目性、无序性、虚假性和不可控性。残疾朋友应学会提防各种骗婚行为，有的人和残疾人结婚只是希图从残疾人身上得到想要的东西，譬如房产、户口、财物，一旦得到这些就会抛弃残疾人；有些网站上所谓"恋爱者"可能根本就是子虚乌有，而是一种纯粹诈骗行为。残疾朋友要慎重对待网络婚恋，弄清楚对方的真实信息和来龙去脉，不能听之任之。

二是避免时下流行的"闪婚""试婚""裸婚"等婚姻模式。这些婚姻模式不适合残疾朋友，残疾朋友不能只图一时兴趣，而应根据自己的身体状况，慎重地选择婚恋对象，严肃地对待婚姻行为，避免在婚恋中走"弯路"。

第二，相互磨合、理解和包容。从哲学的角度说，只有万事万物在本性上彼此促进、彼此包容，才能形成应有的秩序，达到真正的和谐。相爱是一门艺术，是两个人共同成长。处在恋爱和婚姻中的两个人做什么都应是双向的，不能单纯地让对方适应自己、理解自己。相互磨合、相互理解、相互适应、相互包容才是经营好婚恋的黄金法则。爱必须有交流，有交流才有理解，有理解才有更深的爱。婚姻和爱情是男女两性之间的高度契合，男人有男人的思维方式，女人有女人的思维方式，只有求同存异，将二者思维方式完美融合于一体的两个人才能最终走到一起。如果在相互磨合中发现问题反而是好事，它可以促进双方深入反思，确实不合适时可以分手，以免对双方造成更大的伤害。正如丁玲所说："轻率地玩弄恋爱正如玩火一样，随时有自焚的危险。如果说恋爱是甜美的酒浆，但随便乱喝，也会变成烈性的毒汁。"无论是残疾人和健全人恋爱，还是残疾人和残疾人恋爱，都要展示真实的自我，全面地了解对方，在真诚磨合中理解和适应对方。

在结婚以后双方要努力做到：

一是始终对婚姻怀有神圣感。周恩来和邓颖超不仅是我们事业上的榜样，而且是我们婚姻生活上的楷模，他们提出的"八互"原则：互敬、互爱、互信、互勉、互帮、互让、互谅、互慰，是爱情和婚姻保鲜的最好秘诀。人不能一味追求婚恋的快感，而要更注重婚姻的忠贞度和纯洁性。恋爱阶段双方坦诚相待，说出最真实的想法；一旦走入婚姻殿堂，就要彼此相互忠诚，相守一生。

二是努力承担婚姻责任。责任是婚恋的内核。衡量一个人是否爱另一个人，是看双方是否在平淡的生活中时刻牵挂着对方，是否认真规划共同的未来和努力承担起爱的责任。从大的方面说，要有科学的生活预期和生活规划，并随时考量对方的需要和共同的生活诉求。从小的方面说，残疾朋友应克服依赖心理，力所能及地做一些适合自己的家务。在残健婚姻中，如果健全人配偶任劳任怨地付出，作为残疾人，首先要心存感激，体会到健全人配偶所作出的牺牲，多体谅和爱护自己的健全人配偶。比如，多说几句暖心的话、多做些温馨的事，当爱人劳累时给爱人捶捶背，等等。其次要在生活上尽量做到自立自强，不能认为健全人配偶心甘情愿，自己就可以坐享其成。不但要力所能及地打理自己的生活，而且应在自己擅长的事情上不辞辛劳地为自己的爱人和家庭付出。多数残疾人之所以能得到健全人的青睐，定然在社会生活中有其一技之长，残疾人应竭尽全力地在自己擅长的领域和事情上打拼，也让健全人配偶切实感受到你对家庭的责任与担当。每个人都有喜怒哀乐，都有身体不适、心情不爽、工作不顺的时候，一定不要相互苛求，而要用宽容化解生活中的磕磕碰碰，用爱和担当经营好自己的婚姻。

三是经常沟通交流，让彼此成为最信赖的人。无论是恋爱还是已婚，交流思想都是男女双方最重要的内容。婚姻不仅是"搭伙过日子"，还应当是双方思想情感的融合。相互信赖是婚姻持久维系的关键。只有彼此信任和依赖，才能相互支持地走完一生；否则，相互猜忌终会断送掉婚姻的一切。一些残疾朋友由于身体残障，当找到健全人伴侣时，可能会因为自身的弱势性而产生自卑、焦虑甚至猜忌的心理状态。残疾朋友应当明白，如果一个人和你结婚，就是把他（她）的一生交付于你，否则没有几个人愿以结婚当作利益的筹码。残障朋友应收起自身的自卑，平等地与健全人伴侣交往，彼此信任，相互依托。对真心与自己相依为命的配偶常存感恩之心，共同培育爱情之果。

第三，外树形象，内强修养。婚姻和爱情的本质不是苛责对方，而是在包容对方中建设自我，只有不断追求自我完善的人才能收获幸福的爱情和婚姻。建设自我的关键就在于：外树形象，内强修养。

外树形象包含两层意思：一是有良好的品行，在社会上有良好的口碑；二是有优雅的风度和仪表。爱美之心，人皆有之。人类的爱情之所以珍贵，就在于它是一种高级的审美活动。爱情的萌发在于男女间相互吸引而产生的好感，好感的来源最初便是一个人的仪表，这是人性的本能；但人类对仪表的欣赏又绝不停留于本能，而具有深刻的文化内涵，这种文化内涵可以通过文明做事、礼貌待人和不凡谈吐展现出来。如果残疾人能够在面临各种生存艰辛时依然有出众的风度，不仅表现了残疾人对生活的热爱，更能体现残疾人的生命之美，这样才更能在恋爱和婚姻中得到爱人的欣赏。

内强修养也有两层含义：一是学会控制自己内心的负面情绪，保持心态平和，处事稳妥，严于律己，宽以待人。婚姻生活中难免磕磕绊绊，双方磨合过程中难免意见分歧，甚至有时会出现激烈争吵。这就需要夫妻双方学会控制脾气，善于包容对方，努力平和心境，巧于扭转气氛，让彼此的爱超越琐事烦扰，用良好的自身修养折服配偶，收获平淡而有智慧的婚姻。二是要在婚姻中通过完善自我培养自己"爱的能力"。人类内在的创造性决定了人类的爱情是一种"生产性的爱"。弗洛姆把爱与责任结合起来做了解读："生产性地爱一个人就是指关切他，对他的生命富有责任；不仅对他的肉体存在富有责任感，而且对他全部的人性的力量的成长和发展富有责任感。"① 要做到"生产性的爱"，就要在婚恋中塑造理想人格，勇于担当，甘于奉献，勤俭持家，相濡以沫，时刻想着家庭，永远念着伴侣，以"最好的自己"建设最好的家庭，展现爱情和婚姻的创造性价值，促进激情和爱情向血浓于水的亲情转化。残疾人的爱情和婚姻可以是平淡的，但不能是寂寞的，残疾人也可以尽自己的努力以独特的方式营造浪漫和温馨，不断制造爱的情趣，不时送出爱的惊喜，以爱的灿烂为婚姻保鲜。

残疾人有爱的权利，更有爱的能力。爱情就是一念天堂，一念地狱——你不吝啬付出，爱情就是天堂；你一直索取，爱情就是地狱。因此，建议残疾朋友用爱经营实际的婚姻，用心享受幸福的爱情。祝愿残疾朋友都能步入婚姻的殿堂，为幸福去爱，因爱而幸福。

---

① ［美］马斯洛等：《人的潜能与价值》，林方译，华夏出版社 1987 年版。

第三编　社会建议篇

　　社会是残疾人最大程度上实现梦想的保障。社会的关爱、认可、培养和保障，是广大残疾人最大程度上实现梦想的重中之重。中国目前有各类残疾人八千五百多万，涉及2.8亿多家庭人口，在中国实现全面小康的"船队"中，这是拖在最后面的一艘"船"，需要社会各方面的共同努力。祈愿社会更多、更好地关爱残疾人群体，帮助越来越多的残疾人走出残疾的阴影，创造和拥抱美好的生活。

第二十七章　千方百计避免残疾

残疾不仅给一些个人和家庭带来了痛苦和不幸，而且也让人类的生存发展付出了沉重代价。从人类生存质量和发展成本来看，预防残疾比治疗和关爱残疾更加重要。千方百计避免残疾，是全社会都应当关注的一个重大问题。

我们一般把残疾的预防分为三级：一级超前预防，二级积极治疗，三级主动康复。超前预防是指防患于未然，把造成先天性和后天性残疾的可能性都降到最低；积极治疗是指一旦有了致残因素或事实，抓紧进行治疗，治疗及时可能会减轻残疾甚至避免残疾，延误治疗可能会导致残疾或加重残疾；主动康复是指主动而持之以恒的康复行为，可以最大限度地改善人的生理与心理功能，甚至逐步消弭残疾症状，提高残疾人的生存质量。

第一节　做好先天性残疾的预防

导致残疾的原因可归纳为三大方面：遗传和发育致残、外伤和疾病致残、环境和行为致残，三者互相交叉作用，造成先天性残疾和后天性残疾。从残疾预防的实践出发，将导致残疾的具体原因分为遗传、药物、疾病、中毒、事故、意外伤害和有害环境等若干方面。

据《中国青年报》报道，全世界每年有 790 万严重缺陷儿出生，其中至少有 330 万死于 5 岁之前，320 万将发展成为残疾，只有 100 多万有可能基本康复或完全康复。[①] 我国大约每 30 秒就有一个缺陷儿出生，给数以万计的家庭带来了痛苦和磨难。

---

① 中华人民共和国卫生部：《近三千万家庭曾生育缺陷儿》，《中国青年报》，2010 年 2 月 5 日。

先天性残疾应当从以下几方面进行预防：

做好婚前检查。男女婚前检查是提高人口素质、降低出生缺陷、预防先天疾病的一项重要措施。为了未来孩子的健康，准备做父母的青年人应当主动进行婚检。

婚检大致分三步：

第一步：医生询问。一是询问个人病史，主要询问健康状况和患病历史，例如，询问是否有传染病、心脏病、精神病、泌尿生殖系统疾病、重要脏器疾病等。二是询问家族病史，主要询问家族三代以内直系亲属的患病历史，例如是否有痴呆、精神病等遗传性疾病。三是询问双方是否是直系血亲或三代以内旁系血亲。四是询问个人生活史，包括是否吸烟、喝酒、个人工作状况、居住环境、饮食习惯等，女性还会询问月经史等。

第二步：体检。一是检查身高、体重、血压、神经系统发育、第二性征发育等；二是检查肝脏、肺、肾、心脏等主要脏器器官；三是进行血、尿的常规检查；四是进行生殖器检查，男性主要检查阴茎是否有疾病以及精液检查，女性主要检查生殖器是否有疾病以及能否怀孕。

第三步：婚前指导及咨询。通过看录像和医生指导，给男女双方上一堂生理健康课；向医生咨询时不要不好意思，要大胆地提出自己的疑问，为婚姻做好充分的准备。

做好怀孕准备。如果夫妻双方确定了生宝宝计划，就要充分做好怀孕准备。一是身体上的准备。一定要在双方身体健康时怀孕，尤其不要在有病吃药或身体疲劳时备孕。二是心情上的准备。心情好坏对怀孕质量有很大影响，心情好时容易生出健康聪明的宝宝，心情差时容易生出体弱多病的宝宝，因此准备怀孕的夫妻一定要保持舒畅、平和、豁达的心情，让优生优育从怀孕准备开始。三是生活方式上的准备。夫妻双方要饮食有方、作息有节，不饮酒，不吸烟，经常进行体育锻炼，养成健康的生活情趣，保持身体心情俱佳，为"希望工程"打下良好基础。

做好孕期保健。孕期保健可以概括为按时休息、适度运动、合理膳食、勤检查、慎吃药、防畸形。休息是必需的，运动也是必要的，膳食一定要粗细搭配，营养均衡，时刻保持孕期健康。孕期一旦有了病，千万不要轻易用药，因为妊娠期服用某些药物，会影响胎儿健康发育，甚至会导致畸形，所以一定要在医生的指导下慎重用药。孕期定期检查很重要，一方面孕妇要主动，另一方面医生要负责任，对产前检查慎之又慎。著名残疾人励志演讲家力克·胡哲的母亲是一位护士，十分清楚怀孕时应当怎么做，她定期检查，两次超声波产检医生都没有发现胎儿异状，直到力克·胡哲生下来后，才发现他天生没有四肢。如果医学能发展到产前可最大限度地发现胎儿畸形，如果产检医生能够进一步做到严谨认真，那么全世界一年能少出生多少残疾孩子呢？

做好分娩工程。十月怀胎，一朝分娩，这真是人类生存繁衍的一项大工程。青年夫妻是这项工程的设计者，而医生是这项工程的建设者，如果设计得很好却在建设中出了问题，那确实是人生中最大的遗憾。说起来，我和力克·胡哲有相似之处，我的母亲也曾经是一位护士，也十分注意孕期保健，不同的是我发育得很健康，我的残疾是在分娩时造成的。我的分娩有五点教训值得吸取：一是母亲怀孕前很瘦，怀孕后变胖，影响了医生对母亲身体结构和生育能力的判断；二是母亲曾提出剖腹产，医院因为将剖腹产认定为难产，为了提高顺产率而拒绝母亲的合理诉求；三是当班接生医生对母亲能否顺产估计不足，责任心不强，在接生时回家会客近两个小时，耽误了最佳生产期，也贻误了最佳施救期；四是父亲的询问没有引起妇产科主任的重视，一句"早着呢，等着吧！"延误了时间；五是母亲因为是护士，知道医生不愿患者叫喊，所以肚子痛也一直忍着，结果没有引起医护人员的关注。在这里，我怀着复杂的心情总结了这五点教训，期望大家引以为戒，避免悲剧再次发生。

第二节　儿童时期是预防残疾的关键期

在宝宝婴幼儿时期，几个容易引起孩子残疾的方面必须要重视：

黄疸过重。医学上把未满月（出生 28 天内）宝宝的黄疸，称之为新生儿黄疸。黄疸是由于胆红素代谢障碍而引起血清内胆红素浓度升高所致，外部表征是皮肤、巩膜等组织的染黄。黄疸加深时，尿、痰、泪液及汗液也被染黄，唾液一般不变色；尿和粪的色泽改变；消化道症状，常有腹胀、腹痛、食欲不振、恶心、呕吐、腹泻或便秘等症状；胆盐血症的表现，主要症状有：皮肤瘙痒、心动过缓、腹胀、脂肪泻、夜盲症、乏力、精神萎靡和头痛等。新生儿黄疸有生理性和病理性之分。生理性黄疸在出生后 2 ~ 3 天出现，4 ~ 6 天达到高峰，7 ~ 10 天自然消退。若生后 24 小时即出现黄疸，2～3周仍不退，甚至继续加深加重或消退后重复出现，即为病理性黄疸，应尽快到医院治疗。病理性黄疸对患儿危害很大，胆红素超过警戒线的新生儿90%以上容易导致脑干听力电位异常，导致脑损伤，如果治疗及时大部分可以恢复，延误治疗时机就会导致各类后遗症。新生儿黄疸并不可怕，关键是宝宝的家人要了解这方面的知识，不要让小病酿成大患。

持续高烧。婴幼儿脑发育不成熟，高烧会引起惊厥症状，甚至会因病毒感染而引起脑炎。持续高热还会造成小儿严重脱水，破坏人体细胞，40℃以上甚至超高热时，细胞代谢紊乱而产生有害代谢产物，损害心、肝、脑、肾等重要器官，甚至会有生命危险。宝宝一旦发烧，家长要高度重视，但也不要惊慌失措，应尽快带孩子去医院查清发热原因，千万不要盲目强行降温。一般情况下，宝宝发烧在38.5℃以下可选用物理降温，38.5℃以上应采用相应的药物退热措施。只要把握得好，会将小儿高烧的危害降到最低，最大程度上避免残疾的产生。

用药不当。在美国，因用药不当而死亡的人数居心脏病、癌症、中风之后，排第四位。在全球，用药不当致死占全部死亡人数的1/3。央视《生活》栏目曾对中国残疾人艺术团进行采访，18名聋哑演员中，绝大部分都是在2岁前后因为发烧时不当用药而导致耳聋的。这些聋哑演员让世界看到了《千手观音》等节目惊人的美，但在美的背后，却是难言的痛。在合理用药上，家长应给孩子少用药、慎用药，医生应对症用药、科学用药。

防疫问题。在防疫方面预防残疾，是一种积极的预防措施。一是提高疫苗的质量，防止注射的疫苗有问题。中国疾病预防控制中心公布，每年都有超过1000个孩子患上各种疫苗接种后遗症，留下了终生残疾。2013年11月至12月，广东中山、江门、深圳、梅州等地先后出现四例疑似接种深圳康泰重组乙型肝炎疫苗后的死亡病例，其中一名新生男婴接种疫苗后死亡，总共仅存活74分钟。二是突出重点抓好预防接种。应努力减少和消除急性脊髓灰质炎、麻疹、乙脑等致残传染病，重点超前做好这几种致残传染病的预防接种。三是避免接种不及时甚至漏种现象。中国每年新增新生儿1600多万名，每年注射的疫苗超过10亿剂次，是一项庞大的工程。许多家长不太了解防疫知识，对孩子什么时间接种什么疫苗不清楚，经常出现接种不及时甚至漏种现象。我的母亲是一名校医，每学期一开学，她总要把学生的《防疫手册》收起来进行检查，发现漏种的马上督促进行补种。母亲说每学期都有大量的学生出现漏种现象，这一点必须引起家长的高度重视。

第三节　预防生活中本可避免的残疾

家长要教育孩子生活中注意安全，时时处处做到"我不伤害别人，我不伤害自己，我不被别人伤害"。

避免运动玩耍致残。北京残奥会上，残疾人运动员合奏了一曲感天动地的生命颂歌，我们在钦佩他们的同时，也会想假如他们没有残疾该多好。"无臂飞鱼"何军权、中国代表团旗手王晓福都是小时候在玩耍中不幸被高压电击伤失去了胳膊；五人制盲人足球队选手王周彬，九岁时去看一个点燃后未响的鞭炮，脸刚凑近，鞭炮爆炸，他从此失去了光明；我的一位同学体育课上因为偷着翻墙摔断了双腿；还有一位同学课间追逐打闹时被教鞭戳瞎了一只眼睛……凡此种种，都让我们扼腕叹息。安全进校园，安全进课堂，安全进家庭，应当成为共识。

避免疾病致残。常见的脊髓灰质炎即小儿麻痹症可引起肌肉萎缩、肢体畸形；乙型脑炎、流行性脑脊髓膜炎可影响脑功能，引起失语、强直性瘫痪、智力障碍、精神失常等。预防传染性疾病的关键是消灭传染源、切断传播途径和保护易感人群，提高人群的免疫力。传染病流行期间，家长要尽量少让孩子去公共场所，避免致残性疾病的发生和传播。

避免交通事故致残。随着汽车数量的增多，车祸已经成为致残的一大因素。以 2016 年为例，全国共发生道路交通事故 165245 起，共致 51834 人死亡、168280 人受伤。[①] 这些交通事故不仅使人民群众的财产受到极大损失，而且剥夺了众多健全的生命，制造了数以万计的残疾人。车祸猛于虎，出门需慎行。家长要教育孩子遵守交通规则，以主动安全预防意外伤害，大幅度减少人员伤亡。

避免自然灾害致残。主要包括水灾、地震、火灾、工业事故等。家长要教给孩子逃生的技能，比如，水灾时怎样逃生，地震和火灾时怎样自救，如果孩子具备这方面的知识和技能，就能有效地降低伤亡，降低自然灾害致残的程度。

---

① 中华人民共和国交通运输部：《2016 年全国道路交通事故数据统计》（http：//www.peichang. cn/detail/id18666. html）。

避免暴力致残。一是防范暴力。教育孩子遇事保持清醒头脑，当身处险境时，既要勇于斗争，又要善于斗争，尽力避免可能出现的伤害。二是控制暴力。教育孩子树立法制意识，不崇尚武力，更不崇尚暴力，尤其不要动辄挥拳相向，杜绝"谁的拳头硬谁说了算"的暴力逻辑。暴力致残是野蛮的恶果，应当竭力避免。

避免压力过大致残。如果长期压力过大，就会出现亚健康状况，一系列的病症就会找上门来。医学专家提醒，压力过大、心情糟糕会引起精神行为异常。在现代竞争环境下，孩子从小就压力很大，使生活质量大幅降低，也因此给身体带来了危害，比如抑郁症、内分泌失调、心脏病、视力下降等。家长应引导孩子加强身体保健和心理调适，让压力成为动力，而不能让压力成为健康的杀手。

避免不良生活方式致残。酗酒、吸毒、滥用药物、暴饮暴食、作息无节等不良的生活方式，都会危害人的身心健康，甚至导致残疾。心血管疾病发病率逐年增高，就是不良生活方式带来的恶果，它已经成为仅次于恶性肿瘤的第二号杀手，致残率高、死亡率高、复发率高、并发症多，对健康危害极为严重。家长要告诫孩子实行健康的生活方式，合理饮食，适当运动，戒烟少酒，低盐低糖，保持乐观豁达的心态，让生命的绿洲充满生机。

避免环境污染致疾。环境污染会给生态系统造成破坏和影响，也会给人类社会造成严重危害，使人类的生活质量、健康状况下降，发病率上升。水污染特别是核污染、化工污染会导致胎儿畸形或智力低下，大气的化学性污染会使人慢性中毒、急性中毒，患各类疑难杂症甚至致癌。注重环保，远离污染，不吃不干净的食物，不让环境污染损害我们的身体，应当成为当代公民的自觉行为。

预防和避免残疾是个人、家庭和全社会的共同责任，衷心希望每个人都能切实肩负起预防残疾和保障健康的责任，保护自己，维护他人，千方百计避免残疾，因为健全和残疾有时只有一步之遥。

第二十八章　完善决胜全面小康进程中的中国特色残疾人事业制度顶层设计

　　党的十九大胜利闭幕，标志着中国特色社会主义事业进入了新时代，决胜全面小康成为新时代的重要主题。中国特色残疾人事业是中国特色社会主义事业的重要组成部分，中国残疾人全面小康是衡量中国社会全面小康广泛性和深刻性的重要尺度。新中国成立以来，特别是改革开放近 40 年来，中国特色残疾人事业取得了巨大成就，积累了丰富的经验，已基本摸清了残疾人群体的发展需要和残疾人事业的运行规律，各项政策、制度等已经到了需要设计定型的时候。从现在到 2020 年，中国特色残疾人事业的核心任务就是和全国人民一道，决胜残疾人全面小康，帮助广大残疾人实现"第一个百年奋斗目标"。习近平同志指出："全面建成小康社会，残疾人一个也不能少。"[①] 为了使广大残疾人成为决胜全面建成小康社会的共建者和共享者，迫切需要完善中国特色残疾人事业的制度顶层设计。2016 年8 月国务院颁布的《关于"十三五"加快残疾人小康进程规划纲要》，是最高层次的顶层设计，它为新时期的残疾人事业描绘了宏伟的蓝图，必将为残疾人全面小康开辟光明前景。

第一节　制度顶层设计在决胜残疾人全面小康中的地位和作用

　　马克思说："制度只不过是个人之间迄今所存在的交往的产物。"[②] 制度

---

　　① 习近平：《落实责任完善体系整合资源统筹力量全面提高国家综合防灾减灾救灾能力》，《光明日报》，2016 年 7 月 29 日。
　　② ［德］马克思、恩格斯：《马克思恩格斯选集》（第 1 卷），人民出版社 1972 年版，第 78页。

是指人在公共交往中基于维护公共秩序、化解公共矛盾和实现共同利益的需要而形成的由社会成员普遍认同和遵行的价值准则和行为规范的总和。为了指引人在公共实践中形成合理的行为预期，就需要形成对社会成员具有普遍约束力和价值引导力的公共制度。"顶层设计"原是一个系统工程学概念，本义是指统筹考虑项目各层次和各要素，实现理念一致、功能协调、结构统一、资源共享、部件标准化，通过统揽全局，在最高层次上寻求问题的解决之道。制度的顶层设计，就是将各个制度视为一个相互联系、相互作用的系统，全面统筹各个制度子系统、各个制度层次和组成要素间的相互关系，始终围绕制度系统的核心理念和根本目标，以制度有机体建设推进各项具体事业有效开展。顶层设计既具有顶层推进性，又具有系统协同性，"顶层"不仅代表级别，也表征制度设计的核心环节和根本问题，需要决策系统从源头上全面设计各个系统、层次和要素的价值定位及其相互关系。

党的十八届三中全会明确指出："全面深化改革的总目标是完善和发展中国特色社会主义制度，推进国家治理体系和治理能力现代化。必须更加注重改革的系统性、整体性和协同性。"①，其着眼点正在于制度层面的系统化建构，因此，要"加强顶层设计和摸着石头过河相结合"②，既要继续在实践中进行创新性探索，又要根据已有实践从顶层进行制度建构和整体部署。在加快推进残疾人全面小康进程的历史时期，残疾人事业越来越需要优化制度的顶层设计，进一步阐明残疾人事业在中国特色社会主义事业总体布局中的价值定位，确定残疾人事业中各系统、各层次和各要素间的内在逻辑关联，特别是形成立足于推进残疾人实现全面小康的长效机制，加强残疾人全面小康进程中制度的系统性、整体性和协同性，为残疾人实现全面小康提供制度支撑。

组织制度顶层设计是决胜残疾人全面小康的基础。残疾人能否实现全面小康，坚强的组织领导是重中之重。正是残疾人事业各级组织的逐步建立健全，才使我国残疾人事业得以不断发展。1978 年，中国盲人聋哑人协会恢复工作，残疾人事业重新提上了党和政府的议事日程；1984 年，中国残疾人福利基金会成立，我国救济型、福利型残疾人事业基本成型；1988

---

① 《中共中央关于全面深化改革若干重大问题的决定》，人民出版社 2013 年版，第 3 页。
② 同上书，第 7 页。

年，中国残疾人联合会成立，标志着我国残疾人事业驶入了规范化轨道，初步形成了党委领导、政府负责、有关部门配合、残联组织充分发挥作用、社会共同参与的工作格局；1993 年，国务院成立残疾人工作协调委员会，2006 年更名为国务院残疾人工作委员会，协调解决残疾人工作中的重大问题，残疾人事业组织制度的顶层设计框架基本完成。历史经验证明，不断完善残疾人事业组织制度是实现残疾人全面小康的组织基础。

法律制度的顶层设计是决胜残疾人全面小康的保障。1990 年颁布实施的《残疾人保障法》，标志着我国残疾人事业开始步入法制轨道；2008 年重新修订《残疾人保障法》，"平等、参与、共享"理念成为这部法律的主基调，标志着我国的残疾人事业开始从单纯救济型、福利型转变为旨在彰显残疾人尊严和价值的综合性社会事业；《残疾人教育条例》《残疾人就业条例》等专门性法律法规的颁布实施和不断修订，极大地促进了残疾人教育、就业等核心权益的维护。目前，中国已形成了以《宪法》为根本，以《残疾人保障法》为保障，以 30 多部涉及残疾人内容的相关法律为依托，以一系列法规为抓手的残疾人法律制度体系。2008 年，中国带头签署了联合国《残疾人权利公约》，标志着我国残疾人事业走上了国际舞台。依法发展中国特色残疾人事业是全面依法治国的有机组成部分，日益完善的残疾人相关法律制度，为实现残疾人全面小康提供了坚实的法治保障。

发展规划的顶层设计是决胜残疾人全面小康的助推器。五年一个残疾人事业发展规划，保证了残疾人事业的可持续性和长远性，是中国特色残疾人事业的一条行之有效的经验。1988 年以来，我国已经连续颁布实施了 5 个残疾人事业五年发展规划纲要，把残疾人事业纳入国家经济和社会发展的全面规划之中。特别是 2016 年 8 月国务院颁布《关于"十三五"加快残疾人小康进程规划纲要》，更加突出了实现残疾人全面小康的主题主线，在残疾人事业中贯彻共享发展理念，把保障残疾人基本民生、促进城乡残疾人及其家庭就业增收、提升残疾人基本公共服务水平、依法保障残疾人平等权益、凝聚加快残疾人小康进程的合力作为未来五年推进残疾人全面小康的主要任务，实现了对残疾人全面小康的顶层设计，必将对残疾人事业发展产生深远的影响。

第二节 明确责任主体和主体责任是决胜
残疾人全面小康的关键

完善残疾人全面小康进程中的制度顶层设计，既需要制度本身的系统建构，更需要责任主体的科学执行。制度本身的系统建构有利于推动责任主体对制度的有效执行；责任主体的有效执行更能完善制度的顶层设计。只有责任主体明确主体责任，提升制度执行力，制度的顶层设计才能取得实效。作为国家治理的重要内容，残疾人事业的顶层设计和顶层推进，必须遵循推进国家治理体系和治理能力现代化的基本要求。鲁勇理事长指出："推进国家治理体系和治理能力现代化，残联组织应当切实提高组织治理和自治能力，充分发挥党和政府联系残疾人的桥梁和纽带作用，按照党委领导、政府负责、社会参与、残联组织充分发挥作用的领导体制和工作机制要求，自觉把残疾人事业有效融入国家发展大局之中，有效承担代表、服务、管理残疾人职能，有效承接政府购买残疾人服务责任。"[1] 这充分表明，只有不断提升各个责任主体履职尽责的能力，才能在各司其职中使制度顶层设计落到实处。

第一，责任主体一定要明确。对于一项事业或者一项工作来说，落实高于一切。无论再怎么立法，再怎么顶层设计，如果责任主体太笼统，就难以使好的制度落到实处。在我国现行体制中，党委、政府、社会、残联、残疾人社会组织是重要的残疾人事业责任主体，需要明确其具体的主体责任。目前，残疾人全面小康工作在具体实施过程中还存在着主体责任不够明确的问题。

请看某省下发的一份文件：

各市人民政府，各县（市、区）人民政府，省政府各部门、各直属机构，各大企业，各高等院校：

省残联、省委组织部、省委宣传部、省文明办、省工会、省妇联、共青团省委、省发展改革委、省教育厅、省财政厅、省民政厅、省卫生厅、省文化厅、省扶贫办、省科技厅、省司法厅、省人力资源社会保障厅、省

---

[1] 鲁勇：《以改革创新精神推进中国特色残疾人事业发展》，《人民日报》，2014 年 2 月 10 日。

住房城乡建设厅、省交通运输厅《关于加快推进残疾人社会保障体系和服务体系建设的实施意见》已经省政府同意，现转发给你们，请结合实际，认真贯彻执行。

这份文件内容丰富，非常鼓舞人心，但它缺少关键的一环，就是19个部门具体的主体责任不明确，出现了"泛主体"现象。在看到我国残疾人事业取得重大成绩的同时，我们也要看到目标定位不清晰、责任主体不明确对残疾人事业的制约。曾经问过几位残疾朋友：当你就业遇到困难时，你最想找哪个部门帮助？他们都毫不犹豫地回答：残联。这样的回答，一方面说明了他们对残联的信任，另一方面也说明了他们对就业主管部门缺乏明确认识。究其原因，就在于就业主管部门没有显示出应有的主体地位，或者说就业主管部门没有在残疾人就业中发挥应有的作用。责任主体没有意识到或者不愿意担当在残疾人工作中的主体责任，成为残疾人事业发展和残疾人全面小康的瓶颈。为了改变这一现状，国务院《关于"十三五"加快残疾人全面小康进程规划纲要》明确指出："地方各级政府要将加快残疾人小康进程纳入全面建成小康社会大局、纳入重要议事日程，列为政府目标管理和绩效考核内容。主要领导负总责，分管领导具体负责，政府常务会议每年至少研究一次推进残疾人小康进程工作。"[1] 在加快残疾人全面小康进程的36项主要任务中，每项任务都确定了1—3个国家部委负责具体落实，这必将有利于增强残疾人工作主体的责任意识，提高残疾人全面小康的成效。

第二，主体责任要落实。责任主体明确以后，各个主体自觉履行责任就成为关键。一位优秀的残疾学生因招生考试问题找到主管部门，当他陈述完自己的特殊情况后，得到的答复是：你的确很优秀，我们也很同情，但我们没有这方面的规定，你去找残联吧！这个答复说明，招生主管部门尚未把残疾人招生问题纳入日常工作议事日程，既没有意识到自己是残疾人招生管理的责任主体，更没有自觉履行主体责任。在残疾人事业制度顶层设计中，规定"各部门各司其职"不是一句空话，而应具有丰富的具体内涵，主管部门应综合考量普遍性原则和残疾人特殊性状况，制定切实可行的实施方案，将主体责任落到实处。

---

[1] 《"十三五"加快残疾人小康进程规划纲要》，国发〔2016〕47号（http://www.gov.cn/zhengce/content/2016-08/17/content_5100132.htm.）。

　　责任主体的履职能力和履职态度直接影响着残疾人的切身利益。2013年，网络上登出这样一则消息：《聋哑男 5 次登记结婚被拒因说不出"我想结婚"》。说的是一位聋哑男青年和一位视力残疾姑娘，为了一本结婚证，从 2012 年下半年开始前前后后跑了 5 趟民政局，直到姑娘怀孕 7 个月了，还是没能领证。领不到结婚证的原因是因为聋哑男青年说不了话、不会手语，也不太会写字，不能明确表达自己的结婚意愿。从本质上说，制度具有属人性和为人性，制度设计的目的是为了更好地服务于人的生存和发展。这件事既暴露出残疾人特殊性与制度一般性之间的矛盾，也说明应当对制度的具体实施者进行履职能力培训和职业道德教育，如果履职人员树立为残疾人排忧解难的思想，到基层组织和群众中调查了解事实真相，事情就会得到圆满解决。

　　责任主体提升履职能力和水平，就要深切了解残疾人的身心特点，理解残疾人的真实需要和现实诉求，把握残疾人的身心发展规律。这就需要责任主体在推进残疾人全面小康工作中"走下去、听进去、理解透"。"走下去"就是要坚持群众路线，走到残疾群众中真切了解其需求和愿望；"听进去"就是要体认残疾人的困难和疾苦，关怀残疾人生存现状，做残疾人的贴心人。"理解透"就是不断密切与残疾人的沟通交流，切实了解残疾人的特殊状况、能力水平、成长规律，及时制定和完善合适可行的制度和政策，更好地为残疾人谋福祉。

第三节　制度顶层设计的具体化有利于提高残疾人全面小康水平

　　残疾人事业制度顶层设计需要着力提升各项工作的具体化水平，从一定意义上说，这种制度顶层设计的具体化程度决定着残疾人全面小康的水平，因此要通过制度设计的具体化，把事关残疾人全面小康的事情做实、做细、做优。

　　社会保障具体化。只有将残疾人社会保障具体化，才能为残疾人全面小康奠定坚实的物质基础。在决胜残疾人全面小康的进程中，残疾人最关键的社会保障是实现脱贫攻坚，完善残疾人精准扶贫的制度构建。精准扶贫，就是要改变从前以经济发展带动区域脱贫的粗放扶贫模式，实现脱贫的具体化，使脱贫攻坚具体到针对每个具体贫困家庭和人口的帮扶，帮助他们找到贫困原因，提高其自我发展能力，进而摆脱贫困。残疾人是脱贫攻坚的重点人群，据资料显示，全国农村仍有1230万低于国家贫困标准的残疾人，占6500万农村残疾人总数的20%。① 因残致贫、久病致贫、劳动能力缺失致贫成为残疾人贫困的主要原因。基于残疾人贫困的现状和特点，应着力完善富有中国特色的残疾人精准扶贫制度。一要精准识别。在建档立卡时，各级组织要优先关注残疾人群体，考察每个残疾人家庭是否存在贫困现象、贫困程度如何，做到残疾人贫困档案全覆盖。二要精准帮扶。应根据每个残疾人残疾程度、自身需要、劳动潜能制定相应脱贫帮扶政策，将教育脱贫、就业脱贫、保障脱贫等脱贫方式进一步具体化。三要精准管理。贫困虽然是一个动态化的状态，经过帮扶的残疾人可以摆脱贫困，但残障使其返贫风险也进一步加大。应对残疾人脱贫进行定期跟踪，确认其确实脱贫且无返贫风险，再将其调出贫困户范畴。四要精准考核。建议把残疾人脱贫成效作为重点考核指标，确保残疾人"一个也不能少"地实现全面脱贫奔小康。

教育立法具体化。《关于"十三五"加快残疾人小康进程规划纲要》把"坚持增进残疾人福祉和促进残疾人自立自强相结合"② 作为一项基本原则。要想促进残疾人自立自强，提升残疾人提升自我发展能力，就必须提高残疾人的受教育水平，使残疾人掌握更多的知识和技能。《残疾人教育条例》促进了中国的残疾人教育，但在具体实施过程中还应进一步完善。第二十九条规定："普通高级中等学校、高等院校、成人教育机构必须招收符合国家规定的录取标准的残疾考生入学，不得因其残疾而拒绝招收。"③ 这里的"国家规定的录取标准"对于残疾考生应当怎样把握，具体的界定比较笼统。再比如《残疾人教育条例》（2017年修订版）中专门增加了一条：残疾人参加国家各种考试，教育考试机构应该予以专门的安排，④ 但没有具体的操作细则，这可能为实施者的工作创造性提供空间，也可能带来推诿现

---

① 转引自王建军、刘诚、李哲：《全国农村贫困残疾人状况分析与精准扶贫对策》，《残疾人研究》2015年第2期，31—33页。

② 《"十三五"加快残疾人小康进程规划纲要》，国发〔2016〕47号（http://www.gov.cn/zhengce/content/2016-08/17/content_5100132.htm.）。

③ 《残疾人教育条例》，中华人民共和国国务院令第161号（2017年修订）（http://www.gov.cn/gongbao/content/2017/content_5178184.htm）。

④ 同上。

象。可喜的是，2014 年的高考中首次出现了盲人高考试卷；2015 年教育部、中国残联联合印发了《残疾人参加普通高等学校招生全国统一考试管理规定（暂行）》，为越来越多的残疾考生提供了进入大学深造的机会，体现了残疾人高校招生制度顶层设计具体化的重大进步。建议国家从不同类型残疾人的特点出发，完善"全纳教育"的制度顶层设计模式，制定可行的"残疾人高等教育法"。目前，一些省份的高考录取分数线比较低，少数民族考生和高水平运动员可以享受降分政策，但作为最弱势群体的残疾人考生却没有享受分数上的任何优惠政策。国家应充分考虑残疾考生与健全考生之间的差异，制定具体化、人性化的评价标准和细则，促进普通教育与特殊教育的融合发展，通过系统教育提升广大残疾人素质，为残疾人全面小康注入动力和活力。

就业立法具体化。世界银行提倡"把就业置于中心舞台"，充分说明了就业对人的重要性。就业是实现残疾人全面小康的核心，《残疾人保障法》和《残疾人就业条例》都对保障残疾人就业做出了明确规定，各省市也制定了实施办法，对残疾人就业发挥了很好的促进作用，但为什么还有很多不尽人意的地方呢？恐怕应当在残疾人就业具体化上找原因。无论是《残疾人保障法》《残疾人就业条例》还是《中共中央组织部等 7 部门关于促进残疾人按比例就业的意见》都明确规定了"残疾人就业优先"原则，并将"同等条件下优先录用"列为落实残疾人就业制度的指导性原则。但因为缺乏具体化的实施细则，造成这一政策在实践中常常发生歧义。其一，对何谓"同等条件"认识不准确。由于对"同等条件"缺乏明确的解读，许多单位把让残疾人与健全人同等参加应聘理解为落实了"同等条件"。其二，何谓"优先"难以落实到位。残疾人就业优先权是对残疾人特殊弱势地位的补偿，是社会公平正义的表现，但在大多数单位，录用员工更多地还是立足于普遍性，而很少考虑残疾人的特殊性，一切以考试考核成绩为标准，只有当残疾应聘者成绩领先时，才有可能"优先"录用残疾人。这是对残疾人就业优先权的误读。其实，"残疾人就业优先权"，是指在经过科学评估的情况下，若残疾人和健全人同时具备岗位胜任条件，应当采取必要措施保护残疾人的就业权，优先安排残疾人。国家应进一步完善"残疾人就业优先权"的具体制度阐释、配套制度制定和具体实施方案，促进残疾人就业制度顶层设计的具体化，把残疾人特点和就业岗位特点结合起来，提升残疾人优先就业的制度刚度，明晰就业主体、就业责任、就业比例、就

业岗位和就业待遇，体现量体裁衣，实现各得其所，使用人单位和残疾人
做到互利双赢，使残疾人全面小康与整个社会全面小康形成良性互促。

第四节 通过完善奖惩评价制度促进
残疾人全面小康可持续发展

要真正完善残疾人事业的顶层设计，消除残疾人事业的制度障碍和发
展瓶颈，不仅要做好制度的制定和实施，还要建立健全奖惩评价体系，促
进好的制度得以落实，保证残疾人全面小康的可持续发展。

第一，强化执法检查，固化守法意识。《残疾人保障法》和《残疾人就
业条例》已经颁布实施多年，但在许多企事业单位落实得并不够好，甚至
在一些单位基本没有执行。《残疾人就业条例》规定："用人单位安排残疾
人就业的比例不得低于本单位在职职工总数的 1.5% 。"①，对不能完成的单
位收缴就业保障金，事实上，一些单位想方设法不缴纳或少缴纳保障金，
一些单位宁愿缴纳保障金也不愿安置残疾人就业。国家应加强对残疾人相
关法律的执法检查，将执行法律和制度落实紧密结合起来，将执法守法同
单位的社会责任结合起来，从尊重法律和尊重人道的双重原则出发，使法
律保障在制度顶层设计中发挥突出作用，从是否遵守国家法律的高度去评
价各企事业单位的残疾人工作，以法治的外在刚度激发人们关怀残疾人群
体的内在价值自觉，推动残疾人全面小康的实现。

第二，强化日常工作考核，固化责任意识。应进一步推进各省、市、
自治区将残疾人全面小康工作纳入政府日常工作考核指标，写入政府工作
报告，列入民生规划，纳入综合考核体系，将无障碍建设、扶残助残工作
纳入"文明城市""文明单位""文明社区"的创建内容。残疾人工作考核
是社会发展综合评价体系的重要一环，只有把这个定位固化下来，通过严
格考核提升制度实施主体的内在责任自觉，才能不断强化主体的责任意识，
有序推进残疾人全面小康进程。

第三，强化残疾人事业表彰，固化荣誉意识。如果把热心残疾人事业、

---

① 《残疾人就业条例》，中华人民共和国国务院令第 488 号（http://www.mca.gov.cn/article/
gk/fg/shflhcssy/201507/20150700848509.shtml）。

关注残疾人事业、旁观残疾人事业和躲避残疾人事业的四种人进行一个划分，恐怕后两种人不在少数。党和政府应营造浓厚的舆论氛围，促进后两种人向前两种人转化，逐步形成人人关心残疾人事业的良好局面。譬如，可以通过授予"最具爱心单位""慈善公益形象大使"等荣誉称号，完善奖励标准，拓展奖励渠道，加大奖励力度，强化人们的荣誉意识，激励全社会关心残疾人事业的文明行为。

第四，强化优良社会风尚，固化尊重意识。有这样一个故事：在德国某候车亭，人们正有序地排好队等待公交车的到来。这时，一位盲人在导盲犬的导引下也来到车站准备乘车。排队的人们纷纷自觉地排到了这位盲人的身后，让盲人第一个上车。这件小事反映了一种良好社会风尚，表现了人们对残疾人高度自觉的尊重意识。社会主义核心价值观是社会意识形态领域的顶层设计，其中的文明、和谐，平等、友善等都有着丰富的内涵，对制定和落实残疾人事业制度、推进残疾人全面小康进程具有重要指导意义。要引导人们把培育和践行社会主义核心价值观贯彻到落实残疾人事业制度的始终，通过舆论引导和评价，让人们感到尊重残疾人光荣、歧视残疾人可耻，增强人们对残疾人施展公共关怀的价值自觉，使促进残疾人全面小康成为人们自觉的意识和行动，逐步形成敬疾助残的社会风尚和公共文化。

残疾人全面小康是全面建成小康社会的最后一道关口。在决胜残疾人全面小康的进程中，一定要把制度的顶层设计摆在突出位置，以系统制度建构搭建残疾人实现全面小康的基本框架，在制度的约制和促动下，调动社会各界的积极性，推动残疾人事业的不断进步和残疾人全面小康的早日实现。

第二十九章　为残疾人打开智慧之门

　　教育是打开残疾人智慧之门的金钥匙。教育的意义就在于通过提升人的素质和能力，进而改变个人乃至国家和民族的命运。从某种意义上说，残疾人比健全人更需要教育。教育是唤醒残疾人灵魂的基础性活动，是为残疾人赋权增能的重要途径，将极大地挖掘残疾人沉睡的本质力量，以精神的富足弥补其身体的限制，为他们带来更多的生存发展的机遇和途径，促进更多的残疾人自食其力，成为对社会有用的人。观察一个国家的教育状况，其中一个重要窗口就是看学校特别是高等院校如何对待残疾人，师生中有没有残疾人，残疾人能不能在一个校园里独立生存，残疾人可否独立从事学习、教学或科研。让残疾人接受教育，为残疾人打开智慧之门，是社会文明的表现，也是全社会共同的责任。

　　面向残疾人的教育是基于残疾人特殊的身心特点，传授残疾人知识、开发残疾人潜能和促进残疾人和谐发展的对象性教育实践活动，因残疾人的生存发展需要而生，又在满足残疾人生存发展需要中不断发展。从残疾人角度看，他们有特殊的身心状况、特殊的价值需求、特殊的文化背景，特殊教育就是顺应这一群体的存在和特殊需要而产生和发展的。从社会角度看，社会对残疾人的态度不断优化的历史过程，既是人类文明进步的过程，也是残疾人的人格、尊严和价值得到承认的过程。从残疾人教育的特性看，即使教育者教上千遍万遍，也可能收效甚微。这就要求残疾人教育工作者面对残疾孩子要特别有爱心、特别有耐心、特别有恒心。

　　残疾人教育是国家教育事业的重要组成部分。新中国成立以来特别是改革开放以来，中国的残疾人教育事业取得了较大发展。1994 年 8 月 23 日颁布实施的《中华人民共和国残疾人教育条例》是我国第一部关于残疾人教育的专项法规，从法律上明确了残疾人平等受教育的权利，标志着中国残疾人教育逐步走上了正轨。目前，残疾人基础教育、中等教育、高等教育、职业教育等教育层次都有了较大的发展，特殊教育也在融合的理念中得到深入发展，但与残疾人的教育需求还相去甚远。第二次全国残疾人抽样调查资料显示，全国未入学的适龄残疾儿童少年总数为243490人；受教育程度为小学，即没有完成义务教育的残疾人达2642万人；15岁及以上残疾人文盲达3591万人。① 这充分说明了加强中国残疾人教育的必要性和艰巨性。

从对残疾人不同阶段的教育入手，对残疾人的幼儿园教育、小学教育、中学教育、大学教育进行分析，并提出相应的建议，有助于促进社会更好地打开残疾人的智慧之门。

第一节　打开智慧之门的第一扇门

幼儿园是孩子智慧的第一扇智慧之门，但却经常对残疾幼儿关闭着。我生活的胜利油田是国有特大型企业，当时的学前教育在全国应当是上游水平，但我却没有上过一天幼儿园，因为没有幼儿园可以接收我这样的残疾孩子（幼儿园从主观上不愿意接收，客观上也没有满足残疾儿童特殊需要的培养条件）。当时，姥爷经常带着我到幼儿园附近玩耍，透过栏杆围墙，我看到小朋友们在老师的带领下快乐地游戏，心中又羡慕又失落——虽然那时我不知道自己为什么不能上幼儿园。以我当时所处的条件和环境尚不能上幼儿园，全国落后地区特别是农村的广大残疾孩子就更难以接受正规的学前教育了。

残疾孩子的学前教育，一般通过特殊儿童教育机构、普通儿童教育机构、特殊儿童福利机构来实施。根据目前我国国情和残疾孩子的具体情况，以下几种方式比较符合实际：

（一）以市县为单位开办特殊教育幼儿园，逐步推进特殊教育幼儿园的普及化。特殊教育幼儿园是针对残疾幼儿特点进行早期干预的专门性教育机构，它的建立主要是基于满足残疾幼儿的特殊需要。多数残疾儿童在年幼时根本不具备与健全儿童共同接受教育的能力，许多残疾儿童在走路、说话等基本功能方面都存在很大问题，只有开办专门的教育机构、开展专

① 国家统计局、第二次全国残疾人抽样调查领导小组：《第二次全国残疾人抽样调查主要数据公报》（第二号）（http：//www.stats.gov.cn/tjsj/ndsj/shehui/2006/html/fu3.htm）。

门化的特殊教育，才能取得一定的效果。应当根据盲童、聋童、肢残儿童的特点，开展相应的特殊教育。这种方式的优点是有利于根据残疾幼儿的特殊教育需要统一规划园舍、安排设施、配备师资和教材，合理利用教育资源，保证特殊幼儿教育的规范性。这种方式的不足体现在：一是对经济条件要求高，服务半径长，残疾生源波动性大；二是对师资要求较高。一般到特殊教育幼儿园的儿童，其残疾程度相对较重，身体、智力等发育很不健全，对教师的耐心、善心和爱心以及特殊教育技能要求极高。北京某特教幼儿园就出现了严重的师资危机。这个幼儿园主要接收的是患有唐氏综合征、自闭症以及各种原因引起脑发育障碍的幼儿，由于孩子的残疾状况各式各样，上课时根本没人听老师的，有的哭、有的闹、有的高声尖叫、有的跑来跑去，让老师感到十分无奈，甚至烦躁，愿意来这里工作的人越来越少。我们不应苛求这些特教老师，她们都是有爱心的人。我们应多从办园机制上找原因，比如，建立残疾幼儿入园评估机制，在对幼儿的综合情况进行科学合理评估的基础上，对其是否能够接受幼儿园教育以及接受怎样的幼儿园教育做出科学的判断。对于具备接受幼儿园教育的幼儿，按照因材施教的原则，对残疾幼儿进行必要的分类，通过有针对性的教育护理，提高特教幼儿园的保教水平。

（二）学前教育和儿童康复相结合。这需要残疾幼儿教育机构、残疾儿童福利机构和残疾儿童康复机构合作办园，有的负责教学业务，有的负责日常生活，有的负责康复医疗。这种幼儿园以促进孩子机体康复和培养孩子的生活自理能力为主，以教学为辅，可以独立举办，也可以依托比较正规的医疗康复机构，规模不能太大，入园年龄可以比较灵活。这种办园方式的难点是各个机构怎样合作，谁来牵头，合作框架如何达成，资金如何配置等。但是这是一种相对比较实用的办园方式，既可以充分考虑残疾孩子的身心特点，康复、学习两者兼顾，又可以最大限度地减轻家长的经济负担和后顾之忧，对家长和孩子有吸引力，具有较高的社会效益，是一种值得创新和探索的办园方式。

（三）在普通幼儿园中设置残疾幼儿班。按照就近入园的原则，在普通幼儿园中设置残疾幼儿班显得比较符合实际。残疾幼儿班应实行小班化，残疾幼儿每班以 5—10 人为宜，年龄可适当放宽，便于教师管理和照料。残障幼儿入学前应经过专业评估机构的严格评估，划定残疾幼儿应达到的智商标准和最高残障程度，以便确定培养目标。残疾幼儿班应有专门的教室和师资,最好能够保证教师对每个残疾儿童经常性地单独指导。开设残健幼儿能够共同完成的项目,使残疾幼儿能与健全幼儿一起进行的活动要尽量一起开展,从小培养孩子的融入意识和融入能力,培养健全幼儿对残疾幼儿的认同感。要根据残疾孩子自身的特点开展相应的特殊教育活动,比如,盲文启蒙、手语启蒙、定向行走早期训练等。这种幼儿时期的融合教育对残疾儿童和教师都有较高的要求。对于这种幼儿园的教师而言,要善于引导健全儿童正确对待残疾儿童,尽量让他们做到不嘲笑、不欺负、不歧视残疾儿童,塑造他们的爱心意识,同时鼓励残疾儿童力所能及地参与健全儿童的一些活动。

(四)实行残疾幼儿家长跟班制。幼儿家长跟班制,就是让有条件的家长和残疾幼儿共同入园,残疾幼儿的照顾主要由家长负责,幼儿教师和保育员则负责对孩子的教育和对家长的指导。对于残疾幼儿少的地方,这种方式是比较可行的。需要注意的是科学评估孩子的身体和智力状况,认真审查跟班家长的身体健康情况和思想素质,不能因家长跟班影响其他幼儿的生活和学习。这种方式需要家长付出更多的精力和时间,家长能否坚持下来,能否处理好与幼儿园的关系,这种家庭教育和学校教育相结合的方式是否有利于孩子的成长,都是需要不断探索的课题。

第二节 打开智慧之门的第二扇门

九年义务教育是第二扇智慧之门,但只是向残疾孩子打开了一扇小门。根据 2012 年的统计,全国调查并已实名统一录入"中国残疾人事业统计管理系统"的未入学适龄残疾儿童少年共有 82834 名,他们因身体条件、经济困难等各种原因不能上学。残疾孩子怎样完成九年义务教育,已经成为一个重要的社会问题。

应当进一步明确对残疾孩子实施九年义务教育中的责任主体和主体责任。《中华人民共和国义务教育法》既适用于健全孩子,也适用于残疾孩子。对于适龄儿童少年来说,九年义务教育是最重要的教育,也是法律赋予这些儿童少年的权利。使全体适龄儿童少年都能接受九年义务教育,关乎社会能否真正肩负起应尽的法律责任。在对残疾孩子实施九年义务教育的过程中,政府、学校、残疾孩子监护人是三个关键的责任主体,这三大责任主体的主体责任应有更为明确的规定。对于政府来说，应进一步落实好残疾孩子受教育权保障、入学评估和统筹协调的责任。2017 年颁布的《第二期特殊教育提升计划（2017—2020 年）》明确要求："以区县为单位，逐一核实未入学适龄残疾儿童少年数据。通过特殊教育学校就读、普通学校就读、儿童福利机构（含未成年人救助保护机构）特教班就读、送教上门等多种方式，落实'一人一案'，做好教育安置。儿童福利机构特教班就读和接受送教上门服务的残疾学生纳入中小学生学籍管理。"① 以"一人一案"的方式做好残疾适龄儿童和少年的义务教育，就要求政府进一步加强监督检查和督促落实，确保辖区内普通学校和特殊教育学校适龄残疾儿童和少年的入学真正做到"零拒绝"。各省各地要成立由教育部门牵头，医学、康复、心理和特殊教育专家等人员组成的残疾儿童少年入学鉴定委员会，对辖区内适龄儿童和少年进行入学评估，并拿出不同的教育方案。对能够适应普通学校就读要求的，应安排在普通学校随班就读；对能够达到特殊教育学校就读条件的，应安排在特殊教育学校就读；对到校就读困难的重度或多重残疾儿童少年，要制定送教上门或远程服务方案。对有关学校无故拒绝残疾孩子的现象做好监督检查。对于学校来说，不得基于残疾的歧视而拒绝残疾孩子入学，严格遵循"零拒绝"原则。

在孩子入学后，应根据不同残疾孩子各自的特殊身心条件，充分考虑他们的特殊需要。残疾孩子既具有残疾人作为类存在的普遍性，又具有因残障所带来的特殊性。这种需要的特殊性表现为三个方面：一是残疾人普遍性需要中的特殊性成分。残疾人作为人的普遍性需要与健全人相比亦具有差异，普遍性需要寓于特殊性需要之中，并通过特殊性需要表现出来。二是相比于健全人群体而言，残疾人群体有着自身的特殊需要，而这种特殊需要又是残疾人群体的共性需要。三是不同类型、不同程度的残疾人具有各自不同的特殊需要。这就需要学校不能把残疾孩子当成"另类"，依旧按照人的成长发展一般规律，关注其普适性的需要，又应在教育目标、教育原则、教学内容、教学方法、考核模式、评价方式等方面做好个别化方案。由学校组织任课老师为残疾孩子制定专门的培养方案，将教育的共性和残疾人的特殊性有机结合起来，切实做到政策到位、师资到位、教学科

---

① 《第二期特殊教育提升计划（2017—2020 年）》（http：//www. gov. cn/xinwen/2017 – 07/28/content_ 5214071. htm）。

研到位、教学设施到位、经费投入到位、学生管理到位,科学有效地实施好残疾学生九年义务教育。对于残疾孩子监护人来说,应充分认识残疾孩子接受义务教育的重要性。当前,有很多家长因为孩子有残疾,从小就对孩子过于呵护,什么事都不敢放手让孩子独立完成。更有甚者,因为怕孩子吃亏,宁愿自己在家费心费力地看护着孩子,也不把孩子送到特殊教育学校,结果造成了孩子自理能力差、学习能力差、融入社会能力差。家长应当大胆放心地把孩子送到特殊教育学校去,让孩子接受正规的九年义务教育。

当前,特殊教育学校依然是实施残疾学生九年义务教育的主渠道。《中华人民共和国残疾人教育条例》规定:"残疾儿童、少年特殊教育学校(班)的教育工作,应当坚持思想教育、文化教育、劳动技能教育与身心补偿相结合,并根据学生残疾状况和补偿程度,实施分类教学,有条件的学校,实施个别教学。"[①] 各特殊教育学校在分类教学、分类管理方面做得比较到位,各地的盲人学校、聋人学校、培智学校各司其职、各尽其能,能够较好地根据此类残疾孩子的特点和需要进行教育,实现了类别意义上的个别化教育指导。当前,部分地区也开始逐步探索集盲、聋哑、智障生为一体的教育教学实践。某省在颁布实施的《2014—2016年特殊教育提升计划》中要求:市特殊教育学校在承担视力、听力残疾儿童少年教育的基础上,增设孤独症、脑瘫儿童少年教育部(班);县(市、区)特殊教育学校要积极创造条件,不断提高智力残疾、孤独症、脑瘫和多重残疾等儿童少年的招生培养能力。这些规定,有利于进一步根据不同残疾类型和残疾程度因材施教。

然而,全国各地的特殊教育发展很不平衡。为了提高特殊教育学校的教育质量,有四个具体建议:

一是进一步提高特殊教育的社会地位。改革开放以来,特殊教育事业虽然得到了长足发展,为越来越多的残疾孩子送去福音,然而,特殊教育在国民教育体系中依然处于边缘化地位。一方面,是因为特殊教育面向的对象主要是残疾孩子,其数量远低于健全儿童;另一方面,由于残疾人的弱势地位和实施教育的艰难性,使得特殊教育成为一个投入远远大于产出

---

① 《残疾人教育条例》,中华人民共和国国务院令第161号(2017年修订)(http://www.gov.cn/gongbao/content/2017/content_ 5178184. htm)。

的公共福利事业，加之中国特殊教育起步时间晚、发展方式粗放、对象类型单一、地区发展不平衡等因素，因而受重视程度较低。国家应进一步加大特殊教育投入，深入推进特殊教育供给侧结构性改革，促进特殊教育由注重数量和效率的外延式发展向注重质量和公平的内涵式发展转变，以优质的教育服务增强人民对特殊教育的关注度和认同度。巩固特殊教育发展基础，按照国务院《十三五加快推进残疾人全面小康进程》的要求，"鼓励有条件的师范院校开设特殊教育必修课程，加强高等院校特殊教育专业建设，发挥南京特殊教育师范学院和北京师范大学、华东师范大学的特殊教育院系等骨干特教师资培养作用。"① 为特殊教育事业输送源源不断的后备人才。加强对特殊教育课题研究的支持力度。新中国成立以来，关于特殊教育方面的国家社科基金项目立项可谓凤毛麟角，这与特殊教育承担的历史使命极不相称，特殊教育研究论文在教育类论文期刊中发表比例很低，特殊教育高质量成果比较稀少。应加强对特殊教育研究的支持保障力度，促进更多的人投身特殊教育教学和研究，不断提高特殊教育的发展后劲。

二是进一步给予特教教师优厚的待遇和社会尊重。教师是人类灵魂的工程师，是太阳底下最光辉的事业。特教老师不但要传道、授业、解惑，而且要呵护一个个残疾孩子的健康成长。从事残疾人教育的教职工，不但要具备一般教师的素质，而且要具有崇高的人道主义精神，不怕脏、不怕累、不怕委屈、不怕麻烦，甚至要不怕打骂（有些残疾孩子会有极端行为），时时处处对残疾学生怀有诚心、耐心和爱心，燃烧自己，照亮别人，成为心灵美的典范和公德美的楷模。要尽量给予特教教师优厚的待遇。目前，特殊教育学校的教师工资比当地同职级小学老师的工资多15%，这是值得继续全面推行的。除此之外，还应全面推行特殊教育津贴制度，并在职称评定、参加培训、课题申报等方面优先考虑特殊教育教师。当前，大多数地区对特殊教育老师的职称评定和课题申报没有设置专门性政策，致使特教老师因受到工作限制在与普教老师同等序列的评比中处于劣势地位。这种现状应引起教育主管部门的高度重视。要完善特殊教育教师资格证书制度，严肃考核程序，推动特殊教育专业的学生优先获得特殊教育教师证书。强化特殊教育教师证书的效能，建议参照持有残疾人证的待遇，凭特

---

① 《"十三五"加快残疾人小康进程规划纲要》，国发〔2016〕47号（http://www.gov.cn/zhengce/content/2016－08/17/content_ 5100132. htm）。

殊教育教师资格证在参观游览、乘车等方面享受一定的优待，充分体现对特教老师的社会尊重，让从事特殊教育的教职工充满自豪感，更好地激发他们的事业心和责任感。可以吸纳部分有能力的残疾人担任特教教师，因为他们感同身受，更能与残疾孩子和家长沟通，教育也可能更有针对性，在残疾人帮扶残疾人的过程中实现彼此生命的升华。

三是特殊教育学校（班）的课程计划、教学大纲和教材，应当进一步适合残疾儿童少年的特点。个别化教育是特殊教育的基本原则。应立足孩子的特殊性，培养其优良的个性，发展其适合的特长，发挥其比较优势，增强其潜能开发的效率。曾听一个盲生谈到，他在上盲校时，学校既有专门针对盲生的生活技能课，又有语文、数学之类的文化课，而这个盲校也像大部分普通学校一样，把文化课摆到重中之重的位置，对于教会盲人过马路、避免障碍、自主料理衣食住行的生活技能课则能省则省，甚至连续几周不上一次。这位盲生感叹道：这恰恰是我们最需要的呀！这启示我们，特殊教育一定要以残疾人的生存需要为核心，不能单纯地追求文化课的精深而忽视残疾人基本生存能力的培养。在与特殊教育专业学生的交流中，一位学生谈到，目前特殊教育缺乏生活化，理论教育过多而实践不足，应该进一步增强对残疾人生活能力的具体培训。在特殊教育实践中，应立足于不同残疾学生的特殊需要，将其身体康复与生活技能培训摆在突出位置。首先基于缺陷而展开对其他机体器官的训练，促进其机体功能代偿效用的发展；其次创设规避缺陷的特殊教育条件，将其缺陷对受教育的负面影响降到最低。基于视障儿童的特殊需要，特殊教育要注重对其进行感官训练；基于听障儿童的特殊需要进行语言功能的发音训练等，这些针对性的训练能满足残疾人机体恢复的渴望，有助于其生活技能的提高。

四是建立残疾学生救助制度和社会志愿者服务队伍。这是优化特殊教育支持保障体系的重要内容。残疾学生除享受义务教育的"两免一补"政策外，家庭困难的学生还应当得到救济资助。可借鉴国外先进经验，从义务教育阶段开始，就设立奖学金制度，甚至让残疾学生参与一些可以胜任的岗位工作，让他们凭借自己的努力改善生活学习条件，增强他们的荣誉感和成就感。特殊教育学校还要畅通与共青团、妇联、工会、慈善等社会团体组织的联系，有相对稳定的社会志愿者服务团队，鼓励志愿者定期到学校来帮教、帮困、帮学。

在普通学校随班就读是实施残疾人九年义务教育的重要渠道。"二战"

之后，西方发达国家基于对隔离式特殊教育把残疾人封闭化、标签化缺点的反思，在"分开就是不平等"的价值理念推动下，开启了"正常化运动"和"回归主流"的融合教育改革运动，主张把中、轻度的残疾儿童由特教学校转入普通班级就读，倡导普通学校为残疾儿童提供必要的教育安置条件，促进残疾儿童与健全儿童的教育融合。"正常化"浪潮主张"应该消除阻碍残疾人参与正常生活的各种障碍……要求我们应该像对待其他人一样的方式对待残疾人，致力于促进残疾人融入社会大环境。"① 这种融合理念和教育实践代表了社会发展的进步趋势，成为特殊教育的发展主流和战略选择。在融合教育的实践中，人们对残疾儿童的"标签化""异常化"认识逐步减弱，对残疾人和健全人"同质性"的关注日益增多，残疾人和健全人交往的"常态化"认知模式和实践模式正在形成。这有利于以教育融合文化推动形成社会融合文化，为残健融合打下良好基础。对于听力、视力、智力尚可的残疾孩子，在普通学校就读是一种较好的教育方式。从小学到博士，我都是在普通学校就读的，尽管经历了许多酸甜苦辣，但总的来说教育效果是好的。我曾经了解了数十位残疾朋友的求学经历，结合自己的切身感受，我觉得残疾孩子参与普通教育应注意以下几点：

一是适应问题。这包含四层意思：其一，残疾孩子对普通教育模式的适应。怎样坚持正常上课、怎样按时完成作业、怎样顺利参加考试是其核心内容，这直接关系到残疾孩子能否顺利完成学业。其二，残疾孩子的残疾类型和残疾程度是否适合普通学校教育。2017 年 5 月，一部以融合教育为题材的电影《喜禾》分别在北京大学和南京特殊教育师范学院举行了其华北地区和华东地区的首映式，引发了人们对融合教育的深入思考。《喜禾》反映了一名患有轻度自闭症的小男孩喜禾在普通学校求学的艰辛故事。为了让孩子更好地融入社会，喜禾的妈妈始终坚持让喜禾在普通教育学校学习，但喜禾毕竟是一个自闭症患者，时常在上课时不顾他人四处走动、大喊大叫，随意乱扔书本文具，甚至有时会打伤同学。这招来了众多健全同学家长的反对，他们多次到学校反映，以严重影响他们孩子的人身安全和正常学习为由请求学校拒绝喜禾继续学习。学校迫于压力拒绝了喜禾继续就读，可喜禾的母亲却坚持不送喜禾进入特殊学校。为了重返普通学校，

---

① 参见［美］丹尼尔·P. 哈拉汉、詹姆士·M. 考夫曼、佩吉·C. 普伦：《特殊教育导论》，肖非等译，中国人民大学出版社 2017 年版。

喜禾的母亲做出了各种各样的努力，但依旧未能如愿。喜禾的经历让人痛心、同情，折射出中国普通学校随班就读的种种不足，比如，缺乏对特殊儿童的特殊安置和单独指导，缺乏资源教室的建设，缺乏对健全孩子家长的正向引导，等等。但是，我们同样应该反思，对于像喜禾这种残障程度的儿童，是否完全适合于普通教育的随班就读，家长的坚持固然反映了美好的希冀，但在当下普通教育学校接纳残疾孩子能力较弱、配套设施不够完善的情况下，把孩子送到特殊学校就读也未尝不是一种好的选择。事实证明，有些残疾孩子确实更适合到特教学校，不太适合到普通学校，因为他们容易听不懂、坐不住，甚至会在课堂上随意走动和吵闹。不干扰正常的教学秩序，是残疾孩子在普通学校就读的底线。其三，学校对残疾孩子的适应。在普通学校就读，残疾孩子首先要适应主流环境，但在崇尚融合教育的今天，学校同样也应主动适应残疾孩子，为残疾孩子提供各种生活、学习便利。校园规划中的无障碍环境设计和教育教学中的个性化培养是重要的两个方面。比如，是否有残疾人专用卫生间，楼梯旁是否有无障碍坡道等。在教育教学方面，是否能针对残疾孩子的特点设置专门的培养方案；是否能设置资源教室进行专门指导，满足残疾学生因残障而产生的个性化教育需要；是否能为残疾学生提供必要的学习和生活便利。其四，残疾孩子与健全孩子的相互适应。家长要将孩子的特殊情况同老师讲清楚，老师要引导健全同学和残疾同学多交流，希望健全同学对残疾同学多理解、多帮助，培养健全同学的爱心。残疾孩子也要善于主动融入集体，消除自卑感和孤独感，努力做到残健融合。

二是歧视问题。老师的态度是解决歧视问题的核心。老师的歧视会给同学们带来严重的误导，不仅影响健全孩子正确的世界观、人生观和价值观的形成，还会给残疾孩子幼小的心灵带来难以磨灭的创伤。小学时，由于个别老师的不当言行，同学们对我产生过许多误会，后来同学们谈论起这段经历时，都承认当时受到了错误的引导。只要老师引导得当，大多数同学还是能够包容残疾同学的。在我所经历的上百位老师中，绝大多数老师都将这个问题处理得很好，从而保证我顺利完成了学业。然而，不能忽视个别老师的个别行为会断送一个残疾孩子一生的学业，我的一位残疾朋友就是因为受不了歧视，初中二年级时愤然辍学，留下了终身遗憾。

三是允许陪读。由于残疾孩子随时需要照顾，为了保证残疾孩子的正常生活和学习，允许家长陪读不失为一种好办法。在河北省有一位名叫陶艳波的母亲，为儿子陪读 14 年，最后儿子以优异的成绩考取了河北工业大学。我们在钦佩这位伟大母亲的同时，更加钦佩孩子所在学校的开明和爱心，他们用同样伟大的行动拯救了一个家庭，改变了一个残疾孩子的命运，兑现了教育者教书育人的庄重承诺。允许陪读不一定都要在课堂上，学校可以专门给残疾孩子家长准备一间房子，孩子上课时让家长待在那里，下了课带孩子出来走一走，喝点水，去趟卫生间，体现学校的人文关怀。我曾经看到几位残疾孩子的爷爷奶奶长年累月地等在校园里，热了到树荫下，冷了到门厅里，常常经受着风吹日晒。作为校医，也作为残疾孩子的母亲，我的妈妈时常把他们叫进自己的办公室休息，但这终归不是长久之计。我们每个学校应为陪读家长创造一个相对较好的陪读环境，这不仅是一种进步，更应成为一种责任。

第三节　打开智慧之门的第三扇门

高中教育、职业教育和高等教育是智慧之门的第三扇门。高中教育、职业教育和高等教育都是非义务阶段的教育，为给残疾学生提供优良的学习成长环境，应当着重解决好以下五个方面的问题：

招生观念。现在一些学校把招收残疾学生看成是负担，积极性较低。有的残疾孩子家长去问学校，学校说声：对不起，我们这里没有条件招收残疾人。家长就只能无奈地带着孩子离开。在全国引起轰动的残疾人"旗袍先生"，当年为了读高中，他的父亲即便向校长下跪求情，也没有逃脱退学的厄运。一个获得过多项国家级和省级荣誉称号的残疾本科毕业生想读研究生，就去找到一位著名教授，希望他能帮助推荐一位导师，这位教授摇摇头说，残疾学生难办哪！你也许是个人才，但与人家有什么关系呢？不爱惜人才，不愿意当伯乐，不愿意担当社会责任，这种观点出自一位教书育人 40 年的著名教授之口，着实令人深思。我们不妨把思绪回到 20 世纪 30 年代，如果没有熊庆来教授这位伯乐，身有残疾的华罗庚就不可能步入清华园，中国就可能少了一位著名的数学家。轰动中美的盲人女孩吴晶，如果没有 Batt 先生邀请她到他担任校长的南京外国语学校中加班上学，她就难以取得那么多辉煌的成绩。尽管她成绩突出，但中国没有一所高校主动向她伸出橄榄枝，反而是哈佛大学、耶鲁大学、斯坦福大学等六所世界著名高校都表示愿意接收她入学，并承诺提供全额奖学金。这种招生观念上的差别，其结果也是不一样的，有的会成就许多人才，有的则会埋没许多人才。

学校在接收残疾学生时，至少要突破两个观念瓶颈：一是残疾学生是人才不是负担。既然一个残疾学生能够具备高中教育、职业教育和高等教育学校的录取资格，达到同健全人一样的学业水平，说明这个残疾学生具有坚韧的意志和良好的学习品质，付出了艰辛的努力，可以说就是人才，学校应秉持开放的人才观，珍惜人才、善待人才、培育人才，把帮助残疾人解决各类生活问题当作培养人才的重要组成部分。近期，我们欣喜地看到，在党委书记和校长的亲自过问下，清华大学以博大的胸怀录取了甘肃残疾考生魏祥，并为其特批两室一厅的宿舍以方便其母亲陪读。我们从百年名校清华这一善举中看到了社会的进步与希望。二是接纳和善待残疾人既是一种人道关怀，也是一种法律责任和社会荣誉。一个学校特别是普通高中和普通高校，如果能接纳残疾学生，没有任何人会瞧不起，反而会受到尊重，会提高学校的知名度。悦纳残疾学生，代表着人类的文明和进步，从长远来看，对提升高中教育、职业教育和高等教育的文化软实力和综合影响力大有裨益。

考核方式。一是命题标准。根据残疾学生的残疾类型和身体状况，按照具体的招生标准，有针对性地进行命题。二是考试地点。能集中的尽量集中，能随健全学生考试的尽量随考，情况特殊的学生应当单设考场。三是考试方式。有些残疾学生知识掌握得很好，但写字比较困难，应当探索新的考试方式，比如，在计算机应用如此普遍的今天，用计算机考试是一个不错的方式。另外，语言答辩也是值得探索的一种好的考试方式，而且是比一般考试要求更高的一种方式。当前，国内一些高校开始探索博士考试的"申请—考核"制度，以学生平时成绩、综合表现为依据，对学生进行综合考量，避免一考定终身。硕士博士学位答辩、成果发布等，都采用了综合性的考核模式，应当说这是一种更高层次的考试。如果一个残疾学生能够出色地完成答辩，那么他就应当是一个出色的学生。

根据残疾学生的具体残疾状况推行人性化和个性化的考试考核方式，将是教育制度的一种进步。教育部门应当进一步优化综合考核标准，严把多种形式考试考核的质量，让真正优秀的残疾人脱颖而出。自 2015 年起，教育部、中国残联每年都会联合印发《残疾人参加普通高等学校招生全国统一考试管理规定》，要求："教育考试机构应在保证考试安全和考场秩序的前提下，根据残疾考生的残疾情况和需要以及各地实际，提供以下一种或几种必要条件和合理便利：（一）为视力残疾考生提供现行盲文试卷、大字号试卷（含大字号答题卡）或普通试卷。（二）为听力残疾考生免除外语听力考试。（三）允许视力残疾考生携带答题所需的盲文笔、盲文手写板、盲文作图工具、橡胶垫、无存储功能的盲文打字机、无存储功能的电子助视器、盲杖、台灯、光学放大镜等辅助器具或设备。（四）允许听力残疾考生携带助听器、人工耳蜗等助听辅听设备。（五）允许行动不便的残疾考生使用轮椅、助行器等，有特殊需要的残疾考生可以自带特殊桌椅参加考试。（六）适当延长考试时间：使用盲文试卷的视力残疾考生的考试时间，在该科目规定考试总时长的基础上延长50%；使用大字号试卷或普通试卷的视力残疾考生、因脑瘫或其他疾病引起的上肢无法正常书写或无上肢考生等书写特别困难考生的考试时间，在该科目规定考试总时长的基础上延长30%。（七）优先进入考点、考场。（八）设立环境整洁安静、采光适宜、便于出入的单独标准化考场，配设单独的外语听力播放设备。（九）考点、考场配备专门的工作人员（如引导辅助人员、手语翻译人员等）予以协助。（十）考点、考场设置文字指示标识、交流板等。（十一）考点提供能够完成考试所需、数量充足的盲文纸和普通白纸。（十二）其他必要且能够提供的合理便利。"[①] 这是中国残疾人教育事业发展史上的巨大进步，向全社会释放了一种积极的信号。真心希望我们的教育进行更多人性化的探索，发现和培养更多的残疾人人才。

　　高中学业。由于高考，普通高中教育已经成为机械化的应试教育，也成为残疾学生极难迈过的一道门槛。初中升高中的比例，在一些地方远远低于高中升大学的比例，许多健全学生都在初中升高中时名落孙山，残疾学生的困难就更大了。可是上高中是上大学的必经过程，读不完高中，大学就无从谈起。好不容易上了高中，激烈的竞争、繁重的学业、身体的不便，像三座大山压得残疾学生喘不过气来。应当从保障残疾学生高中教育权利的高度，在充分考虑残疾学生身体状况的前提下，积极探索特殊高中或普通高中的个性化教育模式，修正高中教育的侧重点。

---

　　① 教育部、中国残联：《关于印发〈残疾人参加普通高等学校招生全国统一考试管理规定〉的通知》（http：//www.cdpf.org.cn/zcwj/zxwj/201704/t20170428_590042.shtml）。

专业设置。这主要是指残疾人职业教育和高等教育。在我国，残疾人接受职业教育和高等教育主要有两种途径，一种是参加普通考试，进入一般职业教育和高等院校就读；另一种是参加专门为残疾人设置的特殊职业教育和高等教育招生考试，进入特殊职业院校、本科院校或普通院校中的特教院、系、班就读。当前，特殊职业教育和高等教育存在着两大困境：第一，专业设置单一是发展残疾人职业教育和高等教育亟待解决的问题。特殊教育院校的专业设置偏少，残疾学生选择的余地很小，不利于培养和发展残疾学生的兴趣与特长。实际上，残疾人的学习范围很广，可以从事的工作种类很多。以聋生为例，在国内，聋人所选择的专业主要为工科或者美术类专业，但在一些发达国家，许多聋人选择了家政、缝纫、农业、园艺、产业工艺、印刷、染色、美容、设计甚至法律等专业。第二，残疾毕业生的就业问题是发展残疾人职业教育和高等教育面临的另一个困境。发展残疾人职业教育和高等教育，不仅是为了让残障者获得平等的教育权利，更重要的是让他们融入社会、服务社会、走上自食其力的道路。这就要考虑残疾学生所学专业与就业相匹配的问题，如果残疾毕业生能够顺利找到适合自己的职业，将对残疾人职业教育和高等教育的发展产生巨大的推动作用。高校应进一步探索什么样的专业更有利于不同类型残疾学生比较优势的发挥，尽量避免残疾毕业生与普通毕业生在同一水平线上竞争。社会相关部门也应转变观念和理顺体制机制，有效承接高校对残疾学生的培养。可以说，残疾人教育和就业是一项系统工程，需要全社会的正确认识和热心参与。

培养模式。目前，残疾人职业教育和高等教育的培养模式大致有四种：

第一种是完全的特殊教育模式，即开设特殊教育职业学校，将不同类型的残疾人聚集起来，针对不同特点进行特殊化培养，力争使他们获得一技之长。这种培养模式充分考虑了残疾人的特殊性，有利于提升残疾人的职业技能，但这种封闭式的培养模式不利于残疾人与健全人的相互交流融合，对残疾人未来融入社会是一种考验。

第二种是残疾人参与完全意义上的普通教育模式，部分残疾人进入以健全人为主体的普通学校就读，接受普通教育，适应普通教育学生的要求。这种培养模式需要学校有良好的就读环境，对残疾个体的考验比较多，教育过程中会出现许多波折和困难，需要经常进行协调和沟通，但总体上有利于残疾学生融入主流社会，提高适应社会的能力。我个人感触最深的就是这种教育模式。从小学到博士，我始终在普通学校就读，我的小学和中学的母校给了我很多的关怀和帮助，我就读的两所大学滨州学院和山东师范大学更是在普通高校培养残疾大学生方面付出了巨大努力。在我就读这两所大学期间，学校的领导、老师和同学们给了我无微不至的关怀和帮助。回顾我的求学经历，我有三点体会：一是学校良好的就读环境是残疾学生成功学习的基础。我的母校从来没有因为我的残疾而歧视我，在生活上通过提供单人宿舍、组织学生互助小组给我提供了许多便利。在学业上给予我公正的评价和莫大的关爱，支持我在学习之路上不断攀登。二是个人的积极努力是残疾学生成功学习的保证。我倍加珍惜来之不易的学习机会，勤奋努力，不敢松懈，在本科、硕士和博士学习期间，我每年综合测评均为第一名，获得国家级奖学金四次，发表各类文章六十余篇，荣获中国大学生自强之星标兵、山东青年五四奖章、山东高校十大优秀学生等荣誉奖励八十余项。三是社会的关爱是残疾学生成功学习的动力。社会各界数十个组织、一百多位好心人对我提供了帮助，促进了我的学习和成长。这两所学校改变了我这个残疾学生的命运，彰显了高等学府对残疾人的爱心和尊重。相信随着时代的发展，会有越来越多的高校关怀残疾人的成长，为残疾人回归社会树立更大的信心，为建设和谐社会增添新的内涵。

第三种是以特殊教育为主，普通教育为辅的模式。这种学校有相当数量的残疾学生和健全学生，健全学生的专业设置也基本上与残疾人和残疾人事业有关，培养方向是特教老师或残疾人机构服务人员。坐落于"博爱之都"南京的南京特殊教育师范学院是这方面办学的典范。该校是目前全国唯一一所独立设置的、以培养特殊教育师资为主、兼及残疾人高等职业教育与残疾人事业专门人才培养的普通高等本科院校，始终恪守为中国特殊教育和残疾人事业服务的办学宗旨，秉承"博爱塑魂、质量为本、特色立业"的办学理念，坚持"特别发展、特殊发展、特色发展"的道路，在校的六千多名大学生中，残疾大学生占了1/10左右，实现了高度的残健融合，成为中国高等融合教育的一面旗帜。这种培养模式营造了良好的氛围，有利于健全人充分理解和接纳残疾人，也有利于残疾人在社会融合中实现全面发展。

第四种是以普通教育为主，特殊教育为辅的教育模式。以滨州医学院特教学院为例。1985年，在中国残联的直接推动下，滨州医学院成为全国第一家集中招收残疾学生的普通高校，学生主要从事医学学科的学习研究。

2012年又开设了特殊教育专业和言语听力康复专业，招收健全学生，为社会培养从事残疾人教育服务的各类人才，形成了残疾人和健全人在教育门类、教育方式和日常交往上的高度融合。三十多年来，该校招收了一千多名残疾学生，从事临床医学、病理研究、推拿、针灸等专业学习。我受滨州医学院特教学院委托，参与了中国残联招标项目，对滨州医学院特教学院的办学经验和教育成果进行总结，对滨州医学院毕业生的职业发展状况进行了解，访谈了多位滨州医学院特教学院的毕业校友。滨州医学院96级校友、北京大学人民医院主任医师韩芳告诉我，滨州医学院的这种教育模式让残疾学生摆脱了自卑心态，增强了残健之间的融合。滨州医学院85级校友、浙江省丽水市残联副理事长谢丽福认为，残疾学生作为一个集体，便于学校在校园设置、课程安排上为残疾学生做更多的事情，残疾学生能得到更多更人性化的关怀。在这种教育模式中，残疾学生和健全学生一起上课，一起参加各种活动，不仅培育自信、自强、自立的精神，同时培育了互助友善、刻苦学习、积极进取的精神。

这四种培养模式各有千秋，残疾学生可根据自己的具体情况有针对性地选择。无论是哪种教育模式，都要认真把握这样一个基本原则，即个别化教育与适应性融合相结合。既针对残疾人的特殊需要展开个别化培养；又允许有能力的残疾学生参与普通专业的学习，融入健全人的生存环境，对残疾人的社会融合发挥持续的推动作用。

第四节　打开智慧之门的第四扇门

社会教育、家庭教育和终身学习是智慧之门的第四扇门。党的十八大提出建设学习型社会，倡导"全民学习、终身学习"的价值理念。终身学习不仅仅是健全人的专利，对残疾人同样适用。打开智慧之门的第四扇门最宽广，需要社会、家庭和个人全方位地参与。

一是强化扫盲教育。由于教育的滞后，未丧失学习能力的文盲、半文盲残疾人还有相当数量，特别是广大的农村和山区，占的比例就更大。识字念书是残疾人认知社会的窗口，是残疾人生命自觉和文化自觉的基础性环节。在当代信息化时代，残疾人扫盲教育已经成为各地扫盲教育的重点之一，特别是在农村、落后地区和边远地区，残疾人的扫盲培训更是迫在眉睫的教育任务。

二是强化家庭教育。尽管家长很愿意对孩子实施家庭教育，但为残疾人提供家庭教育的资料、教具、设备还比较少，残疾人的家庭教育大多处于无序状态。一方面，社会要关注残疾人的家庭教育，为其提供更充裕科学的家教资源，有关部门可以适时适度组织残疾人家长进行集中培训，宣传推广成功残疾人的家庭教育模式；另一方面，残疾孩子家长要坚定信心，坚信对孩子实施教育和不实施教育绝不一样，长期坚持必有好处。相比于健全人，残疾人居家的时间更长，因此家庭教育对于残疾人的素质提高十分重要。要系统总结和提炼残疾人家庭教育好的内容、好的方法和好的经验，不断提高残疾人家庭教育的质量和水平。

三是强化日常培训。残疾人并不是从职业学校和高等院校毕业就万事大吉了，面对日新月异的世界，需要经常进行知识和技能的更新。要把残疾人纳入全社会的培训体系，以发挥残疾人比较优势和代偿功能为重点，适时对他们进行创业和就业评估、技能指导和职业培训。同时，开通绿色通道，鼓励和帮助残疾人自学成才。

四是强化残疾人教育品牌建设。在当下中国，从小学到大学再到各类社会教育机构，教育名牌比比皆是，但残疾人教育品牌却微乎其微，残疾人教育名校更是几乎没有。残疾人教育品牌的多少，是一个国家残疾人教育水平的标志。政府应高度重视，不断整合各类残疾人教育资源，广泛动员社会力量，让打造残疾人教育品牌成为全社会的共同责任。

我国有八千五百多万残疾人，他们对智慧有着热切的渴望，对幸福有着美好的向往，但由于身体的残障，他们追求智慧的门时常紧闭着，追求幸福的路往往充满坎坷，需要整个社会伸出援手。因此，建议全社会齐心协力，共同为残疾人打开智慧之门，帮助他们铺平幸福的人生道路。

第三十章　一个残疾人就业的突破口

这是一个令人心堵的调查结果：2007 年 6 月，中国某大学研究所在十大城市开展了关于就业歧视的调查，结果显示一些国家机关在公务员招录中存在严重歧视，在"哪些群体最易受歧视"的调查中，残疾人以 65.6% 的比例位居榜首。

这是一个令人心酸的故事：青年黄锐因小时候患小儿麻痹症落下了左下肢障碍，但他自强不息，勤奋好学，以良好的成绩毕业于一所普通本科高校。2011 年毕业时他参加了一次公务员考试，笔试成绩第三名，但面试成绩竟是倒数第一，而且分数低得离谱。他感到自己受到了歧视，此后再也不愿报考公务员。2012 年 12 月 3 日，是第 20 个国际残疾人日，活动主题为"弘扬人道主义、构建和谐社会"。这一天，黄锐将《政府信息公开申请表》寄往中华人民共和国人力资源与社会保障部，要求公布我国政府机构招录的残障公务员总人数。

这是一个令人深思的现实：国务院 2007 年制定的《残疾人就业条例》规定，机关、团体、企业、事业单位和民办非企业单位安排残疾人就业的比例不得低于本单位在职职工总数的 1.5%。但据人力资源和社会保障部 2011 年统计，我国大陆 32 个省、自治区、直辖市近 5 年仅招录 92 名残疾公务员，其中大多数为各级残联录用；而在我国香港，虽然总人口只有六百多万，但截至 2010 年 3 月 31 日，残疾公务员人数却多达 3316 人。我国大陆目前有公务员七百多万，比香港总人口还多一百万，而香港录用残疾公务员的比例却是大陆的八千多倍，如此巨大的反差不得不令我们深思。香港录用数量如此多的残疾公务员，不仅没有影响香港的发展，反而使香港更繁荣、更文明，值得我们深思。

第一节　突破认识瓶颈

公务员是社会公认的备受尊重的职业，在社会分工中具有重要地位，如果有能力和水平的残疾人能在公务员队伍中占有一席之地，则标志着残疾人的人格尊严和受尊重程度又达到了新水平，标志着社会文明又迈上了更高的台阶。突破公务员岗位录用残疾人这一瓶颈，已经成为一个迫在眉睫的社会问题。

认识是行动的先导，只有认识到位了，行动才能真正到位。

一是以包容之心给予残疾人平等的机会和尊严。残疾是人类社会发展进程中不可避免的代价，残疾人尽管在身体上受到一些限制，但他们同样是社会大家庭中的重要成员，在一定条件下能为社会做出贡献。在人类历史发展的长河中，残疾人留下了闪光的足迹，其历史地位和时代价值应当得到肯定，公务员选拔中理应给予残疾人平等竞争的机会，而不能以残疾为理由将其拒之门外。公务员是高层次的人力资源，经过高层次教育和勤奋努力的残疾人也是一种人力资源，并且有成为高层次人力资源的可能，这是社会应树立的一个正确的残疾人观。应以能力和水平取人，杜绝以样貌取人，敢于给予残疾人平等的机会，善于使残疾人在合适的岗位中扬长避短，让残疾人在公务员竞争中凭借自身的能力赢得尊严，帮助其实现人生价值，应当成为全社会公务员招录中突破认识瓶颈的中心环节。

二是认识残疾人担任公务员岗位的适合性。残疾人担任公务员，必须充分考虑这种岗位是否适合残疾人的身体状况，是否有利于发挥其特长和比较优势。我们强调给予残疾人尊严和机会，是指禁止基于残疾的盲目歧视，但还是要用理性的眼光审视工作岗位与残疾人状况之间的适合性。对于肢体残障的残疾人而言，如果他们的肢残情况不影响其胜任公务员岗位所必需的基本活动能力，其知识储备和技能又能够胜任日常工作，就具备了成为一名公务员的可能性。对于这类残疾人，文秘、政策研究、财务管理、人事管理、教育咨询、统计工作都是比较适合的。在招录残疾公务员时，政府机关要带头落实"残疾人就业优先权"，在残疾人和健全人都适合的岗位优先考虑残疾人就业，把残疾人用到最适合的地方，做到人尽其能，才尽其用。对于残疾人担任公务员工作，应当用一分为二的观点来看待。

相比于健全人，由于身体的原因，残疾人可能有他的弱势；但从另一个方面说，残疾人又有他的优势，比如，对岗位更懂得珍惜，工作更认真更敬业等。对于某些公务员岗位，残疾人担任可能比健全人担任效果要好，比如，社会保障、公益慈善、工会、妇联、残联等，因为残疾人更能深切体会服务对象的内心需求，沟通起来可能更融洽，工作起来可能更有针对性。如果有相应能力和水平的残疾人从事这些工作，将有助于增强这些部门的公信力和相容性。

三是认识录用残疾人担任公务员的必要性。我们先看一下公务员的概念：公务员是指在政府部门工作的人员，具体解释因国而异。在中国，公务员是指依法履行公职、纳入国家行政编制、由国家财政负担工资福利的工作人员。在西方国家，公务员一般是指通过非选举程序而被任命担任政府职务的国家工作人员。世界各国现代公务员制度大致将公务员划分为三类：小范围的公务员，以英国为代表，指政府中常务次官以下的所有文职人员，他们经公开考试择优录用，不与内阁共进退；中等范围的公务员，以美国为代表，仅指在美国联邦政府行政机构中执行公务的人员、国会雇员和法院法官；大范围的公务员，以中国和法国为代表，从中央到地方的所有公职人员统称为公务员。概括地说，公务员就是代表国家行使国家行政权力、执行国家公务的人员。提高执行公务的效能，公务员首先要解决好自己的"代表性"问题。中国有八千五百多万残疾人，与中国共产党党员的人数基本相等。八千八百多万共产党员代表着全中国人民的根本利益，领导着中国改革开放和社会主义现代化建设大业，实现着中华民族伟大复兴的中国梦。八千五百多万残疾人能不能与全体国民同步发展，共享改革开放的成果，既取决于党和政府的正确引领，取决于众多残疾人亲属的倾力支持，取决于 13 亿全体国民的爱心帮扶，也取决于所有残疾人自身的不懈努力。中国残疾人占全国人口的 6.25%，涉及家庭人口 2.8 亿人。这么庞大的一个群体，他们中间究竟有多少人从事公务员岗位呢？这个群体最懂得生活艰辛，渴望祖国繁荣昌盛，对国家的忠诚度高，对社会的依赖性强，对受到的关怀充满感恩。因此，扩大残疾人在公务员中的从业比例，有利于增强全国近 1/5 人口的凝聚力、执行力和向心力。这不仅是一个社会问题，而且是一个政治问题，关系到社会的和谐稳定和文明发展。

四是增强各级党委政府部门的责任感。录用残疾人从事公务员工作，国家机关是责任主体。《中华人民共和国残疾人保障法》和《残疾人就业条例》，国家机关是制定者、实施者和监督者，核心是实施者。据了解，某省为了落实《中共中央组织部等 7 部门关于促进残疾人按比例就业的意见》，要求 2020 年前省直部门都至少安排一名残疾人就业，但却在具体实施过程中大打折扣。在关于按比例招收残疾人公务员的会议上，省人社厅的一名处长对残疾人的身体素质和工作能力提出了各种质疑，这一良好政策的落实显得举步维艰。因此，在促进残疾人就业中，各级党委政府部门应当发挥模范带头作用，不能把残障人就业权的保障停留在法规文件和口号上。安置残疾人就业，主要有以下五个去向：国家机关，包括各级党委政府部门；事业单位，包括各类高校、研究机构、文化体育等群众性团体、中小学、医院等；国有企业，包括央企和各地国有企业；集体企业，包括各类股份合资企业；私企，包括各类民营企业、外企等。在这五个去向中，国家机关是龙头，只有龙头动起来，龙身和龙尾才能展现出活力，才能出现龙腾虎跃的生动局面。这条龙的构成是：国家机关—事业单位—国有企业—集体企业—各类私企（包括外企）。

第二节　突破执法瓶颈

2007 年，出类拔萃的中国盲女吴晶同时被哈佛大学、斯坦福大学等 6 所世界名校录取，并且都以高额奖学金来争抢这位中国盲女。这件事轰动了中国，也轰动了美国，甚至轰动了世界。我们不禁要问：美国人为什么要这样做？有人说美国人文明，也有人说美国人有爱心，还有人说美国人爱人才，更有人说美国人敬佩自强不息的精神，正如美国盲人协会负责人所说："你自强不息的精神不仅值得中国残疾人学习，也同样值得美国残疾人学习。"这些因素也许或多或少都存在，但有一点是至关重要的，那就是尊敬法律、尊重人的精神。因为法律规定，只要符合学校的录取标准，学校就不得以任何基于残疾的歧视而拒绝其入学。美国政府对残疾人教育十分重视，现在美国专门立法允许残疾人带导盲犬上学，因此他们录取中国盲女吴晶，不仅仅是爱心，也不仅仅是敬佩，而是认为这是模范地遵守法律。说到尊重人的精神，吴晶也有深刻感受。她受美国盲人协会的邀请，一个人乘坐飞机抵达太平洋彼岸的美国，走访了华盛顿、加利福尼亚等地的盲人设施，走访了哈佛、斯坦福等 8 所世界著名高校。在海伦·凯勒的母校博金斯盲校，校长对吴晶说："在你的身上我看到了海伦·凯勒的影子，希望你比她更优秀！"

做遵守法律的模范必须从执法开始。《中华人民共和国残疾人保障法》和《残疾人就业条例》颁布实施以来，对于促进残疾人就业发挥了积极作用，但是各地的执法力度是极不平衡的，大部分地区没有达到1.5%的残疾人就业比例，有的甚至相差很远。在2013年一次全国性残疾人社会保障研究论坛上，学者们说到了一个现实，一方面残疾人就业十分困难，另一方面残疾人就业保障金却越来越多。这就是说，用人单位宁愿受罚缴纳残疾人就业保障金，也不愿意安排残疾人就业。这说明了两个问题：一是在执法上存在瓶颈。国家有关部门应当定期进行执法检查，对可以完成但找出各种理由不去完成的单位和个人，在追缴残疾人就业保障金的同时，要按违法进行处理，并记入违法档案，增加其违法成本。二是在守法上存在瓶颈。许多单位和个人，只是把安置残疾人就业当作慈善事业，没有提到守法的高度来对待。事实上，国家出台残疾人就业法律条例，就是希望从外在刚度上激发用人单位和社会认同残疾人的内在价值，希望更多的人理解残疾人并愿意发掘残疾人的潜能，而不仅仅是把残疾人居养起来。在安置残疾人就业中，执法和守法是爱心和慈善的基础，而爱心和慈善是执法和守法的升华，这是人道主义事业，也是依法行政的职责，更是一种对人的尊严的肯定。只有越来越多的单位更好地践行残疾人就业标准，履行法律义务，公务员队伍才有可能向残疾人敞开大门，让越来越多的残疾人找到施展自身才华的舞台。

第三节　突破决策瓶颈

有到位的认识、真诚的爱心和完善的法律法规，还应当有好的决策，才能保障残疾人就业真正走向长远。

一是做好制度顶层设计。人民代表大会制度、中国共产党领导下的多党合作和政治协商制度是我国的基本政治制度，在选举代表和委员时非常注重普遍性。比如，妇女代表、少数民族代表、工人农民代表等都有一定的比例，唯独残疾人的代表最少。在各级政府班子配备中，年轻干部、妇女干部、民主党派干部都有一定职数，建议参照这个做法，在各行各业的岗位中特别是在公务员和事业编制岗位中，为残疾人设立一定的职数，使残疾人就业合法化、规范化、程序化。

通俗地讲，就是解决好残疾人岗位定编定员问题。这个问题不仅存在于公务员招录中，而且存在于所有企事业单位的招录中，成为残疾人就业难的一个焦点问题。由于残疾人和健全人占同样的定编定员，这就出现了两个突出的矛盾，一是用人单位不愿意让残疾人来占用自己的一个定员指标，因此在招录时积极性很低；二是已经参加工作的残疾员工，如果完全用健全人的定员标准和工作标准去衡量，也有许多不适应的地方，因此有些单位提出了残疾人能否不占定员指标的建议。这实际上是一个顶层设计的问题。既然我国法律规定残疾人就业比例是1.5%，就应当按照1.5%的比例给各级政府部门和企事业单位下达残疾人定编定员指标，并根据残疾人特点建立系统的工作职责、工作标准和考核办法，做到残疾员工与健全员工既互相共事又互不占用，既互相学习又互不攀比，既互相尊重又互不抱怨，在人道而文明的体制机制下共谋发展。

二是大胆使用残疾人。残疾人有了技能，关键要用起来，才能实现残疾人的个人价值和社会价值。轮椅女博士侯晶晶毕业时，南京师范大学专门就她的留校问题召开了常委会，令人肃然起敬。侯晶晶留校后，工作十分努力，很快成为一名优秀教师，她自强不息的精神本身就是一笔精神财富，对广大师生很有感召力。这说明，只要有平台，只要有关爱，残疾人的人生也一样精彩。希望全社会在录用残疾人时解放思想，不拘一格降人才，并逐步形成长效机制，让更多的残疾人学有所用。

三是让残疾人参与决策。政治参与是残疾人的基本权利，但是由于经济地位低、社会观念障碍、残疾人受教育水平不足等因素，残疾人大多处于维护基本生存的层次，几乎被淡忘于政治参与之外。一项关于某农村残疾人政治参与和社会交往的1000份问卷调查统计显示：在"参加过村委会选举"一栏中，716人做出了回答，占总数的71.6%，其中参加过村委会选举的有624人，占87.2%。在"您认为您平时说话对周围的人有没有影响"一栏，776人做出了回答，其中认为自己说话对周围人"影响较大"的只有35人，仅占4.5%；认为"没有人听我的"有235人，占30.3%；而认为"一般是我听别人的"高达339人，占43.7%。把后两项相加，比例高达74%。① 从以上数据看出，残疾人尽管身有残障，但政治参与的意愿十分强烈，非常想证明自己的社会价值；然而政治参与的实际效果比较差，声音依旧很微弱。残疾人参与政治的公共渠道尚不畅通，就更不用说让残疾人参与决策了。我们可以想象，在只有六百多万人口的香港，3316名残疾人公务员会参与香港各级政府多少决策。因此，要破除观念和制度上的障碍，保障残疾人的政治参与权甚至是政治决策权，拓展残疾人的参与和决策渠道。只有部分残疾人能够参与决策，甚至成为决策者，才能从更高层次和更广领域实现其社会价值。

综上所述，我们可以得出的结论是：国家公务员录用是一个残疾人就业的突破口，如果这个突破口得以突破，那么残疾人就业就会由"山重水复疑无路"到达"柳暗花明又一村"的境界。所以，建议在残疾人就业中着力突破残疾公务员录用这一瓶颈，为残疾人就业开拓更宽广的绿色通道，不仅要做爱心的模范，而且要做守法的模范，更要做促进文明的模范。

---

① 郑一平、吴军民：《农村残疾人的政治参与和社会交往——中部地区某省千户问卷调查分析》，《江西师范大学学报》2006年第5期。

第三十一章 深刻认识现代社会新残疾人观在残疾人就业中的地位和作用

就业是民生之本，残疾人就业更是其生存发展之基。残疾人只有实现就业，并在适当的岗位上发挥自身的能力和特长，才能获得实现自身价值的基本空间，才能具备与全国人民一道步入小康社会的可能性。习近平同志指出："全面建成小康社会，残疾人一个也不能少。"① 然而，在竞争性的就业环境中，残疾人就业难依旧是不争的事实，"如何看待残疾人"的观念因素始终左右着残疾人的就业结果，成为关乎残疾人就业成败的决定性因素。深刻认识残疾人观在残疾人就业中的地位和作用，培育和践行积极的现代社会新残疾人观，是优化残疾人就业环境，解决残疾人就业困境的基础性问题。

第一节 新残疾人观及其在残疾人就业中的实践困境

残疾人观是人们在一定社会历史条件下对残疾人群体形成的总体认识和评价。在不同的历史时期，社会对残疾人有着不同的价值认识和评价。从性质上说，残疾人观主要有两种：一是从消极意义上看待残疾人，从根本上否定残疾人的价值。在人类蛮荒时期，如古希腊的斯巴达人，他们把新生儿身体是否强健作为其是否具有存活资格的依据。在长期的农业社会，农业耕作是社会的主要生产力，充沛的体力是人生存发展的基础条件，而残疾人由于身体功能的缺陷无法胜任这种工作，人的身体上的"残"等同

---

① 习近平：《落实责任完善体系整合资源统筹力量全面提高国家综合防灾减灾救灾能力》，《光明日报》，2016年7月29日。

于能力上的"废"。在不同的历史时期，社会出于仁爱慈善的考虑，把残疾人居养起来维持其生存，将残疾人基本的生存权视作社会的"恩赐"，成为残疾人"无用论"的另一种表达方式。二是从积极意义上看待残疾人，把残疾人事业作为人类文明进步的重要标志。随着人类社会的文明进程，人们重新审视残疾人作为"人"的历史地位和现实潜能，开始从主流价值导向上认同残疾人的价值，从肯定意义上认识和评价残疾人，形成了积极的现代社会新残疾人观。发展残疾人事业是人类文明进步的本质要求，社会主义国家更应把实现包括残疾人在内的每个人的全面发展作为公共价值目标。随着我国残疾人事业的蓬勃发展，积极的现代社会新残疾人观在社会主义制度土壤中得到发展、完善和升华。

积极的现代社会新残疾人观既顺应人类文明社会对残疾人的价值共识，也反映了中国特色社会主义制度对于残疾人事业发展的必然要求。其基本内容为：第一，残疾是人类存在的一种特殊样态，人的残疾伴随着人类的诞生和发展而存在，在人的实践活动中，伤残是难以避免的。第二，从某种意义上讲，残疾是人类生存发展所付出的代价。例如，正因有了药物致残的代价，人们才不断研制出更益于健康的药物；正因有了车祸致残的代价，人们才制定出更严厉的交通规则；等等。一系列生存发展所付出的代价，换来了人类对自身生存状况的反思和优化。第三，人人都有致残风险，每个人的生命历程都具有致残可能性。基于这种认识，残疾人不能被视为异类，而应被更多地理解和包容。第四，残疾人也是社会发展的主体，具有"平等、参与、融合、共享"的权利，有参与社会生活的愿望和能力，是建设中国特色社会主义的重要力量。在适当的社会补偿条件支持下，残疾人能以自身的方式认识和改造世界，在全面小康进程中成为社会财富的创造者和共享者，成为宝贵的人力资源。第五，防止基于残疾的歧视，尊重、关心和帮扶残疾人，既是人道主义的要求，也是法律赋予的神圣职责。第六，残疾人的生存发展既有赖于社会帮扶，也取决于其自主奋斗，应当努力发掘残疾人潜能，促进残疾人实现人生价值。第七，残疾人解放是人类解放的最后一道关口，社会应积极促进残疾人的全面发展。残疾人的弱势性和边缘性造成了其生存发展的艰难性，社会主义社会具备促进残疾人全面发展的制度和文化基础，应把实现残疾人全面发展程度作为衡量人类解放广泛性和深刻性的重要标尺。

尽管积极的现代社会新残疾人观从理念层面已经基本确立，但由于受到长期以来消极的残疾人观的影响，积极的现代社会新残疾人观在残疾人就业实践中难以落到实处。2006 年，第二次全国残疾人抽样调查结果显示，我国 8296 万名各类残疾人中有 4065 万名具有劳动能力，但尚有约 858 万有劳动能力的残疾人未能实现就业①，特别是近年来越来越多的残疾博士、硕士在就业中的频频受阻更是发人深省。究其根源，依然是消极的残疾人观顽固地占据着决策高地，导致积极的现代社会新残疾人观在残疾人就业实践中难以真正落实。

一是把残疾人更多地看成"负担"而非"人力资源"。受消极残疾人观影响，一些用人单位宁愿每年缴纳残疾人就业保障金，也不愿意履行按比例安置残疾人就业的法律责任，更不愿意积极开发适合残疾人就业的岗位。用人单位往往过分关注残疾人身体的缺陷，紧盯"他们不适合干什么"，而不是思索"他们能干什么或适合干什么"。有的用人单位居然以不符合招聘简章中"身体健康"为由直接将其拒之门外，把"残疾"等同于"身体不健康"，而不是根据实际对"身体健康"做出辩证的内涵分析。一位残疾研究生因为成果突出，投出简历后多次接到用人单位的电话询问，但当用人单位得知其身体残疾后便再无音信。

二是对现代社会新残疾人观的践行存在矛盾性。一方面，在积极的现代社会新残疾人观的影响下，社会对残疾人的评价明显改观，越来越多的人肯定残疾人的成绩，甚至把优秀残疾人当作典型加以选树，使残疾人的优点不断彰显；另一方面，当遇到吸纳残疾人就业，需要给予残疾人实质性的社会资源分配时，却不断放大其身体的弱点，在选树、表彰和使用上表现了极大的矛盾性。一位单位负责人对一名残疾博士毕业生说："你有多项国家级奖励和荣誉称号，令我们敬佩，你的精神值得我和师生们学习，但我们却很难考虑你来我们单位工作。"由此可见，在道德精神层面，人们承认积极的现代社会新残疾人观；但在残疾人就业的实践层面，一些用人单位却难以摆脱传统消极残疾人观的桎梏。

三是残疾人就业优先权在实践中出现歧义。《中共中央组织部等 7 部门关于促进残疾人按比例就业的意见》中指出："对残疾人能够胜任的岗位，

---

① 国家统计局、第二次全国残疾人抽样调查领导小组：《第二次全国残疾人抽样调查主要数据公报》（第二号）（http://www.stats.gov.cn/tjsj/ndsj/shehui/2006/html/fu3.htm）。

在同等条件下要鼓励优先录用残疾人。"① 但这一权利在实际运行中却发生了错位：其一，对何谓"同等条件"认识不准确。由于对"同等条件"缺乏明确的解读，许多单位把让残疾人与健全人同等参加应聘理解为落实了"同等条件"。其二，对何谓"优先"难以落实到位。残疾人就业优先权是对残疾人特殊弱势地位的补偿，是社会公平正义的表现，但在大多数单位，录用员工更多地还是立足于普遍性，而很少考虑残疾人的特殊性，一切以考试考核成绩为标准，只有当残疾应聘者成绩领先时，才有可能"优先"录用残疾人。这就像运动会中的赛跑，让残疾人和健全人共同起跑就是落实了"同等条件"，只要残疾人得了第一就给他冠军，这就是落实了"优先录用"，这是对残疾人就业优先权的误读。其实，"残疾人就业优先权"，是指在经过科学评估的情况下，若残疾人和健全人同时具备岗位胜任条件，应当采取必要措施保护残疾人的就业权，优先安排残疾人。罗尔斯强调："为了平等地对待所有人，提供真正的同等机会，社会必须更多地注意那些天赋较低和处于较不利的社会地位的人们。"② 残疾人就业优先原则就是这种正义"差别原则"在残疾人就业中的应用，社会应当利用这种差别正义在残疾人就业中落实特惠政策。正如《国务院关于"十三五"加快残疾人小康进程规划纲要》指出，残疾人实现全面小康必须遵行"普惠与特惠相结合"的基本原则，"既要通过普惠性制度安排给予残疾人公平待遇……又要通过特惠性制度安排给予残疾人特别扶助和优先保障。"③ 事实上，在竞争性社会中，如果不给予残疾人特惠，残疾人恐怕连普惠也难以享受。在残疾人具体就业中，如果不落实残疾人特惠优先政策，社会观念就会潜在地倾向于放大残疾人的弱点，残疾人就难以享受到真正的公平，难以避免求职失败的命运。

诚然，残疾人就业难有多方面的原因，但全社会没有全面理解和正确践行积极的残疾人观是基础性根源。因此，高度重视现代社会新残疾人观在残疾人就业中的地位和作用迫在眉睫。

---

① 《中共中央组织部等7部门关于促进残疾人按比例就业的意见》，（http：//www.gov.cn/fwxx/cjr/content_2476927.htm）。

② ［美］约翰·罗尔斯：《正义论》，何怀宏译，中国社会科学出版社1988年版，第96页。

③ 《国务院关于"十三五"加快残疾人小康进程规划纲要》，国发〔2016〕47号（http：//www.gov.cn/zhengce/content/2016－08/17/content_5100132.htm）。

第二节　新残疾人观在残疾人就业中的地位

思想观念是行动的先导。只有正确认识现代社会新残疾人观在残疾人就业中的地位，才能充分发挥各级组织促进残疾人就业的积极性，提高残疾人就业的实践性和实效性。

现代社会新残疾人观是社会主义国家促进残疾人就业的价值观优势。积极的现代社会新残疾人观是人类文明的结晶，在中国特色社会主义残疾人事业中实现了与社会主义公共理想的契合，进一步彰显它的先进性内涵。中国社会的现代新残疾人观体现了社会主义国家对待和评价残疾人的基本态度，是社会主义核心价值观的重要组成部分。社会主义核心价值观把"富强、民主、文明、和谐"作为国家层面的价值目标，把"自由、平等、公正、法治"作为社会层面的价值取向，处处反映了对包括残疾人在内的广大人民利益和价值的公共关怀。积极的现代社会新残疾人观不仅汲取了现代社会的人道主义精神，更重要的是把残疾人事业置于人类解放事业的高度，能够充分发挥社会主义国家的优越性，科学评价残疾人的能力和释放残疾人的比较优势，发展残疾人的潜力和特长，促进残疾人实现充分就业，使残疾人能够公正地融入社会关系体系，成为建设中国特色社会主义的重要力量。应当准确把握中国特色残疾人事业与全面建设社会主义的内在联系，从社会主义价值理想的高度构建科学的残疾人价值评价体系，把促进残疾人就业同践行社会主义核心价值观、促进人类解放事业结合起来，纠正和改变长期以来对残疾人的偏见，真正凸显社会主义国家促进残疾人就业的价值观优势。

现代社会新残疾人观是促进残疾人就业的观念定位。一般情况下，残疾人就业水平是由社会经济发展水平决定的，当生产力发展不足以惠及残疾人发展时，残疾人就业自然只能在低水平徘徊；但当生产力发展水平足以容纳大多数具有劳动能力的残疾人实现就业时，残疾人的就业水平很大程度上就取决于社会的残疾人观。从某种意义上说，用人单位具有怎样的残疾人观，往往直接决定着残疾人就业的成败。在当代中国，残疾人就业的增长速度远远低于社会经济的发展水平，一个重要原因就是积极的现代社会新残疾人观并未真正成为促进残疾人就业的观念定位。社会存在决定社会意识，但社会意识又具有相对独立性。在积极的现代社会新残疾人观作为一种新的社会意识伴随着经济社会进步而形成的过程中，消极的残疾人观依旧在现实中发挥着不可忽视的阻滞作用，使得积极的现代社会新残疾人观在对残疾人就业的指导中总是伴随着同消极的残疾人观的冲突。如果在残疾人就业上存在着明暗两条线，人们就更容易持守以往消极残疾人观的价值判断，制约残疾人就业的信心和步伐。这明暗两条线表现为：一方面，在积极的现代社会新残疾人观的影响下，各种有利于促进残疾人就业的法律、制度、意见相继出台和完善；另一方面，在消极的社会残疾人观的顽固排斥下，促进残疾人就业的法律、制度、意见难以真正落实。正确的残疾人就业观念定位的缺失，直接影响着残疾人就业实体性制度的成效，制度的硬约束往往向观念的软约束低头。在残疾人就业发生困境时，人们往往质疑制度的公共合理性，却经常忽视观念定位的错误对制度公共合理性的损伤。在当前经济发展条件下，价值观念对于残疾人就业成败具有基础性地位，因此应把积极的现代社会新残疾人观作为促进残疾人就业的观念定位，贯穿于残疾人就业的各个环节，以正确的观念定位和实体性制度的公共合理性共同推动残疾人就业落细落实。

现代社会新残疾人观是化解残疾人就业矛盾的行动指南。当前，残疾人就业面临的突出矛盾是：一方面，随着残疾人医疗、教育条件的改善，残疾人的身体状况和受教育程度普遍提高，各类残疾人才不断涌现；另一方面，因为囿于消极的社会残疾人观的思想藩篱，许多行业对残疾人存在评价标准失当、评价过程武断、评价结论片面的现象，不愿用、不敢用甚至不屑用残疾人的现象依然严重存在，导致众多残疾人缺少自食其力的条件和报效社会的平台，造成了大量残疾人人力资源的闲置。为了化解这一矛盾，应尽快确立积极的现代社会新残疾人观在残疾人就业中的指导地位，把"理念态"的现代社会新残疾人观内化于心、外化于行，转变为"实践态"的现代社会新残疾人观，在培养、招录、任用和考核残疾人时，都能以积极的现代社会新残疾人观作为行动指南，完善评价残疾人的体制机制，使具备劳动能力的残疾人找到适合的用武之地，转化为符合社会需要的人力资源。

第三节　新残疾人观对促进残疾人就业的作用

　　培育和践行积极的现代社会新残疾人观，有利于强化政府在残疾人就业中的主体责任。政府是社会公共利益的实现者和维护者，如果没有政府的大力扶持，作为人类残疾人公益事业的发展注定是一句空话。各级政府及其所属单位是《中华人民共和国残疾人保障法》和《残疾人就业条例》的主要实施主体，理应在残疾人就业中发挥模范带头作用。其主体责任突出表现为，制定并带头落实促进残疾人就业的法律政策，积极按比例吸纳残疾人就业，提升残疾人自主就业能力等。就目前情况看，由于对培育和践行积极的现代社会新残疾人观不够自觉，政府及其所属单位在带头吸纳残疾人就业上做得不够到位。有三种心态应引起注意：一是居高临下心态。认为残疾人不适宜或没有能力在政府部门及其所属单位工作，甚至担心招聘残疾人会影响政府形象。二是敬而远之心态。对某些残疾人的能力和精神处于欣赏状态，却回避其求职诉求。三是畏难观望心态。一方面知道应当安置残疾人就业，另一方面对安置残疾人就业拿不出有力措施，在等待观望中看看是否必须安置残疾人。这些心态的后果会导致残疾人接二连三地求职失败，其根源就在于政府公职人员没有真正树立积极的现代社会新残疾人观。促进残疾人就业，政府机关是龙头，只有龙头动起来，龙身和龙尾才能展现出活力，才能出现龙腾虎跃的生动局面。

　　培育和践行积极的现代社会新残疾人观，需从三个方面强化政府落实残疾人就业的主体责任：

　　第一，有助于政府机关正确认知"残疾"，增强认可残疾人的程度、招录残疾人的勇气和使用残疾人的能力。积极的现代社会新残疾人观有利于改变对残疾人的偏见，减少甚至避免政府机关对残疾人的录用排斥和使用恐惧，促进人们正确认识残疾人的"残疾"。事实上，残疾人身体的局限并非意味着其主体能力的绝对弱化，任用残疾人、发挥残疾人的作用关键在于如何开发利用残疾人的潜能。残疾可分为绝对残疾和相对残疾。绝对残疾指"残疾"是客观存在、不以人的意志为转移的缺憾；相对残疾指对"残疾"的认定必须与其所从事的活动和所处的环境相联系：如果在一定实践环境下，残疾人的"残疾"不影响其以正常的方式从事某种活动，就可以说他不是个"残疾人"。如果树立了积极的现代社会新残疾人观，就能有针对性地把残疾人安排到不影响其能力发展的岗位，发挥残疾人的特点和特长，实现由"害怕残疾人影响形象"向"通过录用残疾人树立形象"的理念转变，不但履行了政府的主体责任，还能带动全社会形成认可和录用残疾人的文明风尚。

第二，有助于廓清政府和残联的责任关系。部分政府部门在残疾人就业上出现了主体责任不明甚至不作为的情况，是因为把促进残疾人就业单纯当成残联的事情。之所以出现此类认识，根源还在于相关政府职能部门把残疾人看成一个完全意义上的特殊群体，而没有将其看作社会的有机组成部分，缺乏对残疾人就业个性化的制度安排。在积极的现代社会新残疾人观的指导下，政府模范担当残疾人就业的主体责任，残联积极发挥残疾人就业的协调职责，系统完善残疾人就业的制度顶层设计，调动社会各方形成合力，残疾人就业的前景就能一片光明。

第三，有助于促进政府依法推动残疾人就业。《残疾人就业条例》规定："用人单位安排残疾人就业的比例不得低于本单位在职职工总数的1.5%。"[①] 如果达不到这个比例，需缴纳残疾人就业保障金。一些用人单位宁愿缴纳残疾人就业保障金，也不愿意安排残疾人就业，甚至有的政府机关也采取了这种做法，起了负面带头作用。受消极的社会残疾人观影响，人们往往把促进残疾人就业当作慈善事业，而没有提升到遵守法律的高度，使许多单位"打折式"地执行法律甚至逃避法律约束。培育和践行积极的现代社会新残疾人观，政府部门要从实际出发健全相关法律政策，完善促进残疾人就业的体制机制，不仅应将按比例安置残疾人就业纳入政绩考核，还应纳入依法治国的重要内容。政府部门以身作则带头遵守法律，积极落实残疾人优先就业原则，只要残疾人符合岗位要求，就应运用各种合理合法渠道进行录用，特别是主动提高录用残疾人公务员的比例，充分发挥社会主义国家政府为人民服务、对人民负责的政治优势，从尊重法律和尊重人道的双重原则出发，切实落实残疾人就业主体责任，使各级政府成为残疾人就业的坚实后盾。

培育和践行积极的现代社会新残疾人观，有利于优化残联在促进残疾

---

① 《残疾人就业条例》，中华人民共和国国务院令第 488 号（http://www.mca.gov.cn/article/gk/fg/shflhcssy/201507/20150700848509.shtml）。

人就业中的公共职能。我曾经问过几位残疾朋友：当你就业遇到困难时，你最想找哪个部门帮助？他们都毫不犹豫地回答：残联。的确，残联在促进残疾人就业中负有重要责任，做了大量工作。其主要职能表现在：一是协调职能。通过与政府有关部门沟通，共同拟定促进残疾人就业的政策，或协调、推荐残疾人到某个意向单位就业。二是保障职能。通过设置公益岗位、自主创业平台等方式，最大限度地保障残疾人就业或自谋职业的机会。三是吸纳职能。吸纳适合的残疾人到残联机关或下属机构就业。作为人民团体，残联自身吸纳残疾人就业的能力和创设公益岗位安置残疾人就业的能力毕竟有限，要想充分促进残疾人就业，重点是发挥在残疾人就业中的协调功能。由于消极的社会残疾人观在人们心中根深蒂固，由残联到政府部门或企业协调工作常常受阻，影响了残联协调功能的有效发挥。曾有过这样一件不可思议的事，某省残联负责人与政府相关部门商讨按比例吸纳残疾公务员事宜，第一个提出异议和担忧的竟是该省人社部门的负责人，认为残疾人不能胜任公务员工作，相比其他政府部门，残疾人更适合到残联工作。这件事反映了残疾人就业难的深层次原因，如果政府主体责任得不到落实，残联的公共职能也难以发挥。培育和践行积极的现代社会新残疾人观，不仅是残联的责任，更是全社会的责任。如果全社会都能树立积极的现代社会新残疾人观，就能使残联不必把过多的工作精力放在革除或减少残疾人就业歧视上，而能与政府部门合力制定更多符合残疾人需求的就业政策，夯实促进残疾人就业的制度基础，为更多残疾人找到实现全面小康的生存发展平台。培育和践行积极的现代社会新残疾人观，残联更要加强自身建设，增强促进残疾人就业的责任感。残疾工作人员应具有职业精神、大爱情怀和担当意识，克服畏难情绪，为了更多更好地安置残疾人就业，要不怕千辛万苦，甘于千言万语，想残疾人之所想，急残疾人之所急，最大限度地保护、扶持和吸收残疾人就业，用实际行动引领文明社会风尚的形成。

　　培育和践行积极的现代社会新残疾人观，有利于促进残疾人在就业中提高自我发展能力。提高残疾人自我发展能力是促进残疾人就业的根本目的。消极的残疾人观给残疾人贴上"有缺陷的""依赖社会的""麻烦的"的标签，残疾人的"弱势"被放大，导致其在就业中频频受挫。社会对残疾人的片面评价会潜移默化地影响残疾人的自我认知，最终造成残疾人的自我怀疑甚至自卑心理，从而抑制了自身优势和潜能的发挥。培育和践行积极的现代社会新残疾人观，能以正确的社会认同激发残疾人形成积极的自我认同，促进其在就业中充分发挥比较优势。每个健全人虽然在个体能力上有差异，但他们在生理特性上具有相似性，具备了达到正常劳动水平的能力；残疾人则不然，有些工作他们付出再大的努力也不可能胜任，譬如盲人不可能从事电焊之类的工作，聋人也极难在音乐方面有突出造诣。但尺有所短，寸有所长，残疾人在某些方面会达到甚至超出健全人的平均劳动能力，形成自身的比较优势。比如，许多盲人对音乐的领悟比较深刻；聋人的观察能力和形象思维比较发达；肢残人虽活动能力不足，但善于在沉静中进行更深入的思考和想象。如果积极的现代社会新残疾人观落到实处，人们就不会再从消极的"问题视角"考察残疾人"不能干什么"，而会从积极的"优势视角"考量残疾人"适合干什么"，把残疾人看作潜在的、富有比较优势的人力资源。在这种良好背景下，广大残疾人会进一步树立自强不息的生活信念，内强素质，外树形象，勤勉敬业，积极进取，在适合的岗位上发挥自身的比较优势，不断提升自我发展能力，从自我肯定到自我超越，在奉献社会中实现人生价值。

现代社会新残疾人观启迪我们，残疾人也是人类文明和社会进步的贡献主体，社会应当以人道和博爱的胸怀肯定残疾人的价值，在适合的岗位上优先安置残疾人就业，促进残疾人发挥比较优势，使残疾人共享社会发展成果。《国务院关于"十三五"加快残疾人小康进程规划纲要》把"大力促进城乡残疾人及其家庭就业增收"作为实现残疾人全面小康的主要任务，为进一步发展残疾人事业指明了方向。中国有八千五百多万残疾人，涉及家庭人口2.8亿，如果没有残疾人的充分就业，就不可能有残疾人的全面小康；如果没有残疾人的全面小康，就不可能有全国人民的真正全面小康。在全面建成小康社会的历史进程中，全社会应深刻认识现代文明社会新残疾人观在残疾人就业中的地位和作用，在社会主义核心价值观的指引下，深入培育和践行积极的现代社会新残疾人观，冲破消极的残疾人观的束缚，下大力气帮扶、促进和吸纳有劳动能力和一技之长的残疾人实现就业，使越来越多的残疾人转化为现实的社会人力资源，让广大残疾人有机会凭借自己的劳动创造与全国人民共同迈入全面小康社会。

第三十二章　做好科技进步对残疾人的价值补偿

当今社会，科技进步日新月异，社会文明程度不断提高，科学技术对人类生存发展的影响越来越深刻，科技助残成为一种崭新而流行的助残方式，这为残疾人利用科技成果实现价值补偿成为可能。希望全社会重视科技发展对残疾人价值实现和残疾人事业发展的促进作用，积极探索科技成果在残疾人生活和残疾人事业中的转化应用，做好科技进步对残疾人价值补偿这篇文章。

第一节　科技进步对残疾人价值补偿的内涵

残疾人价值包括自我价值和社会价值。自我价值是残疾人自尊自强的实践活动对于自身生存发展的意义；社会价值是残疾人的实践活动对于整个社会的意义。残疾人的自我价值是实现其社会价值的前提，残疾人的社会价值是残疾人自我价值的升华。

科技进步对残疾人的价值补偿，是指通过科学技术推动生产、生活工具的变革，促进这些科技成果转化为残疾人生产生活的辅助工具，由此弥补残疾人因生理缺憾而造成的社会实践能力的不足，提升残疾人主体能力和素质，激发残疾人的自主性、能动性和创造性，促进残疾人更好地实现个人价值和社会价值。正确理解这个含义，需要把握以下两点：一是残疾人是价值主体，或者说具备成为价值主体的潜能，有一定素质能够学习和掌握科技成果，并能应用科技成果为自身和社会服务。二是通过科技成果对残疾人主体能力的弥补，实现物对人的价值补偿，进而增强残疾人实现价值的能力。

其一，马克思主义人学基本理论是其理论基础。人是实践存在物，人在实践活动中利用工具对客体进行改造，把自己的目的和利益对象化于自然和社会，在对自然界和社会的改造中实现了自身的主体价值，确定了工具价值，开发了客体价值，实现了主体价值、客体价值和工具价值间的相互作用。科技成果既是人改造客观世界的产物，又能成为人进一步改造客观世界的实践工具。这一实践工具释放的工具价值，能够在实践中不断转化为主体生命的内在要素，发展人的主体能力，促进人的主体性得以不断确证和发展。残疾人运用科技成果进行生产生活实践的过程，就是工具价值、客体价值和主体价值实现良性互动的过程。人是在实践活动中主宰自己命运的价值主体，残疾人由于身体残障，导致其某种主体能力缺失，在实现主体性的过程中会遇到各种各样的困难，但科技成果的正确运用能为其主体性的彰显予以补偿。其运用科技成果的能力越强，主体能力就越强，认识世界和改造世界的能力也就越强，创造的价值就越大。人的实践活动是基础，人的主体性的确立是关键，人的全面、自由、可持续发展才是根本。人的全面发展主要有三层含义：①人的活动及其能力的全面发展。科技进步弥补残疾人因生理缺陷造成的活动能力的不足，为残疾人全面发展创造条件。②人的社会关系的全面发展。科技进步帮助残疾人提升能力、实现价值，进而帮助残疾人融入社会，促进其社会关系不断丰富。③人的个性的全面发展。人的个性是人的主体性的个体表现，科技成果对残疾人进行价值补偿的落脚点是推动残疾人在自身的能力范围内发展个性，展现人的创造能力，成为"个性主体"。

其二，科技理性主义与科技人道主义的统一为科技进步对残疾人价值补偿提供了科学依据。

所谓科技理性主义，就是科技发展要以客观事物为研究对象，实事求是认识客观规律，并以此为依据指导人类的实践活动；所谓科技人道主义，就是科技要满足人的需要、保障人的权益、推动人的发展，为人类社会的福祉服务。在科技的发展历程中，科技理性主义和科技人道主义的统一是最基本的原则，是科技进步对残疾人价值补偿的科学依据。一方面，在发明服务于残疾人的科技产品时，充分考虑残疾的不同类型、程度所具有的特点，把握残疾人科技服务的基本规律；另一方面，残疾人事业是人道主义最为鲜明的体现，科技对残疾人的价值补偿，应着力凸显人道主义原则，发展科技产品对于残疾人特殊需要的适合性，树立"以残疾人为中心"的科技补偿理念，彰显科技的人道价值，赋予人道主义更为深刻的内涵。

其三，社会文明的不断发展为科技进步对残疾人价值补偿提供了坚实的实践基础。

科技对残疾人的补偿在工业社会以前基本是不存在的。渔猎社会和农耕社会都是以体力劳动为基本动力的社会，由于身体条件的局限、科学技术的落后和社会关系的限制，科技成果不可能运用于残疾人的发展，绝大部分残疾人在生存的边缘苦苦求生，基本上处于"自生自灭"甚至"自生他灭"的状态。当人类步入工业社会和后工业社会，科技的迅猛发展为残疾人价值补偿提供了物质基础，信息科学、智能控制技术、机器人技术的大量开发和运用，为制造各种扶残助残的高科技产品提供了科技支撑。科技成果在科学的社会体制机制保障下应用于残疾人，语音识别系统、智能读屏软件、智能轮椅、新型盲文印刷系统等科技成果被越来越多的残疾人所掌握，广泛运用于残疾人的生活实践中，积累了宝贵的科技为残疾人服务的经验，为科技对残疾人的价值补偿提供了实践基础。

第二节　科技进步对残疾人价值补偿的实质和目标

马克思主义人学认为，人的本质是在现实的社会关系中从事实践活动的特质，概言之，人的本质就是人的社会性实践。人从事改造自然、改造社会和改造自身的活动，将自己的主体力量对象化于客观世界，就是彰显人的本质力量。因为身体的缺憾，残疾人实践能力不足，但这并不意味着其本质力量的缺失，其部分本质力量以潜在的形式存在着。残疾人的这种缺憾不是绝对不可消除的，现代科学技术为消弭这种缺憾提供了手段和途径。科技进步对残疾的价值补偿，实质是残疾人凭借对科技成果的运用，将科技力量内化为残疾人的主体能力，使残疾人本质力量由潜能转化为现实的过程。

科技进步对残疾人价值补偿的实质决定了科技进步对残疾人价值补偿的目标：

在生理层面上，促进残疾人在一定程度上摆脱残疾，把残疾对于活动的影响降到最低限度。残疾可分为绝对残疾和相对残疾。绝对残疾或残疾的绝对性指残疾是客观存在、不以人的意志为转移的缺憾；相对残疾或残疾的相对性是指残疾人的"残疾"必须与其所从事的实践活动和所处的环境相联系：如果在一定实践环境下，残疾人的"残疾"不影响其以正常的方式从事某种活动，就可以说他不是个"残疾人"；如果残疾人的"残疾"

在一定环境下对残疾人的活动构成障碍，使其不能以正常的方式从事某种活动时，他才是一个残疾人。科技进步对残疾人的补偿虽然无法消除残疾的客观性，但可以为残疾人提供无障碍环境，最大限度地提高残疾人的活动能力，把"残疾"带来的障碍降到最低限度。

在思想层面上，实现残疾人自身以及社会对残疾人思想观念的转变。一是优化残疾人的自我认识，进一步提高残疾人的自信度。科技补偿能够借助外部工具力量放大残疾人的主体能力，给残疾人提供了更加广阔的发展空间，逐步改变着残疾人的自卑心理，让更多残疾人有强烈的意愿进行自我超越，实现人生价值。二是改善社会对残疾人的认识，进一步增强社会的亲和力。科技成果的辅助，有利于促进越来越多的残疾人达到甚至超出部分健全人的社会实践水平，甚至促进残疾人自强典型不断涌现，使社会对残疾人的认识逐步实现从轻视到同情再到敬佩的转变，开始把残疾人当作工作中的得力助手、生活中的亲密伙伴、精神上的交流对象，社会对残疾人的人文关怀更加自然真切，推动了残疾人和社会相互认可，进一步彰显了人类文明的包容性。科技成果的转化运用反映了社会对残疾人的人文关怀，残疾人也在科技成果的运用中更加主动地参与社会建设，实现人类文明的升华。

在社会生活层面上，拓展残疾人的生存空间，提高残疾人生活质量，帮助残疾人实现自由、全面、可持续发展。残疾人作为社会弱势群体，常常生活在狭窄的私人空间中，处在人类文明的边缘，科技进步有利于社会在物质和精神上为残疾人提供无障碍环境，推动残疾人进行平等的社会交流。特别是科技进步推动人类进入网络时代，网络拓展了残疾人的生存领域，弥补了残疾人的活动局限，残疾人可以通过互联网将自己的眼界和心境拓展到世界的每个角落，随时把握各种信息，领略社会生活的发展变迁。残疾人与健全人共享网络资源，在网络平台上平等交流，实现了"网络无障碍"，在虚拟空间中获得一片新天地，实现了残疾人的自由、全面和可持续发展。

当然，必须清醒认识到科技进步对残疾人价值补偿是有限度的。科技进步可以推动残疾人在"残疾局限"范围内彰显人的本质力量，而无法改变和完全超越残疾。科技进步对残疾人的价值补偿是一个动态的历史过程，不同时代、不同国家对"残疾"有不同的界定，也有不同的补偿方式和补偿标准，从当前的科技发展水平看，还不足以达到完全消除"残疾"的地步。《国际残疾人权利公约》中谈道："只有残疾的科技，没有残疾的人。"这句话一方面明确了科技发展对残疾人的价值补偿作用，认识到了科技发展程度尚不足以满足残疾人生存发展需要；另一方面也带有一定的绝对化倾向，因为残疾人的"残疾"不仅仅是因为科技发展不足导致的，而是由多重社会因素造成的客观结果，是人类文明发展史上不可避免的代价。科技补偿只是一种外在技术性补偿，它无力直接改变残疾人生存发展中面临的观念障碍、体制障碍等问题。除非科技发展到足以消灭"残疾"的程度，否则即使科技再发达，对"残疾"的补偿依然有其限度。准确认识补偿的限度，有利于正确理解科技进步对残疾人价值补偿的实质和目标。

第三节　科技进步对残疾人价值补偿的环节和层次

科技对残疾人价值补偿大致有两个基本环节：一是科技进步弥补残疾人生理残障的环节，这在一定程度上为残疾人的活动创造了无障碍环境；二是残疾人运用科技成果，通过吸收科技补偿效用提高主体能力，适应社会和创造价值的环节。只有当科技成果的补偿转化为对残疾人主体能力的补偿，促进残疾人融入社会和创造价值时，这个价值补偿才算真正实现。

从科技进步的视角看，通过弥补残疾人的生理缺憾，增强残疾人的生存能力和发展能力。盲人凭借盲文软件克服阅读和交流的障碍，聋人凭借助听设备体验到以前无法感知的事物，肢残人可以凭借智能轮椅到达许多地方。我个人就是科技进步的受益者，由于运动功能障碍，我双手写字十分困难，可电脑补偿了我运动机能的不足，我利用电脑撰写了四百多万字的作品，帮助我较好地实现了个人价值和社会价值。应当说，科技成果为残疾人的价值创造提供了物质前提，有利于不断开掘残疾人的巨大潜能。

从残疾人自身的视角看，科技进步对残疾人价值补偿的关键在于残疾人主体性的发挥。如果残疾人不能掌握和运用科技成果，那就谈不上价值补偿，残疾人只有凭借学习科学知识、运用科技成果、创造科技产品，才能实现价值补偿和价值升华。著名物理学家霍金患有渐冻人症，被禁锢在轮椅上已经数十年，只有三根手指可以活动，他靠语音合成器完成写作和说话，用三个手指不断地敲击手上的转换器，凭借翻页器阅读了浩如烟海的科学文献，发现了黑洞的奥秘，写出了《时间简史》等科学巨著。霍金生活的点点滴滴，都离不开科技成果的辅助和智能设备的运用，科技成果确实对霍金的科学研究具有巨大的辅助作用，但如果没有他非凡的毅力和创造性的思考，没有他对科技成果的熟练掌控，没有他超凡的洞察力和科技智慧，没有他在科技设备的辅助下不断释放的自主性、能动性和创造性，他是不可能创造出一个个科学奇迹和不断延续自己的传奇人生的。

应从两个视角的统一中全面认识和推动科技进步对残疾人的价值补偿。当我们从科技进步的层面探讨时，应更侧重于科技及其产品对残疾人的辅助作用；当我们从残疾人自身的层面探讨时，应更侧重于残疾人主体性的发挥，既表现为掌握科技的主体性，也包括运用科技创造价值的主体性。如果说科技进步的外力作用是对残疾人的社会保障，那么残疾人主体能动性的发挥就是残疾人的自我保障。科技成果价值补偿的大小，既取决于残疾人主体性的强弱，也取决于科技成果对残疾人的适应性、可塑性和便捷性，即科技成果要与残疾人的残疾状况和实际需要相适应，对残疾人的实践活动具有塑造价值，能为残疾人提供各种各样的方便。因此，要不断开发适合不同残障类型和残障程度的残疾人的科技产品，使这种科技产品既能对残疾人起到辅助作用，又能为其主体性的发挥发展提供空间，实现科技成果与残疾人主体性的深度对接，并通过两者的共同作用，实现科技进步对残疾人的价值补偿。

科技进步对残疾人的价值补偿从以下三个层次上予以实现：

生存性补偿。即满足残疾人最基本的生存需要，使残疾人具有生存价值。这是科技进步对残疾人价值补偿的首要目的。生存需要是人最基本、最强烈、最明显的需要，是生存价值的客观基础，科技进步对生存价值的补偿强化了残疾人的生命存在。对于残疾人特别是重度残疾人来说，之所以有时难以意识到生命存在或是缺乏生命意识，就是因为他们实在无法支配社会生活，甚至无法支配自己的身体，一丝一毫都要依赖于外力的协助。而科技成果的智能化，增添和延伸了他们机体的功能，使他们能够通过身体可承受的简易操控获得支配生活的能力。上海世博会生命阳光馆中，家居遥控设备惹人注目，遥控器由残疾人控制，各个生活用具上都安装有相应的感应设备，残疾人只要动一动手中的遥控器，就能完成日常家庭劳动。这类装置能给残疾人做饭、喂饭、洗衣等，在没有他人辅助的情况下，能保证残疾人基本的日常生存。尽管这类装置广泛投入市场和进入残疾人日常生活尚需时日，但代表了残疾人智能辅助的时代趋势，为残疾人生存描绘了美丽前景。

享受性补偿。即促进残疾人享受社会文明成果，体验生命的快乐和心灵的自由。这是科技进步对残疾人价值补偿的内在要求。残疾人在人类生存与发展中付出了巨大代价，科技进步应为其提供便捷的生活条件，使其享受社会文明发展成果。"会说话"的互联网浏览器读屏软件能够自动将网页格式内容转化成文本格式，并朗读用户所选择的部分，使盲人也可以享受上网冲浪的乐趣；篮球轮椅以每根车条上 300 根纤维的设计，帮助残疾人尽享篮球竞技的快乐……所有这些，都为残疾人享受生活、自食其力和奉献社会创造了条件。

发展性补偿。即帮助残疾人参加社会生产劳动，融入社会生产关系体系，成为社会的建设者和创造者，促进残疾人的全面发展。这是科技进步对残疾人价值补偿的最高境界。人是一种超越性存在，发展需要是人最高层次的需要。科技进步对残疾人发展性价值的补偿日渐重要，关键要做到：一是社会为残疾人的发展性补偿提供技术支持，通过"科技助残""科技下乡"等活动，为残疾人普及科技知识，帮助他们在科技产品辅助下掌握一技之长，成为新型的社会建设者；二是为残疾人提供制度保障，形成科技成果服务残疾人群体的长效机制，让科技成果真正应用于残疾人发展的实践。三是科技进步提升残疾人的主体能力，为残疾人的学习、生活和工作插上了翅膀，最大限度地缩小了残疾人与健全人的差距，从而实现残健的深度融合。

第四节　科技进步对残疾人价值补偿面临的矛盾和解决思路

由于受时代条件的限制，科技进步对残疾人的价值补偿在认识和实践两个层面尚存诸多不足，存在着两个亟待解决的突出矛盾：

其一，适合残疾人生存发展的科技成果数量和质量不能满足广大残疾人需求的矛盾。在这个信息化社会，残疾人生存质量的提升需要科技的助力，对科技成果的数量和质量的要求越来越高，但在残疾人科技产品的开发上却存在着重视不够、投入不足、开发缓慢、应用不力的问题。

其二，残疾人的能力素质与掌握先进科技成果要求的矛盾。由于残疾人的受教育水平普遍较低，近半数的残疾人尚处于未脱盲状态，要掌握先进的科技成果，并在熟练运用科技成果的基础上发展特长绝非易事。

要解决好这两个矛盾，建议做到：

第一，加大残疾人科技产品的研发力度，推进残疾人科技产品的产学研结合。产学研一体化是未来科技发展和产业发展的基本趋势，科技成果只有符合市场的需求方向，转化为生产力，才能真正实现自身意义。在科技进步对残疾人价值补偿方面，应当进一步加大科技投入，吸引更多的科技工作者都来关注残疾人科技成果的研究和创造，建立科技研发平台，推行科学的奖励机制，引导研发者将科技理性主义和科技人道主义紧密结合起来，激励研发者的科研积极性。研发者在研发过程中，应更加清晰地知晓不同残疾人生存和发展的需要，针对这些需要，制定科技成果的研发方案。研发方案至少应回答以下几个问题：针对哪种类型的残疾人？针对哪种程度的残疾人？主要能解决残疾人的哪些问题？解决这些问题的具体效果预期是什么？然后再有的放矢地开始研发工作。在投放市场之前，需经过相应的残疾人进行基本的临床试验，检验其是否符合残疾的普遍性和特殊性，是否存在功能上的"硬伤"和"死角"，能否真正给残疾人带来实实在在的方便，这种方便是否有利于残疾人实现自身价值。2012年，武汉理工大学残疾人发展研究基地成立，该基地依托武汉理工大学这个平台，发挥武汉理工大学工科院校的优势，融汇了工学、法学、社会学、心理学等多学科力量，重点进行残疾人辅助器具的研发和应用，正逐渐形成残疾人科技成果产学研一体化的新模式，是一个很好的方向，国家应当有计划地进行推广。

第二，推动科技成果在残疾人日常生活中的转化应用。虽然科技创新是勤奋的产物，但有时科技成果却是源于懒惰甚至残疾，因为很多科技成果都是为了解决人们不愿做、不能做或不方便做的事情。社会应当树立这样一种科技观念：我们的科技成果解决的残疾人不能做或不方便做的事情越多，说明我们的科技越先进、越人道、越文明。要想使科技成果能真正为残疾人造福，就必须将其投放市场，接受市场的检验，接受广大残疾人日常生活实践的检验。比如，如果盲人想在电脑上利用口述写文章，其语音识别系统的识别准确度还有待进一步提高；一些为残疾人特制的车辆已经把用脚操纵的刹车、油门转移到了方向盘上，形成了一个完全用手操纵的驾车系统，帮助部分肢残人实现了驾车梦想，然而部分手部不够灵活的残疾人是否也可以实现自己的驾车梦呢？这并非天方夜谭，科学家已经提出视力感应汽车的科学构想，即凭借目光进行定位导航，相信随着导航系统和智能操作系统精确性的不断提高，有可能帮助更多的残疾人实现驾车梦。目前，残疾人科技成果之所以不能满足残疾人的需求，一方面是因为科技成果的总量不足或转化不及时；另一方面是由于部分产品的稀缺性和复杂性，产品的价格居高不下，许多残疾人根本无力承担，造成了部分成果的过剩和结构性短缺。譬如，安装一个人工耳蜗动辄需要二十多万元，这对大多数农村残疾人家庭而言，无异于天文数字。因此，希望政府进一步加强市场宏观调控，不断优化残疾人科技成果准入机制，严格残疾人科技成果的市场定价标准，促进残疾人产品产业化与福利化的有机融合，使越来越多的科技成果切实为残疾人造福。

第三，培育能够掌握一定科学知识和具备一定技术水平的特教师资队伍。提高残疾人的主体能力，特教老师具有重要作用。时代对特教老师的要求越来越高，特教老师不仅要有爱心和耐心，掌握丰富的特殊教育方法，还必须要了解一定的科技知识，会熟练操作多种一般科技产品和残疾人专用科技产品，如计算机、导盲杖、助听器、助读器等，以适应对残疾人进行科技培训的需要。在特教师资培养中，应当把掌握必要的科学知识和操作技能作为特教老师的必修课。

第四，全面提升残疾人的综合素质，不断增强其价值实现的能力。做好科技进步对残疾人的价值补偿，绝不仅在于科技成果的转化应用，而且牵涉到残疾人教育、康复和社会保障的系统工程。残疾人的素质和水平，直接决定了其运用科技成果的能力。应把残疾人教育与残疾人科技成果运用紧密结合起来，无论是特殊教育还是普通教育，都要加强对残疾人的科技普及，引导残疾人积极接受新生事物，培育科技思维，增强操作技能，不断提高科技成果对残疾人价值补偿的效能。

科技改变着人类的未来，更改变着残疾人的未来，通过科技进步对残疾人进行价值补偿，体现了时代发展的潮流和趋势，体现了人道主义的崭新实现形式，具有广阔的空间和前景。建议全社会共同努力，做好科技进步对残疾人的价值补偿，用人类的科技文明修复残疾人折损的翅膀。

第三十三章 从人学视角全面把握和推进残疾人文化自觉

党的十七届六中全会首次以中央文件形式指明了"文化自觉"的重要意义。从人学层面讲，文化是人特有的生存方式。动物只能凭借本能活动被动地适应自然；人则凭借自觉的、有意识的实践活动进行属人的文化创造，使自然界成为文化世界。正如马克思所说："动物和它的生命活动直接同一，人则通过自我意识将自身与生命活动区分开来，从而获得了超越自然存在的权利。"① 人对自然的超越主要体现在人能凭借自己的实践活动超越自然生命而塑造属人的文化生命。这意味着人不仅拥有吃、喝、安全、性需要等自然本能需要，更有对社会生产和交往、对文明传承与创新的社会需要和精神需要。因此，人的实践生成性是人的文化生存的根本基础，人的社会属性和精神属性是人的文化生存的人性机制。从这个意义上讲，文化自觉本质上是人的自觉。在马克思主义人学的视域中，文化自觉可以理解为生活在一定历史文化阶段和文化领域中的个体、群体和人类对自身文化发展历史、现状、未来的反思和觉悟，是人对自身的文化生存方式和文化生命的确证过程。

残疾人文化自觉是社会文化自觉的重要组成部分。残疾人文化自觉，是指生活在一定历史文化阶段和文化领域中的残疾人对人类一般文化及其产品，对残疾人个性文化及其产品的觉悟、反思和创造，是残疾人对自身文化生存方式的确证过程和对主体生命的塑造过程。残疾人文化自觉既具有文化自觉的共性，又具有残疾人自身的个性，突出表现在残疾人由于身体残障和功能缺陷，对人类一般文化及其产品的文化自觉存在各种限度。不同类型、不同程度的残疾人实现文化自觉的方式、程度和评价标准都各

---

① ［德］马克思、恩格斯：《马克思恩格斯全集》（第 42 卷），人民出版社 1979 年版，第 96 页。

不相同。例如，盲人难以充分达到对绘画艺术的文化自觉；聋人难以充分达到对音乐艺术的文化自觉；肢残者对一般体育文化的体味也是有限的。残疾人身心的局限性导致了主体能力的局限性，影响了残疾人对文化的认知和把握。在这种局限的视阈下，残疾人的文化生命是不完整的。所以，对残疾人文化自觉的范围、水平和层次，要根据其残疾状况和文化素养制定不同的评价标准，不能简单地"一刀切"。

深入把握和推进残疾人文化自觉有助于促进残疾人的生命觉醒和文化创造，对残疾人的生存发展具有重要意义。

第一节　从人性基础上审视和推进 残疾人文化自觉

其一，尚存的身体机能和代偿功能是残疾人实现文化自觉的生理前提。残疾人虽因某些缺憾而失去了一些文化觉知能力，但大多数残疾人尚具备人脑的正常机能，为其文化自觉的实现提供了生理可能性。同时，残疾人生理补偿机制又为其文化自觉提供了更大的发展空间。上帝关上一扇门，必定打开一扇窗。残疾人虽然因个别器官受损致使感受力和认知力下降或丧失，但却有可能激发出其他生理器官的潜能，在某一方面的文化感知能力达到甚至超过正常水平。可以说，代偿功能的发挥水平决定着残疾人文化自觉的层次、范围和水平。

其二，特殊的实践活动是残疾人实现文化自觉的现实条件。残疾人首先是"活动的个人"，在活动中创造着自己的文化世界，确证自己的实践本质，意识到自己的文化存在。因活动能力的局限，残疾人的活动方式、层次和水平除受到"外部自然"的制约外，更多地受到因残障导致的"内部自然"的制约，形成了比健全人多得多的活动障碍，残疾人正是在不断克服这种障碍的过程中实现着对生命的超越。在这个超越过程中，残疾人可能体验更独特、思想更深刻、感悟更丰富，塑造了独特的文化生命，为残疾人文化自觉提供了现实土壤。

其三，文化生命意识的觉醒是残疾人实现文化自觉的关键。人的意识与动物心理的重要差别就在于自我意识的存在。残疾人的文化生命意识是在其实践活动的基础上，在社会对残疾人认知接纳、残疾人社会意识不断丰富、残疾人的自我认知日益清晰的多向度互动中实现的。实现残疾人文化自觉，需要激发残疾人的生命主体意识，应着力做到：

一是引导残疾人对自身生命存在进行肯定与反思。残疾人参与社会的能力一定程度上被"自然剥夺"，参与社会的机会一定程度上被"社会剥夺"。大多数残疾人孤立的生存状态导致其生理和心理上的"边缘化"。要改变这种局面，帮助残疾人实现人的自觉。人的自觉有两种形态，一种是初级形态的生命自觉，一种是高级形态的文化自觉，二者是同一问题的两个层面，统一于人的文化生存方式当中。激发残疾人文化自觉的前提在于，率先促进初级形态的生命自觉，推动残疾人的社会实践在广度和深度上延伸，引导其正确认识自身的残疾状态，找准自我发展定位，培养独立人格，引导残疾人摆脱抱怨、无助和否定的自卑心态，实现生命的自我肯定，增强参与社会生活和创造文化财富的能力。

二是激发残疾人对自身文化需要的认知。文化需要是残疾人文化自觉的基点。人的文化需要表征着人为实现生存和发展向外部环境进行的精神文化摄取状态。虽然因为生存条件或受教育水平的限制，很多残疾人没有过多的精神文化活动，但这并不意味着他们没有文化需要，残疾人文化需要常以潜在形式存在着。在加快推进残疾人全面小康社会的进程中，应在给予残疾人生存保障的基础上，更加注重其文化需要的满足，在条件允许的情况下特别关注和满足贫困残疾人和重度残疾人潜在的文化需要，积极提供适应其文化需要和认知水平的文化产品，开展健康向上又符合其民风习俗的文化活动，促进其文化自觉水平的逐步提高。

三是鼓励残疾人在融入社会的过程中理解和把握社会文化。残疾人必须努力摆脱与社会相游离的状态，在一定范围内开展社会实践，通过各种渠道接受教育和自主学习。目前，许多残疾人通过接受教育、自学和人际交流等方式学习前人创造的文化知识，提升了个人的文化修养，进行了一定的文化体验，为残疾人文化自觉创造了必要条件。社会应进一步鼓励越来越多的残疾人在参与社会中理解、思考和把握社会文化，为其学习和发展创造条件，增强其文化自觉的意愿和能力。

第二节　从人权高度上审视和推进
残疾人文化自觉

　　袁贵仁教授指出："人权是一个综合性的社会范畴，是人作为社会存在物所获得的社会承认和界定，是人们之间结成的一种社会关系。"① 残疾人作为弱势群体，自身素质的缺憾严重制约了其实践能力的发挥和文化自觉的实现。必须保障残疾人的基本社会权利，使其成为社会关系体系中的有机组成部分，从人权高度维护和推进残疾人的文化自觉。

　　生存权是残疾人文化自觉的基础。按照马斯洛需求层次理论，人的需求金字塔共分五级：生理的需求、安全的需求、情感和归属的需求、尊重的需求、自我实现的需求。生理的需求是人最原始、最基本、最强烈的需求，若不能满足，则难以生存。安全需求包括劳动安全、职业安全、生活稳定、希望免于灾难、希望未来有保障等。情感和归属的需求，是指个人渴望得到家庭、团体、朋友、同事的关怀和理解，是对亲情、友情、爱情的需求。这些都构成了残疾人生存的基本条件。社会应不断完善残疾人需求金字塔建设，使其最为基础的三级需求得到满足，在物质上摆脱贫穷，有饭吃、有衣穿、有房子住、有能力看病，生活相对安定，情感和精神需求才能得以释放，文化自觉才有可能产生。

　　受教育权是残疾人文化自觉的前提。实现残疾人文化自觉，残疾人自身必须先要有文化，而接受教育是挖掘残疾人文化自觉潜能的直接途径。目前，我国残疾人文化教育事业有了较大的发展，然而与残疾人的教育需求还相去甚远。从促进残疾人文化自觉的高度，保障残疾人的受教育权，需要做到：第一，从残疾人基础教育入手，把普通教育和特殊教育结合起来，全面推进融合教育，接纳残疾程度较轻和能力适宜的残疾人到普通学校就读，给予残疾人更多更好的受教育机会，提升残疾人的认知水平和实践能力。第二，提升残疾人教育水平，为残疾人提供高层次教育平台和文化交融土壤，着力培育残疾人的知识素质、道德品质和文化修养。第三，把残疾人教育与残疾人社会参与紧密结合起来，为残疾人文化自觉奠定良

---

　　①　袁贵仁：《马克思的人学思想》，北京师范大学出版社 1996 年版，第 191 页。

好的社会基础。第四，尊重残疾人个性，培养残疾人特长，激发残疾人潜能，提升残疾人社会竞争力，使残疾人真正成为能够自食其力和贡献社会的人力资源。

政治权是残疾人文化自觉的保障。政治权是指普通公民通过合理的渠道和科学的方式参与社会政治生活并能影响社会发展方向的公共权利。政治生活是维护残疾人人格尊严的重要内容，为残疾人的文化自觉提供了必要保障。列宁曾说："文盲是站在政治之外的。"① 政治和文化相互交融，文化既能使人深化对政治的理解，政治也能使人提高对文化的认同。英国社会学家马克·普利斯特里说："大量事实表明，有学习和交流障碍的儿童常常被剥夺了表达意见、参与决定的权利，而这些决定往往关乎他们自己的生活。"② 如果残疾人长期被排斥在政治生活之外，没有足够的意愿表达空间和机会，既无法决定自身命运的生存发展，也谈不上对社会文化的认同和反思。应给予有一定社会公共判断能力和公共选择能力的残疾人参与政治生活的机会，搭建残疾人政治参与平台，让他们参与公共决策和社会治理，在力所能及的范围内行使政治权利，履行政治义务，表达政治诉求，增进残疾人对社会生活的理解和反思。在残疾人参政议政的过程中进行科学引导，帮助残疾人增强认知、参与和服务社会的能力，激发残疾人的主体创造活力，在公共政治实践中培育其政治自觉和价值自觉，使其更好地实现文化自觉。

公共文化参与权是残疾人文化自觉的依托。人是在社会关系中活动的公共存在物，个体不可能孤立应对各种自然和社会的挑战，只能在与他人的共同存在中谋求生存和发展，走向人人共同享有的社会公共领域。公共文化就是在社会公共领域传播的，反映人们公共利益诉求的，由一定社会群体共建共享的文化形态，是人公共生存的文化表达方式。享受和创造社会公共文化是拓宽残疾人社会参与的重要渠道。许多残疾人因为受到身体条件的限制，在大多数时间和情境下生活在专属性的私人空间当中，容易与社会公共生活相脱节，融入公共世界的关键就在于保障残疾人的公共文化参与权。为保障残疾人的公共文化参与权，社会应当完善残疾人公共文化服务体系建设。一是为残疾人公共文化参与提供无障碍环境。按照"平

---

① ［俄］列宁：《列宁全集》（第 42 卷），人民出版社 1987 年版，第 200 页。
② ［英］马克·普利斯特里：《残障：一个生命历程的进路》，人民出版社 2015 年版，第 76 页。

等、参与、共享"原则，推进方便残疾人的基础设施建设，加强图书馆、博物馆、文化馆、科技馆、社区文化活动中心等公共文化阵地的无障碍文化服务功能，促进残疾人和健全人文化学习、交流的均等化。二是为残疾人提供独立的文化阵地和文化场所。在参与和融入社会主流文化的过程中，残疾人也需要发展自身的文化特质，形成独有的精神家园。社会需要帮扶残疾人形成自己的文化阵地，形成独特的残疾人文化交往方式，使其在融入主流文化和发展个性文化的统一中实现文化自觉。三是在公共文化共建共享中，引导残疾人与健全人相互认知、相互理解和相互合作，彼此理解对方的价值观念、思维方式和行为方式，推进社会形成正确的残疾人观和残疾人形成正确的社会观，合理确认残疾人在公共文化生活中的价值定位，升华残疾人文化自觉的内涵。

第三节　从主体性升华上审视和推进残疾人文化自觉

第一，残疾人的文化自觉过程就是残疾人文化主体性的生成和发展的过程。残疾人的文化自觉过程本质上是一个推动残疾人由潜在文化主体向现实文化主体转化的过程，体现了残疾人文化主体性的发展。只有当残疾人的文化生命意识觉醒，残疾人对自身和社会有了比较正确的认知，对自己的文化需要和文化创造能力有了一定的把握时，残疾人才具备了成为文化主体的可能性。社会需创造条件促进残疾人文化修养的培育，引领残疾人精神价值的塑造，激发残疾人文化生命的反思，以精神觉知力和创造力的提升弥补其生理上的局限，使越来越多的残疾朋友真正成为现实的文化主体。

第二，推动残疾人的文化选择和文化创造，提高残疾人文化自觉的水平。残疾人文化自觉的落脚点在于推动残疾人的文化实践，发展残疾人文化实践中的文化选择和文化创造。残疾人的文化选择是文化创造的基础，文化创造包含着文化选择，文化选择孕育着文化创造，文化实践就是文化选择的创造性和文化创造的选择性相统一的过程。由于身体的特殊性，残疾人各种能力和素质发展不平衡，在文化选择时要更加追求一种"优选效应"，使这种文化选择既能满足残疾人的文化需要，又与残疾人生理能力相吻合。盲人因为视力障碍而难以感知色彩的魅力，但他们听觉敏感，理性思维能力强，适合于音乐创作和演唱；聋人因为听力障碍难以体味语言的魅力，但他们观察能力比较发达，形象思维能力强，善于从事绘画艺术的学习和创造；肢残人的活动能力不足，但这反而激励了他们更深入地思考和想象，有利于其精神世界的丰富，这使他们在文学创作、科学研究等方面具有较大潜能。残疾人应善于根据自身残疾状况和特点特长进行文化选择，找准文化创造的着力点，增强文化自觉的效能；社会应加强对不同类型残疾人文化觉知能力的评估，对残疾人因材施教，充分发挥残疾人的文化特长，帮助残疾人更科学地实现文化自觉。

第三，塑造残疾人自强文化，深化残疾人文化自觉的个性表达。个性是个体主体性的集中表现。残疾人群体既具有人之为人的共性，又具有特殊的个性心理和个性行为。这些个性让残疾人在主体文化自觉中形成了个性文化特质，其中最具有代表性的个性文化就是残疾人的自强文化。

人的主体性内在地包含着自强的主体性，这是残疾人自强文化形成和发展的人学根据。自强的主体性是指人在科学判断主体因素和客体规律的基础上，努力增强主体能力，克服主体弱点和达成实践目标的活动过程。人就是在克服主体的不足和追求更高目标的过程中形成和发展了人类的自强文化，自强不息的精神是人类共有的宝贵财富。

残疾人自强文化之所以成为残疾人文化自觉的个性表达，就在于自强精神在残疾人特殊的生存方式中形成了独特的文化品质。残疾人自强文化的特征表现为：①常态性。任何人在实践过程中都会受到主体和客体的多重限制，对于健全人来说，这种限制是阶段性的，可以通过主体的努力予以扭转；这种"限制"根本不同于人的"残疾"，"残疾"是一种恒定的因素，具有不可超越的绝对性，贯穿于残疾人生命及其活动的全过程，这决定了自强状态成为残疾人生命活动的常态，如果没有自强精神和自强行为，残疾人的生存和发展便难以为继，这种自强文化作为一种独特的文化积淀渗透于残疾人全部的实践活动中，成为残疾人文化生命的鲜明表征。②根本性。自强文化是残疾人个性文化生成和塑造的根基。残疾人如果不自强，就只能自暴自弃，注定在浑浑噩噩中度过一生，甚至无法真正意识到自己生命的存在，更不可能实现自己的文化自觉。因此，自强文化是残疾人文化活动的内在动力。③独特的感召性。残疾人是人类历史发展进程中最弱势的群体，但他们却以顽强的意志谋求自身的生存发展，同时为人类社会贡献着自己的力量。这种自强不息的思想和行为本身就是一种精神力量，是人类自我超越精神的深刻表达，体现了人类对生命的尊重、敬畏与创造，其自强行为和自强精神更容易感动人、激励人。因此，实现残疾人文化自觉，核心要丰富和发展残疾人自强文化，弘扬残疾人自强文化是残疾人自身和全社会的共同责任。

第四节　从残健融合上审视和推进
残疾人文化自觉

残疾人实现文化自觉，就是在充分自我认知和社会认知的前提下，在广泛参与社会文化活动和自主文化创造的基础上，融入社会和实现自身的全面发展，因而，包容开放的残健融合是残疾人文化自觉追寻的自由境界。

自由是人类永恒的价值追求，残疾人工作的根本目的也在于帮助更多的残疾人实现自由和全面的发展。要通过帮助残疾人实现文化自觉，推动残疾人与健全人的高度融合，使残疾人逐步摆脱身体上的"自然不自由"和社会融入上的"社会不自由"，完善社会融入的主体条件，扫清社会参与的障碍，促进残疾人社会本质的逐步实现和个性的充分展示。

包容开放的残健融合的重要标志是"忘却残疾状态"的生动实现。所谓"忘却残疾状态"，是指残疾人和健全人通过深入的交往实践，在充分尊重彼此个性特点和文化价值取向的基础上，残疾人忘却自身残障的缺憾和由此带来的自卑心态，力所能及地参与社会，自信地自我展示；健全人忘却对残疾人身体缺陷的过分顾虑，让残疾人更充分地参与社会文化活动。当然，"忘却残疾状态"不是盲目取消残疾人与健全人的客观差异，而是建立在健全人和残疾人相互理解以及残疾人正确自我评估基础之上的活动状态。在促进残疾人文化自觉和社会融合的过程中，应最大限度地促使残疾人参与符合其能力状况的社会活动，最大限度地拓展残疾人的实践活动能力和空间，最大限度地推动残疾人和健全人平等的价值认同，最大限度地促进残疾人实现由文化自觉到价值自觉再到价值实现的历史性飞跃，为残疾人的全面发展创造条件。

运用马克思主义人学的立场、观点和方法，审视和推进残疾人的文化自觉，是全社会的共同责任。作为残疾人，应把实现文化自觉作为人生追求，在融人社会过程中不断促进生命的觉醒和文化的学习与创造；作为社会，应当切实把残疾人当成有着文化理想和价值追求的文化主体，为实现残疾人文化自觉创造各种有利条件，进一步完善残疾人公共文化服务体系，从残疾人全面发展的高度推进残疾人文化自觉，积极建构残疾人精神世界的小康社会。

第三十四章　拓展残疾人事业的国际视野

　　中国总体上处于社会主义初级阶段，与基本国情相适应，中国的残疾人事业也处于初级阶段。从严格意义上讲，新中国成立后头三十年确实为中国残疾人事业打下了政治基础、社会基础和文化基础，但现代意义上的中国残疾人事业起步和发展还是在改革开放之后，尤其是中国残疾人福利基金会和中国残疾人联合会成立之后，中国残疾人事业才逐步走上了正轨。同发达国家的残疾人事业相比，中国残疾人事业还有许多不完善和不成熟的地方，我们应在科学评价国际社会特别是发达国家残疾人事业的基础上，虚心学习借鉴发达国家残疾人事业好的做法和先进经验。

　　在全球化时代，国与国之间的相互交流成为时代趋势。中国残疾人事业要不断取得新成果、新亮点、新突破，就应当加强与世界各国和国际组织的沟通交流，善于学习，勇于借鉴，在国际视野下促进我国残疾人事业与国际社会接轨。我们学习借鉴发达国家残疾人事业优秀成果应秉承的基本思路是：立足中国基本国情和中国残疾人实际状况，与中国经济社会发展水平相适应，与中国优秀传统文化相衔接，与中华民族中国梦的伟大实践相统一，在改革开放的大背景下推进中国残疾人事业的现代化和国际化。

第一节　学习借鉴发达国家先进的残疾人事业价值理念

　　随着人类文明的发展，世界范围内的新残疾人观纷纷建立起来，开始从"个体模式"（认为残疾只是个人命运的问题，与社会关系不大）转向"社会模式"（认为残疾问题本质上是社会问题，社会对残疾人的认同和帮扶程度是制约残疾人发展的决定性因素），把残疾人事业的发展水平作为衡量社会文明程度的重要标志之一。

相比之下，瑞典的残疾人理念最为先进。瑞典残疾人之所以生活质量极高，瑞典之所以被誉为"残疾人的天堂"，正是在于瑞典领先的残疾人理念。瑞典提出"从病人到公民"的残疾政策全国行动计划，奉行一种"残疾人主流化"观点，即不把残疾人当作另类，不把残疾当作相对于"健全"的缺陷，而把"残疾"当作和种族、性别、肤色、体型一样的自然生理现象，倡导"人人皆可残疾"的动态"残疾人观"，自然而然地将残疾人当作具有平等权利的公民。

发达国家的经验启示我们，在实际的残疾人工作中，应当进一步审视和理解"残疾"的内涵。"残疾"的确是相对于"健全"的生存样态，但"健全"本身就是一个动态的、相对性的概念。任何健全人在疾病、伤害或年老体衰等情况下都可能造成部分功能丧失并在实践活动中形成障碍，这种障碍的固化很可能趋向"残疾"。残疾人只不过是因为特殊原因率先步入这种状态而已，因而不能也不应把"残疾人"当作"另类"。恰恰相反，残疾人为人类生存发展和文明进步付出了巨大的代价，为人类的更加健全、健康和完美提供了参照，更应得到社会的尊重。瑞典人提出了一种"方便所有人"的无障碍设计理念，即"无障碍"是针对所有人的而不仅仅是残疾人。残疾人是社会中最弱势的群体，如果各种设施都能方便残疾人，那么一定更能方便健全人，因此一个对于残疾人而言无障碍的社会就一定更有利于所有人的成长，就是真正的"无障碍社会"。

要建设"无障碍社会"，应当以"无障碍思维"为指导，因为"无障碍"不仅是残疾人的专利，更是人类生活共同的价值诉求。"无障碍"内含三个层面：一是生理无障碍，即在生理器官及其功能上的健康和正常；二是心理无障碍，即能够正确认知自然、社会和自身；三是社会无障碍，即社会环境有利于科学实践活动的施展和合理社会意愿的达成。处处无障碍，人人无障碍，无障碍真正走入人们心中，世界才能变得更加美好。

中国的残疾人工作应坚持更加开放、文明、温馨的残疾人工作理念，倡导和实践无障碍思维方式，逐步改变强势对于弱势的帮扶态势，以残健平等交流为核心，推进全社会无障碍建设，促进健全人和残疾人都能无障碍地共享社会文明成果。

第二节 学习借鉴发达国家完善的残疾人事业法律制度

发达国家残疾人工作的先进性来源于其完备的法律制度，来源于真正的有法可依、有法必依、执法必严、违法必究的法治保障。

解决对残疾人的歧视观念和歧视行为问题，是促进残疾人事业发展的第一个关键因素。对残疾人工作不重视，对残疾人不尊重、不安置、不使用、不重用，归根结底还是对残疾人的歧视观念在作怪。为了消除对残疾人的歧视，目前已有四十多个国家颁布了反残疾人歧视的相关法律，并且严格实施，有效地促进了残疾人事业的发展。例如，瑞士从2004年开始实施《瑞士残疾人平等法》，要求各州、市政府为残疾人更加自如地生活、工作和广泛参与社会活动提供方便。为了保证这项法律的实施，联邦政府专门设立了"保障残疾人平等权利处"，随时处理不平等现象，提高了法律的执行力。

解决残疾人教育不规范、不系统问题，是促进残疾人事业发展的第二个关键因素。在残疾人教育方面，许多国家有健全的法律，并且一直在不断完善中。以美国为例，1975年制定《所有残疾儿童教育法》，1986年颁布《所有残疾儿童教育法》（修正案），1990年颁布《残疾人教育法》，1997年颁布《残疾人教育法》（修正案），2004年颁布《残疾人教育促进法》。这些法律目标明确、规定清晰、与时俱进、便于操作，保证了残疾人教育水平的不断提高。

解决残疾人就业难问题，是促进残疾人事业发展的第三个关键因素。美国在1920年颁行了《职业康复法》，韩国有《残疾人就业促进职业法》，瑞典有《残疾人就业促进法》，英国有《残疾人就业法案》。仅在英国的《反残疾人歧视法》中，关于残疾人就业中的反歧视措施就有上百条，而一旦残疾人受歧视诉讼成立，被诉单位则可能向残疾人支付几万至几十万欧元不等的赔偿。通过严厉的惩罚措施避免残疾人在就业过程中权益受损，很好地维护了残疾人的就业权利，是发达国家促进残疾人就业的重要经验之一。

解决残疾人福利和保障不完善问题，是促进残疾人事业发展的第四个关键因素。瑞典形成了以《社会救助法案》为核心,以《特定功能障碍人士援助服务法》《残疾人巡视官法》《残疾补贴和护理补贴法》为主要内容的系统法律框架;德国则制定了《残疾人康复与参与法》《重度残疾人法》《重度残疾人保障法》《残疾人平等法》,2001年又将《残疾人保障法》作为单独一章列入《社会法》予以颁布;英国颁布了《慢性病与残疾人法案》等一系列法律法规,推行了残疾人最低生活保障、住房、居家护理、辅助器具适配、交通等相关单项津贴制度,为残疾人生活质量的提高提供了全面的制度保障。

我国有关残疾人的法律制度在近些年有了明显进步,颁布实施了《残疾人保障法》《残疾人就业条例》等法律法规,但相比于发达国家还有不小差距,法律的数量、类别、层级以及针对性和可操作性都有不少需要改进和提高的地方。中国仅有《残疾人保障法》一项国家级的残疾人法律,而发达国家关于残疾人的国家级法律则涉及残疾人的保障、康复、就业、人权等各个层面,甚至对不同类别和程度的残疾人还有专门的法律保障,如德国的《重度残疾人法》、英国针对精神残疾人的《精神能力法案》等。我国残疾人法律保障还不健全,急需法律制度的顶层设计。例如,我国目前尚无一部综合性的反歧视法,禁止歧视的规定只是散见于相关法律之中。中国残疾人事业的种种不完善,既与法律保障的不健全有关,也与法律制度过于笼统和法令执行不够坚决有关。

学习借鉴发达国家的残疾人事业法律制度,促进中国残疾人事业的法律体系完备化和法律执行坚决化,将中国残疾人事业进一步引入法治轨道,为残疾人参与社会创造优良的政策条件和社会环境,将是中国残疾人事业面临的一项系统工程。

第三节 学习借鉴发达国家全方位的残疾人福利保障

由于我国人口多、底子薄,全国各地的社会经济发展极不平衡,中国的残疾人福利和保障水平在现阶段还不能完全与西方国家福利相比肩,但却可以在以下几方面加以借鉴:

其一,吸收借鉴发达国家的残疾人津贴制度。目前,瑞典、挪威、德国、美国等国家根据残疾状况的评估定期给予符合条件的残疾人一定的津贴，以保障残疾人维持一定的生活水平，在政治上、经济上处于平等的地位。津贴类别包括行动津贴、护理津贴、房屋改造补贴、特教补贴等，有的以货币形式发放，有的则以相关优惠待遇等形式减免，如税收优惠、公共交通免费等。津贴制度不同于残疾人最低保障金制度。最低保障金凸显的是对于残疾人的救济意识，当残疾人生活水平不能达到当地最低生活标准时给予一定的资金补助以缓解生存困境；而残疾津贴则凸显残疾人的权利意识，是残疾人因为身体残障应得的社会福利，对于提升残疾人生活质量和素质能力具有重要意义。虽然我国受制于经济发展水平，不能大规模、多种类地推行残疾人津贴制度，但在有些地区已经开始了相关制度的探索，如残疾人生活津贴、残疾人居家护理津贴、残疾人年金、困难生活补助等。应借鉴发达国家成功经验，结合我国具体实际和各地区经济发展水平，制定与之相适应的残疾人津贴标准、类别及发放模式，推进残疾人津贴制度的规范化、常态化。

其二，学习发达国家完善的社会保险制度。社会保险既可以降低风险损失，又可以维持人的可持续发展，是人类文明进步的标志之一。在瑞典，残疾人除享受一般性保险之外，还可享受残疾人专有的疾病补偿和行动补贴，其医疗保险全部由国家支付，因工伤致残的人还可从工伤保险中获得100%的原工资收入；美国则形成了以医疗保险制度、公共医疗补助制度、由私人或雇主提供的医疗保险为主要内容的保险网络，供给残疾人医疗和康复；英国逐步建立了"从摇篮到坟墓"的福利保障体系，其全民康复体系更是其国家的骄傲。中国的残疾人保险事业还刚刚起步，有的残疾人参加了社保，有的买了一些商业保险，但却没有专门为残疾人设计的险种，包括社保还没有针对这个群体的细分门类。由于残疾人参加的是与健全人一样的保险，残疾程度要经过保险公司的审核，因此，经常有残疾人被拒绝入保的情况，有些保险公司根本不会允许残疾人入保，这不得不说是我国社会保障行业中的一种歧视。我国政府应深化保险行业改革，加紧推出残疾人专门险种的设计，推进保险行业积极加入到残疾人福利事业中来。

其三，借鉴发达国家的残疾人服务模式。发达国家十分强调残疾人的社会护理，英国所有的护理机构都由社会护理监察委员会管理和监督，他们会针对残疾人进行需求评估，为每个残疾人指定适合其特点的职业治疗师；对于精神残疾人，还会成立精神健康小组对其进行专门照料。美国的非政府残疾人服务机构十分发达，如美国西部独立生活中心、圣路易斯ABC公司等都为残疾人提供专门的生活技能培训、生活必需品供给和社区综合服务等。法国则注重处理好政府、家庭和社会的关系，政府为残疾人福利买单，开设残疾人综合性服务组织——残疾人之家、养老院、长期看护中心等，并为残疾人的家庭提供生活补贴，增强社会组织在残疾人服务中的功能等。这些好的做法，对于中国残疾人托养服务的发展具有重要启迪作用。虽然中国的残疾人服务向来以家庭为首要的责任主体，但以政府为主导、家庭为基础、社会为支撑的三者联动互补机制将是未来发展的主要趋势，面向享受低保且无业的智力、精神和重度残疾人进行托养服务的"阳光家园工程"初见成效。今后，政府应进一步完善公共服务和监管职能，社会应进一步拓宽志愿服务渠道，增强社会组织的主动性和专业性，充分利用传统的"家文化"纽带，促进邻里、社区对残疾人的亲情服务，调动不同责任主体的服务积极性，不断推进残疾人服务的社会化。

第四节　学习借鉴发达国家平等的"全纳教育"

全纳教育（Inclusive Education）是1994年世界特殊需要教育大会上提出的一种新的教育理念和教育过程。它的核心思想是，容纳所有学生，反对歧视排斥，促进积极参与，注重集体合作，满足不同需求，是一种没有排斥、没有歧视、没有分类的教育。

在《国际视野下的残疾人事业》一书中，归纳了发达国家全纳教育坚持的五大原则：一是法制性原则，把特殊教育和残疾人普通教育纳入法制性轨道；二是公平性原则，残疾人不但有权获得与所有人同等的受教育权利，还可以享受到更多支持；三是零拒绝原则，各种教育机构不能以任何理由、任何形式拒绝残疾儿童接受教育，而且必须努力为残疾儿童创造接受教育及相关服务的条件；四是回归性原则，特殊教育要和普通教育有机融合，充分利用各自的教育职能挖掘残疾儿童的潜能，使之尽可能接近或达到健全儿童发展水平；五是最少限制原则，尽可能减少对残疾儿童的限制。[①]

---

① 谢琼：《国际视角下的残疾人事业》，人民出版社2013年版。

发达国家走过了一个从对残疾儿童的隔离式教育模式到全纳教育模式的过程。全纳教育对残疾人教育的两种情况进行了系统的安排：

一是以实现参与融合为最终目标，对确实不能参与普通教育的残疾孩子进行特殊教育。比如，英国有专门针对残疾幼儿的早年行动计划，瑞典有专门针对聋哑学生的聋哑高中，参加这些特殊教育的残疾孩子在受教育前都经过专业机构的评估，证明其确实不能或暂时不能接受普通教育，适宜采取个性化的特殊教育模式，需要实施额外帮助。英国每年都会对每个残疾孩子的教育计划进行修订，请残疾孩子的父母、医生、教师、社区护士等相关人员多方参与商讨，拟定残疾孩子的培养方案。尤其值得注意的是，为了增强残疾孩子与健全孩子的融合，有的国家在普通学校增设了专门的残疾学生特殊班，如瑞典的四所普通高中为有严重行动障碍的学生开设特别班，为其提供特殊教育和特别护理；英国则在普通学校中开设特殊教育班级，要求教师必须根据残疾孩子的特点和需要制定"个人教育计划"，如果在主流学校中残疾孩子不能取得足够进步，则可开启向特殊教育学家等专业人士进行咨询的"学校帮助行动"，最大限度地促进残健融合。

二是对能够参与普通教育的学生全部吸纳进入主流学校进行普通教育。在许多发达国家，对残疾学生进行普通教育都有一套系统的制度，并针对不同残疾学生的具体情况采取不同的教育办法，较好地做到了因材施教。例如，英国、德国、美国、瑞典、挪威等国家明确强调各类学校特别是高等学校都有义务优先接纳残疾学生入学；美国会为学生配备手语老师或指定学习导师；英国还为残疾大学生提供残疾学生津贴和相关的护理保障；法国甚至要求所有师范院校都将特殊教育作为必修课，保证每一所教育机构都有专人具备教授残疾人的能力。

以上做法启示我们，全纳教育体现了残疾人教育的国际化趋势，普通教育特别是普通高等教育要进一步拓宽接纳残疾学生的渠道，优化残疾学生的生活学习条件，制定普遍化要求与个性化塑造相结合的培养方案，促进普通教育与特殊教育的有机对接，推动健全学生和残疾学生的有机融合。

第五节　学习借鉴发达国家系统的残疾人就业模式

尽管残疾人在一些发达国家有着完善的社会保障，过着衣食无忧的生活，但许多残疾人仍然期望通过就业证明自己的价值，使自己成为对社会有用的人。对于残疾人这种高层次的需要，许多发达国家进行了有益的探索，形成了系统的残疾人就业模式。

一是注重残疾人的职业康复，把康复和就业紧紧联系在一起。残疾人职业康复是指综合利用药物、器具、疗养护理等各种适当手段，帮助残疾人恢复健康、生活能力和工作能力，并对其进行职业能力评定、职业指导、职业培训、职业介绍的活动过程。发达国家的残疾人就业理念是将残疾人职业发展视为残疾人回归社会的关键，认为残疾人只有在合适的工作岗位上发挥出驾驭该职业的能力，才是真正融入了社会。

二是注重对残疾人就业的评估和指导。在挪威，有五大专门的残疾人就业服务机构，有的为残疾人提供有限期的工作场所，有的为残疾人提供工作岗位，有的负责对残疾人进行就业预备培训和服务指导。在瑞典，公共就业服务机构不仅会对残疾人进行就业前的康复训练，还能为已就业的残疾人提供后续跟踪服务。在英国，根据残疾程度有不同的就业渠道：中重度残疾人有机会在专门的庇护工厂集中就业，庇护工厂不以盈利为目的，政府通过成本支持和岗位补贴的形式促进其发展；轻中度残疾人可以通过政府和公共机构开发的公益性福利岗位实现就业；轻度残疾人在劳动力市场寻求普通工作。在德国，注重残疾人的职业培训、职业训练、职业变动援助，发展残疾人职业教育，把残疾人就业与教育紧密联系在一起。北欧一些发达国家已经实现了"服务—康复—评估与指导—就业—后续服务"一条龙式的残疾人就业促进方式。

我国的残疾人之所以就业难，单从就业因素看，与我国残疾人职业康复刚刚起步有很大关系，对残疾人的职业能力缺乏科学评定、职业指导不够明确、职业培训不够规范、职业介绍不够到位，都在一定程度上影响了残疾人就业的数量和质量。我们应从基本国情出发，加强残疾人就业服务中心或就业服务基地建设，增强对残疾人就业的评估、培训和指导，强化残疾人按比例就业的监管力度，丰富残疾人就业形式，加强对残疾人就业全程的跟踪、帮扶和指导，推动残疾人以合适的职业立足于社会。

它山之石，可以攻玉。鲁迅先生倡导"拿来主义"，对于国外的好做法和成功经验，我们要立足国情，取其精华，为我所用。建议进一步拓展残疾人事业的国际视野，促进中国残疾人事业与国际社会的接轨，努力使中国残疾人事业成为世界大家庭中的一枚瑰丽花朵。

第三十五章　进一步加强残疾人事业创新

新中国成立以来，特别是改革开放以来，我国的残疾人事业在创新中不断发展，取得了巨大成就，但残疾人日益增长的美好生活需要与残疾人事业发展不平衡不充分之间的矛盾依然比较突出。立足于社会主义初级阶段的基本国情，着眼于当前国内外残疾人事业发展的实际，进一步建立健全具有中国特色的残疾人事业制度体系和工作体系，在实践中不断进行完善和创新，为广大残疾人谋福祉，为人道主义事业立新功，应是当今社会残疾人事业的重要责任。

第一节　身心建设一体化

加强残疾人社会保障体系和社会服务体系"两个体系建设"是残疾人工作的重点内容，这两个体系建设应与国家经济社会发展水平相适应，做到保基本、广覆盖、多层次、可持续。从当前情况看，这两个体系对于保障残疾人权益和提高残疾人生活质量发挥了重要作用，但两个体系的内涵还应当进一步丰富和发展。实际工作中，尽管也强调促进残疾人的全面发展，但具体操作上却更多偏向保障残疾人的物质利益和身体康复，而对残疾人的心理健康关注不够。由于特殊的经历，残疾人群体是一个特别需要心理保障和心理援助的弱势群体，身体的康复和物质生活的维护是残疾人保障的基础性环节，心理的健康和精神的富足则是残疾人保障更高的价值追求，两个体系建设应将二者有机结合起来，进一步促进残疾人的身心一体化建设，努力实现"三康"：

一是生活小康。通过安置就业、扶持创业和困难帮扶，在帮助残疾人脱贫基础上，逐步提高生活质量，使广大残疾人过上有尊严的小康生活。

二是身体健康。通过医疗康复、体育锻炼和日常生活保健，帮助残疾人加强身体康复，增强身体免疫力，做到少生病、少吃药，生活尽量自理，既减轻社会和家庭的负担，又提高残疾人的幸福指数。

三是心理健康。从广义上讲，心理健康是指一种高效、满意且持续的心理状态；从狭义上讲，心理健康是指人的认识、情感、意志、信念等心理活动过程在相互作用中积极向上、协调一致，推动人以有序的行为参与社会的各项活动。在当前竞争激烈、价值多元的环境中，有心理问题的人越来越多，心理健康越来越重要。本书《打开孩子的心结》一章中，对心理健康进行了较系统的阐述。培育心理健康，不仅是残疾人家长的责任，更需要社会、家庭和残疾人自身的共同努力。一方面，社会应更加注重给予残疾人公平的机会、宽容的环境和博爱的平台；另一方面，残疾人自身应以积极的态度投身创造生活的实践中。只有残疾人身心共同发展，才是实现了残疾人事业的最高宗旨。

第二节 救助服务个性化

在生活方面，根据每个残疾人的具体需求施助。需求是提供生活救助和帮扶的指针，需求导向是残疾人救助和帮扶的中心理念，即救助和帮扶必须以切实满足残疾人需求特别是迫切性需求为目标。残疾人有的需要经济救助，有的需要维权援助，有的需要心理疏导，有的需要文体活动，有的需要居家照料等，每个残疾人的需求是不一样的，应当区别对待，有针对性地加以救助。

在康复方面，制定因人而异的康复方案。不同残疾类型、不同残疾等级需要不同的康复方案，相同类型、相同等级残疾人由于身体条件的差异也需要不同的康复方案。对不同情况的残疾人，制定具体的、个性化的康复预期和康复方法，康复方案针对性越强，康复效果就越好。

在教育方面，根据残疾孩子的残疾类型、智力情况、特点特长等因材施教。建立特殊教育、普通教育、职业教育相配合，学前教育、义务教育与高等教育相贯通的个性化教育体系。

在就业方面，实行多渠道就业和个性化就业。四川成都青羊区"量体裁衣"式的残疾人就业服务值得推广，就是根据每个残疾人的家庭情况、残疾类型、残疾等级、知识技能、心理素质、就业意愿、就业需求、培训要求、职业预期等具体实际，对残疾人就业实行个性化服务。

在婚姻方面，残疾人尤其需要指导和服务。残疾人融入社会机会少，每个人又都有特殊的情况，想找到合适的另一半相对困难，严重影响了残疾人的生活幸福指数。社会要加强对残疾人的婚恋观指导，设立残疾人婚恋网站和婚姻介绍机构，拓展残疾人的交往空间。在进行婚恋指导和介绍时，密切联系残疾人的实际情况和婚恋需求，增强个体化指导，调动社会、家长和残疾人自身的多重积极性，帮助残疾人建立幸福美满的家庭。

实现社会救助服务个性化与常态化的有机结合。从纵向方面说，各级政府特别是各级残联组织是保持社会救助服务常态化的主导力量；从横向方面说，各种社会组织包括各类慈善组织、基金组织、行业协会、志愿者、义工等是社会救助服务常态化的维护力量。从空间上讲，单位、社区、街道、家庭应成为社会救助服务具体的落脚点，实现空间上的全方位。从时间上讲，政府通过购买服务、资源共享、网络监控，做到24小时咨询、维权、救援等全天候服务，实现时间上的广覆盖。残障是残疾人生命活动的常态，对残疾人的救助服务也应当成为残疾人工作的常态，只有做到个性化与常态化有机结合，社会救助服务才能取得更好的效果。

第三节　主体功能最优化

社会作为做好残疾人事业的主体，建立完善残疾人社会保障和服务体系，是其神圣的职责，也是社会文明进步的表现。做好残疾人事业还有一个主体，就是残疾人队伍本身。我们权且把社会主体称为第一主体，把残疾人队伍本身称为第二主体。要实现主体功能最优化，就要努力做到两个主体能力最优化和两者之间关系最优化。以往的工作中，对发挥好第一主体的功能做得比较多，对发挥好第二主体的功能做得相对较少，对发挥好两者之间的互动效应做得更少。薄弱点就是创新点，值得我们进行积极地探索。

社会主体功能最优化有以下表现：

一是观念的文明性。社会坚持正确的残疾人观，尊重残疾人的人权和人格，对残疾人没有歧视，爱心慈善、助残扶困蔚然成风。

二是法律制度的完善性。法律制度广覆盖、易操作、力度强，残疾人的保障、服务、康复、教育、就业等都能有法可依，有章可循，真正能从法律制度上保障"平等、参与、共享"原则的落实。

三是体制机制的科学性。从深化改革和国家治理的高度，进一步健全残疾人工作社会监管体制，增进运行机制的科学性，使体制机制有利于残疾人的赋权增能，有利于提高残疾人的生活质量，有利于促进残疾人的全面发展。

四是社会组织的成熟性。社会组织既是国家治理的主体之一，也是促进残疾人事业发展的重要力量。引导各类慈善组织、基金组织、行业协会等热心参与残疾人事业，增强残疾人事业的公众认同度和社会参与度，促进残疾人事业的内涵发展。

五是工作方式的时代性。运用新理念、新技术、新媒体做好残疾人工作，引导残疾人学习和利用新理念、新技术、新媒体提高自我发展能力，让残疾人时刻紧跟时代的步伐，在分享时代发展成果的同时参与创造新业绩。

六是权利保障的到位性。主要包括：①教育权保障到位，建立健全残疾人教育体系，突出教育的个性化特征，有序推进普通教育和特殊教育、职业教育和学业教育深度融合；②就业权保障到位，社会要追求残疾人就业的观念科学化、方式多样化、执法刚性化、保障常态化；③经济权保障到位，努力保障残疾人劳有所得、住有所居、老有所养，利用最低生活保障、残疾人津贴等长效机制不断减少残疾贫困人口，提高残疾人的生活质量；④话语权保障到位，当前，残疾人社会边缘化的一个重要因素就是残疾人政治参与机会较少，残疾人党员的比例相对较低，残疾人党代表、人大代表、政协委员就更少，残疾人诉求表达的渠道不够畅通。各社会责任主体应积极拓宽残疾人社会融入渠道，特别要注重探索残疾人政治参与途径，一方面给残疾人创造说话的机会，让他们充分地建言献策和表达诉求；另一方面重视提升残疾人的主体素质，使更多的残疾人具备相应的话语能力，能够在参与中展示残疾人的智慧和风采，不断提高残疾人的社会地位和话语权。

残疾人主体功能最优化有以下表现：

其一，残疾人自强不息的精神和行动在实践中不断发扬和传承。自强不息是残疾人的精神内核，也是残疾人的特征之一。残疾人要学会制定科学的目标和奋斗计划，在持之以恒的努力中克服身体、心理、生活环境中的各种困难，增强主体的能动性和创造性，不断攀登属于自己的学业和事业高峰。

其二，残疾人的公共参与意识和公共参与能力显著提高。越来越多的残疾人不回避、不自卑，忘却身体残疾状态的困扰，有强烈的意愿参与公共生活，乐于同健全人沟通交流，善于融入主流社会。特别是在个人自食其力的情况下，带着感恩情怀热心社会公益事业，帮助更需要帮助的群体，实现残疾人主体价值升华。

其三，残疾人找到正确的特长发展途径，比较优势得到充分发挥。残疾人对自身的优势和弱点有充分的自我认知，能够不断促进自身特长发展，彰显自己的个性优势，努力扬长避短，通过比较优势在社会竞争中占据主动，实现主体功能最优化和主体价值最大化。

其四，残疾人的心理状态良好，性格完善，人格健全。善于摆脱自卑、孤傲、急躁、沉默寡言、谨小慎微、敏感多疑等心理状态，能够驾驭自己的内心世界，具有广泛的兴趣爱好和高雅情操，让自己变得阳光、开朗、随和、从容、宽厚，具有良好的性格和品行。强化残疾人之间和残疾人与健全人之间的相互沟通与合作，在条件成熟时组织相应的社团和互助组织，使自己在充分的社会交往中变得更为丰富、更加深刻。

社会和残疾人之间互动功能最优化有以下表现：

一是诉求与关怀相统一。关怀伦理学认为，关怀是关怀主体施予关怀与关怀客体回应关怀的有机统一。为实现残疾人事业中的主体功能最优化，一方面，社会应及时满足残疾人合理的诉求，提高社会公共关怀的效果；另一方面，残疾人应及时向社会反馈其接受关怀的效果及其进一步的诉求，以健康和感恩的姿态回应社会的关怀。在诉求与关怀的良性互动中，促进残疾人有效的社会融合。

二是服务与理解相统一。社会主动给残疾人提供保障和服务是职责所在，但社会不是万能的，受各种具体条件的限制，社会提供的保障和服务肯定会有一些不尽如人意的地方，对此残疾朋友要充分理解。只有在一个相互包容、相互理解的社会，双方的互动才更有效率。

三是爱心与感恩相统一。这是对第二点的深化。残疾人不能一味要求社会的给予，应对社会的给予充满感恩，在力所能及的情况下回报社会。残疾人只有对社会之爱充满感恩，社会的爱心才更有价值。

四是自强与他强相统一。作为残疾人自身，既要充分发挥自己的主体能动性，自己能做的事情自己做，以坚强的意志融入社会；又要善于利用社会力量，弥补自身不足。作为社会，应积极引导和帮扶残疾人，为其发展助力，使其在自强的基础上更加强大。

五是普遍与特殊相统一。残疾人是特殊群体，但他们又不是在所有时间和空间中都是特殊者，有时社会需要忘却其残疾，像健全人一样对待他们、雇用他们、评价他们。社会既应关注他们的特殊性，又要兼顾其普遍化的诉求，与他们进行深度的交往融合。只有这样，才能使他们充分发挥潜能，更好地融入社会。

第四节　就业模式多样化

由于身体原因，残疾人就业受到很多限制。因而，完善已有的就业模式，探索新的就业模式，促进残疾人就业模式多样化，就成为促进残疾人就业的重要内容。

一是坚定地完善残疾人集中就业。集中就业就是将残疾人集体安排在福利企业之中。这种就业模式的优点是便于实行规模化管理，增强残疾人之间的合作与交流，大幅度提高残疾人的就业率，保障残疾人的物质生活水平。不足在于目前福利企业结构单一、设备老化、人员素质偏低，在市场经济中竞争力弱，效益越来越差，甚至逐渐被淘汰。我国有八千五百多万残疾人，从这一基本国情出发，残疾人集中就业仍然是很有效的一种就业方式，关键是要加强政策的顶层设计，完善福利企业管理的体制机制，理顺投入与产出渠道，拓展企业的产业链，提高管理人员和生产人员的综合素质。2014 年 1 月，中央电视台《新闻联播》在"走基层·蹲点日记"中连续三天播放了"武汉犟妈"易勤和她十二个智障"孩子"的故事。八年来，在一家"东方红食品厂"内，易勤坚持聘用智障员工，既当老板，又当"妈妈"，对 12 名只有三五岁幼儿智商的员工不离不弃，不厌其烦地指导每个孩子完成力所能及的工作。孩子因为智力有限，时常把厂房搞得"一团糟"，但她始终怀着博大的爱心悉心培育，让这些智障孩子在集中就业中有了生计上的着落和家的温暖。试想，如果全国有 10000 个这样的企业，平均每个企业集中安置 12 名甚至 120 名残疾人就业，那将是多么大的善举啊！对于这样的爱心善举，政府和社会应当不断加强扶持力度，扩大舆论宣传，进一步探索国家、集体和个人兴办残健融合的福利企业的新路子，将福利企业办成社会的爱心实验场和残疾人的精神家园。

二是高质量实施按比例分散就业。《残疾人就业条例》规定："用人单位安排残疾人就业的比例不得低于本单位在职职工总数的 1.5%。"① 对不安排或未达到比例标准的单位征缴残疾人保障金。这种就业模式的优点是，一定程度内保障了残疾人的就业机会，增强了残疾人参与社会的能力，拓宽了残疾人生存发展的空间。不足之处是有的单位以工作性质不适合残疾人为由，寻找各种理由拒绝招收残疾人；有的单位以安置残疾人就业的名义，争取税收上的优惠，每月仅发给残疾人一定的生活费，实际并未安排残疾人上岗；有的单位把残疾人安排在可有可无的岗位上，不利于残疾主体能力的施展和培养；有的单位则置国家法律于不顾，既不录用残疾人，又拒交残疾人保障金。

这里之所以提出"高质量实施按比例分散就业"，就在于当前残疾人按比例就业存在质量偏低的现状。①大力转变社会观念，为残疾人提供充分的社会舞台；②提升残疾人素质，给予残疾人平等参与高层次单位竞聘的机会；③增强安排残疾人就业的针对性，通过体制机制完善，要求各单位拿出适合残疾人的岗位进行优先安置；④加大监督力度，做好政策落实，从法律高度保障残疾人按比例就业的数量和质量。

三是有计划地扶持残疾人自主就业。自主就业的优点是就业形式灵活，有利于发挥残疾人的主动性和积极性，也便于家人的帮助和支持。不足之处是难以形成大的规模，多局限于一些传统零售行业，如小报亭、小书店、小杂货店、小修理摊等，经营项目竞争力不强，技术含量偏低。政府应加大残疾人自主就业的指导力度，以就业需求为导向，坚持开展"政府买单，残疾人免费"的多层次残疾人职业技能培训，提高残疾人的就业能力。在残疾人自主就业方面，既要遵从市场经济规律，又要坚持计划性福利和分类指导，根据每个残疾人的特点，有针对性地帮助其自主创业。继续加强信贷、税收、进货、销售等方面的政策扶持，让更多残疾人实现自主就业，使其成为自食其力的劳动者，有能力的残疾人可以带动更多的残疾人共同创业，用自己的聪明才智奉献社会。

---

① 《残疾人就业条例》，中华人民共和国国务院令第 488 号（http://www.mca.gov.cn/article/gk/fg/shflhcssy/201507/20150700848509.shtml）。

四是有序推进残疾人公益性岗位就业。公益性岗位是指由政府出资开发，以满足居民公共利益为目的的管理和服务岗位，主要包括城市公共管理中的公共设施维护、保洁、保绿、门卫、收银、送报、单位后勤服务以及其他适宜困难人员就业的公益岗位。这种新兴就业模式的优点是门槛低，工作压力较小，生活比较稳定。不足之处是这些岗位以简单劳动为主，就业者收入偏低，发展空间小，对残疾青年的吸引力不大。政府应根据残疾人特点和特长，从多领域、多层次、多行业开发残疾人公益性岗位，特别是注重残疾青年公益性岗位的开发，甚至尝试开发公务员公益性岗位、事业单位公益性岗位等，完善公益性岗位的就业定位，推进残疾人公益性岗位的制度化和规范化。政府应发挥公共协调作用，进一步加大公益投入，优化公益性岗位用人成本核算和工资发放机制。完善和畅通残疾人在公益性岗位的成长渠道，提高残疾人公益性岗位的技术含量，增强其吸引力、效益性和可持续性，逐步使残疾人公益性岗位就业成为一种朝气蓬勃的就业模式。

五是探索"厂房进社区"的就业新模式。在湖南长沙市天心区大托铺街道有一个残疾人就业基地，厂房是由湖南省惠利普工贸有限公司建设的，主营业务是空调、电脑、电视、手机等电子电器产品的内部数据线初装。这个工厂吸纳了来自街道四个行政村的22位残疾人实现就业，成为"厂房进社区"模式的有益探索。这种模式的优点是开创了残疾人就近就业的新模式，对于一些计件性的工作，残疾人甚至可以在家里做，为其工作生活提供了方便。不足之处是对兴办者的要求较高，要有爱心不怕麻烦，要有经济实力不怕效益受影响，要讲究环保不能扰民，要注重经济效益和社会效益的辩证统一。如果达不到这些要求，"厂房进社区"就难以取得好的效果。政府应当制定"厂房进社区"的制度性规范，遴选一些有经济实力、有社会责任感、有慈善爱心的企业参与其中，加大政策倾斜力度，选择适当的区域，鼓励他们在社区兴建残疾人就业培训基地，把企业经营和慈善事业有机结合起来，帮助广大残疾人创造美好的生活。

六是依托网络安置残疾人就业。当今社会，随着互联网的普及和信息时代的来临，虚拟生存成为人的重要生存方式，网络不仅给人类带来了便捷，也为人们开拓了一种新的就业模式——网络就业或虚拟就业。这种方式的优点是可以通过现代手段弥补残疾人的不足，有效挖掘残疾人潜能，就业方式和就业场所相对灵活。比如，电子商务、网络维护、网站管理等工作，残疾人在家里就能完成。不足之处是虚拟世界变幻莫测，网络空间鱼龙混杂、良莠难辨，各类规则有许多不完善不成熟的地方，对残疾人的智商、情商和品格都有相当的考验。要引导残疾人了解网络特征，培养残疾人操纵计算机和网络的能力，给他们创造良好的上网条件，探索通过网络实现就业和改善生活，帮助残疾人在虚拟生存中收获真实的美好人生。

以上六种残疾人就业模式，在内容和形式上既相互独立，又相互包容、相互补充，可以单独实施，也可以交叉实施。积极探索建立"多样化"的残疾人就业模式，在全社会形成政府推动就业、社会支持就业、残疾人主动创业的良好氛围。

第五节　绿色通道普及化

现实生活中有许多绿色通道，比如，学校教育绿色通道、鲜农副产品绿色通道、造林绿化绿色通道、公路运输绿色通道等。我们这里讲的是残疾人绿色通道，是指有关部门或单位为残疾人等行动不便者设置的手续简便、安全快捷的通道、渠道或途径。残疾人绿色通道既包括实体性绿色通道，如场馆绿色通道；也包括了象征性绿色通道，如残疾人就业绿色通道。随着社会的文明进步，残疾人绿色通道建设有了长足进展，特别是博物馆、纪念馆、名胜景区、公交乘车等，绿色通道的数量和质量都有了很大进步，大大方便了广大残疾朋友。但我们也应当看到，残疾人绿色通道还存在一些不通畅、不规范、不普及的现象，比如，城市中的盲道有的通到了电线杆上，有的通到了候车亭上，有的难以连接，盲人朋友难以从上面行走，因此就有了"盲道盲点多，盲人不敢走"的尴尬。在各大机场、火车站和体育比赛场馆，残疾人绿色通道远没有贵宾通道建设得好，许多地方甚至根本没有设计。试想一下，残疾人在医疗、康复、教育、就业等方面的绿色通道是不是也像这些实体性通道一样"此路不通"呢？

事实上，残疾人绿色通道的建设水平，是一个国家和社会文明进步的重要标志。要做到残疾人绿色通道通畅、规范和普及，国家应当建立有关残疾人绿色通道的一系列制度。

就实体性绿色通道建设而言，应在各类公共设施建设之初，从源头做起，抓理念、抓设计、抓实施、抓落实，把绿色通道建设作为工程建设的内在要素，让残疾人绿色通道建设形成标准、形成规范、形成体系，使广大残疾人也像健全人一样顺利地乘车出行、自如地出入公共场所。

就象征性绿色通道而言，应使"残疾人绿色通道"理念逐步深入人心，即残疾人在社会生活各领域享受一些优待和便利是残疾人的权利，是社会文明的标志，是社会发展的总趋势，而不是额外的"特殊照顾"。应建立健全社会公共生活各领域残疾人绿色通道制度建设，为残疾人提供各类便捷、务实、高效的服务，以社会文明进步弥补残疾人因身体缺憾而带来的各种障碍，让残疾人的生活不再处处充满障碍，而是处处充满绿色、人文、平安。

第六节　工作队伍职业化

概括地说，职业化表现为务实敬业的工作精神、优质高效的岗位文化和专业理性的行为规范。具体内容包括：职业化的工作技能、职业化的工作形象、职业化的工作态度和职业化的工作道德。各级政府组织特别是各级残联组织要做到职业化。中国残联主席张海迪指出："发展残疾人事业，改善残疾人状况，是一项非常艰巨的任务，需要有一支好队伍。"[1]

这里讲的"一支好队伍"就是一支职业化的队伍，这支队伍应具有以下几方面特质：

一是具有人道主义情怀，甘于奉献残疾人事业。残疾是人类社会不可避免的代价，值得全社会认真应对。正如张海迪所说："要做好残疾人工作，就要深入认识残疾人，真切地了解残疾人的痛苦。残疾不是某一个人的痛苦，而是人类的痛苦。我们要经常到基层，到最困难的残疾人中间去，多调查、多思考、多出工作思路。这就是我们残疾人工作的群众路线。"[2]为广大残疾人提供优质的服务，全心全意促进残疾人的生存发展，是残疾人工作者的宗旨，应当以残疾人满意不满意为衡量标准，切忌在残疾人面前摆架子、打官腔，切忌对残疾人的合理需求不回应、不担当、不作为。残疾人工作者应当成为拯救人类痛苦的使者，成为为改善特殊困难群体生

---

[1]　张海迪：《努力建设残疾人事业的好队伍》，《残疾人研究》2013 年第 3 期。
[2]　同上。

存状况而奋斗的仁者，具有尊重残疾人、关心残疾人、理解残疾人的高尚情怀，能够深切理解残疾人的疾苦，能够与残疾人兄弟姐妹手挽手、心连心，能够俯下身子帮助残疾人解决最紧迫、最直接、最现实的生存困境和利益问题，先残疾人之忧而忧，后残疾人之乐而乐，真心诚意做残疾朋友的贴心人。

二是努力成为素质综合的专业化人才。习近平总书记在会见外国专家代表时提出，中国要做一个"学习型大国"。中国共产党要成为"学习型政党"，中国社会也在积极建设"学习型社会"。残疾人工作者既要善于学习和领会医学、心理学、教育学和社会学等相关知识，又要立足中国国情，深入学习国外残疾人工作的成功经验；既懂得残疾人工作的专业业务，提升专业素养，又善于与各相关部门沟通协作，提升合作能力。新时代的残疾人工作者应努力成为懂政策、有爱心、会沟通、能宣传、善总结的残疾人服务专业化人才，更好地履行"代表、服务、管理"的职责，将残联进一步建成"残疾人之家"，使之成为每个残疾人温馨的港湾。

三是推动各个残疾人专门协会的职业化进程。理顺和创新各残疾人协会运行的体制机制，密切专门协会与各社会公益团体、社会爱心人士的联系，进一步发挥专门协会社会沟通的纽带作用。明确残疾人专门协会的主体责任，培育一批专业管理和服务人才，增强专门协会的专业化建设。让广大残疾人在各个协会中唱主角，传播残疾人呼声，增进残疾人的创造活力，使残疾人在提升自身素质中促进残疾人事业的职业化。

四是着力加强基层残联组织和残协组织建设。目前，县级以下基层残疾人组织建设不足，特别是村级的残疾人工作业务基本上由其他部门代办。应强化残疾人基层组织建设，加强对基层残联、残协、残疾人公益组织的指导，增强基层残疾人组织的经费投入和人才队伍建设，增强基层工作能力，积累基层工作经验，创造更多有利条件，让基层残疾人组织深入到群众中去，了解残疾人特别是贫困残疾人的疾苦，掌控各类信息，及时向上级残联组织汇报基层现状，热切回应残疾人期盼，从最基层开始夯实残疾人工作的职业化基础。

第七节　舆论宣传系统化

舆论是指广大社会公众借助公共传媒平台，基于对一定公共议题进行公开关注、讨论、表态而形成的社会公共意见系统，具有引导、鼓动、制约、监督的作用。舆论分为正面舆论和负面舆论，正面舆论能够凝聚人心、鼓舞斗志、增强正能量，有效促进良好社会风气和氛围的形成；负面舆论则使人心涣散、充满怨气，积聚负能量，助长不良社会风气和氛围的蔓延。舆论是社会心理的反映，需要进行正确的引导。

公共性是舆论的本质属性，也应成为舆论的价值追求。这里所讲的公共性有三层含义：一是范围意义上的公众性，即舆论必须是在公共领域由社会公众做出的集体意识的集中表达，而不仅仅是某个个人或私人群体的个体意志；二是透明度意义上的公开性，即处在公共领域的人都有权利知情和发表见解；三是价值追求上的公正性。公众舆论并不能代表公共舆论，因为大多数人的见解有时也难免有失公允，正确的、科学的舆论应当是反映多数人集体诉求和正确发展取向的言论和意见。这就需要报纸、网络、广播、电视等媒体具有深切的责任担当，唤起人们对某一社会问题的正面注意，把正确舆论凝聚起来，影响人们的思想和行动。

多年来，残疾人舆论宣传工作取得了很大成绩，宣传了一大批先进典型和经验，营造了全社会关爱残疾人的良好氛围，促进了残疾人事业的发展，体现了残疾人事业的公共吁求。但也应当看到，残疾人舆论宣传工作还存在许多薄弱环节，特别是在残疾人舆论宣传的系统化建设上还有待加强，残疾人舆论宣传的话语体系还不够完善。

建议在以下几方面进行残疾人舆论宣传的系统化建设和话语体系建设：

一　内容建设

一是广泛宣传党和政府有关残疾人的政策法规。我曾了解到这样一种现象：《残疾人保障法》《残疾人就业条例》等法律法规已经颁布实施了多年，但许多国民不太了解，就连一些党政机关、高校、医院、国有企业的领导人员也不太清楚，很多作为法律条例适用对象的残疾人也常常一知半解，这实在是有关残疾人政策法规难以落实的重要原因之一，也是有关残疾人的观念难以转变的重要原因之一。因此，应当对已有的残疾人政策法规制定出系统的宣传计划，对新颁布的政策法规要重点解读，并且反复进行宣传，用政策法规引导社会舆论，用社会舆论推动政策法规的执行，让遵守和落实国家有关残疾人的政策法规成为全社会的自觉行动。

二是大力宣传新中国残疾人事业发展的成就。我们主张学习西方的成功经验和先进做法，但并不是否认本国残疾人工作的历史和现状；恰恰相反，我们任何的学习借鉴活动都应以本国国情为立足点，以推进我国的残疾人事业创新为落脚点。我们不能总说外国的残疾人工作做得如何如何好，不能片面地宣传"外国的月亮比中国圆"，而应充分认识新中国特别是改革开放以来我国残疾人事业取得的巨大成就。正面的宣传成就能够汇聚正能量，可以增强信心、弘扬爱心、凝聚人心，树立政府的公信力，提高公众的认同感，增强社会的文明度。残疾人事业是最能汇聚社会良性因素和公共责任的事业之一，其发展程度越高，说明社会的文明程度越高。

三是发扬人道主义精神，倡导以"平等、参与、共享"为核心的新残疾人观。人道主义精神是现代文明社会的重要标志，也是社会主义核心价值观的重要内容，要广泛开展社会主义核心价值观宣传教育，不断赋予新时期人道主义精神崭新的内涵，开创人道主义精神的新境界。只有全社会都尊重和践行人道主义精神，服务和奉献残疾人事业，关爱和善待广大残疾人兄弟姐妹，以"平等、参与、共享"为核心的新残疾人观才能真正形成。

四是适时宣传各级党委政府以及社会各界重视残疾人事业发展的典型事例。对各级党委政府关爱残疾人的各项举措，对社会各界特别是各类社会组织和公众个人的爱心善举，对残联组织和残疾人工作者敬业奉献的先进事迹等，一定要进行大力宣传，弘扬做善事光荣的社会观念，逐步形成社会对残疾人公共关怀的浓厚氛围。

五是善于总结分析残疾人工作的经验教训。对残疾人工作经验要进行多角度、深层面和系统化的总结，应有一定的理论高度，防止支离破碎式和流水账式总结，防止雷同化和表面化。对于残疾人工作教训，决不能回避和敷衍了事，而应做好个案分析，找到产生教训的原因，建立纠错机制，有效避免教训的再次发生。

六是大力宣传残疾人自强不息的先进事迹。建立残疾人典型群体，这个典型群体要事迹突出，有自立自强的精神风貌，有坚忍不拔的意志品质，有独立的思想，有公共情怀，有亲和力和感染力，表达能力强，善于与公众交流，能在群众中树立新时代残疾人的良好形象。积极培养和宣传残疾人典型群体的领军人物，像张海迪、朱彦夫、海伦·凯勒、霍金，他们不仅代表了一个群体，而且代表了一个时代，更代表了一种精神。其自强不息的先进事迹不仅对残疾人有巨大的导向作用，而且对健全人也有强烈的激励作用，是人类自强文化和社会文明的宝贵财富。多年来，社会各界总结了许多残疾人自强不息的先进事迹，也产生了较好的影响，但在事迹的生动性、故事性、感染力、影响力上还应进一步加强。

七是建立曝光平台，对歧视残疾人和残疾人工作的人或事进行批评甚至惩戒。对不良现象及时曝光，通过社会舆论积聚正能量，营造良好的社会氛围。同时，社会舆论曝光要与法律法规的执行密切结合，以期取得更好的效果。2014 年 4 月 30 日，NBA 联盟根据联盟规章公布了对快船老板斯特林种族歧视丑闻最严厉的处罚决定：罚金 250 万美元，终身禁赛，不能参加 NBA 董事会以及联盟其他任何活动，不能出现在 NBA 任何比赛现场和训练场，禁止参与快船任何商业活动，不准出现在快船的管理层。在发布会现场，NBA 总裁萧华还代表联盟向所有黑人球员道歉。这是斯特林为自己的"歧视行为"付出的代价，也是社会对规章和人类尊严的有效维护。《中华人民共和国残疾人保障法》明确规定不准"基于残疾的歧视"，要求"国家机关、社会团体、企业事业单位、民办非企业单位应当按照规定的比例安排残疾人就业，并为其选择适当的工种和岗位。"[1] 但现实社会中总有单位和企业以各种借口不按规定比例安置残疾人就业，出现这种现象的制度根源是执法不严，思想根源是对残疾人的歧视，可是我们却很少对这种违法、歧视行为进行曝光和严厉处罚。试想，如果我们也像 NBA 联盟那样对违法、歧视行为加大曝光和处罚的力度，不但会促进残疾人按比例就业，而且有利于在全社会杜绝对残疾人的歧视，不断提升法律的尊严。

八是认真组织好残疾人重大节日的宣传报道。有关残疾人的节日有 3 月 3 日全国爱耳日、5 月 19 日全国助残日、6 月 6 日全国爱眼日、8 月 25 日残疾预防日、9 月 22 日国际聋人节、10 月 15 日国际盲人节、10 月 10 日世界精神卫生日、12 月 3 日世界残疾人日。这些节日不是残疾人专有的，而是属于全体公民的。全国助残日、残疾预防日、国际聋人节、国际盲人节、世界残疾人日体现了全社会对残疾人的关爱，残疾人在自己的节日里感受

---

[1] 《中华人民共和国残疾人保障法》（http://www.gov.cn/jrzg/2008-04/24/content_953439.htm）。

人间的幸福快乐；全国爱耳日、全国爱眼日、世界精神卫生日体现的是对全人类健康的呵护与呼唤，为了避免残疾，我们需要健康，需要爱自己和他人。节日要过得有意义有价值，舆论的作用不可小觑。

二　阵地建设

一是场所。要在一定区域建设残疾人文化体育活动中心、盲文图书馆、阅览室等场所，让广大残疾人有相互学习、相互交流、相互传播的舞台。这里所谓的"一定区域"最好能以乡镇或街道为单位，逐步扩大残疾人公共文化场所的覆盖范围。残疾人在自己的活动场所里最有话语权，最能张扬个性，最能实现自我，而每一处残疾人活动场所本身就是固化了的社会舆论，标志着残疾人社会地位的提高。

二是报刊。目前全国有刊号并公开发行的残疾人报刊不多，较有影响的国家级杂志只有《中国残疾人》《盲人月刊》《三月风》等，国家级综合性理论刊物只有《残疾人研究》，国家级专业类理论刊物只有《中国特殊教育》。这些刊物中，仅《中国特殊教育》为全国中文核心期刊和 CSSCI 来源期刊，《残疾人研究》为 CSSCI 扩展版来源期刊，其他刊物均为一般期刊，刊物的数量和级别与八千五百多万残疾人以及残疾人事业工作者、广大爱心人士这个庞大的群体是极不相称的。在全国、省市各类报刊中，设立残疾人专刊、专栏的很少，只是偶尔发表一些残疾人的作品或登载一些反映残疾人事业和残疾人事迹的文章；研究残疾人问题的理论文章虽然近几年有所增多，但所占理论文章数量的比例微乎其微，特别是在全国中文核心期刊、CSSCI 来源期刊、权威期刊更是很少发表关于残疾人研究的学术论文，关于残疾人研究的硕士、博士学位论文更是明显不足。残疾人缺乏自己的文化舆论阵地，就难有展示和发展自己能力的舞台，独有的话语权也就难以形成。残疾人文化舆论阵地的薄弱，不利于残疾人事业的发展，不利于残疾人主体能力的增强和幸福生活的创造，不利于形成"人人关爱残疾人"的舆论氛围，应当引起全社会的高度重视。应制定残疾人舆论阵地建设规划，广泛调动各类社会资源，在更大规模、更广领域、更深层次和更新视角上开展残疾人研究，促进残疾人话语体系的形成和完善，传播更多残疾人的声音。

三是广播电视。作为形式灵活而生动的媒体，广播电视更能有效发挥媒体的宣传功能。近几年来，广播电视在报道残疾人工作动态方面发挥了较好作用，特别是手语新闻节目的开办，大大方便了残疾人朋友。随着残疾人群体文化水平的提高和文化需求的增多，一些电台应当开辟残疾人专题节目，电视台手语节目应当扩大范围，影视作品应全部加配字幕和手语翻译，应有计划地播放残疾人专题片，有针对性地报道支持残疾人事业、关爱残疾人的好人善事，定期播放有关残疾人事业的公益广告，让残疾人事业成为广播电视的重要内容。只有残疾人事业真正融入社会公共事业，残疾人才能真正融入社会公共生活。

四是网络。网络使社会舆论的生成机制、传播机制、协调机制、评价机制发生了深刻变化，大大拓展了社会舆论的空间，在一定程度上改变了中国社会乃至世界的舆论格局。网络技术的普及和发展，实现了真正意义上的"大众传播"。民众既是舆论的发源地，又是信息的接收者。在网络普及化的今天，各类网络监督制约机制应进一步完善，网络公共正气应得到不断弘扬，民众在主动地利用网络媒介表达自己的观点的同时，应积极推动社会舆论由自发转向自觉，形成成熟的利益表达机制，通过网络向社会呼吁，使许多事情通过舆论的关注得以解决。2013 年 10 月，一场传递人间真情的"银川全城寻耳"活动在网络上展开。为了帮失聪者小儒寻找到丢失的人造耳蜗，从网络到大街小巷，人们进行着爱心接力，终于将孩子的"耳朵"找到。2013 年 10 月 29 日，大众网发起了"寻找文哥"系列报道，并开通大众网官方微博、微信、论坛、手机报、山东公益等多个平台展开寻找，希望看到文哥的人能及时联系。这位被称为"文哥"的男子叫谭洪文，患有先天性智能低下，他长达二十多年在马路上帮助指挥交通，成为众多烟台人难忘的记忆，他的走失牵动了烟台全市居民的心。11 月 2 日，随着央视《朝闻天下》《新闻 30 分》节目的播出，"让文哥回家"又迅速从烟台一座城市寻人演变成全国寻人，一种善良之举，迅速从感动全城到感动全国。一个人的走失牵动一座城，一座城的爱心感动全国，"寻找文哥"传递了人性的温暖。从这些事例可以受到启发，遍布世界每一个角落的网站、博客、微博、微信对于残疾人工作具有巨大的推动作用，我们要充分利用网络的力量，让残疾人事业不仅在现实中发展壮大，而且在网络这个虚拟世界里也能生根、开花、结果。

五是公益广告栏。与报刊、电视上的公益广告相配合，在城市的一些街道树立有关残疾人的公益广告栏，让关爱弱势群体的情感思维渗透进人们的日常生活，使我们的生活处处弥漫着爱的气息。

三　队伍建设

第一，各级残联要有优秀的舆论宣传队伍。重视吸纳优秀的文化宣传和思想政治工作人才到残联队伍中来，特别是挑选那些热爱党的新闻事业、有相关专业基础、热心残疾人工作、有事业心和责任感、文字表达能力强的同志担任舆论宣传工作。

第二，建立一支庞大的残疾人舆论宣传兼职队伍。聘请那些有爱心的作家、学者、新闻工作者、文化教育工作者、网络写手以及一些有较强表达能力的大学生参与残疾人舆论宣传工作，让"残疾人话题"成为这些社会人才的关注热点。

第三，建立一支专业化的残疾人事业研究队伍。中国残疾人事业发展研究会在这些方面做出了巨大努力，自2008年成立以来，会聚起了全国各地近千名专家学者和残疾人事业工作者，北京大学、中国人民大学、南京大学、山东大学等著名高校也都纷纷成立了残疾人事业发展研究中心（基地），为残疾人事业的舆论阵地建设做出了重大贡献。但相比于其他领域的国家级研究团体，中国残疾人事业发展研究会的受关注程度和影响力依然比较有限。应以中国残疾人事业发展研究会的壮大为突破口，进一步扩大残疾人研究在科学研究中的影响力，夯实中国特色社会主义残疾人事业的理论基础，为残疾人事业创造学术化、理性化和专业化的发声平台，使越来越多的残疾人工作专业人才担当起中国特色社会主义残疾人事业的重任。

第四，建立一支由残疾人组成的舆论宣传队伍。残疾人有自身独特的生命体验，写身边人，道身边事，抒心中情，更能感同身受，更能反映广大残疾人的心声，更有说服力和感染力。只有把残疾人自己这支队伍建设起来发动起来，才能迎来残疾人舆论宣传的春天。

第五，用一个好的机制做保障。舆论作为公共意见，本身就是一种社会评价，其道德指向对社会关系具有重要的调节作用。一方面，要积极引导社会舆论，弘扬正气，唱响主旋律，促进良好道德风尚的形成；另一方面，要加大对残疾人舆论宣传工作者的激励和评价，充分调动他们的积极性。各地残联相继制定出台了《残疾人事业舆论宣传奖励办法》，对成绩突出的人员和单位实施奖励，这应当说开了一个好头。下一步还应向深层次发展，比如，在组织评价上，对优秀的残疾人舆论宣传工作者提拔重用；在社会评价上，不能让优秀的残疾人舆论宣传工作者只为别人做嫁衣，也可以荣获"杰出人物""道德模范"等荣誉称号；在成果评价上，反映残疾人事业的文章可以被评为"十佳新闻"，有关残疾人事业的书籍可以被评为"五个一工程奖"等。相信在社会各界的共同努力下，残疾人舆论宣传的百花园必将姹紫嫣红，在良好的社会环境下促进残疾人事业又好又快地发展。

创新是一个民族发展的灵魂，也是残疾人事业发展的动力之源。建议全社会进一步加强残疾人工作创新，在实现中国梦的伟大实践中不断开创残疾人工作新局面！

第三十六章　发展马克思主义人学指导下的残疾人研究

中国特色残疾人事业的深入发展迫切需要创新和完善与之相适应的残疾人理论话语体系。马克思主义人学是马克思主义关于人的生存发展问题的哲学表达，它坚持马克思主义人道主义原则，深刻揭示人的本质，弘扬人的主体性，着力实现人的潜能和价值，旨在促进人的解放和人的全面发展。发展马克思主义人学指导下的残疾人研究，对于夯实残疾人研究的理论基础，创新和完善残疾人研究话语体系，推动残疾人事业进步具有重要意义。

第一节　马克思主义人道主义原则对残疾人研究的指导作用

马克思主义人道主义原则是残疾人研究的理论基础和行动指南。

其一，准确把握马克思主义人道主义原则。马克思主义虽然反对以人道主义历史观阐释社会历史发展，但在科学研判人类社会发展规律的基础上，以历史唯物主义为指导发展了人道主义的价值原则，对资本主义社会的非人道性展开批判，肯定了人的价值、尊严和自由，实现了个体、群体和类的统一，力图在推动人类解放的进程中实现个人的全面发展，促进了人道主义原则的升华。

其二，科学把握马克思主义人道主义的价值矛盾规律。人道主义的产生，源于人类社会非人道现象的实然性状态与对人道社会的应然性要求的矛盾。这个矛盾源于人性本身的矛盾，即利己性驱使个人关心自己的利益而罔顾社会公益，甚至把自身的意志强加于他人之上，造成了现实社会的非人道；而人性中的公共性和利他性又希求建构以公共利益最大化为价值诉求的平等的人道社会。马克思主义人学承认这一人性矛盾，试图以科学的实践观和历史观为基础推动矛盾的解决。

其三，残疾人研究要高举马克思主义人道主义旗帜。马克思力图实现的"人的全面发展"是包括残疾人全面发展在内的公共理想，是最广泛、最科学的人道主义。马克思在《哥达纲领批判》中指出，要从社会总产品中扣除"为丧失劳动能力的人等等设立基金"①，体现了马克思主义对残疾人的公共关照。残疾人研究和残疾人工作要高举马克思主义人道主义的旗帜，不断在理论上完善人道主义和在实践中发展人道主义，为建立自由、平等、公正的社会公共制度提供理论指导和实践支撑，为残疾人的全面发展创造条件。

发展残疾人事业是中国共产党性质和宗旨的应有之义。中国共产党在残疾人事业中对马克思主义人道主义原则的创造性实践构成了残疾人研究的现实基础。

其一，新中国使残疾人的政治地位空前提高。新中国成立之前的几千年，残疾人被称为"残废"，没有人的尊严。新中国把残疾人真正当人看，把关怀和解放残疾人作为谋求人类自由解放的重要内容。毛泽东曾劝说他的亲家张文秋担任中国残疾人福利会总干事："盲人是世界上最痛苦的人，你既然是为被压迫的人谋解放才出来革命的，为什么不去解放这些最痛苦的人呢？"邓小平让自己的儿子邓朴方从事残疾人工作，是他送给中国残疾人的最大福音，由此开辟了中国残疾人事业的新局面。江泽民指出："人道主义，是处理人与人之间关系的一个道德规范……我们共产党人是以人类解放为最高宗旨，我们的社会主义国家是以实现全体人民的富裕幸福为建设的根本目的，更应尊重残疾人的公民权利和人格尊严。"② 胡锦涛提出了"让他们（残疾人）共享社会物质文化发展的成果，是我国社会主义制度的本质要求"③ 的重要论断。习近平说："残疾人是社会大家庭的平等成员，也是人类文明发展的一支重要力量，是坚持和发展中国特色社会主义的一支重要力量。""赠人玫瑰，手留余香。大爱无疆、仁者爱人。这种舍己为

---

① 马克思、恩格斯：《马克思恩格斯选集》（第3卷）人民出版社1995年版，第302页。
② 江泽民：《江泽民文选》（第1卷），人民出版社2006年版，第648页。
③ 《自强之歌》（2003年卷），华夏出版社2003年版，第1页。

人、乐善好施的高尚品质，是社会主义核心价值观的具体体现。"① 习近平从社会主义核心价值观的高度发展了当代中国的人道主义价值观。

其二，改革开放使中国特色残疾人事业走上发展快车道。首先，中国经济的腾飞为中国特色残疾人事业的发展奠定了经济基础。中央把残疾人事业纳入全面建设小康社会的总体布局，列入国民经济和社会发展总体规划，建立稳定的经费保障机制，健全残疾人社会保障制度，加强残疾人服务体系建设，改善了残疾人生活状况。中国残疾人福利基金会、中国残疾人联合会和国务院残疾人工作协调委员会的相继成立，为残疾人政治地位的提高提供了组织保障，残疾人事业有了独立的组织平台和运行机制。其次，残疾人事业法律制度体系的完善为中国特色残疾人事业奠定了法律制度基础。中国已初步形成了以《宪法》为根本，以《残疾人保障法》为保障，以三十多部涉及残疾人内容的相关法律为依托，以一系列法规为抓手的残疾人法律制度体系，使残疾人事业在法治轨道上运行。最后，和谐社会建设为中国特色残疾人事业奠定了社会基础。公平正义是和谐社会的基本价值取向，残疾人教育公平和就业公平取得了重要进展，社会保障体系和社会服务体系日臻完善。这些都成为中国特色人道主义的鲜明展现。

其三，中国梦的伟大实践为中国特色残疾人事业发展展现了光明前景。习近平总书记指出："中国梦，是民族梦、国家梦，是每一个中国人的梦，也是每一个残疾人朋友的梦。"② 中国残联第六次代表大会上提出了"四个着力"：着力构建稳定可靠的残疾人基本保障安全网，着力健全残疾人公共服务体系，着力增强残疾人自我发展能力，着力保障残疾人平等参与权利和平等发展机会。③ 这"四个着力"明确了新时期残疾人事业的战略部署。中国的残疾人事业必将在实现中国梦的伟大进程中迎来发展的黄金期。

其四，中国共产党在残疾人事业中对马克思主义人道主义的发展彰显了中国特色社会主义残疾人事业的优越性。从制度层面看，中国特色社会主义制度从根本上有利于残疾人事业的发展。为推进国家治理体系和治理能力现代化的目标，确立了党委领导、政府负责、社会参与、残联组织充

---

① 习近平：《更加勇敢地迎接生活挑战　更加坚强地为实现梦想努力》，《人民日报》，2014 年 5 月 17 日。

② 同上。

③ 参见张高丽《在实现中国梦的伟大实践中创造残疾人更加幸福美好的新生活》，《人民日报》2014 年 9 月 17 日。

分发挥协调作用的领导体制和工作方式，有利于激发中国特色残疾人事业的活力，保障残疾人平等发展的机会，依法维护残疾人各项权益。从价值观层面看，中国特色社会主义倡导自由、平等、公正、法治的核心价值观，最大限度地实现社会公正、人格平等和每个人的全面发展，与中国特色残疾人事业的主旨深度契合。从实践层面看，社会主义集中力量办大事的优势必将促进新时期残疾人事业的长足发展。

第二节　马克思主义人的本质论在残疾人研究中的应用

　　马克思主义人学关于人的本质有两个经典表述。一是《1844 年经济学哲学手稿》中指出："人的类特性恰恰就是自由的、有意识的活动。"① 二是《关于费尔巴哈的提纲》中明确提出："人的本质不是单个人固有的抽象物，在其现实性上，它是一切社会关系的总和。"② 第一个表述指明了人的本质的基本内容，作为人的本质的"自由的、有意识的活动"是现实的人对象化的实践活动。第二个表述既深化了人的本质的内涵，又指明了认识人的本质的方法论，即将人的实践活动纳入到社会关系体系中进行总体考量，从人与社会的内在联系揭示人的本质。因此，人的本质就是在现实的社会关系中不断生成和发展的实践活动。

　　马克思主义人的本质论在残疾人研究中的应用表现为：

　　第一，科学认识残疾人社会化的矛盾，从系统人性论的高度指导残疾人克服生存发展障碍。残疾人社会化的矛盾表现为：一是残疾人与社会互认的矛盾，即残疾人与社会间在生存方式、价值观念、心理状态等存在相互认同困难。二是残疾人与社会同建的矛盾，即残疾人在社会分工与合作中的机会缺失和地位边缘化。三是残疾人与社会共享的矛盾，即残疾人在分享社会发展成果进程中面临各类矛盾。这些矛盾根源于社会和残疾人不能深入准确地认识"残疾"。残疾人的"残疾"使其自然功能缺失和不健全，给其社会实践和精神创建造成了客观障碍。但是，社会和残疾人都不

---

　　① 马克思、恩格斯：《马克思恩格斯全集》（第 42 卷），人民出版社 1979 年版，第 169 页。
　　② 马克思、恩格斯：《马克思恩格斯选集》（第 1 卷），人民出版社 1995 年版，第 60 页。

能一味地放大这种障碍，因为人性是由人的自然属性、社会属性和精神属性共同组成并相互作用的有机系统，一旦放大残疾人在自然属性上的障碍，残疾人社会属性和精神属性的发展就将受到深刻抑制，使残疾人产生自卑心理，其社会参与能力和精神创造能力就会日渐萎缩。应从人的本质确证和实现的维度推动社会树立探索无障碍的教育、就业和康复保障的实施方式，最大限度地减少残疾人因自然缺憾造成的社会障碍，提高残疾人机体活动能力、社会参与能力、理性认知能力、情感释放能力，推动人性系统的和谐运转。应鼓励残疾人正确对待残障，正确对待自我和社会，在积极参与和融入社会中确证自身的存在本质，在追真、向善、求美中培育生活正能量。

第二，推进残疾人积极参与力所能及的社会生产和交往实践，促进社会与残疾人的价值认同。人在实践基础上不断发展着两重关系：一是人与自然的关系，二是人与人的关系，两者互为前提，相互推进，共同彰显人的本质力量。尽管身有残障，但许多残疾人依然具备参与社会生产的能力或潜能。这一原理启示我们，社会应建立公正的体制机制，给予他们公平的发展机会，创造良好的职业环境，把残疾人安置在适合的岗位上。残疾人也应扬长避短，善于融入社会分工体系，不但要提高改造客观世界的能力，还要懂得与人相处的艺术，特别是学会与他人开展良性竞争与合作，树立竞争性合作观与合作性竞争观。合作性竞争观，就是在生命个体相互依赖、相互补充的合作机制下，通过良性竞争发展个体的生命潜能，调动生命主体创造活力，使彼此间的合作释放新的生机；竞争性合作观，就是要优化竞争动机，把竞争置于合作规则的有效制约中，以良性竞争促进深度合作。要以诚信、友善的思想和行为建构社会关系，在改造自然、改造社会和改造自身中释放自身的本质力量。

第三节 马克思主义人的主体论在残疾人研究中的应用

一是科学认知残疾人活动的能动性和受动性。人是一种对象化的主体存在，人的主体性具体表现为能动性、自主性和创造性。在实践过程中，人是受动性与能动性相统一的存在物，人把自己的目的和需要对象化于客体，使客体按照主体的意愿创生和发展。人的能动性表现为，正确判断实践方位，把握对象的客观规律及其发展趋势，选择恰当的活动方式，形成科学的实践理性。人的受动性是指人总是为自然和社会所制约，在处理主体与客体、主体与主体、主体与自身的关系中表现出在顺应客观规律基础上进行自我控制、自我调节和自我改造的特性。这启示我们，既要承认残疾人受制于自然和社会的特殊状态，又不能盲目否定残疾人的主体性。在许多时候，残疾人仅仅被当作救济的对象，其客体性地位十分明显，主体性潜能被长期忽视，实践能力得不到有效开发，实践范围狭窄，实践层次偏低，实践类型单一。应把残疾人当作"现实的主体"来看待，为残疾人赋权增能，对残疾人进行能力补偿和社会补偿，充分开发残疾人的主体性。

二是把残疾人主体性发展与残疾人潜能的开发紧密结合起来。人类生存发展的过程就是不断调整主体定位、优化主体功能、实现主体价值的过程。残疾人身体的局限导致其部分主体能力的削弱，但并不意味着其主体性的绝对弱化，挖掘残疾人的主体价值关键在于残疾人潜能的开发。残疾可分为绝对残疾和相对残疾。绝对残疾指"残疾"是客观存在、不以人的意志为转移的缺憾；相对残疾指残疾人的"残疾"必须与其所从事的活动和所处的环境相联系：如果在一定实践环境下，残疾人的"残疾"不影响其以正常的方式从事某种活动，就可以说他不是个"残疾人"。绝对残疾决定了残疾人从事某些活动的"极限"，相对残疾界定了残疾人具备的潜能。残疾人研究应避免把残疾人等同于"绝对残疾"，防止残疾人的"主体性遮蔽"。应当以潜能开发为突破口，激发残疾人由潜在主体转化为现实主体。

当然，相对残疾也是受绝对残疾制约的，这规定了残疾人潜能释放的限度和效能。既要承认"残疾"的客观性，找准潜能开发的突破口；又要认识到残疾人潜能的释放和主体性的确认是不断发展的过程，它有赖于残疾人生理和社会补偿的程度，也有赖于残疾人意志的坚定程度，还有赖于残疾人潜能开发的科学程度。只有三者完美契合，残疾人潜能才能充分开发，残疾人的主体性才能真正释放。

三是不断推动残疾人个性的充分发展。个性是指生命个体在社会实践基础上生理系统、精神系统和社会适应系统独特性的总和，是个体主体性的集中展现。发展残疾人的个性应从两个层次入手：第一层次是满足残疾人的个性需求，尊重残疾人的个人选择。残疾人工作中推广"量体裁衣"式个性化服务，根据残疾人的残疾类型、知识技能、就业意愿等具体实际，制定相应的教育、康复、就业政策，充分体现了"个性需求导向"，对于追踪残疾人个体特质和建设个性需求数据库具有重要意义。第二层次是在尊重残疾人个性特征的基础上，培育残疾人突出的生存特长、独到的思想见解、辩证的思维能力、成熟的心理素质、高尚的道德情操，促进残疾人良好气质、性格和能力的养成，塑造积极的世界观、人生观和价值观，使其既能认知社会公共准则，又能选择适合自身的发展道路，增强改造世界和塑造自身的能力，实现人的主体性升华。

第四节　马克思主义人的价值论在残疾人研究中的应用

马克思主义人的价值论认为，人是自我价值和社会价值相统一的价值存在物。自我价值是指人的实践活动对于自身生存发展的意义；社会价值是指人的实践活动对于他人和社会的贡献。人生来具有价值平等性，这是人格平等的重要前提。人的价值是在能动的实践活动中创造和发展起来的，人的价值实现既决定于人自身的实践能力及其发展水平，也有赖于社会为其提供相应的客观条件，社会的价值理念和人的价值观念对人的价值实现具有重要影响。

残疾人的价值不仅来源于残疾人在自身实践活动中的价值创造，更来源于社会对于残疾人的价值支持。换句话说，社会怎样对待残疾人，决定了残疾人生存发展和价值创造的客观环境，左右着残疾人如何看待社会，关系到残疾人能否在特定的环境中实现和确证自身价值。残疾人是否有价值？残疾人是否具有创造价值以满足自身和社会需要的能力？社会的新旧残疾人观和残疾人的新旧社会观给出了截然相反的回答。

社会的旧残疾人观和残疾人旧社会观抑制了残疾人的发展，阻滞了残疾人价值的实现。旧残疾人观的主要观点有：宿命论观点——认为残疾是命中注定的悲剧或灾难；妖魔化观点——在欧洲古典文化中，如果一个人身有残疾，就会被当成魔鬼附身，被社会嗤之以鼻；无用论观点——把残疾人看作是毫无价值的"残废人"；恩赐论观点——把保障残疾人应有的权利看作社会对他们的"恩赐"。与此相联系，残疾人也形成了相应的旧社会观：社会是健全人的天下，残疾人始终要承受命运的悲剧；残疾人低人一等，是"社会的另类"，没有发言权，任人摆布；残疾人只有依赖社会才能生存，不可能实现人生价值，永远是"社会的旁观者"。在这种社会的旧残疾人观和残疾人旧社会观的影响下，从社会层面否认了残疾人的价值及其实现的可能性，残疾人自身也本能地放弃了相应的价值意识和价值实践。

随着人类文明的进步，逐步产生了旨在推动残疾人实现人生价值的社会新残疾人观和残疾人新社会观。社会新残疾人观的基本内容是：第一，残疾是人类存在的一种特殊样态，人的残疾伴随着人类的诞生和发展而存在，在人的实践活动中，伤残是难以避免的。第二，从某种意义上讲，残疾是人类生存发展所付出的代价。一系列生存发展所付出的代价，换来了人类对自身生存状况的反思和优化。第三，人人都有致残风险，每个人的生命历程都具有致残可能性。基于这种认识，残疾人不能被视为异类，而应被更多地理解和包容。第四，残疾人也是社会发展的主体，具有"平等、参与、融合、共享"的权利，有参与社会生活的愿望和能力，是建设中国特色社会主义的重要力量。在适当的社会补偿条件支持下，残疾人能以自身的方式认识和改造世界，在全面小康进程中成为社会财富的创造者和共享者，成为宝贵的人力资源。第五，防止基于残疾的歧视，尊重、关心和帮扶残疾人，既是人道主义的要求，也是法律赋予的神圣职责。第六，残疾人的生存发展既有赖于社会帮扶，也取决于自主奋斗，应当努力发掘残疾人潜能，促进残疾人实现人生价值。第七，残疾人解放是人类解放的最后一道关口，社会应积极促进残疾人的全面发展。残疾人的弱势性和边缘性造成了其生存发展的艰难性，社会主义社会具备促进残疾人全面发展的制度和文化基础，应把实现残疾人全面发展程度作为衡量人类解放广泛性和深刻性的重要标尺。

在新残疾人观指导下，应积极培育相应的"残疾人新社会观"：现代社会总体上是一个博爱和人道的社会，社会对残疾人的关爱和扶持越来越多，为残疾人的价值实现创造了良好的条件；残疾人应对人类社会的文明进步充满信心，理性认识和对待一些不合理的制度和现象，相信残疾人生活会越来越幸福；应树立主体意识，增强与健全人交往的主动性和创造性，在社会融合中实现自身价值和社会价值；感恩应是残疾人认识社会的基本态度，奉献应是残疾人参与社会的价值取向。

"新残疾人观"与"残疾人新社会观"的互动衔接，凸显了残疾人的主体价值，体现出对"人生而价值平等"理念的尊重与褒扬，也唤醒了残疾人自身的价值意识，使残疾人感到自身实现价值的可能性。事实上，残疾人特殊的体验、特殊的选择和特殊的精神创造了一个个生命的奇迹，是残疾人克服困难、实现自我的精彩实践，是对人类自强不息精神的最好诠释，在人类文明发展中彰显了独特的价值。马克思主义人学倡导的新残疾人观，实质上是关于残疾人的正确的价值评价观，在新残疾人观的视野下，残疾人是具有一定实践能力和价值创造能力的潜在的或现实的价值主体，残疾人价值的大小取决于其潜能转化为现实的程度。残疾人研究应以马克思主义人的价值论为指导，在肯定残疾人创造价值能力的基础上，研究残疾人价值实现的能力和方式，将社会对残疾人的价值肯定转化为残疾人在社会实践中对自身价值的肯定，帮助残疾人在实现自我价值和社会价值的统一中收获有价值的人生。

"新残疾人观"还提示我们，应从促进残疾人价值实现的角度积极研究和宣扬残疾人人力资源观，提升残疾人自我发展能力，是促进残疾人价值实现的着力点。不可否认，残疾人总体的价值实践能力确实与健全人存在一定的差距，要想帮助残疾人实现自身价值，就必须充分挖掘"比较优势"。残疾人的比较优势是相对于健全人平均劳动能力和残疾人自身能力缺憾而言的能力特长，这是残疾人实现自身价值的重要资本。应把残疾人作为具有特殊比较优势的人力资源，并在实践中充分发挥其比较优势，使其在适合的工作岗位上找到最佳发展定位。残疾人人力资源观要与人道主义原则相融合，遵循"残疾人就业优先原则"：当工作岗位同时适合残疾人和健全人时，应优先安排残疾人，既能肯定残疾人的价值，把他们的特长用到"刀刃"上，又能体现人道主义精神。既要从理论层面认识残疾人价值的生存论基础，塑造"残疾人价值至上"的研究理念，又要从实践层面完善残疾人人力资源的模式设计，帮助残疾人把自身的价值实践融入社会价值创造之中。

第五节　马克思主义人的解放论在残疾人研究中的应用

马克思主义人学的根本指向在于实现个人的自由全面发展和全人类的解放。人类解放可归纳为三重条件：从人与自然的关系看，人改造自然的能力极大提高，社会物质财富极大丰富，人在创造财富的同时也创造性地实现人与自然的和谐；从人与社会的关系看，每个人实现对社会关系的全面占有和自主调控，成为社会共同体的平等成员；从人与自身的关系看，个体全面认知自我和社会，投身谋求个人自由的价值实践。

残疾人解放是人类解放的最后一道关口。人类解放是最大限度和最公平意义上的"人的解放"，既包括全人类的解放，也包括每个个体的解放。每个残疾人的解放和全面发展是人类解放的应有之义。残疾人在人类社会发展中居于边缘地位，残疾人解放是人类解放中最艰难的环节，是衡量人类解放深刻性的重要标尺。在现有条件下，应从三方面推动残疾人的解放：

推进残疾人机会均等。残疾人在教育、培训、就业等多方面的机会缺失为其社会参与设置了重重障碍。残疾人研究应切中残疾人面临的现实障碍，分析残疾人机会缺失的根源，把残疾人事业放到人类解放事业的高度进行总体考量，探索残疾人机会均等的实现渠道，让残疾人有展示自我的舞台，有延伸生命的权利。

推动残健融合。残健融合的关键在于放大"同质性"而减少"异质性"。在残疾人研究和实践中，既要认可残健之间的异质性，又要挖掘残健之间的同质性，探寻以同质性逐步发展消弭异质性的现实条件，帮助残疾人提升融入意识和融入能力，促进残疾人在与健全人交往中完善自我认同、增进价值共识、拓展公共生存空间，不断提高社会对残疾人的认同度。社会应大力宣扬无障碍理念，培育无障碍思维，推进无障碍设计，塑造无障碍文化，让无障碍走进每个人的心中，让残健融合走进文明社会中。

实现残疾人个性发展和全面发展的统一。探寻残疾人群体个性的主要内容和实现路径，帮助每个残疾人找到个体个性的科学发展方式，研究残疾人的群体个性和个体个性的发展规律与人类共性发展规律的关系，推动残疾人在个性发展中逐步实现全面发展，最大限度地实现残疾人的解放。

理论是行动的先导。残疾人研究是促进残疾人事业持续健康发展的重要内容，应当不断进行理论创新和实践创新。发展马克思主义人学指导下的残疾人研究，从马克思主义人道主义原则、人的本质论、人的主体论、人的价值论、人的解放论的视角开展残疾人研究，有利于创新和完善中国特色残疾人理论话语体系，有利于促进中国特色残疾人事业的规范化发展。

后　记

接到出版通知，我感到十分高兴。作为中国权威出版社，中国社会科学出版社能够认可一名残疾青年写的关于残疾人的著作，充分说明了社会的文明程度越来越高，社会对残疾人的关爱越来越多，残疾人融入社会的渠道越来越畅通。

我生于1988年，与1988年成立的中国残联同龄。29年来，我亲眼见证了中国残疾人事业的发展，亲身感受了家庭、学校和社会的无私关爱，我对此充满了感恩，始终希望力所能及地为残疾人和残疾人事业尽一分绵薄之力。作为残疾人中的一员，我对残疾人的生活和学习感同身受，对残疾孩子的家庭教育、个人成长和社会经历也有一些独特体验，我愿意总结出来，与广大的残疾朋友、残疾朋友家长以及所有关心残疾人生存发展的爱心人士共享，希望能给大家一点启发。

本书的出版得益于许多爱心人士的帮助。在这里，我要衷心感谢中国残联副理事长、中国残疾人事业发展研究会会长程凯老师的关怀和鼓励；感谢我的博士生导师——山东师范大学副校长、"万人计划"领军人才万光侠老师为本书作序；感谢中国残疾人事业发展研究会副会长、清华大学教授、博士生导师邹广文老师，教育部长江学者、973项目首席科学家、北京航空航天大学教授、博士生导师康锐老师对本书进行的热忱推介；感谢山东省总工会《职工天地》总编辑辛学福老师百忙中通审全书；感谢中国社会科学出版社，特别要感谢责任编辑郭晓娟老师对本书的精心指导和帮助；感谢南京特殊教育师范学院博士科研启动基金对本书给予的资助。

我还要由衷地感谢我的家人，如果没有家人的呵护与教导，就不可能有我今天美丽的生命。在这里，我想由衷地对我的姥爷、姥姥、父亲、母亲、爱人、弟弟说一声：谢谢！写作过程中，父母给我讲述了培养教育我的过程和体会，为我提供了大量的写作素材和宝贵的修改意见。我的爱人和我的弟弟也从各自视角为书稿提供了许多有价值的建议。本书不仅是我的理论思考成果，更是我的家庭多年来培养教育一个残疾孩子的实践结晶。值此书稿出版之际，我要向我的家人致敬！

祝愿广大残疾朋友梦想成真，祝愿残疾朋友的家庭幸福美满，祝愿我们的社会洒满爱的阳光，让残疾人美好的人生梦想与中华民族伟大复兴的中国梦共同腾飞！

由于水平所限，书中定会有许多不当之处，敬请批评指正。

作者
2017 年秋于南京